# Ensuite

# Ensuite

## Cours intermédiaire de français

### Quatrième édition

**Chantal P. Thompson**

*Brigham Young University*

**Bette G. Hirsch**

*Cabrillo College*

Boston   Burr Ridge, IL   Dubuque, IA   Madison, WI   New York
San Francisco   St. Louis   Bangkok   Bogotá   Caracas   Kuala Lumpur
Lisbon   London   Madrid   Mexico City   Milan   Montreal   New Delhi
Santiago   Seoul   Singapore   Sydney   Taipei   Toronto

## McGraw-Hill Higher Education

*A Division of The McGraw-Hill Companies*

This is an EBI book.

*Ensuite*
*Cours intemédiaire de Français*
Chantal P. Thompson, Bette G. Hirsch

Published by McGraw-Hill, an imprint of The McGraw-Hill Companies, Inc., 1221 Avenue of the Americas, New York, NY 10020. Copyright © 2003, 1998, 1993, 1989 by McGraw-Hill. All rights reserved. No part of this publication may be reproduced or distributed in any form or by any means, or stored in a database or retrieval system, without the prior written consent of The McGraw-Hill Companies, Inc., including, but not limited to, in any network or other electronic storage or transmission, or broadcast for distance learning.

1 2 3 4 5 6 7 8 9 0 WCK/WCK 0 9 8 7 6 5 4 3 2

**Library of Congress Cataloging-in-Publication Data**
Thompson, Chantal P.
    Ensuite : cours intermédiaire / [Chantal P. Thompson, Bette G. Hirsch ; contributing writer, Corinne C. Iverson].—4e éd.
        p.   cm.
    "This is an EBI book"—T.p. verso.
    Includes index.
    ISBN 0-07-240260-1 (alk. paper)
    1. French language—Textbooks for foreign speakers—English.   I.  Hirsch, Bette G.
II.  Iverson, Corinne C.   III.  Title.
PC2129.E5 H57 2002
448.2'421—dc21                                                                                          2002026542

*Editor-in-Chief:* Thalia Dorwick; *publisher:* William R. Glass; *development editor:* Michelle-Noelle Magallanez; *senior marketing manager:* Nick Agnew; *senior project manager:* Christina Gimlin; *production supervisor:* Lori Koetters; *design manager:* Sharon Spurlock; *interior and cover designer:* Linda Robertson; *photo research coordinator:* Alexandra Ambrose; *photo research:* Connie Gardner; *senior supplements producer:* Louis Swaim; *compositor:* Thompson Type; *typeface:* Garamond

*Cover:* © Emmanuel Faure/SuperStock

Because this page cannot legibly accommodate all the copyright notices, an extension of the copyright page continues on page 380.

This book is printed on acid-free paper.

**www.mhhe.com**

# Contents

## THEME 5  *Les conquêtes
du monde moderne*  212

FUNCTIONS: Describing in the future; talking
about places; expressing feelings and opinions

## THEME 6  *La santé*  266

FUNCTIONS: Describing and comparing; hypothesizing; expressing opinions; using extended discourse

# To the Instructor

Welcome to the fourth edition of *Ensuite,* a complete program for intermediate college French. Aimed at building students' proficiency in all four language skills (reading, writing, listening, and speaking) and enhancing their knowledge of the cultures of French-speaking people, *Ensuite* invites your students on a fascinating journey through the Francophone world via engaging readings, thought-provoking activities, authentic listening passages, a feature-length film (*Le Chemin du retour*), and the Internet.

## The *Ensuite* Program

*Ensuite* consists of a main text and a combined workbook / laboratory manual (*Cahier de laboratoire et d'exercices écrits*). Through the readings in the main text in addition to the listening passages, the film, and Internet activities in the *Cahier,* students not only learn to understand "real" French, they also encounter a wealth of information about the ideas, interests, and values of the French-speaking people. The task-based activities in the main text and *Cahier* help students use their critical-thinking skills to interpret this information and provide them with guided opportunities for listening, speaking, reading, and writing. Vocabulary practice and a systematic review of French grammatical structures support the functional and communicative goals of the text.

## New in the Fourth Edition

Without altering the essence of *Ensuite,* we have implemented a number of significant changes in the fourth edition in an effort to help students move more efficiently and more rapidly through the Intermediate range of proficiency. While the feeling of hitting a plateau in language progression is normal in second-year courses, this edition of *Ensuite* is blazing new trails in addressing the critical transition from short sentence-level speech, typical of Intermediate students, to the elaborations that characterize Advanced-level language.

- The fourth edition of *Ensuite* takes a new approach to vocabulary practice. Going beyond the mere manipulation of words in **Paroles,** students learn to systematically work with circumlocution, thus becoming more independent with the language. Each **Parlons-en** section provides activities where students define new words, taking their ability to describe and deal with complications to new levels. Other activities teach students to elaborate in French.

- The cultural journey through the Francophone world is more thorough, more reflective. **Réflexion culturelle** is a new feature found in the vocabulary section of most chapters. Students are asked to give their personal reaction to some cultural facts or observations related to the theme of the chapter. **Culture et contexte,** in the pre-reading section of each chapter, has been greatly expanded to include more information on the historical, geographical, social or literary contexts of the readings. Finally, in the *Cahier de laboratoire et d'exercices écrits,* the optional activities that accompany the film, *Le Chemin du retour,* provide cultural observations and reflections based on both the images and plot of the film (see more information about the film below.)

- The readings in five chapters are new in this edition, adding variety to ***Ensuite.***
  - **Chapitre 1:** *"Sommes-nous encore jugés sur notre look?"* This article, taken from the magazine *Maxi,* analyzes the changing perceptions of personal appearance in modern France.
  - **Chapitre 8:** *"Pour ne pas bronzer idiot... Voyager en solidaire."* Taken from *Le Nouvel Observateur,* this thought-provoking article considers a new approach to tourism. *"Pour ne pas bronzer idiot,"* considers experiencing life in an African village.
  - **Chapitre 10:** *"Un grain de vie et d'espérance."* This text, taken from a 2002 short story by Senegalese writer, Aminata Sow Fall, analyzes "l'acte de manger" in Senegal—a real feast in all senses of the word!
  - **Chapitre 13:** *"Mon travail, ma vie et moi—la recherche d'un équilibre."* This article, taken from the magazine *Psychologies,* looks at French people's attitudes toward work. "Comment faire pour ne pas perdre sa vie à la gagner?"
  - **Chapitre 15:** *"Le racisme expliqué à ma fille,"* by Tahar Ben Jelloun, is a famous text. This excerpt examines important issues on racism and immigration.

- All **Avant de lire** sections have been revised and expanded to facilitate comprehension and address the development of reading proficiency. In addition to the changes in **Culture et contexte** mentioned above, more activities have been added in **Stratégies de lecture,** such as "Des clés dans le texte" and "Lecture globale," to train students in the skills they need to infer meaning.

- Role plays (*Jeu de rôles*) are now in French, and they are presented in such a way as to elicit elaborations. Because elaborating is as much a cognitive process as it is linguistic, instructors are encouraged to do pre-speaking activities aimed at activating student *content* (i.e., ideas and details to be included) as well as forms. Please refer to **The Role of Pre-Speaking in Proficiency Development** in the *Instructor's Manual.*

- With the same purpose in mind, that of changing the Intermediate plateau into an Advanced springboard, the **unit openers** now provide activities that not only activate the students' background knowledge of chapter themes but also set the stage for reflective elaborations, where meaning takes precedence over form.

- The **Ensuite** program now includes the McGraw-Hill feature-length film, *Le Chemin du retour*. Designed for introductory through intermediate-level courses, this beautiful film at once engages and challenges second-year students. The comprehension activities that have been created to accompany **Ensuite** are tailored to the Intermediate level. The film follows the story of Camille Leclair, a young television journalist who is searching for the truth about her grandfather's mysterious past. As the story unfolds, students are exposed not only to the language of authentic French speakers, but also to the visual culture of the people and their environment, the sounds of everyday life, and the haunting presence of history in the Francophone world. The viewing and the activities for each episode can fit into a 50-minute class period, or they can be assigned as homework, depending on time pressures.

- The new Testing Program includes sample quizzes for each chapter, unit tests, and a final examination. The quizzes are designed as comprehension checks for each phase of an **Ensuite** chapter (**Paroles, Lecture,** and **Structures**). They can be used separately or combined into a chapter-level formative evaluation. The unit tests contain form-focused vocabulary and grammar activities and more open-ended items that require production, thus allowing the instructor an opportunity to evaluate the critical transition from short sentence-level production to elaboration. The new comprehensive final exam also contains a multiple-choice section to facilitate collection of comparative data and open-ended items.

## Organization of *Ensuite*

*Ensuite* consists of six thematic units of three chapters each. The opening section of each unit introduces the themes and functions of the unit, and provides thought-provoking questions designed to spark students' interest, activate their background knowledge, and help them anticipate the content of the three chapters of the unit. Each chapter has four main sections: **Paroles, Lecture, Structures,** and **Par écrit.**

- **Paroles**
  Presenting the essential vocabulary of the chapter, **Paroles** targets words that, while possibly familiar to students, may not yet be part of their active vocabulary. The activities provide students with opportunities to practice the chapter vocabulary in personalized, communicative settings and set the stage for the reading and grammar activities that follow.

- **Lecture**
  Each **Lecture** section consists of an authentic reading and, to aid students in reading authentic materials with greater comprehension and enjoyment, pre-reading information (**Culture et contexte**) and activities (**Stratégies de lecture**). Post-reading activities verify students' comprehension of the reading and help them relate what they read to their own experience.

- **Structures**
  *Ensuite* presents grammar points inductively, thereby requiring students to participate actively in the learning process. In **Observez et déduisez,** students observe the structures in contexts taken directly from or closely related to the

chapter reading, then they infer on their own how those structures work in French. In **Vérifiez,** they verify their hypotheses and learn more details about the concept. Quick self-check exercises in **Essayez!** enable students to confirm their comprehension and pinpoint where they may need further study. Finally, **Maintenant à vous** begins with contextualized, form-focused exercises and ends with an array of open-ended, communicative activities for pair or group work. Grammar explanations in English make it possible for students to work through the **Structures** on their own and save valuable class time for communicative practice.

- **Par écrit**

  With its focus on writing, a skill given short shrift in many "communicative" textbooks, the **Par écrit** section offers strategies that develop good writing skills, such as techniques for generating interesting ideas, ways of anticipating the reader's expectations, and guidance in organizing descriptive or narrative passages. Prewriting tasks help students take the first step toward writing the chapter essay. Essay topics are genuine writing tasks, not oral exercises that have been turned into written assignments.

## Teaching for Proficiency

Foremost among the underlying organizational principles of *Ensuite* are the proficiency guidelines developed by the American Council on the Teaching of Foreign Languages (ACTFL). The guidelines identify four major levels of linguistic development. These levels and their subdivisions are as follows:

- Superior
- Advanced High
- Advanced Mid
- Advanced Low
- Intermediate High
- Intermediate Mid
- Intermediate Low
- Novice High
- Novice Mid
- Novice Low

Many instructors have learned to use this terminology to measure students' oral proficiency; however, the notion of proficiency can also be applied to reading, writing, and listening. *Ensuite* provides a wide variety of contexts and activities aimed at developing students' proficiency in all four skills simultaneously. For example, proficiency goals are inherent in the sequence of grammar presentations. Those structures needed most by learners at the lower proficiency levels are treated first and recycled frequently, while more demanding structures are added and spiraled along with the simpler ones as the text progresses.

We have made three key assumptions about the development of oral proficiency. First, most students at the beginning of the second year of college language study (especially after a summer hiatus) would prove to be at the lower end of the ACTFL scale (Novice High or Intermediate Low) if tested in an oral interview. Second, a reasonable goal for second-year students is to attain proficiency at the middle range (Intermediate Mid or Intermediate High). Third, students should be exposed to the structures needed to achieve the highest levels of proficiency (Advanced High to Superior), even though such achievement is not likely after two years of language study.

Equivalent levels of proficiency for the other skills are equally desirable, but the four skills will not evolve at an equal pace. Students can generally read and understand at a level higher than that at which they can speak. *Ensuite* provides an opportunity for students to develop all four skills, although such development depends on the ability and effort of the individual.

Before beginning our work on *Ensuite,* we identified the following ten basic language functions, the mastery of which is necessary to progress up the ACTFL scale.

1. asking and answering questions
2. describing in present time
3. narrating in present time
4. surviving a simple (predictable) situation
5. describing in past time
6. narrating in past time
7. describing and narrating in future time
8. surviving a situation with a complication (an unpredictable situation)
9. supporting an opinion
10. hypothesizing

Each unit of the text targets one or two of these functions, progressing from the simplest (1 and 2) to the most difficult (9 and 10).

## Program Components

As a full service publisher of quality educational products, McGraw-Hill does much more than just sell textbooks to your students. We create and publish an extensive array of print, video, and digital supplements to support instruction on your campus. Orders of new (versus used) textbooks help us to defray the cost of developing such supplements, which is substantial. Please consult your local McGraw-Hill representative to learn about the availability of the supplements that accompany *Ensuite.*

### Available to adopters and to students:

- *Student Edition.* (See Organization of *Ensuite,* above.)

- *Cahier de laboratoire et d'exercices écrits.* This combined workbook and laboratory manual, coordinated thematically with the chapters of the main text, offers guided, form-focused grammar and vocabulary exercises as well as exercises that elicit open-ended language production and encourage elaborations. These exercises supplement the interactive material in the main text. The workbook section includes six transcribed interviews, in which French speakers from various walks of life discuss diverse topics related to the unit themes. These authentic interviews provide students with additional reading practice while giving them a greater understanding of the French-speaking people. The laboratory portion contains additional authentic interviews that form the basis of listening comprehension activities in the **A l'écoute!** section. Guided by pre- and post-listening tasks, students hear brief excerpts from unscripted conversations. The aim of these tasks is to teach students how to understand natural spoken French through a step-by-step process. In addition, the laboratory program builds listening and speaking skills via pronunciation practice and focused practice on the chapter's vocabulary and grammar. Finally, new guided Internet activities, as well as optional viewing activities for the film, *Le Chemin du retour,* are also included in the *Cahier.*

- *Audio Program to accompany* **Ensuite.** Corresponding to the laboratory portion of the *Cahier,* the *Audio Program* contains all of the recorded materials for review of vocabulary and grammatical structures, passages for extensive and intensive listening practice, and guided pronunciation practice.

- *Website to accompany* **Ensuite.** The new **Ensuite** website brings the French-speaking world directly into students' lives to enrich their language-learning experience with a myriad of authentic French-language resources and review activities.

- *MHELT (McGraw-Hill Electronic Language Tutor).* This computer program, available on a dual platform IBM™/Macintosh™ diskette, includes a broad selection of the form-focused grammar and vocabulary activities found in **Ensuite,** Fourth Edition.

## Available to adopters only:

- *Instructor's Edition.* This special edition of the main text contains on-page annotations with helpful hints and suggestions for introducing the chapter topics, presenting vocabulary, working with the readings, explaining grammatical concepts, and implementing the activities.

- *Instructor's Manual / Testing Program.* Revised for the Fourth Edition, this manual offers theoretical and methodological guidance in teaching for proficiency and for getting the most out of the **Ensuite** program. It also contains guidelines for developing an evaluation program consistent with proficiency-oriented instruction as well as sample chapter quizzes, unit tests, and final examination.

- *Audioscript.* This is a complete transcript of the material recorded in the *Audio Program to accompany* **Ensuite.**

- *Instructor's Resource Kit.* This is a collection of transparency masters containing grammar review exercises, enlarged realia from the main text, realia thematically related to each chapter, and optional activities and role-plays.

- *Le Chemin du retour.* A two-hour, feature-length film, *Le Chemin du retour* has been incorporated into the **Ensuite** program with optional viewing activities that follow each unit. The film is available in either VHS or DVD format for individual student purchase or for purchase by institutions with a site license for language laboratory or classroom use. Viewing activities are located in the *Cahier.*

# Acknowledgments

We would like to express our gratitude to the following instructors whose valuable suggestions contributed to the preparation of this new edition. The appearance of their names does not necessarily constitute an endorsement of **Ensuite** or its methodology.

Anne Sophie Blank, University of Missouri,
  St. Louis
Catherine E. Campbell, Cottey College
Michael Danahy, University of Missouri
Jane Dilworth, St. Mary's College of
  California
Yvonne Emerson, Southern Virginia College
Ramona Farthing, Oklahoma Baptist
  University
Emilie Harker, Brigham Young University
Josée Lauersdorf, Luther College
Catherine Marachi, Saint Mary's College
Daniel R. Morris, Southern Oregon State
  College

J. Elaine Porter, Methodist College,
  Fayetteville
Maureen Rothstein, Carthage College
Kevin Rottet, University of Wisconsin,
  Whitewater
Nicole Ruimy, State University of
  New York, FIT
Cynthia Saar, North Dakota State
  University
Iris Smorodinsky, University of California,
  Santa Barbara
Nancy Virtue, Indiana University-Purdue
  University Fort Wayne

Many other individuals deserve our thanks. We are especially grateful to Nicole Dicop-Hineline who, as the native reader, edited the language for authenticity, style, and consistency, and to Michelle-Noelle Magallanez, who edited the manuscript. We also wish to acknowledge the editing, production, and design team at McGraw-Hill: Christina Gimlin, Sharon Spurlock, Alexandra Ambrose, Pam Augspurger, and Louis Swaim. Nick Agnew and the marketing and sales staff of McGraw-Hill are much appreciated for their loyal support of **Ensuite** over the years. Finally, many thanks are owed to our publisher, William Glass, who followed the book through writing and production phases and provided us with encouragement and assistance, as well as to our Editor-in-chief, Thalia Dorwick, for her continuing support and enthusiasm.

# To the Student

A language course is like a journey. Will you approach it as a tourist or as a traveler? The tourist gathers facts and forms like Polaroid photos, and may not have the time to analyze and internalize the experiences of the journey. The traveler, on the other hand, is a reflective observer who uses the language as an instrument of discovery, a way to understand other social and cultural realities. The traveler takes the time to ask questions and develop insights into other people's views and patterns of behavior, observing differences and similarities on their own terms. The traveler realizes that a new way of saying things is often a new way of seeing things. Take the word *bread,* for example. When you think of bread, what images are conjured up in your mind? A loaf of evenly sliced bread wrapped in plastic? other images? To the French, the word *pain* is likely to evoke the taste and smell of a warm baguette or the heavier texture of a *pain de campagne (country bread).* Language learning is not simply a matter of learning different words, but one of acquiring a new set of concepts associated with the words—a chance to expand one's horizons. As you begin this course, we encourage you to be a reflective traveler.

## A cultural journey

Each unit of **Ensuite** will take you to a different realm of the Francophone world to explore such concepts as self and family, school, work, leisure activities, food and health, and various social issues. The unit openers, through thought-provoking questions, will prompt you to anticipate and reflect on cultural differences as well as similarities. In each chapter, a section entitled **Culture et contexte** will set the stage for the readings and will help you understand why people in the Francophone world think and act the way they do. In **Paroles,** activities entitled **Réflexion culturelle** will prompt further cultural observations and discoveries. The key to a successful journey is understanding others on their own terms. Before embarking on the journey, let's see what we mean by the "Francophone world."

Without consulting a reference work, how many French-speaking countries can you name? Now look at the maps on pages xix–xxiv. How many French-speaking countries or regions do you see in Europe? in Africa? in the Americas? in the Pacific?

As a leading world power through the last four centuries, France sent out explorers, merchants, soldiers, and missionaries to different parts of the world, building a vast colonial empire in which the official language was French. Today, most of those former colonies are independent countries, yet many of them continue to use French as an official language. Why? In Quebec, for example, the French language is a way to preserve a rich cultural heritage. In most Francophone African countries, the use of French is a way to establish an administrative unity between various ethnic groups within a nation, while simultaneously enabling the inhabitants to belong to a larger economic community referred to as *la Francophonie.*

In each unit (**Thème**), the readings and activities will open some fascinating windows onto the Francophone world.

As you travel through ***Ensuite*** and practice new ways of saying things, don't forget to look for new ways of seeing things. The Internet activities, the authentic listening texts, and the film, *Le Chemin du retour,* with their accompanying activities in the *Cahier de laboratoire et d'exercices écrits,* will give you additional exposure to the Francophone world.

## A "strategic" journey

Like travel, becoming proficient in a foreign language can be strenuous at times and may even require a concentrated effort. However, with a few strategies, you can make the journey easier and more enjoyable.

- Reading in a foreign language can be frustrating and time-consuming if you try to translate word-for-word, constantly referring to a dictionary or the glossary at the end of the book. Instead, learn to read strategically! Effective readers use strategies more than dictionaries. If you take the time to do the activities in the **Avant de lire** section and apply the strategies presented there, you will save yourself much time and frustration.

- When you think of the reading process, do you imagine that the key to comprehension is what happens between your eyes and the words on the page? In fact, what happens between your eyes and what is already in your *head* is much more important. When you draw upon your past experience and knowledge of the world, you are more likely to make intelligent guesses that facilitate reading. The **Anticipation** section is designed to help you activate your background knowledge before you start reading. When you think about the topic of a story, discuss personal experiences related to that topic, and make predictions about the story, you are already "taming" the text, making it easier to understand.

- Occasional reminders about the point of view (**le point de vue**) of the author or narrator can also help you approach a text with a proper mind-set. For example, if you know that the reading relates a child's outlook on a given situation, you can adjust your expectations of the text and thereby improve your comprehension.

- Looking at unknown words in isolation and jumping to the dictionary is usually unproductive. On the other hand, learning to look at new words in context and to guess their meaning from the context (**devinez le sens par**

**le contexte**), and using what you already know to guess what you don't know yet, will lead you to success and independence in reading.

- Another way to tame the unknown is to look for cognates (**mots apparentés**), that is, words that are identical, or almost identical, in French and English. Once you learn to recognize the similarities, you will find that your vocabulary has increased significantly!

- A global approach (**approche globale**) is a very useful strategy for approaching a new reading, especially if it looks challenging. Before you start reading, skim the whole text to get a general idea of what it is about, or map the text out in your mind. If you start with a global picture, you will find it much easier to make sense of the details.

- Another useful strategy is to pay attention to word order (**l'ordre des mots**). When we read, we have certain expectations of the words on the page. For example, we know that sentences generally contain a subject, a verb, and one or more objects. Sometimes, however, especially in literary texts, sentence structures defy expectations. When this appears to be the case, take a moment to look at the order of the words and identify the parts of speech. At times, matching verbs and subjects is all it takes to solve an apparent mystery!

- An understanding of cultural and historical background of a text will make your reading—and your journey!—more meaningful. The **Culture et contexte** section will provide you with information that is essential to understanding the text.

- Take a problem-solving approach to grammar. When you memorize rules, you are involved in short-term, or lower-order, learning. To achieve lasting, higher-order learning you must use your critical-thinking skills—that is, you must analyze, draw analogies, make and verify predictions, and infer meaning, among others. Take the time to observe grammatical structures in context and answer the questions in the **Observez et déduisez** section before you work on the exercises in the **Vérifiez** section. In doing so, you will find it much easier to remember what you have studied, making your study time more efficient. If the **Vérifiez** section appears on the same page as **Observez et déduisez,** cover up the former while you work on the latter. When you figure things out on your own, somehow they seem to make a lot more sense—even in French grammar!

*Bon voyage!*

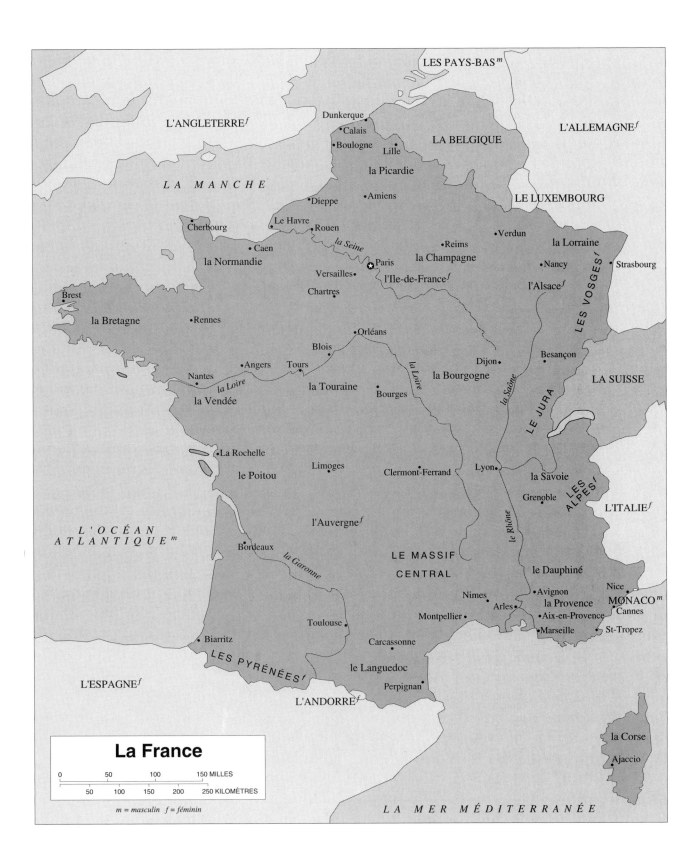

## La France

LES PAYS-BAS*m*

L'ANGLETERRE*f*

L'ALLEMAGNE*f*

Dunkerque
Calais
Boulogne
Lille

LA BELGIQUE

la Picardie

LA MANCHE

Dieppe
Amiens

LE LUXEMBOURG

Cherbourg
Le Havre
Rouen
Verdun
la Lorraine

la Seine
Reims
la Champagne
Nancy
LES VOSGES*f*
Strasbourg

Caen
la Normandie
Paris
Versailles
l'Ile-de-France*f*
l'Alsace*f*

Brest
Chartres

la Bretagne
Rennes

Orléans
Blois
Dijon
Besançon

Angers
Tours
la Bourgogne
LA SUISSE

Nantes
la Loire
la Touraine
Bourges
la Loire
la Saône
LE JURA

la Vendée

La Rochelle

le Poitou
Limoges
Clermont-Ferrand
Lyon
la Savoie

l'Auvergne*f*
Grenoble
LES ALPES*f*

L'OCÉAN
ATLANTIQUE*m*

L'ITALIE*f*

Bordeaux
la Garonne
LE MASSIF
CENTRAL
le Rhône
le Dauphiné

Nice
MONACO*m*

Nîmes
Avignon
la Provence
Aix-en-Provence
Cannes

Montpellier
Arles
Marseille
St-Tropez

Toulouse

Biarritz
Carcassonne
LES PYRÉNÉES*f*
le Languedoc

L'ESPAGNE*f*
Perpignan

L'ANDORRE*f*

la Corse
Ajaccio

LA MER MÉDITERRANÉE

### La France

0   50   100   150 MILLES

50   100   150   200   250 KILOMÈTRES

*m = masculin   f = féminin*

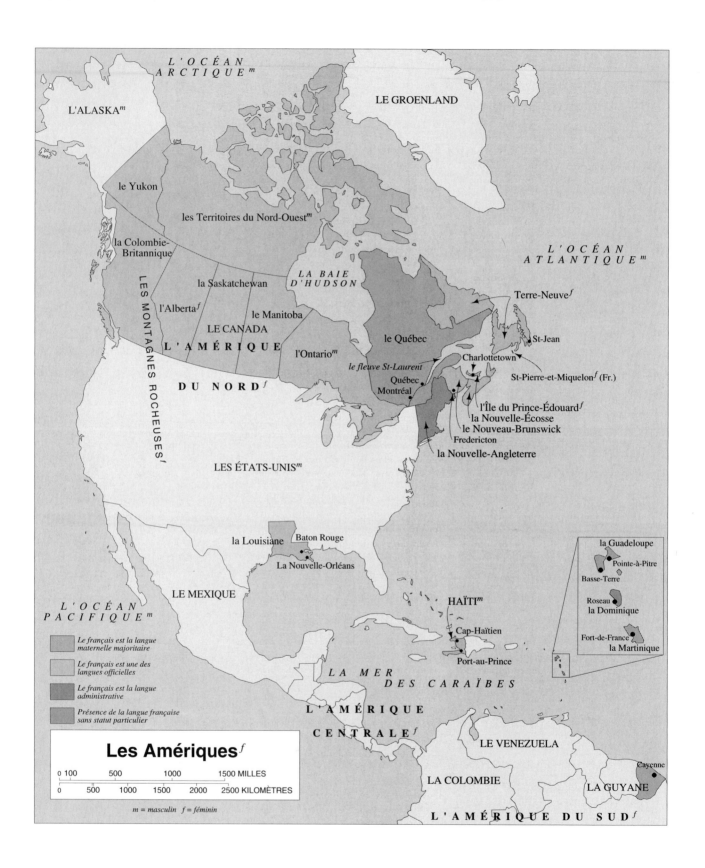

Les Amériques *f*

L'OCÉAN ARCTIQUE *m*

LE GROENLAND

L'ALASKA *m*

le Yukon

les Territoires du Nord-Ouest *m*

la Colombie-Britannique

L'OCÉAN ATLANTIQUE *m*

LA BAIE D'HUDSON

la Saskatchewan

Terre-Neuve *f*

LES MONTAGNES ROCHEUSES *f*

l'Alberta *f*

le Manitoba

LE CANADA

L'AMÉRIQUE

l'Ontario *m*

le Québec

St-Jean

DU NORD *f*

le fleuve St-Laurent

Charlottetown

St-Pierre-et-Miquelon *f* (Fr.)

Québec
Montréal

l'Île du Prince-Édouard *f*
la Nouvelle-Écosse
le Nouveau-Brunswick

Fredericton

la Nouvelle-Angleterre

LES ÉTATS-UNIS *m*

la Louisiane    Baton Rouge

La Nouvelle-Orléans

LE MEXIQUE

HAÏTI *m*

la Guadeloupe

Pointe-à-Pitre

Basse-Terre

L'OCÉAN PACIFIQUE *m*

Roseau
la Dominique

Cap-Haïtien

Port-au-Prince

Fort-de-France
la Martinique

Le français est la langue maternelle majoritaire

Le français est une des langues officielles

Le français est la langue administrative

Présence de la langue française sans statut particulier

LA MER DES CARAÏBES

L'AMÉRIQUE

CENTRALE *f*

LE VENEZUELA

**Les Amériques** *f*

0 100    500    1000    1500 MILLES

0    500    1000    1500    2000    2500 KILOMÈTRES

LA COLOMBIE

LA GUYANE

Cayenne

*m* = masculin   *f* = féminin

L'AMÉRIQUE DU SUD *f*

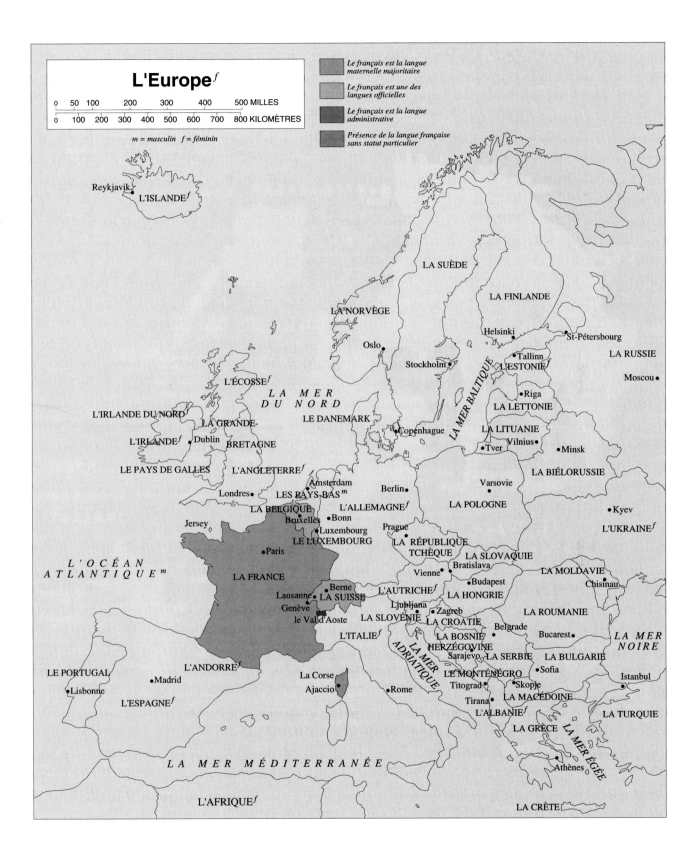

# L'Europe*f*

| | | | | | | | |
|---|---|---|---|---|---|---|---|
| 0 | 50 | 100 | 200 | 300 | 400 | 500 MILLES | |

| 0 | 100 | 200 | 300 | 400 | 500 | 600 | 700 | 800 KILOMÈTRES |

*m = masculin   f = féminin*

Le français est la langue
maternelle majoritaire

Le français est une des
langues officielles

Le français est la langue
administrative

Présence de la langue française
sans statut particulier

Reykjavik
L'ISLANDE*f*

LA SUÈDE

LA NORVÈGE

LA FINLANDE

Helsinki
St-Pétersbourg

Oslo
Tallinn
L'ESTONIE*f*

LA RUSSIE

Stockholm
Moscou

LA MER BALTIQUE

Riga

LA LETTONIE

L'ÉCOSSE*f*

LA MER
DU NORD

Copenhague

LA LITUANIE

Vilnius

Minsk

L'IRLANDE DU NORD*f*
LA GRANDE-

LE DANEMARK

Tver

L'IRLANDE*f* Dublin
BRETAGNE

LA BIÉLORUSSIE

LE PAYS DE GALLES   L'ANGLETERRE*f*

Amsterdam

Varsovie

Berlin

Londres
LES PAYS-BAS*m*

LA BELGIQUE

L'ALLEMAGNE*f*

LA POLOGNE

Kyev

Bruxelles
Bonn

Prague

L'UKRAINE*f*

Jersey

Luxembourg

LE LUXEMBOURG

LA RÉPUBLIQUE
TCHÈQUE

LA SLOVAQUIE

Paris

Bratislava

LA MOLDAVIE

L'OCÉAN
ATLANTIQUE*m*

LA FRANCE

Vienne

Budapest

Chisinau

Berne

L'AUTRICHE*f*

LA HONGRIE

Lausanne LA SUISSE

LA ROUMANIE

Genève

Ljubljana

le Val d'Aoste

LA SLOVÉNIE

Zagreb

LA MER
NOIRE

L'ITALIE*f*

LA CROATIE

Belgrade

Bucarest

LA BOSNIE-

LA MER
ADRIATIQUE

HERZÉGOVINE

Sarajevo
LA SERBIE

LA BULGARIE

LE PORTUGAL

L'ANDORRE*f*

La Corse

LE MONTÉNÉGRO

Sofia

Istanbul

Lisbonne

Madrid

Ajaccio

Rome

Titograd
Skopje

L'ESPAGNE*f*

Tirana
LA MACÉDOINE

LA TURQUIE

L'ALBANIE*f*

LA GRÈCE

LA MER ÉGÉE

LA MER MÉDITERRANÉE

Athènes

L'AFRIQUE*f*

LA CRÈTE

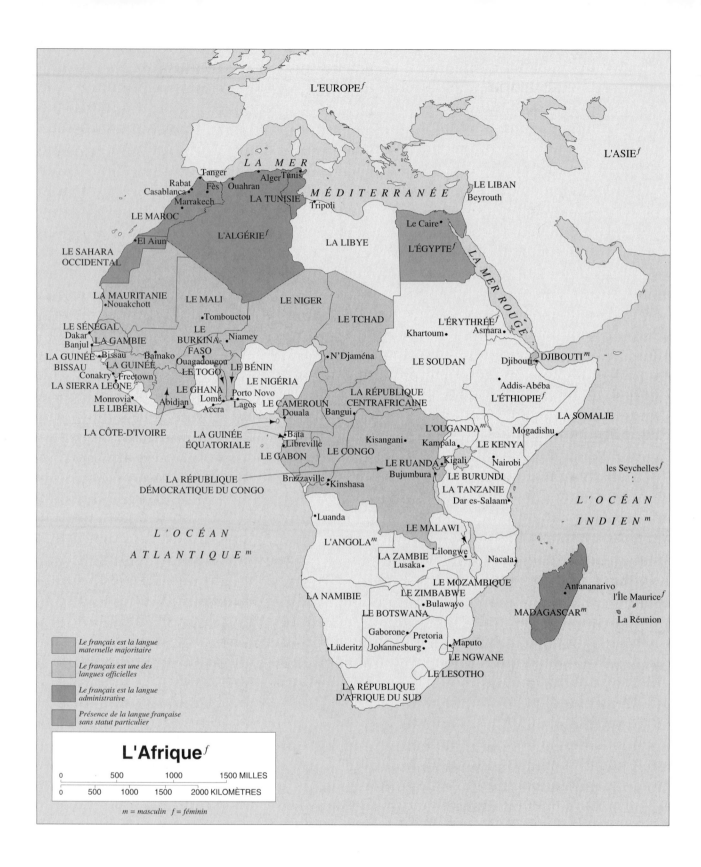

L'Afrique<sup>f</sup>

Le français est la langue maternelle majoritaire

Le français est une des langues officielles

Le français est la langue administrative

Présence de la langue française sans statut particulier

| 0 | 500 | 1000 | 1500 MILLES |
| 0 | 500 | 1000 | 1500 | 2000 KILOMÈTRES |

m = masculin   f = féminin

LE GROENLAND

LE CANADA

L'AMÉRIQUE

le Québec

St-Pierre-et-Miquelon $^f$

l'Île du Prince-Édouard $^f$

la Nouvelle-Écosse

le Nouveau-Brunswick

DU NORD $^f$

la Louisiane

la Nouvelle-Angleterre

L'OCÉAN PACIFIQUE $^m$

HAÏTI $^m$

LES ANTILLES
FRANÇAISES $^f$

la Guadeloupe

la Dominique

la Martinique

LA GUYANE

L'AMÉRIQUE

les Îles Marquises $^f$

les Îles Tuamotu $^f$

Vanuatu $^m$

DU SUD $^f$

Tahiti $^f$

la Nouvelle-Calédonie

LA POLYNÉSIE FRANÇAISE $^f$

## Les régions
## francophones du monde

| 0 | 1000 | 2000 | 3000 | 4000 MILLES |

| 0 | 1000 | 2000 | 3000 | 4000 | 5000 | 6000 KILOMÈTRES |

*m = masculin   f = féminin*

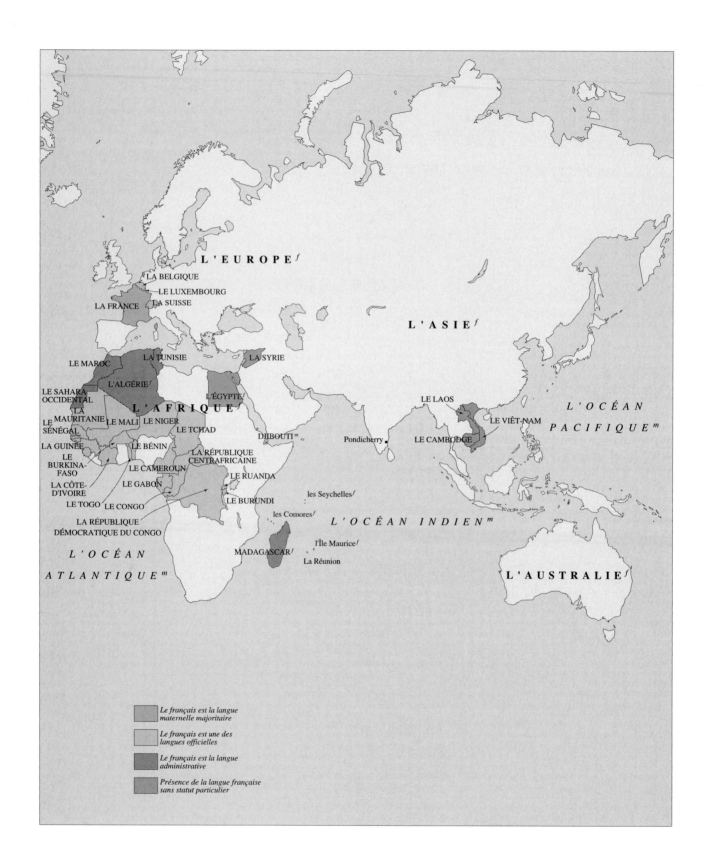

L'EUROPE *f*

LA BELGIQUE
LE LUXEMBOURG
LA FRANCE    LA SUISSE

L'ASIE *f*

LE MAROC    LA TUNISIE    LA SYRIE

LE SAHARA
OCCIDENTAL    L'ALGÉRIE    L'ÉGYPTE
LA    L'AFRIQUE
LE MAURITANIE    LE NIGER    LE LAOS
SÉNÉGAL    LE MALI    LE TCHAD    LE VIÊT-NAM

L'OCÉAN
PACIFIQUE *m*

LA GUINÉE    LE BÉNIN    DJIBOUTI *m*    Pondicherry    LE CAMBODGE
LE
BURKINA-    LA RÉPUBLIQUE
FASO    LE CAMEROUN    CENTRAFRICAINE
LA CÔTE-    LE RUANDA
D'IVOIRE    LE GABON
LE TOGO    LE CONGO    LE BURUNDI    les Seychelles *f*
LA RÉPUBLIQUE
DÉMOCRATIQUE DU CONGO    les Comores *f*    L'OCÉAN INDIEN *m*

l'Île Maurice *f*
MADAGASCAR *f*    La Réunion

L'OCÉAN
L'AUSTRALIE *f*
ATLANTIQUE *m*

Le français est la langue
maternelle majoritaire

Le français est une des
langues officielles

Le français est la langue
administrative

Présence de la langue française
sans statut particulier

# Ensuite

# *Qui êtes-vous?*

## En bref

Each of the units (**Thèmes**) in *Ensuite* is designed to help you master specific skills; the vocabulary and grammatical structures presented were chosen with these skills in mind. In **Thème 1,** for example, one of your aims will be to learn how to ask questions and get information in French; therefore, one of the grammar points concerns interrogative forms and how to use them. The functions and structures are listed at the beginning of each unit. Be sure to keep your overall goals in mind as you work through the chapters.

These are the functions and structures presented in **Thème 1.**

## Functions

- Describing in the present tense
- Narrating (telling what is happening)
- Asking questions

## Structures

- Adjectives
- Verbs in the present tense
- Interrogative forms

*Les jeunes Français dans la rue parisienne*

p. 3

*parfois – sometimes*
*venir à l'esprit –*
*come to mind*
*plutôt – rather*
*appartenir – belong to*
*celle – the one*

## Anticipation

Les lectures et les activités de ce **Thème** vont vous faire réfléchir à des questions parfois universelles, parfois particulières au monde francophone. Pour vous préparer à cette réflexion, considérez les questions suivantes.

1. Quand vous pensez à «l'identité française», quelles sont les images qui vous viennent à l'esprit? Voyez-vous un monsieur sur sa bicyclette avec un béret et une baguette? Voyez-vous plutôt une actrice comme Catherine Deneuve, élégante et distinguée? Comparez les images mentales que vous avez des Français a) dans la rue, b) au travail et c) à l'école.

2. Les classes sociales ont-elles une grande influence sur l'identité de l'individu? Considérez la société où vous vivez. Comment les classes sociales se reconnaissent-elles? Les gens qui appartiennent à chacune de ces classes sociales ont-ils des caractéristiques communes? Expliquez.

3. Maintenant, essayez de vous transposer dans une ancienne colonie française en Afrique. Savez-vous que 22 pays d'Afrique ont toujours le français comme une de leurs langues officielles? Ces pays ne sont indépendants que depuis 40 à 50 ans. Pensez-vous que l'identité des Marocains, par exemple, ou celle des Sénégalais, a été marquée par la colonisation? Dans quel sens? Faites une liste des domaines probables où, selon vous, cette influence se fait encore sentir.

## CHAPITRE 1

*Comment sont-ils? Qu'est-ce qu'ils portent? (Marseille, France)*

## Le look

### Lecture
- «Sommes-nous encore jugés sur notre look?»

### Structures
- Describing: Agreement and Adjectives
- Placement of Adjectives
- Possessive Adjectives

## La description physique

*Le corps:* on peut être **petit** (*short*), **grand** (*tall*), **de taille moyenne** (*of average height*), **mince** (*slim*), **maigre** (*skinny*), **gros** (*fat*), **beau, laid/moche** (*ugly*), **mignon** (*cute*), **musclé, athlétique.**

*Les cheveux:* on peut avoir les cheveux **blonds, bruns, châtains** (*dark blond*), **roux** (*red*), **longs, courts, bouclés** ou **frisés** (*curly*), **ondulés** (*wavy*), **raides** (*straight*), **clairs** (*light*) ou **foncés** (*dark*), avec ou sans **frange** [f.] (*bangs*). On peut aussi être **chauve** (*bald*).

*Les yeux:* on peut avoir les yeux **bleus, marron, verts** ou **gris;** on peut porter des **lunettes** [f.] (*glasses*) ou des **lentilles** [f.] (*contact lenses*).

## La personnalité

| ON PEUT ETRE | | OU AU CONTRAIRE | |
|---|---|---|---|
| agréable | égoïste | désagréable | altruiste |
| aimable | idéaliste | froid | réaliste |
| sympathique | intelligent | antipathique | bête, stupide |
| agressif | intéressant | doux | ennuyeux |
| ouvert | optimiste | réservé | pessimiste |
| bavard | têtu, obstiné | timide | facile à vivre |
| dynamique | travailleur | mou | paresseux |

*(handwritten annotations: doux — sweet, soft; mou — flabby; facile à vivre — easy to get along with)*

## Les sentiments

On peut **se sentir...**

**fatigué, confus, en colère, découragé, triste, effrayé, dégoûté, embarrassé, anxieux, nerveux** ou au contraire **sûr de soi, confiant.**

*(handwritten annotations: confus — mixed up; découragé — scared; se sentir — feel)*

## Les vêtements

Qu'est-ce qu'on fait avec les vêtements? On les **met** (*puts on*), on les **porte** (*wears*), on les **enlève** (*takes off*), on **s'habille** ou on **se déshabille.** Et bien sûr, on les **choisit** selon l'occasion et selon la mode.

*(handwritten annotations: REVIEW; bien sûr — of course)*

*Pour hommes:* un **costume** (*suit*), une **chemise** (*shirt*), un **veston** ou une **veste** (*suit coat*), une **cravate** (*tie*).

*Pour femmes:* un **tailleur** (*suit*), une **jupe** (*skirt*), un **chemisier** (*blouse*), une **veste** (*jacket*), une **robe** (*dress*).

*«Unisexe»:* un **pantalon,** un **jean,** un **short,** un **jogging;** un **tee-shirt** avec ou sans **poche** [f.] (*pocket*), un **pull** (à **manches** longues ou courtes), un **polo;** des **sous-vêtements** [m.] (*underwear*); des **chaussettes** [f.] (*socks*), des **baskets** [f.] ou des **tennis** [f.] (*tennis shoes*), des **chaussures habillées** (*dress shoes*), des **bottes** [f.] (*boots*), des **sandales** [f.], des **pantoufles** [f.] (*slippers*); un **manteau** (*coat*), un **imperméable** (*raincoat*), un **blouson** (*waist-length jacket*).

*Les accessoires* [m.]: une **ceinture** (*belt*), un **chapeau** (*hat*), une **écharpe** (*scarf*), des **gants** [m.] (*gloves*); une **montre** (*watch*); un **collier** (*necklace*); une **bague** (*ring*).

*Les tissus* [m.]: un vêtement en **coton** (*cotton*), en **laine** (*wool*), en **polyester,** en **soie** (*silk*); un **tissu uni** (*solid-color fabric*), à **carreaux** (*plaid*), à **rayures** (*striped*), **imprimé** (*print*); **assorti** (*matching*).

En Afrique francophone, les hommes et les femmes portent souvent des **boubous** [m.], qui sont de longues tuniques amples.

## • *Parlons-en*

**A. Une description complètement fausse!** Rectifiez les descriptions suivantes en donnant le contraire des traits donnés.

MODELE: Il paraît que Samuel est brun, avec les cheveux raides. →
Mais pas du tout! Il est blond, avec les cheveux frisés!

Il paraît que Samuel est...

1. petit et gros
2. égoïste et têtu
3. pessimiste et paresseux
4. réservé et ennuyeux
5. froid et mou
6. ?

Maintenant tournez-vous vers un(e) camarade de classe et faites une description complètement fausse de vous-même. Votre camarade va la rectifier.

**B. Des drôles de têtes.** Quels adjectifs peut-on utiliser pour décrire les têtes suivantes? A quel moment de la journée avez-vous les mêmes sentiments?

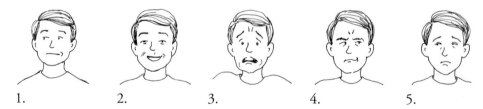

1.      2.      3.      4.      5.

**C. Le mot juste.** Voici la définition, à vous de trouver le mot juste!

1. C'est quand on n'est ni grand ni petit.
2. C'est quand on n'a plus de cheveux.
3. C'est le contraire d'anxieux.
4. C'est ce qu'on fait avec ses vêtements quand on se déshabille.
5. C'est un accessoire pour indiquer l'heure.
6. C'est un tissu d'une seule couleur.

**D. La définition.** Voici le mot, à vous de donner la définition.

1. des lentilles
2. une cravate
3. un imperméable
4. des chaussettes
5. une ceinture
6. le coton

**E. Des images et des mots.** Quels mots de **Paroles** les images suivantes évoquent-elles pour vous? Décrivez les traits physiques, la personnalité et les vêtements en utilisant le vocabulaire du chapitre.

1. un touriste américain stéréotypique  2. un vieux paysan français stéréotypique  3. un chanteur de rock  4. un(e) élève «populaire» dans une école secondaire  5. votre acteur préféré  6. votre actrice préférée  7. un personnage historique célèbre (Napoléon? George Washington? le président actuel?)

**F. Décrivez et imaginez.** En groupes de deux, décrivez les traits physiques et les vêtements des personnes que vous voyez sur ces photos. Essayez aussi de deviner leur âge, leur profession et leur personnalité.

*Les Français dans la rue*

*Un couple Français en Provence*

# Lecture

## Avant de lire

### Culture et contexte

Les Français font généralement très attention à leur façon de s'habiller et de se chausser, élégance oblige. Il faut dire que le regard critique de «l'Autre» a plus d'importance en France qu'aux Etats-Unis.

Mais si la France est connue pour ses grands couturiers, comme Christian Lacroix et Jean-Paul Gaultier, c'est surtout le prêt-à-porter (les vêtements qu'on achète dans les magasins ordinaires) qui habille le Français moyen. Ceci explique peut-être pourquoi les Français dépensent relativement peu d'argent pour leurs vêtements (5% de leur budget). Aux achats de vêtements, il faut cependant ajouter les chaussures, dont les Français sont les plus gros acheteurs d'Europe, avec une moyenne de six paires de chaussures par personne par an, et la consommation de produits cosmétiques qui place aussi la France au premier rang de l'Europe.

Le texte suivant, extrait du magazine populaire *Maxi,* analyse l'importance du look dans la société française d'aujourd'hui.

### Stratégies de lecture

- **Anticipation.** Un proverbe français dit que «l'habit ne fait pas le moine» (*literally, "clothes don't make the monk," i.e., you can't judge a book by its cover*). Est-ce vrai, ou sommes-nous encore jugés sur notre look? En groupes de deux ou trois, définissez 1) le look professionnel, 2) le look étudiant et 3) un autre look de votre choix, associé à un milieu socio-économique particulier dans la société actuelle. Ces looks ont-ils changé au cours des dernières années? Expliquez.

- L'article que vous allez lire contient les phrases suivantes. Pouvez-vous déduire le sens des mots en caractères gras? Rappelez-vous aussi que beaucoup de mots français ont des équivalents anglais très semblables. Reliez chaque mot à sa définition.

  1. «Plus on est **haut** dans la hiérarchie, plus **la rigueur vestimentaire** est **de rigueur.**»

     | | |
     |---|---|
     | haut | nécessaire, approprié |
     | vestimentaire | élevé, supérieur |
     | la rigueur | des vêtements |
     | de rigueur | l'austérité, le conservatisme |

  2. «La fin de **la dictature** des **marques** n'est pas pour demain.»

     | | |
     |---|---|
     | la dictature | le contrôle absolu |
     | une marque | comme Ralph Lauren, Levi's, etc. |

3. «Ce langage des apparences ne **s'arrête** plus seulement aux **habits: la coiffure** et **la démarche** permettent aussi d'**afficher** sa personnalité.»

s'arrêter               montrer
les habits            se limiter
la coiffure           la façon de marcher
la démarche       les vêtements
afficher             le style des cheveux

Maintenant regardez encore ces trois phrases. Sachant que l'article analyse l'importance du look a) dans la rue, b) au travail et c) à l'école, dans quelle partie du texte pensez-vous trouver chacune de ces phrases? Imaginez, justifiez votre choix, puis vérifiez en parcourant rapidement le texte.

1. «Plus on est haut dans la hiérarchie... »    a. Dans la rue
2. «La fin de la dictature des marques... »    b. Au travail
3. «Ce language des apparences... »    c. A l'école

## Sommes-nous encore jugés sur notre look?

Q**uelle est la première chose qu'on perçoit d'une personne? Son look!** masc
**Dans la rue, au travail, à l'école, sommes-nous encore jugés sur notre look?** Il y a de la révolution dans l'idée même de «look». Il fut un temps, pas si lointain que cela, où le «costard[a]-cravate» était l'apanage des cadres supérieurs[b] et des banquiers; le tailleur-jupe celui des femmes d'affaires ou autres actives; les «griffes»[c] celui des branchés ou des friqués,[d] et les tons acidulés[e] et coupes déstructurées[f] celui des jeunes générations. Un temps où le vêtement faisait office[g] de «signe extérieur de reconnaissance» des gens d'un même milieu, d'une même profession ou d'une même génération.

Mais il semble qu'au XXI[e] siècle, on entre dans une ère nouvelle où les    10
habits s'interprètent différemment. Une ère où les vêtements n'auraient plus pour fonction de nous uniformiser mais, au contraire, de nous différencier! L'habit ne ferait-il plus le moine?

### Dans la rue

«On catalogue[h] bien moins les gens en fonction de leur apparence vestimentaire», explique le sociologue Gilles Lipowetsky. «Jusque dans les années 50,  15
s'habiller était avant tout, un acte destiné à montrer plus ou moins précisé-
ment aux autres la place qu'on occupait dans la société. Mais l'avènement du prêt-à-porter a bouleversé[i] tout cela en démocratisant la mode.» Peut-on dire, pour autant, que nos vêtements ne nous cataloguent plus? «Pas tout à fait, nuance Gilles Lipowetsky. Aujourd'hui, les styles vestimentaires permettent  20

---

[a]costume (*fam.*)  [b]l'apanage... caractéristique des ingénieurs, directeurs, etc.  [c]marques  [d]branchés = gens à la dernière mode; friqués = gens riches (le fric [*fam.*] = l'argent)  [e]tons... couleurs fluorescentes  [f]coupes... styles bizarres  [g]faisait... jouait le rôle  [h]catégorise  [i]changé

**Le classique**

**Style décontracté**

**Style sportif**

**MICRO-TROTTOIR**

« Ma maman travaille à la maison : elle s'habille avec des pantalons modernes et des sweets. C'est mieux que dans les entreprises, car les dames doivent s'y habiller avec des tailleurs. Domma-ge, car c'est pas très joli... Moi, je préférerais qu'elles s'habillent comme elles veulent ! »

Amélie, 10 ans.

« Un chef d'en-treprise doit se montrer exemplaire par rapport à ses employés. Il doit toujours être présentable : en costume-cravate. »

Julien, 17 ans.

« Les banquiers sont, sans doute, la dernière profes-sion en costume-cravate. Personnellement, je ne verrais aucun inconvénient à ce qu'ils s'habillent de façon plus décon-tractée. Cela les rendrait plus sym-pathiques et moins rin-gards ! »

Caroline, 40ans.

surtout d'afficher sa personnalité et, parfois, ses idées: des jeunes s'habillant très *streetwear* (vêtements de sport à l'américaine) marquent, par exemple, leur passion pour le sport ou les valeurs sportives. Mais ce langage des apparences ne s'arrête plus seulement aux habits: la coiffure et la démarche permettent aussi d'afficher sa personnalité.» 25

Le langage des apparences serait-il également sensible aux âges? En cet âge où le jeunisme[j] est à la mode, si certains vêtements sont devenus inter-générationnels—une mamie[k] en 501 n'étonne plus personne—, d'autres gar-dent l'empreinte d'une tranche d'âge particulière.[l] Même si on est devenu tolérant à l'égard des excentricités vestimentaires, il n'en reste pas moins vrai 30 que tout n'est pas permis. C'est ainsi, par exemple, qu'une femme d'un âge mûr[m] portant une mini-jupe est rapidement cataloguée comme une *Qui-veut-se-la-jouer-jeune.* Et le ridicule n'est pas loin.

## *Au travail*

Certaines entreprises traditionnelles avaient déjà adopté le *Friday wear* («tenue du vendredi»), une pratique très en vogue aux Etats-Unis, qui con- 35 siste à s'habiller plus décontracté le vendredi, dans la perspective du départ en week-end. Ceci dit, «il faut rester lucide, observe le sociologue Michel Fize. L'entreprise française est aujourd'hui plus tolérante parce qu'elle a besoin de «rafraîchir» son image, afin de paraître plus dynamique, plus ouverte aux jeunes. Mais il faut respecter les «codes vestimentaires» de l'entreprise où l'on 40 travaille. Ainsi, si la norme est le look classique, mieux vaut s'y conformer strictement.» Le poste occupé a-t-il une influence directe sur le look à avoir? «Oui! répond sans hésiter Michel Fize. La plupart du temps, plus on est haut dans la hiérarchie, plus la rigueur vestimentaire... est de rigueur!»

[j]désir d'être jeune   [k]grand-mère   [l]l'empreinte... le signe d'un groupe d'âge   [m]mature

## A l'école

Il suffit d'écouter n'importe quels[n] parents pour entendre toujours le même 45
discours: désormais, les enfants s'habillent tous à peu près de la même façon,
surtout les adolescents. Pourtant, chez les jeunes aussi, il y a de la révolution
dans les penderies[o]!

«Quand j'avais 13–14 ans, je voulais absolument être «très à la mode»
pour qu'on pense que j'étais quelqu'un de bien, se souvient Justine, 17 ans. 50
A présent, je trouve que rien n'est plus nul[p] qu'être habillée comme les autres.
Il faut être à la mode, peut-être, mais surtout avoir son style à soi.»

Et les marques, alors? Les marques, c'est un peu le drame des parents:
pour une paire de baskets, par exemple, une simple petite virgule—ô combien célèbre—sur le derrière de la chaussure...et le prix double, quand il ne 55
triple pas! Mais les marques ont-elles toujours la cote[q]? «Si j'achète, ce n'est
pas pour la marque mais parce que cela me plaît!» répète Anaïs, 15 ans. Cette
jeune fille parle-t-elle au nom de sa génération? Les enquêtes[r] des trois dernières années porteraient à le croire. 63% des jeunes filles disent se moquer
des[s] griffes, alors que les garçons ne sont que 52% à penser de la sorte. Mais 60
même les jeunes qui disent que les marques n'ont aucune importance à leurs
yeux, peuvent en citer un grand nombre sans hésiter et savent toujours très
exactement pourquoi ces marques les attirent. Preuve que la fin de la dictature
des marques n'est pas pour demain...

—(Extrait du magazine *MAXI*, du 14 au 20 mai 2001.)

63 % des jeunes filles disent se moquer des griffes, alors que les garçons ne sont que 52 % à penser de la sorte.

---

[n]n'importe... *any*   [o]*wardrobes*   [p]mauvais   [q]ont... sont-elles toujours populaires   [r]études   [s]se... être
indifférentes aux

## Avez-vous compris?

**A.** Les phrases suivantes sont-elles vraies ou fausses? Si elles sont fausses,
corrigez-les.

### Introduction

1. L'idée du look est en train de changer.
2. Autrefois, les cadres supérieurs, les banquiers et les femmes d'affaires se
   reconnaissaient facilement à leurs vêtements.
3. Seulement les jeunes générations faisaient attention aux griffes.
4. Aujourd'hui, la fonction des vêtements est de nous uniformiser.

### Dans la rue

5. Selon le sociologue Gilles Lipowetsky, l'apparence vestimentaire est
   déterminée par les catalogues de mode.
6. Le prêt-à-porter a démocratisé la mode.
7. Le langage des apparences inclut uniquement les vêtements.
8. Le «jeunisme» est à la mode, mais avec des limites.
9. Aujourd'hui, une femme d'un âge mûr qui porte une mini-jupe est
   considérée comme ridicule.

*Au travail*

10. Les entreprises françaises n'ont plus de codes vestimentaires.
11. Le code vestimentaire reste souvent lié (associé) à la hiérarchie de l'entreprise.

*A l'école*

12. Les parents pensent que les adolescents aiment les looks standardisés.
13. Les marques font doubler ou même tripler les prix.
14. Les jeunes qui disent se moquer des marques font quand même attention aux grands noms.

**B. Elaborez!** Pour développer vos arguments, donnez le plus d'exemples possible.

1. Selon cet article, quel est le langage traditionnel des apparences?
2. Et aujourd'hui? Comment les styles vestimentaires continuent-ils à nous cataloguer? Qu'est-ce qui a changé et qu'est-ce qui n'a pas changé a) dans les relations entre générations? b) dans le monde du travail? c) dans l'attitude des jeunes vis-à-vis des marques?

## • *Et vous?*

**A.** Donnez votre réaction personnelle aux phrases suivantes. Pour développer vos arguments, donnez le plus d'exemples possible.

1. «[Le XXIe siècle est] une ère où les vêtements n'auraient plus pour fonction de nous uniformiser mais, au contraire, de nous différencier.»
2. «En cet âge où le jeunisme est à la mode, [...] il n'en reste pas moins vrai que tout n'est pas permis.»
3. «Plus on est haut dans la hiérarchie, plus la rigueur vestimentaire est de rigueur.»

**B.** Nous vivons à une époque où la marque des vêtements est importante. Est-ce une bonne chose?

1. Parlez des choix que vous faites quand vous achetez des vêtements. A quoi donnez-vous le plus d'importance: au style? au prix? à la marque? à autre chose?
2. Est-ce qu'une marque connue assure la qualité du vêtement?
3. Pourquoi les gens cherchent-ils à acheter ce qui est en vogue? Est-ce du snobisme ou autre chose?

# Structures

## Describing: Agreement of Adjectives

### Gender Agreement

#### Observez et déduisez

Judging from the following description (***Elle et lui***), how do you form the feminine of such adjectives as these?

- grand, brun, intelligent
- optimiste
- studieux
- premier/dernier

---

**Elle et lui**

LUI: Il est **grand, fort, brun;** il a les yeux **marron,** les cheveux **raides;** il est **optimiste, intelligent, studieux,** mais il sera le **premier** à reconnaître qu'il est trop **réservé;** il aime les styles **classiques** et les couleurs **neutres.**

ELLE: Elle n'est ni **grande** ni **brune;** elle est plutôt **mince** et **blonde;** elle a les yeux **bleus,** les cheveux **bouclés;** elle est **optimiste, intelligente, studieuse,** mais elle sera la **dernière** à reconnaître qu'elle est trop **bavarde;** elle aime les styles **modernes** et les couleurs **vives.**

Ils sont tous les deux très **gentils,** mais sont-ils **compatibles**?

---

#### Vérifiez

Most adjectives can be made feminine by adding an **e** to the masculine form.

grand → grand**e**      brun → brun**e**      intelligent → intelligent**e**

If the masculine form already ends with a mute **e,** there is no change for the feminine.

optimiste → optimiste      dynamique → dynamique

Several groups of adjectives, however, follow particular rules.

| ENDINGS | EXAMPLES |
|---|---|
| **-x** → **-se** | studieux → studieuse; jaloux → jalouse<br>**Exceptions:** faux → fausse; roux → rousse; doux → douce |
| **-er** → **-ère** | premier → première; dernier → dernière |

| ENDINGS | EXAMPLES |
|---|---|
| **-et** → **-ète** | inquiet → inquiète; complet → complète<br>**Exceptions:** muet → muette; coquet → coquette |
| **-f** → **-ve** | actif → active; vif → vive; naïf → naïve |
| **-il** → **-ille**<br>**-el** → **-elle**<br>**-eil** → **-eille** | gentil → gentille<br>spirituel → spirituelle<br>pareil → pareille |
| **-en** → **-enne**<br>**-on** → **-onne** | moyen → moyenne; ancien → ancienne<br>bon → bonne; mignon → mignonne |
| **-c** → **-che** | franc → franche; blanc → blanche; sec → sèche<br>**Exceptions:** public → publique; grec → grecque |
| **-g** → **-gue** | long → longue |
| **-eur:**<br>1. If the adjective is derived directly from the verb: → **-euse**<br>2. If the root of the adjective is not the same as the verb: → **-rice**<br>3. Adjectives of comparison: → **-eure** | (**travaill**er) **travaill**eur → travailleuse;<br>  (**ment**ir) **ment**eur → menteuse<br>(**conserv**er) **conservat**eur → conservatrice;<br>  (**cré**er) **créat**eur → créatrice<br>meilleur → meilleure; inférieur → inférieure |

A few adjectives are totally irregular and must be learned individually.

| | | | | |
|---|---|---|---|---|
| beau | → | belle | gros | → | grosse |
| épais | → | épaisse | nouveau | → | nouvelle |
| favori | → | favorite | vieux | → | vieille |
| frais | → | fraîche | | | |

**Beau, nouveau,** and **vieux** have alternate masculine forms that must be used with singular masculine nouns beginning with a vowel or a mute **h.** Compare the following.

un **beau** garçon          un **bel** homme
un **nouveau** blouson      un **nouvel** imperméable
un **vieux** monsieur       un **vieil** ami

## Plural Forms

### Observez et déduisez

From the example that follows, what can you infer about the formation of the plural for adjectives such as these?

- bleu, bouclé
- beau
- original

> Elle a de **beaux** yeux **bleus** et les cheveux **bouclés;** avec ses vêtements **originaux,** elle a un style original.

*La haute couture—un look désirable pour tous les jours?*

## Vérifiez

*REVIEW*

General rule: plurals are formed by adding an **s** to the singular.

Elles sont belle**s** avec leurs yeux bleu**s.**

If the singular form ends with an **s** or an **x,** there is no change.

Il a les cheveux rou**x** et les yeux gri**s.**

Endings in **-eau** take an **x** to form the ending **-eaux.**

Tes nouv**eaux** vêtements sont vraiment b**eaux.**

Endings in **-al** change to **-aux.**

original → originaux      idéal → idéaux

**Exceptions:**

banal → banals      final → finals

## Invariable Adjectives

*REVIEW*

The following adjectives do not have feminine or plural forms.

- Compound adjectives

  une robe **bleu clair**        *light blue*
  une robe **bleu marine**       *navy blue*
  des chaussettes **vert foncé**  *dark green*

- Adjectives that are also nouns: **or, argent, marron, kaki, turquoise**

  des chaussures **marron**

- The words **chic** and **bon marché (meilleur marché)**

  Les vêtements en toc sont **meilleur marché** et peuvent être **chic.**

## Essayez!

Quel est le féminin?

1. Ce pantalon est neuf, marron et cher. Et cette robe? Elle est _____, _____ et _____.
2. Ce monsieur est professionnel, généreux, innovateur et discret. Et cette dame? Elle est _____, _____, _____ et _____.

Donnez le pluriel des expressions suivantes.

3. un problème familial → des problèmes _____
4. un nouvel étudiant → de(s) _____ étudiants
5. un objet banal → des objets _____
6. un cheveu châtain → des cheveux _____; un cheveu châtain foncé → des cheveux _____

*(Réponses page 21)*

# Placement of Adjectives

## Observez et déduisez

From the example that follows, would you say that most adjectives precede or follow the nouns that they modify?

> Il aime les styles **classiques** et les couleurs **neutres;** il est de nature **conservatrice.**

## Vérifiez

The general rule is that adjectives in French follow the nouns that they modify. A few adjectives, however, precede nouns and must be learned as exceptions. They are grouped here by category.

*Size:* **grand, gros, petit, long**

une **grande** personne avec un **gros** nez, une **petite** bouche et de **longues** jambes

*Beauty:* **beau, joli**

un **beau** garçon et une **jolie** fille

*Goodness:* **bon** ≠ **mauvais; gentil** ≠ **vilain**

Un **gentil** garçon est un **bon** exemple; un **vilain** garçon est un **mauvais** exemple.

*Age and order:* **jeune, vieux, nouveau, premier, dernier**

La **nouvelle** mode rappelle aux **vieilles** dames les styles de leur **jeune** âge: ce n'est pas la **première** fois qu'on porte des choses comme ça.

*Resemblance:* **même, autre**

un **autre** contexte, mais les **mêmes** problèmes

In careful speech, when an adjective precedes the noun, the indefinite article **des** becomes **de.** This usage is now changing, except in the case of **autre.**

**des** amis intéressants      **de/des** vieux amis      **d'**autres amis

A few other adjectives can be used either before or after the noun, and meaning changes accordingly. When used before the noun, they usually take on a figurative, that is, a nonliteral meaning.

| | | |
|---|---|---|
| **ancien** | mon **ancien** professeur | my ***former*** teacher |
| | l'histoire **ancienne** | ***ancient*** history |
| **cher** | ma **chère** amie | my ***dear*** friend |
| | une robe **chère** | an ***expensive*** dress |
| **dernier** | la semaine **dernière** | ***last*** week (most recent) |
| | la **dernière** semaine des vacances | the ***last*** week (in a series) of vacation |
| **même** | le **même** look | the ***same*** style |
| | le look **même** | the ***very*** style, the style ***itself*** |

| | | | |
|---|---|---|---|
| **pauvre** | { une **pauvre** femme | *a **poor** (unfortunate) woman* |
| | { une femme **pauvre** | *a **poor** woman (penniless)* |
| **propre** | { mes **propres** chaussettes | *my **own** socks* |
| | { des chaussettes **propres** | ***clean** socks* |
| **seul** | { le **seul** homme | *the **only** man* |
| | { un homme **seul** | *a **lonely** man* |

## Essayez!

Ajoutez les adjectifs suivants aux noms donnés, en faisant les accords nécessaires.

MODÈLE: une écharpe (beau/vert) →
une belle écharpe; une écharpe verte

1. un garçon (grand/agréable/sérieux)
2. une fille (sportif/gentil/joli)
3. des chaussures (autre/chic/vieux)

*(Réponses page 21)*

# Possessive Adjectives

Possessive adjectives such as **mon, ton,** and **son** are always placed before the nouns they modify and before all other modifiers.

**mon** pull        **mon** vieux pull

Remember that the choice of the possessive adjective reflects the possessor (**je** → **mon, ma, mes**), but the adjective agrees in gender and number with the thing possessed.

**Elle** aime **son** vieux **pull; il** aime **sa** nouvelle **cravate.**
**Nous** aimons **nos chaussures** neuves.

| POSSESSOR | SINGLE POSSESSION | PLURAL POSSESSIONS |
|---|---|---|
| je | { **mon** copain<br>{ **ma** copine / **mon**\* amie | **mes** amis |
| tu | { **ton** copain<br>{ **ta** copine / **ton**\* ancienne amie | **tes** amis |
| il/elle | { **son** copain<br>{ **sa** copine / **son**\* autre copine | **ses** amis |
| nous | **notre** copain | **nos** amis |
| vous | **votre** copain | **vos** amis |
| ils/elles | **leur** copain | **leurs** amis |

\*Note that **mon, ton,** and **son** are the forms used directly in front of *feminine* nouns beginning with a vowel. **Mon, ton,** and **son** are also used with most feminine nouns beginning with **h.** Exceptions to the rule, such as **ma hache,** are marked with an asterisk in the vocabulary at the end of the book and in many dictionaries.

# Essayez!

A qui appartiennent ces choses? A toi, à Paul ou aux enfants?

MODELE: (toi) des chaussures → Ce sont **tes** chaussures.

1. (Paul) une voiture / une auto
2. (enfants) un parapluie (*umbrella*) / des bottes
3. (toi) une montre / une autre montre

*(Réponses page 21)*

## • *Maintenant à vous*

**A. Et elle?** Cette fois-ci, «elle et lui» du début de **Structures** se ressemblent en tout point. Déduisez comment elle est d'après son portrait à lui.

MODELE: Il est grand. → Alors, elle est grande aussi!

1. Il est assez beau.
2. Il n'est pas gros, mais il n'est pas maigre non plus.
3. Il n'est ni blond ni brun; il est roux.
4. Il est intelligent et travailleur.
5. Il est sportif et très actif.
6. Il est gentil et affectueux.
7. Il est doux et pas du tout jaloux.
8. Il n'est pas menteur; il est franc.

**B. Mais lui seul** (*But only him*). Complétez les phrases suivantes en ajoutant les adjectifs entre parenthèses. Comme ce sont tous des adjectifs qui changent de sens selon leur place, réfléchissez au sens de chaque phrase avant de répondre.

1. (cher) Mais lui seul a des goûts (*tastes*).    2. (propre) Lui seul a sa voiture.
3. (ancien) Lui seul voit toujours ses camarades de lycée.    4. (dernier) Lui seul refuse de s'habiller à la mode.    5. (même) Et bien sûr, il est la gentillesse.

**C. Etes-vous détective?** Plusieurs personnes ont disparu. En inspectant la garde-robe (*wardrobe*) des personnes disparues, pouvez-vous trouver des indices de leur identité? Faites l'inventaire selon le modèle.

MODELE: pantalon / beau / gris →
          Cette personne a un beau pantalon gris.

La garde-robe numéro 1:

1. chemisier / joli / rose
2. tailleur / petit / habillé
3. jupe / vert / et / pull / assorti
4. robe / beau / blanc / et / robes / autre / élégant
5. chaussures / gris / et / chaussures / bleu marine
6. imperméable / beau / neuf
7. vêtements / cher

La garde-robe numéro 2:

1. blue-jean / vieux / et / pull / gros / noir
2. chemise / vieux / à carreaux
3. baskets / blanc / et / bottes / gros / marron
4. blouson / kaki / avec / poches / grand
5. tee-shirt / et / short / rouge
6. vêtements / bon marché

**L'identité.** Maintenant que vous avez tous les vêtements, décrivez les deux personnes à qui ces garde-robes appartiennent (sexe, âge probable, occupation, personnalité).

**D. Et votre garde-robe à vous?** Tournez-vous vers un(e) camarade qui jouera le rôle de votre mère ou père. Essayez de le (la) convaincre que vous «n'avez rien à vous mettre». Comme preuve, vous faites l'inventaire de votre «pauvre» garde-robe. Vous pouvez mentionner quelques vêtements absolument essentiels que vous n'avez même pas. Soyez précis(e) dans vos descriptions. Ensuite, inversez les rôles.

**E. A chacun ses goûts.** Lisez d'abord la description de chacune des personnes suivantes; puis, pour éviter les répétitions maladroites, remplacez les noms propres répétés par des adjectifs possessifs.

MODELE: Jean est gentil; la sœur **de Jean** est gentille aussi. →
 **Sa** sœur est gentille aussi.

1. Jean aime la couleur bleue. Le pantalon de Jean est bleu. La chemise de Jean est bleue. Les chaussettes de Jean sont bleues. Même les chaussures de Jean sont bleu marine. Et le blouson de Jean est bleu marine aussi.
2. Jean a une sœur. La sœur de Jean s'appelle Béatrice. Quelle est la couleur préférée de Béatrice? Le short de Béatrice est jaune, le tee-shirt de Béatrice est jaune et blanc. La ceinture de Béatrice est jaune. Même les baskets de Béatrice sont jaunes! Est-ce que vous avez deviné la couleur préférée de Béatrice?
3. Jean a une amie, Viviane. L'amie de Jean n'aime pas le bleu. Les goûts de Viviane et de Jean sont d'ailleurs très différents. Mais la relation de Viviane et de Jean n'en souffre pas du tout!

**F. A vous!** En reprenant le plus grand nombre possible d'adjectifs présentés dans ce chapitre, décrivez les personnes suivantes. Faites particulièrement attention à la place et à l'accord des adjectifs.

1. un copain ou une copine à vous
2. votre camarade de chambre
3. le jeune homme idéal ou la jeune fille idéale (selon vous)
4. le père ou la mère typique (selon vous)
5. votre acteur préféré (actrice préférée) (ne dites pas qui c'est—essayez de faire deviner à votre partenaire ou à la classe de qui il s'agit!)

**G. Les différentes facettes de votre personnalité.** En groupes de deux, décrivez quel genre de personne vous êtes...

1. quand vous êtes en vacances
2. la veille d'un examen
3. quand vous sortez avec vos amis
4. quand vous vous réveillez
5. ?*

**H. «L'habit ne fait pas le moine.»** Est-ce vrai? Décrivez deux personnes que vous connaissez en comparant...

1. l'extérieur (description physique, vêtements favoris), et
2. l'intérieur (caractère et personnalité)

**I. Jeu de rôles.** Jouez la situation suivante avec un(e) camarade de classe.

Etudiant(e) A: Vous travaillez pour une grande société française de publicité et vous êtes chargé(e) de faire une enquête (une étude) sur les styles vestimentaires actuels.

Etudiant(e) B: Pour répondre aux questions, vous pouvez assumer votre propre identité ou une identité imaginaire. Elaborez le plus possible.

Tâche:

- Présentez-vous (nom, profession).
- Discutez les vêtements que vous préférez (styles couleurs, tissus, etc.) pour diverses activités (travail/école, sorties, etc.).
- Discutez les bons et les mauvais côtés de la mode actuelle ou de la mode en général.
- Mettez fin à votre interview de façon polie.

## Par écrit

### Avant d'écrire

**Simplification.** In approaching the task of writing a short composition in French, you may be feeling unnecessary frustration. Most of your thoughts may come to you in your native tongue, but at this stage that is normal. When you try to convert complicated ideas into French, you may lack the vocabulary and structures you need. Remember, however, that every language has many ways of saying the same thing, including *simpler* ways. Learning to restate a concept in simpler terms will help you write clearly in a foreign language. Consider the following English sentences. Convert them into French, using words and structures

---

*Throughout **Ensuite,** a question mark at the end of an activity is used to encourage you to create a new item of your own.

that you already know—no dictionary, please! Although your version may be less detailed, you will probably be able to convey your general idea clearly.

1. He is a good-looking, lithe young man of twenty-five with ebony eyes.

   Simple French: _____

2. She has inherited her striking blond hair from her mother.

   Simple French: _____

## • *Sujet de rédaction*

*175 mots*

Vous avez un nouveau correspondant (une nouvelle correspondante) francophone. Dans une courte lettre, présentez-vous à votre correspondant(e). Décrivez votre physique, votre personnalité, vos goûts en matière de vêtements, vos ambitions, etc. Commencez votre lettre par «Cher (Chère) _____» (choisissez un nom français) et terminez par «Bien amicalement».

 **Ensuite.** *Explorez en profondeur les thèmes et les structures qui se trouvent dans ce chapitre sur* ***www.mhhe.com/ensuite.***

---

**Réponses: Essayez!,** page 15: 1. neuve / marron / chère 2. professionnelle / généreuse / innovatrice / discrète 3. familiaux 4. nouveaux 5. banals 6. châtains / châtain foncé

**Réponses: Essayez!,** page 17: 1. un grand garçon / un garçon agréable / un garçon sérieux 2. une fille sportive / une gentille fille / une jolie fille 3. d'autres chaussures / des chaussures chic / de(s) vieilles chaussures

**Réponses: Essayez!,** page 18: 1. C'est sa voiture. / C'est son auto. 2. C'est leur parapluie. / Ce sont leurs bottes. 3. C'est ta montre. / C'est ton autre montre.

---

## CHAPITRE 2

*De génération en génération...*

# Photos de famille

### Lecture
- Annie Ernaux: *La Place* [extrait]

### Structures
- The Present Tense
- Adverbs
- Negative Forms

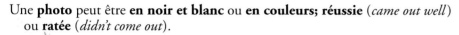

# Paroles

## Les photos

Une **photo** peut être **en noir et blanc** ou **en couleurs; réussie** (*came out well*) ou **ratée** (*didn't come out*).

Avec un **appareil photo** (*camera*), on peut aussi prendre des **diapositives** [f.] (*slides*). Avec une **caméra** (*movie film camera*), on filme. Avec un **caméscope** (*camcorder*), on fait de la vidéo. Un appareil photo **numérique** (*digital*) permet de **visionner** les photos tout de suite et de les retoucher (modifier) sur **l'ordinateur** [m.].

Le **photographe** (*photographer*) **prend** quelqu'un ou quelque chose **en photo**.

Beaucoup de gens mettent leurs photos dans un **album** ou dans leur **porte-feuille** [m.] (*wallet*), pour les regarder quand leur famille leur **manque.**\*

## L'apparence

Sur une photo, on peut **avoir l'air** (*to look*) **souriant, sérieux** ou **fier** (*proud*); on peut **paraître** (*to appear, to seem*) **jeune** ou **âgé.** Quelquefois, on **fait semblant** (*pretends*) d'être heureux, même quand on **éprouve** (*feels*) des émotions contraires. Parfois aussi on **fait la grimace** (*makes a face*); on peut le **faire exprès** (*do it on purpose*), ou parce qu'on a le soleil dans les yeux. En tout cas, il vaut mieux **faire attention** au photographe et **sourire** (*to smile*).

## La famille

L'**arbre généalogique** montre les **ancêtres** [m.] et les **descendants** [m.].

Tous les membres de la famille sont des **parents** [m.] (*relatives*). Les **parents** (*parents*) sont le **père** et la **mère** (le **mari** et la **femme**). Il y a de plus en plus de **familles monoparentales** et de **familles recomposées.**

*Les enfants:* le **fils,** la **fille;** le **frère,** la **sœur;** le **demi-frère** (*half- or stepbrother*), la **demi-sœur;** l'**aîné(e)** (*the eldest*), le/la **plus jeune,** un enfant **unique;** des **jumeaux** ou des **jumelles** (*twins*)

*Les grands-parents:* le **grand-père,** la **grand-mère**

*Les arrière-grands-parents* (*great-grandparents*): l'**arrière-grand-père,** l'**arrière-grand-mère**

*Les petits-enfants* (*grandchildren*): le **petit-fils,** la **petite-fille**

---

\*Quand le verbe **manquer** signifie *to miss* (*someone*), il se construit à l'inverse de l'anglais. *I miss you* = Tu me manques; *I miss my family* = Ma famille me manque; *Does your family miss you?* = Est-ce que tu manques à ta famille? / Est-ce que tu leur manques?

Le **beau-père** (*father-in-law or stepfather*), la **belle-mère** (*mother-in-law or stepmother*)

Le **beau-frère** (*brother-in-law*), la **belle-sœur** (*sister-in-law*)

L'**oncle**, la **tante** (le **grand-oncle**, la **grand-tante**)

Le **neveu**, la **nièce**

Le **cousin germain**, la **cousine germaine** (*first cousin*)

Des **parents éloignés** (*distant relatives*)

## L'état civil

On peut être **célibataire, fiancé(e), marié(e), séparé(e), divorcé(e)** ou, si la femme ou le mari est **décédé** (*deceased*), on est **veuf/veuve**. Un autre statut reconnu par la loi française est celui de **concubin**—quand un homme et une femme vivent ensemble sans être mariés, ils **cohabitent** ou vivent **en concubinage**.

Une loi récente, le Pacs (Pacte civil de solidarité), renforce les droits (*rights*) des couples non-mariés et les étend aux couples homosexuels.

### • *Parlons-en*

**A. Le mot juste.** Voici la définition, à vous de trouver le mot juste!

1. C'est le mari de ma sœur.
2. C'est le fils de mon fils.
3. C'est la fille de mon frère.
4. C'est le père de ma grand-mère.
5. C'est le statut officiel d'une personne qui n'est pas mariée (libre comme le vent!).
6. C'est un type d'appareil photo qui permet de visionner les photos tout de suite.

**B. La définition.** Voici le mot, à vous de donner la définition.

1. les ancêtres
2. un demi-frère
3. des jumeaux
4. un enfant unique
5. un caméscope
6. un porte-feuille

**C. Des images et des mots.** Quelles images est-ce que les mots suivants évoquent pour vous? Donnez des détails descriptifs.

1. une belle-mère   2. un cousin germain   3. une tante   4. un grand-père
5. l'aîné(e)   6. un album de photos   7. faire semblant

**D. Ma famille.** Tracez votre arbre généalogique et décrivez brièvement chaque personne.

**E. Réflexion culturelle.** Donnez votre réaction aux observations culturelles suivantes. Qu'est-ce que ces pratiques ou attitudes révèlent sur la culture française? Quels sont les avantages et les inconvénients de ces pratiques.

1. Les Français se marient de moins en moins (4,9 mariages pour 1000 habitants vs. 8,9 aux Etats-Unis) et de plus en plus tard (27 ans pour les

femmes, 29 ans pour les hommes). De plus en plus de couples choisissent l'union libre (le concubinage).

**F. Des photos de mariage.** Voici David et Nathalie. Sur une des photos de groupe, ils figurent avec la famille de David, sur l'autre avec la famille de Nathalie. Pouvez-vous deviner qui sont les membres de ces familles?

## Lecture

### Avant de lire

## Culture et contexte

Les classes sociales sont beaucoup plus marquées en France qu'en Amérique du Nord, même si les différences ont tendance à diminuer grâce aux médias. En haut de l'échelle, les cadres et les professions libérales (directeurs d'entreprises, ingénieurs, médecins, avocats, etc.) constituent une aristocratie moderne qui ne se reconnaît plus par la naissance mais par la réussite, le pouvoir ou l'influence. La classe moyenne, qui regroupe les professions intermédiaires (fonctionnaires [employés de l'Etat], techniciens, employés de bureaux, etc.), constitue à peu près la moitié de la population active. La classe ouvrière (des travailleurs manuels), qui a beaucoup diminué dans les 30 dernières années, est celle à laquelle appartenait la famille d'Annie Ernaux, l'auteur du texte que vous allez lire. Née en 1940, Annie Ernaux a grandi à Yvetot, en Normandie, dans un milieu ouvrier. Comme l'indique un de ses romans, *La Honte* (1997), pendant son enfance Annie avait honte de ce milieu. Devenue professeur de lettres dans la région parisienne et romancière à succès, Annie publie en 1983 un roman intitulé *La Place,* qui va recevoir le Prix Ranaudot (un grand prix littéraire), et où elle se rappelle avec réalisme et simplicité *la place* où elle a grandi et *la place* de son père dans la société. Agriculteur d'origine, puis ouvrier, puis propriétaire d'un petit café dans un quartier ouvrier, ce père représentait les coutumes, les valeurs et les goûts de la classe ouvrière.

*Annie Ernaux*

# Stratégies de lecture

- **Anticipation.** Quels sont vos sentiments quand vous regardez des photos de votre enfance? Etes-vous fier/fière? amusé(e)? embarrassé(e)? nostalgique? Pensez à une vieille photo de famille qui date de votre enfance. Pouvez-vous décrire cette photo et les souvenirs qu'elle évoque? Donnez le plus de détails possible.

- **Lecture globale.** Le texte suivant est divisé en quatre parties. Regardez rapidement le texte pour relier les idées générales à chaque paragraphe.

| PARAGRAPHE | IDEE GENERALE |
|---|---|
| 1 | a. attitude du père face aux gens de classes supérieures |
| 2 | b. stratégies du père dans ses rapports avec les autres |
| 3 | c. description de la photo |
| 4 | d. les goûts et les loisirs du père |

- **Devinez le sens par le contexte.** Si vous ne comprenez pas un mot quand vous lisez, étudiez le contexte et réfléchissez! Pouvez-vous deviner le sens des mots suivants?

  «...les deux bras tendus sur **le guidon** de mon premier vélo [ma bicyclette]...» (6–7)

  «...**déjouer** constamment le regard critique des autres, par la politesse.» (18–19)

  «...**en parcourant des yeux** les champs... il paraissait heureux.» (25–26)

## *La Place [extrait]*

### ANNIE ERNAUX

Alentour de la cinquantaine, encore la force de l'âge,[a] la tête très droite, l'air soucieux, comme s'il craignait que la photo ne soit ratée, il porte un ensemble, pantalon foncé, veste claire sur une chemise et une cravate. Photo prise un dimanche, en[b] semaine, il était en bleus.[c] De toute façon, on prenait les photos le dimanche, plus de temps, et l'on était mieux habillé.* Je figure à 5 côté de lui, en robe à volants,[d] les deux bras tendus sur le guidon de mon premier vélo, un pied à terre. Il a une main ballante,[e] l'autre à sa ceinture. En fond, la porte ouverte du café, les fleurs sur le bord de la fenêtre, au-dessus de celle-ci la plaque de licence des débits de boisson.[f] On se fait photographier avec ce qu'on est fier de posséder, le commerce, le vélo, plus tard la 4 CV,[g] sur 10

---

[a]la... *in the prime of life*  [b]pendant la  [c]vêtements des ouvriers (travailleurs)  [d]à... *with a flounce*  [e]qui pend
[f]plaque... permis de vendre des boissons alcoolisées  [g]petite voiture

---

*Cette tradition des habits du dimanche commence à disparaître, mais la littérature comporte de fréquentes allusions aux «habits du dimanche», et l'expression «être endimanché» est encore utilisée.

le toit de laquelle il appuie une main, faisant par ce geste remonter exagéré- ment son veston. Il ne rit sur aucune photo. [...]

Devant les personnes qu'il jugeait importantes, il avait une raideur timide, ne posant jamais aucune question. Bref, se comportant avec intelli- gence. Celle-ci consistait à percevoir notre infériorité et à la refuser en la cachant[h] du mieux possible.                                    15

Obsession: «*Qu'est-ce qu'on va penser de nous?*» (les voisins, les clients, tout le monde). Règle: déjouer constamment le regard critique des autres, par la politesse, l'absence d'opinion, une attention minutieuse aux humeurs[i] qui risquent de vous atteindre.                            20

Il n'a jamais mis les pieds dans un musée. Il s'arrêtait devant un beau jardin, des arbres en fleur, une ruche,[j] regardait les filles bien en chair.[k] Il admirait les constructions immenses, les grands travaux modernes (le pont de Tancarville[l]). Il aimait la musique de cirque, les promenades en voiture dans la campagne, c'est-à-dire qu'en parcourant des yeux les champs, les      25 hêtrées,[m] en écoutant l'orchestre de Bouglione,[n] il paraissait heureux. L'émotion qu'on éprouve en entendant un air, devant des paysages, n'était pas un sujet de conversation. Quand j'ai commencé à fréquenter la petite- bourgeoisie d'Y... , on me demandait d'abord mes goûts, le jazz ou la musique classique, Tati ou René Clair,[o] cela suffisait à me faire comprendre que j'étais    30 passée dans un autre monde. 🖋

---

[h]≠ montrant   [i]changements de tempérament   [j]*beehive*   [k]bien... aux formes prononcées   [l]village normand
[m]plantations d'arbres   [n]un cirque   [o]Tati... cinéastes

## • *Avez-vous compris?*

**A.** Sur la photo... (premier paragraphe)
  1. Qui sont les deux personnes sur la photo dont parle l'auteur?
  2. Trouvez les adjectifs du texte qui décrivent l'homme.
  3. Comment est-il habillé?
  4. Quel jour est-ce? Quel rapport y a-t-il entre le jour et les vêtements?
  5. Et elle? Comment sont ses vêtements?
  6. De quoi le père est-il fier, selon la narratrice?

**B.** Dans le reste du texte... (les paragraphes 2 à 4)
  1. Soulignez le mot **il** chaque fois qu'il apparaît dans le passage. Sur une feuille de papier, préparez deux colonnes où vous indiquerez les caractéris- tiques du père, selon le modèle.

MODELE:

| CE QU'IL AIME | CE QU'IL N'AIME PAS |
| --- | --- |
| *un beau jardin* | *poser des questions* |

Maintenant, consultez les deux listes. Quel(s) adjectif(s) choisiriez-vous pour décrire la personnalité du père? Ces traits de caractère sont-ils liés à sa classe sociale? Expliquez.

2. Quel est le sujet de la dernière phrase du texte? De qui s'agit-il? Après toutes les répétitions du mot **il,** quel effet le mot **je** a-t-il sur vous?
3. La narratrice juge que son père est obsédé par l'opinion des autres. Quelle phrase du père exprime cette obsession?
4. Comment le père essaie-t-il d'obtenir le respect des autres?
5. Quels aspects de la vie culturelle ne font pas partie de sa vie?
6. A quel moment est-ce que la narratrice a découvert les différences entre la formation (l'éducation, la famille) de ses amis et sa propre formation?
7. Quelle est l'attitude de la narratrice envers son père? Distance? Tendresse? Dépit? Sarcasme? Un mélange d'émotions? (Lesquelles?)

● *Et vous?*

**A.** D'après l'écrivain, «on se fait photographier avec ce qu'on est fier de posséder». Quels exemples Annie Ernaux donne-t-elle? Etes-vous d'accord? Est-ce vrai pour tout le monde ou seulement pour ceux qui ont vécu pauvrement?

**B.** Vous souvenez-vous de votre première bicyclette ou d'un autre jouet favori? Tournez-vous vers un(e) camarade de classe et décrivez-lui cet objet. Donnez beaucoup de détails pour qu'il/elle puisse le «voir».

**C.** Apportez ou rappelez-vous une photo de votre enfance et décrivez-la à la classe. Commencez par donner votre âge («Sur cette photo, j'ai _____ ans.») et continuez votre description au présent, avec le plus d'adjectifs possible. Décrivez aussi les objets qui figurent sur la photo, et la signification qu'ils ont peut-être pour vous. Servez-vous de la description d'Annie Ernaux comme modèle.

**D.** A votre avis, est-ce qu'admirer un tableau, une sculpture ou une composition musicale indique un plus haut niveau de culture qu'apprécier la beauté d'une fleur? Expliquez.

**E.** Quelle est votre définition d'une personne cultivée? Interviewez plusieurs camarades de classe et comparez vos définitions.

## Structures

### The Present Tense

## Regular Verbs

### Observez et déduisez

Circle the regular **-er** verbs you find in the following paragraph. Which part is the *stem* and which is the *ending* in each of those verbs?

## Une photo de famille

Voici une photo de ma famille: vous **voyez** mon petit frère, là, devant; il **fait** toujours la grimace sur les photos. Il **est** difficile à prendre en photo; il **court**, il **saute**, il **joue**, il **bouge** tout le temps. Ma sœur, par contre, **adore** se faire photographier. **Regardez** comme elle **sourit.** Parfois on **se moque** d'elle parce qu'elle **pose** sur toutes les photos. Mes parents **n'aiment pas** tellement se faire photographier; ils **veulent** se cacher derrière leurs enfants et ils **mettent** toujours leurs mains sur nos épaules—je **ne sais pas** pourquoi. Est-ce que vous **avez** une photo de votre famille?

## Vérifiez

Regular verbs ending in **-er** are by far the most common verbs in French. **Sauter, jouer, bouger, adorer, regarder, se moquer, poser,** and **aimer** are all regular -er verbs. There are two other categories of regular verbs: verbs ending in **-ir** (such as **finir** and **obéir**) and verbs ending in **-re** (such as **attendre** and **répondre**). The *stem* is what is left when the infinitive ending is dropped (**sauter** → **saut-; finir** → **fin-; attendre** → **attend-**). To conjugate a verb in any tense, you must add specific endings to the stem. Here are the conjugation patterns for each of the three categories of regular verbs.

| *Infinitive:* | étudier | obéir | répondre |
|---|---|---|---|
| *Stem:* | étudi- | obé- | répond- |
| *Present tense:* | j'étudi**e** | j'obé**is** | je répond**s** |
| | tu étudi**es** | tu obé**is** | tu répond**s** |
| | il/elle/on étudi**e** | il/elle/on obé**it** | il/elle/on répond |
| | nous étudi**ons** | nous obé**issons** | nous répond**ons** |
| | vous étudi**ez** | vous obé**issez** | vous répond**ez** |
| | ils/elles étudi**ent** | ils/elles obé**issent** | ils/elles répond**ent** |

# Irregular Verbs

## Rappelez-vous

Many verbs are irregular in the present tense. The following are the most common. Practice conjugating each one, checking the appendix at the end of *Ensuite,* as needed.

> **aller, avoir, connaître, courir, croire, dire, écrire, être, faire, lire, mettre (permettre, promettre), ouvrir (offrir, souffrir), pouvoir, prendre (comprendre, apprendre), recevoir, rire (sourire), savoir,** verbs like **sortir (partir, servir, mentir, sentir, dormir), tenir, venir, voir,** and **vouloir**

*Les vieilles photos de famille: «on se fait photographier avec ce qu'on est fier de posséder»... Que peut-on dire de cette famille?*

## Essayez!

Dans cette liste de verbes irréguliers, identifiez...

1. deux verbes dont la forme **vous** se termine en **-tes**
2. trois verbes avec un infinitif en **-ir** mais qui se conjuguent comme des verbes réguliers en **-er**
3. deux verbes qui se conjuguent comme **dire** aux trois personnes du singulier
4. deux verbes où la racine (*root*) **-oi-** se transforme en **-oy-** aux formes **nous** et **vous**
5. deux verbes où la racine **-ou-** se transforme en **-eu-** à toutes les formes sauf **nous** et **vous**
6. deux verbes où la racine **-en-** se transforme en **-ien-** à toutes les formes sauf **nous** et **vous**

*(Réponses page 38)*

## Pronominal Verbs

Pronominal verbs, such as **se coucher,** are conjugated just like other verbs, but they require an extra pronoun before the verb (**je** *me,* **tu** *te,* **il/elle/on** *se,* **nous** *nous,* **vous** *vous,* **ils/elles** *se*).

Je **me lève** à 7 h; je **me lave,** je **me peigne,** puis je **me dépêche** toute la journée; je n'ai jamais le temps de **me reposer!**

*I get up at 7:00; I wash, I comb my hair, then I hurry all day; I never have time to rest!*

Pronominal verbs can indicate a reflexive action—an action the subject does to or for himself or herself—as just shown. They can also indicate a reciprocal action—an action two or more subjects do to or for one another.

—Est-ce que vous **vous connaissez** depuis longtemps?

*Have you known one another a long time?*

—Oui. Quand nous **nous voyons,** des fois nous **nous serrons** la main, des fois nous **nous embrassons.**

*Yes. When we see each other, sometimes we shake hands, at other times we kiss.*

Some pronominal verbs, such as **se souvenir,** indicate neither reflexive nor reciprocal actions. They are idiomatic and their object pronouns cannot be translated literally.

Je **me souviens** bien de leur photo de famille; ils **s'entendent** bien dans cette famille.

*I remember their family photo well; they get along well together in that family.*

## Essayez!

Mettez les verbes suivants à la forme voulue du présent.

1. Je _____ (rire) parce que quand tu _____ (se servir) d'un appareil photo, tu le _____ (tenir) de façon bizarre.
2. Est-ce que vous _____ (se serrer) la main quand vous _____ (se dire) bonjour?

*(Réponses page 38)*

*Une maman et des enfants jouent dans un espace publique à Paris*

**A. Une histoire de famille.** Qui fait quoi dans la famille? Formez des phrases au présent.

MODÈLE: obéir (les enfants) → Les enfants obéissent.

1. courir (les enfants)   2. savoir tout (les adolescents)   3. aller au supermarché (maman)   4. faire la cuisine (papa et maman)   5. connaître beaucoup de gens (les grands-parents)   6. recevoir beaucoup de messages électroniques (les filles)   7. écrire des messages électroniques (les filles)   8. ouvrir la porte pour maman (papa)   9. comprendre les problèmes (maman)   10. lire le journal (les parents et les grands-parents)   11. sortir le soir (les adolescents)   12. promettre de rentrer tôt (les adolescents)   13. revenir tard (les adolescents)   14. se lever tard (les adolescents)   15. s'entendre bien la plupart du temps (tout le monde)

**B. Quand est-ce qu'on prend des photos?** Répondez selon le modèle en conjuguant les verbes au présent.

MODÈLE: Quand est-ce qu'on prend des photos? (on / aller en vacances) → Quand on va en vacances.

1. quelqu'un / fêter son anniversaire
2. quelqu'un / se marier
3. un enfant / apprendre à marcher
4. un enfant / recevoir son premier vélo
5. on / finir ses études
6. on / avoir un grand repas de famille
7. on / rendre visite à ses grands-parents
8. on / sortir avec des amis
9. quelqu'un / partir pour longtemps
10. quelqu'un / revenir après un long voyage
11. ?

**MAJUSCULES : ANNIE ERNAUX**

Avec soixante-dix-neuf pages très aérées (une minceur que beaucoup lui reprochent), Annie Ernaux réussit à se placer très vite parmi les grands succès de ce début d'année. Son roman, « Passion simple », chez Gallimard, est le récit libéré d'un coup de foudre et d'un amour malheureux. Une plongée dans le tumulte intime des sentiments.   J. B.

## LIVRES EN TÊTE

### ROMANS

| TITRES | AUTEURS | EDITEURS | CLASSEMENT PRECEDENT | NOMBRE DE SEMAINES |
|---|---|---|---|---|
| **1 PASSION SIMPLE** | Annie Ernaux | *Gallimard* | 1 | 3 |
| **2 L'AMANT** | Marguerite Duras | *Minuit* | 2 | 2 |
| **3 À L'AMI QUI NE M'A PAS SAUVÉ LA VIE** | Hervé Guibert | *Gallimard* | 7 | 22 |
| **4 L'HOMME AU CHAPEAU ROUGE** | Hervé Guibert | *Gallimard* | - | - |
| **5 TOUS LES MATINS DU MONDE** | Pascal Quignard | *Gallimard* | 3 | 9 |
| **6 PORFIRIO ET CONSTANCE** | Dominique Fernandez | *Grasset* | 11 | 2 |
| **7 LA DÉRIVE DES SENTIMENTS** | Yves Simon | *Grasset* | 4 | 23 |
| **8 COLÈRE** | Patrick Grainville | *Seuil* | - | - |
| **9 UN LONG DIMANCHE DE FIANÇAILLES** | Sébastien Japrisot | *Denoël* | 6 | 19 |
| **10 MINUIT 4** | Stephen King | *Albin Michel* | 8 | 3 |
| **11 L'AMANT DE LA CHINE DU NORD** | Marguerite Duras | *Gallimard* | - | 16 |
| **12 LA SEÑORA** | Catherine Clément | *Calmann-Lévy* | - | - |

8 FÉVRIER 1992 · **LE POINT** · NUMÉRO 1012

**C. Et vous?** Quand est-ce que vous prenez des photos? Tournez-vous vers un(e) camarade et donnez au moins cinq situations où vous sortez votre appareil photo.

**D. Le grand frère.** Qu'est-ce qui arrive quand le grand frère fait quelque chose? Les autres enfants l'imitent! Répondez selon le modèle.

MODELE: Qu'est-ce qui arrive quand le grand frère désobéit? →
        Les autres enfants désobéissent aussi!

Qu'est-ce qui arrive quand le grand frère...

1. veut des bonbons?   2. va dehors (*goes outside*)?   3. joue à la balle?
4. choisit un autre jeu?   5. fait du vélo?   6. lit un livre?   7. dort par terre?   8. fait la grimace pour la photo?   9. se sert à boire?   10. ?

# *Adverbs*

## Observez et déduisez

Judging from the following sentences, do most adverbs go before or after a verb in the present tense? What happens when **peut-être** is used at the beginning of a sentence?

> Cet homme parle **beaucoup**, et il **a peut-être** raison; **malheureusement,** je suis **déjà** fatigué de l'entendre. **Peut-être qu'**il va **bientôt** s'arrêter...

## Vérifiez

Most adverbs are placed after a verb in a simple tense. Adverbs of opinion and time (**malheureusement, bientôt,** etc.) usually go at the beginning or at the end of the sentence. When **peut-être** and **sans doute** are used at the beginning of a sentence or a clause, they are usually followed by **que.**

**Sans doute qu'**ils ont le        *They are probably the same age.*
    même âge.

Here are some commonly used adverbs, grouped according to kind.

|              TIME              |          OPINION          |
| ------------------------------ | ------------------------- |
| aujourd'hui, demain, hier      | heureusement ( *fortunately*) |
| bientôt (*soon*)               | malheureusement (*unfortunately*) |
| d'abord, ensuite, enfin        | peut-être                 |
| maintenant                     | sans doute, probablement  |
| tôt ≠ tard                     |                           |

|              PLACE             |          QUANTITY         |
| ------------------------------ | ------------------------- |
| ici                            | assez                     |
| dedans (*inside*)              | autant (*as much*)        |
| dehors (*outside*)             | beaucoup                  |
| là / là-bas                    | trop                      |
| quelque part (*somewhere*)     | un peu                    |

| FREQUENCY | MANNER |
|---|---|
| déjà | bien ≠ mal |
| encore | vite ≠ lentement |
| jamais | |
| parfois, quelquefois | CONSEQUENCE |
| souvent ≠ rarement | ainsi, donc (*therefore*) |
| toujours (*always or still*) | alors (*so, then*) |

## • *Maintenant à vous*

**E. Deux sœurs qui se ressemblent peu.** Complétez les phrases suivantes avec les adverbes qui correspondent aux adjectifs donnés.

1. L'aînée a de **mauvais** résultats à l'école; elle travaille _____.
2. Mais la plus jeune est **bonne** élève; elle travaille _____.
3. Elle est **rapide;** elle étudie _____.
4. L'aînée, au contraire, est très **lente** quand elle fait ses devoirs; elle travaille _____.
5. Ses parents pensent qu'elle s'amuse de façon **excessive,** c'est-à-dire qu'elle s'amuse _____.

Ressemblez-vous davantage à l'aînée ou à la plus jeune? Dans quel sens?

**F. Pour prendre une photo de famille.** Complétez les phrases suivantes de façon logique avec des adverbes de la liste donnée dans ce chapitre.

1. _____, il faut réunir tout le monde.
2. _____, c'est difficile parce que les adultes parlent et les enfants jouent.
3. Il faut aussi trouver un cadre agréable, _____ dans la maison ou dehors.
4. En général, les parents crient aux enfants: «_____, dépêchez-vous!» _____, tout le monde arrive.
5. _____, il faut «placer» tout le monde.
6. Aux petits, on dit: «Mettez-vous _____, devant!»
7. On attend _____ un peu—avec le sourire!
8. _____, tout le monde est prêt, et la photo est prise.

# *Negative Forms*

## Ne... pas

**Ne... pas** is the basic negative form. **Ne** precedes the conjugated verb and **pas** follows it.

Vous avez un caméscope? —Non, je **n'**ai **pas** de caméscope.

In spoken French, **ne** is often dropped.

J'ai pas de caméscope; je sais pas pourquoi, j'aime pas les machines.

But in written French or in careful speech, always use the **ne**. Note that in a negative statement, the indefinite articles **un, une,** and **des,** as well as the partitive articles **du, de la,** and **de l',** become **de.** There is one exception: in negative sentences with **être,** indefinite and partitive articles do not change.

Ce n'est pas **un** caméscope.

Here are several other useful negative forms, listed with the affirmative expressions they negate.

| AFFIRMATIVE | NEGATIVE |
|---|---|
| Vous prenez **encore / toujours** (*still*) des photos en noir et blanc? | —Non, je **ne** prends **plus** de photos du tout. |
| Vous prenez **parfois / toujours** (*always*) des diapositives? | —Non, je **ne** prends **jamais** de diapos. |
| Vous prenez **déjà** des photos? | —Non, il **n'**y a **pas encore** assez de lumière. |
| Vous voyez **quelque chose**? | —Non, je **ne** vois **rien.** |
| **Tout** va bien? | —Non, **rien ne** marche aujourd'hui! |
| Vous voyez **quelqu'un**? | —Non, je **ne** vois **personne.** |
| **Tout le monde** est là? | —Non, **personne n'**est là. |
| Vous avez des photos de votre grand-père? | —Non, je **n'**ai **pas une** seule photo de lui; je **n'**ai **aucune** photo de mon grand-père. |
| Où est votre appareil photo? Il est sûrement **quelque part.** | —Je **ne** le vois **nulle part** (*nowhere*). |
| Vous avez une caméra ou un caméscope? | —Je **n'**ai **ni** caméra **ni** caméscope. |
| Vous photographiez **toujours tout**? | —Non, je **ne** photographie **plus rien**! |
| Vous avez seulement ce petit appareil photo automatique? | —Oui, je **n'**ai **qu'**un petit appareil ordinaire, mais ça me suffit. |
| Vous ne prenez jamais de photos de famille? | —**Si!** tous les Noëls. |

Here are some other things you should know about these expressions.

- **Rien** and **personne** may be used as subjects. The word order is then:

  **Rien (Personne)** + **ne** + *verb*

  A preposition may precede **rien** and **personne:**

  Je ne pense **à** rien; je ne sors **avec** personne.
- **Aucun(e):** Because of its meaning (*not a single one*), **aucun(e)** is always singular.

  **Aucun** de mes amis n'**a** de magnétoscope.
- With **ni... ni,** note that all articles are dropped except definite articles.

  Je n'aime **ni la** photographie **ni le** film.

- In using multiple negatives, remember that **pas** *cannot* be combined with other negative expressions. When other negative expressions are used together, remember simply that **rien, personne,** or **aucun** always comes last.

> Je **ne** comprends **plus jamais** rien.
> Je **ne** comprends **jamais plus rien.**
> } *I never understand anything anymore.*
>
> On **ne** voit **jamais personne.** *We never see anyone.*

- **Ne... que** is not really a negative expression. Equivalent to **seulement** (*only*), it does not affect indefinite and partitive articles as negative expressions do.

> Je ne prends que **des** photos en couleur.

- To reply affirmatively to a negative question, use **si** instead of **oui.** Note that **n'est-ce pas** or **non** placed at the end of the question does not make it a negative question.

> Tu comprends, n'est-ce pas? —**Oui.**

## Essayez!

Répondez à la forme négative.

1. Faites-vous parfois de la vidéo?   2. Vous avez des neveux ou des nièces?
3. Ce sont des jumeaux?   4. Vous écrivez encore à tout le monde?
5. Plusieurs de vos amis connaissent votre famille, n'est-ce pas?

*(Réponses page 38)*

## • *Maintenant à vous*

**G. Devinez!**   Votre ami(e) cache une photo dans sa main et veut que vous deviniez ce que la photo représente. Malheureusement, vous n'êtes pas sur la bonne piste et toutes les réponses sont négatives.

1. Est-ce que je connais déjà cette photo? (pas encore)
2. C'est une photo de ta famille? (pas)
3. Est-ce que je connais quelqu'un sur la photo? (personne)
4. Est-ce que quelqu'un sourit? (personne)
5. Est-ce que quelqu'un fait quelque chose sur la photo? (personne, rien)
6. Est-ce qu'il y a quelqu'un sur la photo? (personne)
7. Est-ce qu'il y a des animaux sur la photo? (aucun)
8. Est-ce qu'il y a des maisons sur la photo? (aucune)

Alors, je donne ma langue au chat! (*I give up!*)

**H. Une interview négative.**   On interroge l'auteur de *La Place* qui donne des réponses négatives à toutes les questions. Remontez dans le temps et jouez le rôle d'Annie Ernaux, selon le modèle.

MODELE: Est-ce que votre père sourit parfois sur les photos? →
Non, il ne sourit jamais sur les photos.

1. Est-ce que vous ressemblez à votre père?   2. Est-ce qu'il a toujours sa 4 CV?   3. Est-ce qu'il va souvent au musée?   4. Est-ce qu'il a plusieurs cassettes de musique classique?   5. Est-ce qu'il comprend quelque chose au jazz?   6. Est-ce qu'il connaît quelqu'un dans le milieu artistique? 7. Est-ce qu'il va parfois au cinéma?   8. Est-ce qu'il pose beaucoup de questions aux gens?

**I. La routine quotidienne.** Décrivez certaines personnes que vous connaissez. En combinant les éléments des colonnes suivantes, faites autant de phrases que possible, affirmatives et/ou négatives. N'hésitez pas à élaborer.

| | | |
|---|---|---|
| je | se réveiller | d'abord |
| un membre de ma famille | se dépêcher | tôt, tard |
| | travailler | souvent |
| mon/ma camarade de chambre | étudier | toujours |
| | s'amuser | jamais |
| mon meilleur ami (ma meilleure amie) | faire du sport | parfois |
| | se reposer | beaucoup |
| | regarder la télé | pas beaucoup |
| | se coucher | encore |

**J. Interview.** En groupes de deux, posez les questions suivantes à tour de rôle. Essayez d'utiliser plusieurs verbes pour chaque réponse.

1. Quand vous avez du temps libre, qu'est-ce que vous aimez faire?
2. Qu'est-ce que vous ne faites jamais pendant les vacances?
3. Qu'est-ce que vous ne faites pas souvent pendant l'année scolaire?
4. Qu'est-ce que vous faites parfois avec votre famille?
5. Maintenant, réfléchissez à votre famille et à vous-même et complétez chacune des phrases suivantes en élaborant le plus possible.
    Malheureusement,...
    Heureusement,...

**K. Jeu de rôles.** Changez de partenaire et jouez la situation suivante à deux. Vous êtes photographes, et un grand magazine français vous a demandé de faire un reportage en images sur la famille américaine. Vous devez présenter un minimum de quatre photos, avec des légendes (*captions*) indiquant ce qu'il y a de typiquement américain sur ces photos.

• Discutez quelles photos vous allez prendre et pourquoi.
• Préparez les légendes qui vont accompagner ces photos.

# Par écrit

## Avant d'écrire

**Description.** Descriptive writing evokes images by using expressions and comparisons that appeal to the imagination and the senses. Such writing can be organized in several different ways.

1. From *outside* to *inside,* or from physical characteristics to personality traits. This can be done in two ways: you can begin with the external description and then finish with the internal, or you can go back and forth, to associate external characteristics with internal traits.

2. From *general* to *more specific,* or from an overall description of the person, both external and internal, to one or several specific traits, such as the eyes and the look of confidence or timidity.

3. From *specific* to *more general,* or from one or more characteristics that are unique to the person, such as the way he or she laughs, to an overall description.

*Note:* To make a description lively, add specific details or a brief story whenever possible. To illustrate a character trait, give precise examples of specific behavior. Using this technique creates a much more vivid picture than simply calling the person generous, creative, etc.

PREWRITING TASK

Look through *La Place* to see how the description is organized. Next, read the following composition topic and decide on *two* ways to approach the description. Make an outline for each, jotting down key words and showing clearly the progression from *outside* to *inside,* from *general* to *more specific,* or from *specific* to *more general.* Then choose *one* of your outlines and develop it into a paragraph. Turn in a copy of both outlines along with your paragraph.

## • *Sujet de rédaction*

Faites le portrait d'un membre de votre famille tel qu'il ou elle paraît sur une photo, réelle ou imaginaire. Indiquez ce qui est typique de cet individu sur la photo. Faites *vivre* cette personne par votre description.

 **Ensuite.** *Explorez en profondeur les thèmes et les structures qui se trouvent dans ce chapitre sur* ***www.mhhe.com/ensuite.***

---

**Réponses: Essayez!,** page 30: 1. dire, faire (vous dites, vous faites) 2. ouvrir, offrir, souffrir 3. écrire, lire 4. croire, voir 5. pouvoir, vouloir 6. tenir, venir

**Réponses: Essayez!,** page 31: 1. ris / te sers / tiens 2. vous serez / vous dites

**Réponses: Essayez!,** page 36: 1. Je ne fais jamais de vidéo. 2. Je n'ai ni neveux ni nièces. / Je n'ai pas de neveux ou/ni de nièces. 3. Ce ne sont pas des jumeaux. 4. Je n'écris plus à personne. 5. Non, aucun de mes amis ne connaît ma famille.

---

*Pour tout savoir...*

# Les choses de la vie

## Lecture
- Driss Chraïbi: *La Civilisation, ma Mère...*

## Structures
- Interrogative Forms
- More About the Present Tense: **-er** Verbs with Stem Changes
- **Depuis** and Similar Expressions
- The Imperative

## CHAPITRE 3

## La maison

On peut habiter dans une **maison** ou dans un **appartement,** dans un **immeuble** (un bâtiment avec plusieurs appartements). Quand on change de domicile, on **déménage** (*moves out*) puis on **emménage** (*moves in*). Si on **loue** (*rents*), on est **locataire** (*renter*); autrement, on est **propriétaire** (*owner*).

Les **pièces** principales sont le **salon** ou la **salle de séjour,** la **salle à manger** et les **chambres** [f.]; il y a aussi la **cuisine,** la **salle de bains,** les **W.-C.,** le **bureau** (*den, study*), le **couloir** (*hallway*), l'**escalier** [m.] (*stairs*) et peut-être un **balcon** ou une **terrasse.**

*Les étages* [m.] (*floors*): on entre au **rez-de-chaussée;** on descend au **sous-sol;** on monte au **premier étage,** au deuxième étage, etc.; le **grenier** (*attic*) se trouve sous le **toit** (*roof*).

## L'ameublement

Qu'y a-t-il comme **meubles** [m.] (*furniture*) dans un salon? Un **canapé** ou un **sofa,** des **fauteuils** [m.] (*armchairs*) et peut-être une **table basse,** de style moderne, ancien ou rustique.

Dans la salle à manger, un **buffet** (*china cabinet*) accompagne souvent la table et les **chaises** [f.].

Dans une chambre, il y a bien sûr un **lit,** peut-être aussi une **table de nuit,** une **commode** (*chest of drawers*) avec ses **tiroirs** [m.] (*drawers*), un **bureau,** une **armoire** ou un **placard** (*closet*).

Les **planchers** [m.] (*floors*) peuvent être recouverts d'une **moquette** (*wall-to-wall carpet*) ou d'un **tapis** (*rug*).

Les **fenêtres** [f.] sont généralement agrémentées de **rideaux** [m.] (*curtains*).

## Les appareils ménagers

La **cuisinière** électrique ou à gaz, le **four** (*oven*), le **four à micro-ondes,** le **réfrigérateur (le frigo),** le **congélateur** (*freezer*) et le **lave-vaisselle** (*dishwasher*) se trouvent dans la cuisine. Pour **faire la lessive** (*do the laundry*), on se sert d'une **machine à laver** et d'un **sèche-linge** (*clothes dryer*). On utilise un **séchoir** pour se sécher les cheveux, un **fer à repasser** (*iron*) pour repasser le linge et un **aspirateur** (*vacuum cleaner*) pour **faire le ménage.**

# Les autres choses de la vie

Avec l'explosion de l'électronique, n'oublions pas la **chaîne hi-fi,** le **lecteur de CD** (*CD player*), le **baladeur** (*walkman*), la **radio,** la **télévision** ou la **télé** avec sa **télécommande** (*remote control*) pour **changer de chaîne** [f.]—99% des foyers français ont la télé—le **magnétoscope** pour regarder des **vidéocassettes** [f.] ou le **lecteur de DVD.** N'oublions pas non plus le **téléphone portable** (le portable ou le mobile) qui est très populaire en France, et l'**ordinateur** dont la popularité a commencé assez tard en France mais qui rattrape rapidement ce retard. On prévoit que 40% des foyers seront **connectés** à **Internet** en 2005, contre 25% en 2002. Le **courrier électronique,** ou l'**e-mail** [m.] comme tout le monde le dit, est bien pratique!

*Luxe ou nécessité?* Parmi les autres choses de la vie, on peut finalement mentionner les objets de valeur comme les **bijoux** [m.], les **tableaux** [m.] et les **objets** [m.] **d'art,** ou les **voitures** [f.] **de sport,** les **caravanes** [f.] (*camping trailers*), les **bateaux** [m.], une **résidence secondaire** ou une **villa** (*vacation home*) et une **piscine** (*swimming pool*). Quelle vie de **loisirs** [m.] (*leisure*)!

## • *Parlons-en*

**A. Le mot juste.** Voici la définition, à vous de trouver le mot juste!

1. C'est une grande maison avec beaucoup d'appartements.
2. C'est l'étage qu'on appelle le premier étage en Amérique.
3. Si j'habite dans un appartement dont je ne suis pas propriétaire, que suis-je?
4. Si je change d'appartement ou de maison, qu'est-ce que je fais?
5. C'est un terme général pour désigner le salon, la cuisine, les chambres, etc.
6. C'est un meuble avec plusieurs tiroirs pour ranger les vêtements.

**B. La définition.** Voici le mot, à vous de donner la définition.

1. le sous-sol
2. un four à micro-ondes
3. un congélateur
4. un escalier
5. l'e-mail
6. un magnétoscope
7. un baladeur
8. une piscine

**C. Des associations.** Quelles images associez-vous aux mots suivants? Elaborez autant que possible

MODELE: la télé → Je vois mon père qui dort devant la télé, je vois mon petit frère qui monopolise la télécommande, je vois trois personnes sur le sofa en train de manger des chips, je vois...

1. l'ordinateur   2. ma cuisine   3. des objets d'art   4. ?

**D. La maison de vos rêves.** En groupes de deux, décrivez la maison de vos rêves en précisant

• son emplacement (à la ville? à la campagne? avec un jardin [*garden*]?)

• son apparence extérieure et le nombre d'étages

- ses pièces et leur décor: meubles, équipement électronique, couleurs, planchers, murs, fenêtres, etc.

**E. Réflexion culturelle.** Donnez votre réaction aux observations culturelles suivantes. Qu'est-ce que ces pratiques ou attitudes révèlent sur la culture française?

1. 75% des Français habitent en ville, contre 50% en 1936, mais le rêve de presque tous les Français, c'est «une maison à la campagne ou dans un quartier calme à la périphérie d'une grande ville».

2. La France détient le record d'Europe pour la possession d'animaux domestiques, en majorité des chats et des chiens.

## *Lecture*

## *Avant de lire*

### Culture et contexte

*Driss Chraïbi*

Le texte que vous allez lire est écrit par un auteur marocain, Driss Chraïbi. Que savez-vous du Maroc? Tout d'abord, trouvez le Maroc sur la carte de l'Afrique p. xxii. Comme vous le voyez, le Maroc est situé entre la Mauritanie et l'Algérie, bordé par la Méditerranée au nord, l'océan Atlantique à l'ouest et le désert du Sahara au sud-est. Le Maroc est un pays du Maghreb (la région nord-africaine entre la Méditerranée et le Sahara), un pays arabe qui a été colonisé par la France de 1912 à 1956 et qui conserve le français comme la langue des écoles et de l'administration. Une autre conséquence de la colonisation a été, bien sûr, une invasion progressive de la culture européenne et de sa technologie. Driss Chraïbi, né au Maroc en 1926, éduqué à l'école française à Casablanca, a été tellement fasciné par cette technologie qu'il est allé faire des études d'ingénieur à Paris. Son premier roman, *Le Passé simple* (1954), a fait beaucoup de bruit parce qu'il critiquait certaines coutumes et traditions islamiques. Dans *La Civilisation, ma Mère!...* (1972), Chraïbi aborde le conflit des cultures et des «civilisations» dans son pays d'une façon plus humanistique. Ici, le personnage principal est une femme qui, avec l'aide de son fils, va se faire l'avocate de l'émancipation féminine au Maroc.

### Stratégies de lecture

- **Anticipation.** Regardez la couverture du livre. A votre avis, que représente cette femme? Le progrès? La civilisation? La tradition? Y a-t-il opposition ou parallélisme entre la femme et le fil électrique? Est-elle habituée à repasser avec un fer à repasser électrique, ou plutôt avec un fer en métal très lourd qu'on pose sur le feu pour le chauffer? Quelle sorte d'histoire anticipez-vous sur cette femme avec son fer à repasser?

- **Les mots apparentés** (*Cognates*). Beaucoup de mots français sont identiques ou presque aux mots anglais. Il est facile de deviner leur sens si vous utilisez, non pas le dictionnaire, mais le contexte et votre connaissance générale du monde. D'après votre connaissance de l'anglais et du monde, pouvez-vous deviner le sens des mots apparentés suivants, tirés du premier paragraphe du texte?

   ...un fer à repasser en acier **chromé** et **brillant** comme **la joie.**
   Si la résistance **grilla...** Les **produits** de la technologie... Je l'**ignore.**

   Maintenant que vous avez compris le contexte, pouvez-vous déduire le sens du mot **acier**?

- **Le passé simple.** Ce texte contient de nombreux verbes au passé simple, un temps littéraire à peu près équivalent au passé composé. La plupart de ces verbes sont faciles à reconnaître. Pouvez-vous transposer les verbes suivants au passé composé?

   ...ma mère le **mit...** personne ne l'**entendit...** il **mourut...**

   Pour savoir comment mieux reconnaître les verbes au passé simple, consultez l'Appendice 2, p. 331.

## La Civilisation, ma Mère!... [extrait]

### DRISS CHRAÏBI

C'était un fer à repasser, en acier chromé et brillant comme la joie. Electrique. Habituée aux plaques en fonte,[a] ma mère le mit sur le brasero.[b] Pour le chauffer. Si la résistance grilla, personne ne l'entendit. Les produits de la technologie ont-ils une âme[c]? Je l'ignore. Ce que je sais, c'est que ce fer à repasser ne dit rien quand il mourut, ne poussa pas un cri de douleur. Ce jour-là, je commençai à comprendre le Zen et le yoga dont parlait mon père.

Mais, même cuit,[d] il repassa toute une pile de linge. L'Art survit à l'homme, n'est-ce pas? Mû[e] comme par un skieur, il glissa,[f] glissa sur les serviettes, les draps, les mouchoirs, avec une aisance enthousiaste. Quand il eut fini sa tâche d'acier poli et civilisé, ma mère l'accrocha. A la prise de courant.[g] Pensive, elle considéra le résultat. Puis elle secoua la tête et me dit:

—Tu vois, mon fils? Ces Européens sont malins,[h] ma foi oui. Ils ont prévu deux trous,[i] deux clous[j] et un fil[k] pour le suspendre après usage. Mais

5

10

---

[a]plaques... ancêtres des fers à repasser  [b]une sorte de cuisinière  [c]*soul*  [d]comparez: cuisine  [e]*Poussé*  [f]*slid*  [g]prise... *electrical outlet*  [h]intelligents  [i]*holes*  [j]*nails*  [k]*cord*

sans doute ne connaissent-ils pas les maisons de chez nous. Sans cela, ils auraient fabriqué un fil plus court.                                                                    15

En conséquence, elle fit un nœud[l] au milieu du cordon. Pendu ainsi à la prise de courant, le fer arrivait à quelques centimètres du sol. Nagib fit:

—Ha, ha!... Hmmm!... Très bien, très très bien... Houhouhou!...

Je lui lançai une banane à la tête. Il dit:

—Quoi? quoi?... Ah oui! Ne t'en fais pas, mon petit. Je les ai bien cachés.   20

Il faisait allusion aux ciseaux[m] de ma mère. Si elle les avait eus sous la main, peut-être eût-elle coupé[n] le fil électrique? A l'époque, il n'y avait pas de disjoncteur[o] et les fusibles étaient incapables de fondre[p] en cas de court-circuit: ils étaient en cuivre[q] rouge. Dans mon manuel de physique, un chapitre était consacré au secourisme.[r] Téléphoner à la caserne de pompiers[s] la plus proche.   25

[...]

Apprendre à ma mère les rudiments de l'électricité? En quelle langue? J'ai essayé de lui traduire les lois d'Ohm et de Faraday, en cherchant mes mots avec soin. Elle m'a dit, pleine de sollicitude:

—Voilà que tu bégaies[t] à présent? Tu apprends trop. Ça se bouscule[u] dans la tête.                                                                                           30

J'ai adopté une autre méthode. J'ai essayé de lui expliquer les théories en termes aussi concrets qu'une brique à neuf trous. Et, à partir de ces matériaux, de broder[v] une histoire de fées et de brigands,[w] à la manière orientale.

—Il y avait une fois un génie invisible...

—Comme Monsieur Kteu? m'a-t-elle demandé, les yeux brillants.   35

—Oui. Comme Monsieur Blo Punn Kteu.* Donc ce génie luttait contre le diable,[x] comme la lumière contre les ténèbres.[y]

—Et alors? il l'a vaincu?

—Attends. Le diable avait éteint le soleil et la lune...

—Les étoiles aussi?   40

—Les étoiles aussi. Les cœurs, la joie, il avait tout éteint. Il faisait sombre, noir, c'était la désolation.

—Tais-toi. Tu me fais peur. Je n'aime pas du tout cette histoire.

—Mais le génie—il s'appelait Monsieur Ohm—mit dans toutes les maisons, dans toutes les villes des fils électriques: un positif et un négatif.   45

—Qu'est-ce que tu racontes?

—Je veux dire un fil animé par le Bien et un autre par le Mal. Et alors, quand ils se touchaient...

—Ce n'est pas vrai. Un génie ne peut faire que le Bien.

Je l'ai prise dans mes bras et j'ai conclu:   50

—Je t'aime, maman. Tu as raison.

Dix ans plus tard, je suis devenu ingénieur. Simplement pour comprendre la différence entre les êtres humains et les objets purement physiques. ✎

---

[l]*knot*  [m]*scissors*  [n]*eût... she would have cut*  [o]*circuit breaker*  [p]*melting*  [q]*copper*  [r]aide en cas d'électrocution  [s]caserne... *fire station*  [t]*stutter*  [u]*mélange*  [v]*inventer*  [w]fées... *fairies and villains*  [x]Satan  [y]*darkness*

---

*Blaupunkt is a German radio brand.

## • *Avez-vous compris?*

**A.** Terminez les phrases de gauche par une des options dans la liste de droite.  2/10

     _b_   1. La mère a repassé son linge...

     _d_   2. Elle ne comprenait pas...

     _f_   3. Le narrateur se demandait...

     _c_   4. Le frère Nagib a dit «Très bien»...

     _f_   5. Après l'avoir utilisé, la mère a accroché le fer...

     _e_   6. Nagib a caché...

a. comment se servir d'un fer électrique.

b. avec un fer à repasser «cuit».

c. pour se moquer (gentiment) de sa mère.

d. comment expliquer l'électricité à sa mère.

e. les ciseaux, parce qu'il avait peur que sa mère ne coupe le fil.

f. à la prise électrique.

**B.** Le narrateur a essayé d'expliquer les lois de l'électricité à sa mère. Cochez (√)  2/10 les méthodes qu'il a employées.

     \_\_\_\_   Il a fait des dessins sur le mur de la maison.

     _X_   Il a défini les termes scientifiques.

     \_\_\_\_   Il a présenté des formules mathématiques.

     _X_   Il a raconté une histoire du Bien et du Mal.

     \_\_\_\_   Il a parlé de Dieu et des anges.

**C.** Répondez.

1. Parlez de la personnification du fer à repasser dans le premier paragraphe  2/10 du passage. Quels verbes montrent que le fer est comparé à une personne?
2. Commentez l'interprétation que la mère donne du fil électrique et de la prise.
3. Expliquez l'humour des lignes 12–15.
4. Comment le narrateur essaie-t-il d'expliquer le fonctionnement du fer à sa mère? Laquelle des deux explications est la plus efficace?

## • *Et vous?*

oral 2/10

**A.** Le titre du roman, *La Civilisation, ma Mère!...* , suggère l'intérêt de l'auteur pour les diverses formes de civilisation dans le monde. Quelle civilisation le fer à repasser représente-t-il? Et la mère? D'après le passage, quelles conclusions tirez-vous sur les différences entre les deux civilisations? Pourront-elles un jour se comprendre?

**B.** Le narrateur essaie d'expliquer l'électricité à sa mère—ses possibilités et ses dangers—en racontant une histoire de fées dans laquelle un génie invisible lutte contre le diable. Imaginez une situation où vous devez expliquer un principe compliqué à un enfant. Créez une histoire tirée d'un conte de fées populaire pour l'expliquer. Racontez cette histoire à un(e) camarade de classe; par exemple, pourquoi il/elle ne devrait pas mettre des ciseaux dans la prise électrique; pourquoi il/elle ne devrait pas boire du savon liquide, etc.

*Une petite rue à Fès au Maroc*

**C.** Comparez la relation entre le narrateur et sa mère avec celle entre la narratrice et son père dans le passage du Chapitre 2. Quelles sont les similarités? les différences?

**D.** La technologie moderne est-elle forcément synonyme de progrès? Avec un(e) camarade de classe, discutez le pour et le contre.

# Structures

## Interrogative Forms

### Observez et déduisez

1. In the following passage, find two kinds of questions to which the answer would be *yes* or *no*. How are those questions formed?
2. What are the two ways to ask information questions starting with **pourquoi** and **comment**?
3. What does the interrogative adjective **quel** agree with?

---

**Une mère bien perplexe**

—Un fer à repasser avec un fil? **Pourquoi** faut-il l'attacher au mur? **Est-ce qu'**on a peur de le perdre?

—Mais non, maman, c'est un fil électrique. Regarde...

—**Comment est-ce que** ça marche?

—L'électricité fait chauffer le fer.

—Alors ce fil va chercher la chaleur dans le mur? Et s'il fait froid dehors?

—Ce n'est pas du tout ça, maman. Ecoute...

—Mais **où** est le feu qui fait chauffer le fer?

—Avec l'électricité, on n'a pas besoin de feu.

—**Quelle** histoire me racontes-tu là?

---

### Vérifiez

**1. YES/NO QUESTIONS**

There are three basic ways to ask yes/no questions. The first two are the most common interrogative forms used in conversation.

- Intonation change (the voice rises at the end of the sentence)

   Le fer marche bien? Tu le trouves bien?

Pmtteg

② • **Est-ce que** (added to the beginning of the sentence)

> Est-ce que le fer marche bien? Est-ce que tu le trouves bien?

Note that the word order of the sentence is not changed with **est-ce que.**

③ • Inversion (the subject and the verb are inverted)*

> Le fer **marche-t-**il bien? Le trouves-tu bien?

With inversion, note that when the verb form ends in a vowel, a **-t-** is inserted before **il, elle,** and **on (marche-*t*-il?).** If the subject is a noun, do not invert the noun, as in English; add a pronoun after the verb.

> Le fer **marche-t-**il bien?

With negative questions, negative expressions remain in their usual place.

> Tu **ne** travailles **pas**? Est-ce que tu **ne** travailles **pas**? **Ne** travailles-tu **pas**?

## 2. INFORMATION QUESTIONS

Interrogative adverbs (**où, quand, comment, combien, pourquoi**) can be used with **est-ce que** or with inversion.

• Word order with **est-ce que**
Interrogative adverb + **est-ce que** + subject + verb

> **Quand** est-ce que vous partez?
> **Pourquoi** est-ce que vous ne revenez pas?

• Word order with inversion
In short sentences introduced by **où, quand, comment,** or **combien,** a noun subject can be inverted directly (interrogative adverb + verb + subject).

> Combien **coûte la croisière?**   Où **vont tes parents?**
> Quand **part le bateau?**   Comment **va ton beau-père?**

If the sentence is longer, regular inversion rules must be followed.

> Quand **tes parents** partent-**ils** en vacances?

With **pourquoi,** regular inversion rules must be followed whether the sentence is long or short.

> Pourquoi **tes parents** partent-**ils?**

## 3. QUEL(LE)

As an interrogative adjective, **quel** (*which, what*) agrees with the noun it modifies. It precedes the noun or the verb **être.**

> **Quel** temps fait-il? **Quelle** est la date?

**Quel** may follow a preposition.

> **A quelle** heure partez-vous? **De quel** aéroport?

**Quel** can be used with inversion or with **est-ce que.**

> **Quels** bagages **est-ce que** vous prenez?

---

*Inversion does not usually occur with **je** except in a few fixed expressions: **ai-je?; suis-je?; puis-je?** (*may I?*).

Pmtteg

*Soldes—un mot magique? (Paris, France)*

## Essayez!

Posez trois questions (intonation, **est-ce que,** inversion) qui permettraient d'obtenir la réponse suivante: Oui, j'ai un magnétoscope.

Pour chacune des réponses suivantes, posez deux questions (**est-ce que,** inversion) et utilisez l'adverbe interrogatif qui convient.

1. Elle met les cassettes **dans un tiroir** (*drawer*). 2. Un magnétoscope coûte **assez cher.** 3. Les vidéos sont une belle invention **parce qu'on n'est plus obligé de sortir pour voir un film.**

Complétez avec la forme appropriée de **quel.**

_____ est le problème? De _____ cassettes parles-tu?

*(Réponses page 55)*

## • *Maintenant à vous*

**A. Comment?** Vous écoutez une dame qui parle de ses meubles, mais parce qu'il y a beaucoup de bruit et parce que vous avez du mal à entendre, vous posez des questions selon le modèle.

MODELES: Je préfère les fauteuils **de style ancien.** →
Comment? Quels fauteuils préférez-vous?

J'ai plusieurs fauteuils de ce style **dans mon salon.** →
Comment? Où sont vos fauteuils?

1. Mon mari aime les meubles **rustiques.** 2. Il préfère les meubles rustiques **parce qu'**ils ont plus de charme. 3. Nous avons **deux** armoires rustiques. 4. Nous allons acheter une salle à manger rustique **le mois prochain.** 5. La salle à manger que nous voulons coûte **très cher.** 6. Il y a des meubles modernes **dans la chambre des enfants.** 7. Les enfants préfèrent le style **scandinave.** 8. Le style scandinave est très populaire depuis **les années soixante.**

**B. Le déménagement.** Pendant un déménagement, toutes sortes de questions se posent. Formulez des questions logiques en fonction des réponses données.

MODELE: Les déménageurs arrivent **à 10 h.** →
Quand (A quelle heure) arrivent les déménageurs?

1. Les boîtes (*boxes*) sont **dans le placard.**
2. Le placard **de la chambre.**
3. Il reste **une dizaine** de boîtes.
4. Bien sûr que je la garde! **Cette commode** est encore bonne...

5. L'aspirateur est **dans le salon.**
6. Je vais nettoyer (*to clean*) **plus tard.**
7. Je n'aime pas les déménagements **parce qu'on perd des choses.**

Maintenant, en groupes de deux, imaginez que c'est vous qui déménagez. Faites une liste des questions qui vous viennent à l'esprit pendant le déménagement.

# *More About the Present Tense:*
# *-er Verbs with Stem Changes*

## Observez et déduisez

From the sentences that follow, can you infer what happens to verbs like **acheter, préférer, s'ennuyer,** and se **rappeler** when the stem is followed by a mute **e**?

> Moi, je n'ach**è**te presque plus de cassettes; je préf**è**re les disques compacts. Quand j'écoute de la musique, je ne m'ennu**i**e jamais. Tu te rappe**ll**es cette vieille chanson?

## Vérifiez

| | SPELLING CHANGE | EXAMPLES |
|---|---|---|
| Verbs like **acheter** | e → è in front of mute ending | Ils ach**è**tent (mute ending) Nous ach**e**tons (sounded ending) |
| Verbs like **préférer** | é → è in front of mute ending | Tu préf**è**res (mute ending) Vous préf**é**rez (sounded ending) |
| Verbs ending in **-yer*** | y → i in front of mute ending | Je netto**i**e/nous netto**y**ons |
| **Appeler, épeler** (*to spell*), **jeter** (*to throw*), and their derivatives | Doubling of the consonant (**l** or **t**) in front of mute ending | Je m'appe**ll**e Astérix. Comment épe**l**ez-vous ça? Ça s'épe**ll**e comme ça se prononce. |
| Verbs ending in **-cer** | c → ç in front of **a, o, u** (to keep the *s* sound) | Je commen**c**e/nous commen**ç**ons |
| Verbs ending in **-ger** | g → ge in front of **a, o, u** (to keep the same consonant sound) | Je man**g**e/nous man**ge**ons |

*For verbs ending in **-ayer**, like **essayer** or **payer**, the spelling change is optional: **il essaie** (pronounced [ɛsɛ]) or **il essaye** (pronounced [esɛj]); **ils paient** (pronounced [pɛ]) or **ils payent** (pronounced [pɛj]).

# Essayez!

Identifiez chacun des verbes suivants et conjuguez-les à la première personne du singulier et du pluriel. Ressemblent-ils à **acheter** (A), **préférer** (B), **appeler/jeter** (C), **s'ennuyer** (D), **commencer** (E) ou **manger** (F)?

1. se lever tôt   2. rejeter cette solution   3. envoyer une lettre
4. exagérer un peu   5. essuyer la vaisselle (*dry the dishes*)   6. corriger une faute   7. répéter une phrase   8. agacer (*irritate, bother*) les autres

(*Réponses, page 55*)

## • *Maintenant à vous*

**C. Des choix.** Qu'est-ce que vous faites... ? Choisissez un des verbes entre parenthèses pour répondre à ces questions.

1. ...quand vous vous ennuyez?   (se promener, appeler des ami(e)s, manger quelque chose)
2. ...quand vos ami(e)s et vous avez un examen le lendemain?   (commencer à étudier très tôt/très tard, essayer d'oublier l'examen)
3. ...quand vous avez une heure libre le soir?   (envoyer des e-mails à mes ami(e)s, préférer ne rien faire, nettoyer la maison)
4. ...quand votre famille et vous avez besoin de discuter une question importante?   (manger ensemble, considérer les options calmement)

**D. Des listes révélatrices.** En groupes de deux, faites une liste de plusieurs choses...

1. ...que vous préférez mais que vous n'achetez pas quand vous faites des courses. (Indiquez pourquoi vous ne les achetez pas et ce que vous achetez à la place.)
2. ...que vous espérez posséder un jour.
3. ...que vous employez tous les jours.
4. ...qui vous agacent (c'est-à-dire qui vous irritent).

Après la discussion à deux, comparez vos listes avec celles des autres groupes et voyez ce que tous les étudiants ont en commun.

# *Depuis and Similar Expressions*

## Observez et déduisez

- Use the following sentences to determine what tense is used in French to express an action that *has been* going on for a period of time and is continuing.
- Give three ways to say "I've been studying for an hour."

> —**Depuis quand / Depuis combien de temps** avez-vous votre ordinateur?
>
> *How long have you had your computer?*
>
> —Je l'ai **depuis** deux ans. / **Ça fait** deux ans **que** je l'ai. / **Il y a** deux ans **que** j'ai cet ordinateur.
>
> *I've had it for two years.*

## Vérifiez

If the action begins in the past and continues in the present, use the present tense.

J'étudie depuis une heure. / Ça fait une heure que j'étudie. / Il y a une heure que j'étudie.

## • *Maintenant à vous*

**E. Les choses et le temps.** Depuis combien de temps...  *2/10*

1. ...habitez-vous dans votre logement actuel?
2. ...vos parents ont-ils leur voiture actuelle?
3. ...avez-vous les vêtements que vous portez aujourd'hui?
4. ...vous servez-vous d'Internet?
5. ...avez-vous votre ordinateur actuel (autre appareil électronique)?  *trans*

**F. Des choses précieuses.** En groupes de deux, faites une liste des choses précieuses dans votre vie (au moins cinq pour chaque personne) et dites depuis combien de temps vous possédez ces choses.

# *The Imperative*

## Observez et déduisez

Judging from the following example, how is the imperative formed? With pronominal verbs, what happens to the reflexive pronouns?

> **Des ordres un peu injustes?**
>
> Vous, les garçons, **restez** ici et **dépêchez-vous** de finir vos devoirs!  *O IMP*
> Toi, ma fille, **va** au centre commercial, **achète** ce que tu veux, **prends** ton temps, **amuse-toi** bien!

## Vérifiez

To form the imperative, use the present tense of the verb and drop the subject pronoun.

| | | |
|---|---|---|
| Tu finis | → | Finis! |
| Nous finissons | → | Finissons! |
| Vous finissez | → | Finissez! |

If the **tu** form of the present ends in **-es** or **-as,** the **s** is dropped in the imperative.

| | | |
|---|---|---|
| Tu achètes. | → | Achète ce que tu veux. |
| Tu vas. | → | Va t'amuser. |
| Tu ouvres la porte. | → | Ouvre la porte! |

There are three irregular verbs in the imperative.

| AVOIR | ETRE | SAVOIR |
|---|---|---|
| aie | sois | sache |
| ayons | soyons | sachons |
| ayez | soyez | sachez |

In an affirmative command with a pronominal verb, the reflexive pronoun is placed after the verb and connected to it with a hyphen. **Te** becomes **toi.**

| | | |
|---|---|---|
| Tu **te** dépêches. | → | Dépêche-**toi** ou tu vas être en retard. |
| Nous **nous** amusons. | → | Amusons-**nous** le plus longtemps possible. |
| Vous **vous** souvenez. | → | Souvenez-**vous** de la dernière fois! |

In a negative command, reflexive pronouns *precede* the verb.

Ne **te** dépêche pas, tu as le temps.  Ne **nous** fâchons plus.

## • *Maintenant à vous*

**G. Pauvre Cendrillon!** Vous êtes la méchante belle-mère de Cendrillon; dites-lui ce qu'elle doit faire, selon le modèle.

MODELE:  se réveiller → Réveille-toi!

1. se lever tout de suite
2. ne pas rester au lit toute la journée
3. être plus énergique
4. se préparer vite
5. aller voir si ses demi-sœurs ont besoin de quelque chose
6. ne pas oublier de faire la lessive aujourd'hui
7. ?

**H. Des instructions.** En groupes de deux, faites une liste des instructions, ordres ou conseils que vous donneriez dans les situations suivantes. Utilisez l'impératif à la forme affirmative ou négative, selon le cas.

1. Votre enfant se tient très mal à table: il parle la bouche pleine, il mange avec ses doigts, il se sert toujours le premier, il refuse de manger ses légumes, etc. Essayez de le corriger!
2. Avant de partir pour la journée, vous donnez des instructions à votre bonne (*your maid*) concernant le ménage, la cuisine, le soin des enfants, etc. Donnez beaucoup de détails.

3. Un étudiant français, qui vient d'arriver à votre université et qui ne connaît pas du tout votre ville, a besoin d'instructions pour aller au centre commercial le plus proche.

4. Un professeur que vous connaissez a un groupe d'étudiants très difficiles. Ils bavardent ou ils s'endorment en classe, ils ne font jamais leurs devoirs, rien ne semble les motiver.

5. Une adolescente que vous connaissez n'est pas heureuse; pourtant, elle possède toutes les «choses de la vie». Avec toute votre sagesse, vous lui donnez des conseils pour trouver le bonheur.

## I. Un petit sondage

1. Imaginez que vous faites une enquête pour un cours de sociologie. En groupes de deux, préparez une liste de vingt questions que vous aimeriez poser à d'autres étudiants de la classe sur leur vie à l'université. Préparez dix questions auxquelles on peut répondre par *oui* ou *non*, et dix questions d'information avec les expressions étudiées dans ce chapitre.

2. Circulez dans la classe et interviewez trois autres étudiant(e)s. Posez-leur vos questions et notez leurs réponses. Laissez-vous aussi interviewer par d'autres étudiants. (*Let other students interview you as well.*)

3. Allez retrouver votre partenaire, comparez vos résultats et préparez un petit résumé d'enquête pour la classe.

## J. Une maison en Bretagne?

Imaginez que vous venez d'hériter d'une petite fortune et que vous avez maintenant les moyens de vous acheter une maison en Bretagne, dans l'ouest de la France, près de la mer. Regardez les annonces immobilières et préparez une liste de questions que vous voulez poser sur chaque maison, concernant

- l'emplacement (près de la plage? des magasins? jardin?)
- le nombre de pièces et l'agencement (*layout*) de ces pièces
- le prix et les frais de négociations («négo» = *real estate fees*)

Maison contemporaine 800m de la plage. Excellent état. 156m2 hab (8 pces). Cave et gge. Jardin 900m2 env. **228.673,52 €**

Proximité Trez-Hir, superbe maison de caractère en pierres. Rdc: cuis aménagée et équipée, gd salon-séj avec chem, ch et sdb, salon d'été avec chem, gge. Etage: gde mezz, 3 ch, sdb. Terrasses. Jardin arboré 2000m2. Gd abri. voit. **411.612,34 €**

Très belle propriété en excellent état. 9 pces dont très beau salon avec chem e insert. Czve. Dble gge avec grenier aménageable. Gd parc. Abri de jardin. **274.408,23 €**

Sachez qu'un euro (€) = approximativement un dollar.

Après avoir préparé vos questions, avec un(e) partenaire, jouez le rôle du client (de la cliente) et de l'agent immobilier pour une des maisons et inventez des réponses si besoin. Ensuite, inversez les rôles pour une autre maison.

**K. Jeu de rôles.** Revenons à une réalité plus probable et imaginons que vous voulez louer un appartement (meublé ou non-meublé). Avec un(e) autre partenaire, jouez le rôle d'un futur locataire (une future locataire) et d'un agent immobilier qui a plusieurs appartements à louer. Echangez des renseignements sur

- l'emplacement des appartements (quartier, étage, bruit, voisins, parking, etc.)
- la description des appartements (pièces, meubles, appareils ménagers, etc.)
- le prix (charges comprises? [électricité, eau, gaz])
- la possibilité d'avoir des animaux domestiques, ou autres questions qui vous semblent importantes.

# Par écrit

## Avant d'écrire

**The Reader's Role.** Every piece of writing is intended for a reader. That prospective reader affects what and how you write—what you choose to emphasize or omit, for example, and what language you use to present your topic. In an article about a trip to Florida written for a group of schoolchildren, you would emphasize entirely different things from those you would emphasize in an article meant for an audience of retired people, and your writing style would change significantly as well.

As you prepare your essay on **La jeunesse américaine et le matérialisme,** think about who your readers might be:

French students reading a French student newspaper?
French-speaking tourists about to embark on their first trip to the U.S., reading a cultural brochure on American life today?
American students reading the French Club newsletter at your school?
Others?

### PREWRITING TASK

1. With a partner in class, identify *two* possible audiences and decide what each audience would be interested in reading about. Design a set of questions in French based on those interests.

2. Now, choose the audience and the set of questions that interest you more and, using those questions, interview two or three of your classmates. Take detailed notes on their answers.

## • *Sujet de rédaction*

**La jeunesse américaine et le matérialisme.** Identifiez les lecteurs à qui vous vous adressez. Puis, avec les renseignements obtenus dans l'activité préparatoire, composez un petit article.

 **Ensuite.** *Explorez en profondeur les thèmes et les structures qui se trouvent dans ce chapitre sur* ***www.mhhe.com/ensuite.***

---

**Réponses: Essayez!,** page 48. A. Tu as un magnétoscope? Est-ce que tu as un magnétoscope? As-tu un magnétoscope? B. 1. Où est-ce qu'elle met les cassettes? Où met-elle les cassettes? 2. Combien est-ce qu'un magnétoscope coûte? Combien coûte un magnétoscope? 3. Pourquoi est-ce que les vidéos sont une belle invention? Pourquoi les vidéos sont-elles une belle invention? C. Quel/quelles

**Réponses: Essayez!,** page 50. 1. (A) je me lève / nous nous levons 2. (C) je rejette / nous rejetons 3. (D) j'envoie / nous envoyons 4. (B) j'exagère / nous exagérons 5. (D) j'essuie / nous essuyons 6. (F) je corrige / nous corrigeons 7. (B) je répète / nous répétons 8. (E) j'agace / nous agaçons

---

# L'enfance

## En bref

In **Thème 2,** you will continue learning to talk and write about yourself and your world in French. Now, you will focus on your past. The readings are about children and adolescents, both real and fictional.

### Functions

- Narrating in the past
- Describing in the past
- Asking questions about people, things, and ideas

### Structures

- Verbs in the **passé composé**
- Verbs in the **imparfait**
- Interrogative pronouns

*Les enfants français dans la rue et à l'école*

## Anticipation

*opinion (m)* *childhood (f)*

1. A votre avis, qu'est-ce qui caractérise l'enfance? Complétez la liste qui suit selon votre expérience.

   - la famille
   - les copains/copines
   - les jeux
   - l'école
   - les rêves/l'imagination
   - ? *les vacances*

   *share*
   Maintenant, pour chaque catégorie, partagez le premier souvenir qui vous vient à l'esprit.

2. A votre avis, comment les réalités suivantes affectent-elles l'enfance dans le monde francophone?

   - Les «bonnes manières» sont très importantes dans la culture française. Les enfants apprennent très jeunes à serrer la main aux adultes, par exemple, ou à rester plus d'une heure à table sans manifester d'impatience. «C'est une question de discipline!» *shake*
   - Bien que l'école ne soit obligatoire en France qu'à partir de l'âge de 6 ans, 99,6% des enfants de 3 ans fréquentent (gratuitement) l'école maternelle, soit pour une demi-journée, ou de 8 h 30 à 16 h 30. *although* *starting from*
   - Dans la plupart des pays francophones d'Afrique, seulement 30 à 50% des enfants sont scolarisés. Comme les ressources sont souvent très limitées, il n'est pas rare de voir plus de 50 enfants par classe, qui se partagent une douzaine de livres, de cahiers et de stylos. Le taux de scolarisation des filles est très bas dans les régions rurales. *sharing* *rate*

## CHAPITRE 4

*La rentrée scolaire: quels trésors y a-t-il dans ce cartable?*

beginning of the school year

# *Je me rappelle...*

## Lecture
- Antoine de Saint-Exupéry: *Le Petit Prince* [extrait]

## Structures
- The **Passé composé**

# Paroles

## L'école

De 2 à 6 ans, les enfants français vont à l'**école maternelle;** de 6 à 11 ans, c'est l'**école primaire,** puis de 11 à 15 ans, le **collège** (collège d'enseignement secondaire). Enfin, de 15 à 18 ans, on va au **lycée.** Dans l'enseignement primaire et secondaire, on est **élève;** ce n'est que dans l'enseignement supérieur qu'on devient **étudiant(e).** Les enseignants s'appellent des **professeurs** au collège, au lycée et à l'université; dans les écoles primaires, ce sont des **instituteurs,** des **institutrices** ou des **professeurs d'école.**

Quels **cours** peut-on **suivre** à l'école?

| SCIENCES HUMAINES | SCIENCES | AUTRES MATIERES |
|---|---|---|
| la **géographie** | les *mathématiques* [f.]: | les *arts* [m.]: la |
| l'**histoire** [f.] | l'**algèbre** [f.]; le **calcul,** | **danse,** le **dessin,** |
| les **langues étrangères** | la **géométrie,** etc. | la **musique,** la |
| | les *sciences naturelles:* | **peinture** |
| la **littérature** | la **biologie,** la **chimie,** | l'**éducation** [f.] |
| la **philosophie** | la **physique,** la **zoologie** | **physique** |
| la **psychologie** | les **sciences économiques** | |
| les **sciences politiques** | la **technologie** | |
| (**sciences po**) [f.] | l'**informatique** [f.] | |

Pour bien se débrouiller à l'école, il faut **faire ses devoirs, travailler dur** (*hard*) et **réussir à** (*to pass*) ses examens. Quand on **passe** (*takes*) un examen, il ne faut pas **tricher** (*to cheat*). Ce n'est pas non plus recommandé de **sécher ses cours** [m.] (*to skip classes*) ou de **faire l'école buissonnière** (*to play hooky*), car on risque d'**échouer** (*to fail*). Le **but** (*goal*) des études est généralement d'**obtenir un diplôme** (*to get a diploma, to graduate*).

## Les fournitures scolaires

De quoi a-t-on besoin pour aller à l'école? Outre (*Besides*) les livres et les cahiers, il faut peut-être un **classeur** (*binder*), avec des **feuilles** [f.] de **papier** [m.], une **règle** (*ruler*), une **calculatrice** (*calculator*), un **taille-crayon** (pour **tailler** les crayons), des **ciseaux** [m.] (*scissors*), de la **colle** (*glue*), etc. Tout cela se met dans un **cartable** (*schoolbag*), une **serviette** (*briefcase*) ou un **sac à dos** (*backpack*).

## J'ai hâte de...

Les enfants emploient beaucoup cette expression. **Ils ont hâte de** (*They can't wait to*) **grandir** (*to grow up*); ils ont hâte d'être en **récréation** (*recess*) pour pouvoir **jouer.** Ils ont hâte de commencer l'école, puis ils ont hâte d'être en vacances; ils ont hâte de finir leurs devoirs pour pouvoir **dessiner** (*to draw*) ou **colorier** des **images** [f.] avec des **crayons** [m.] **de couleur.** Et vous, qu'est-ce que vous avez hâte de faire?

## • *Parlons-en*

**A. Le mot juste.** Voici la définition, à vous de trouver le mot juste!

1. C'est l'école pour les enfants de 11 à 15 ans.
2. C'est l'étude des ordinateurs.
3. C'est le contraire d'échouer à un examen.
4. C'est ce qu'on obtient à la fin de ses études.
5. C'est un instrument pour couper le papier (ou autre chose).
6. C'est quand on ne va pas à ses cours.

**B. La définition.** Voici le mot, à vous de donner la définition.

1. l'école maternelle
2. un élève
3. l'algèbre
4. tricher
5. la récréation
6. grandir

**C. Des images et des mots.** Quelles images les mots suivants évoquent-ils pour vous? Elaborez.

MODELE: professeur → Quand je pense au mot «professeur», je vois mon professeur d'histoire au lycée, un professeur extraordinaire parce que... ; je vois aussi mon professeur de... , parce que... , etc.

1. l'école primaire   2. le collège   3. le lycée   4. la géométrie   5. passer un examen   6. dessiner   7. ?

**D. Les fournitures scolaires.** Avec un(e) partenaire, faites l'inventaire de ce que vous avez dans votre sac à dos ou votre serviette. Ensuite, faites une liste de trois choses que vous avez en commun et trois choses que vous n'avez pas en commun.

**E. Des comparaisons.** Avec un(e) autre partenaire, comparez votre emploi du temps. Quels cours suivez-vous? A quelle heure? Comparez vos cours et vos objectifs universitaires.

**F. L'école buissonnière.** En groupes de deux, essayez de reconstruire l'histoire des deux petits garçons à gauche. Pourquoi ont-ils décidé de faire l'école buissonnière? Quand se sont-ils «échappés»? Où sont-ils allés? Qu'ont-ils fait toute la journée? Comparez ensuite votre histoire avec celles des autres groupes et déterminez par un vote qui a fait preuve du plus d'originalité.

## *Avant de lire*

### Culture et contexte

1943. C'est la Deuxième Guerre mondiale. La France est occupée par les Allemands. Les camps de concentration donnent à l'horreur une nouvelle dimension. La mort, la faim, le froid, la peur sont devenus les constants compagnons de millions de gens. Perdu dans les énigmes de ce monde, comment l'homme peut-il trouver un sens à la vie? La seule solution est de «chercher avec le cœur». C'est le message du *Petit Prince,* un livre écrit en 1943 par Antoine de Saint-Exupéry, pilote de profession, philosophe et poète de vocation. L'histoire semble simple et enfantine, mais le message est profond: «on ne voit bien qu'avec le cœur, l'essentiel est invisible pour les yeux» (*Le Petit Prince,* ch. 21), ou bien encore: «le bonheur de l'homme n'est pas dans la liberté, mais dans l'acceptation d'un devoir» (Préface de *Vol de Nuit,* un autre roman de Saint-Exupéry). Ce devoir, Saint-Ex, comme ses amis l'appelaient, va l'accepter jusqu'au bout. Le 31 juillet 1944, après une héroïque carrière dans l'aviation, il se porte volontaire pour une mission de reconnaissance au-dessus des Alpes. Il ne reviendra jamais de cette mission. Mort à 44 ans, Saint-Exupéry nous laisse un message éternel qui s'ébauche déjà dans le premier chapitre du *Petit Prince,* dont le texte suivant est extrait.

### Stratégies de lecture

- **Anticipation.** Les enfants et les adultes ont-ils des façons différentes de percevoir la réalité? Qu'est-ce qui est important pour les adultes? Et pour les enfants? Faites une liste des différences principales que vous voyez entre les adultes et les enfants concernant les sujets de conversation, les activités et ce qu'ils considèrent comme «important».

- **Approche globale.** Comme nous l'avons déjà vu, il est plus facile de comprendre les détails d'un texte lorsqu'on commence par une lecture globale, pour identifier les idées générales et l'organisation du texte. Parcourez rapidement la lecture et mettez les idées générales suivantes dans l'ordre du texte, de 1 à 6.

PARAGRAPHE/SECTION

1. «Lorsque j'avais... »
2. «J'ai alors beaucoup réfléchi... »
3. «Les grandes personnes m'ont... »
4. «Quand j'en rencontrais... »
5. «Les grandes personnes aiment... »

IDEE GENERALE

<u>2</u> a. Le narrateur essaie deux sortes de dessins.

<u>1</u> b. Le narrateur est inspiré par une image dans un livre.

____ c. Le narrateur compare la façon de penser des adultes et des enfants.

<u>4</u> d. Le narrateur montre son premier dessin pour tester les adultes.

<u>3</u> e. Les adultes découragent les ambitions artistiques de l'enfant.

# Le Petit Prince [extrait]*

## ANTOINE DE SAINT-EXUPERY

Lorsque j'avais six ans j'ai vu, une fois, une magnifique image, dans un livre sur la Forêt Vierge qui s'appelait «Histoires Vécues[a]». Ça représentait un serpent boa qui avalait[b] un fauve.[c]

On disait dans le livre: «Les serpents boas avalent leur proie[d] tout entière, sans la mâcher.[e] Ensuite ils ne peuvent plus bouger et ils dorment pendant les 5
six mois de leur digestion.»

J'ai alors beaucoup réfléchi sur les aventures de la jungle et, à mon tour, j'ai réussi, avec un crayon de couleur, à tracer mon premier dessin. Mon dessin numéro 1. Il était comme ça:

*Le Petit Prince*, p. 1

J'ai montré mon chef-d'œuvre[f] aux grandes personnes et je leur ai 10
demandé si mon dessin leur faisait peur.

Elles m'ont répondu: «Pourquoi un chapeau ferait-il peur?»

Mon dessin ne représentait pas un chapeau. Il représentait un serpent boa qui digérait[g] un éléphant. J'ai alors dessiné l'intérieur du serpent boa, afin que[h] les grandes personnes puissent comprendre. Elles ont toujours besoin 15
d'explications. Mon dessin numéro 2 était comme ça:

*Le Petit Prince*, p. 2

Les grandes personnes m'ont conseillé[i] de laisser de côté les dessins de serpents boas ouverts ou fermés, et de m'intéresser plutôt[j] à la géographie, à l'histoire, au calcul et à la grammaire. C'est ainsi que j'ai abandonné, à l'âge de six ans, une magnifique carrière de peintre. J'avais été découragé par 20
l'insuccès de mon dessin numéro 1 et de mon dessin numéro 2. Les grandes personnes ne comprennent jamais rien toutes seules, et c'est fatigant, pour les enfants, de toujours et toujours leur donner des explications.

J'ai donc dû choisir un autre métier[k] et j'ai appris à piloter des avions. J'ai volé un peu partout dans le monde. Et la géographie, c'est exact, 25
m'a beaucoup servi. Je savais reconnaître, du premier coup d'œil,[l] la Chine de l'Arizona. C'est très utile, si l'on est égaré[m] pendant la nuit.

———————
*Dessins par Antoine de Saint-Exupéry

———————

[a]vraies [b]mangeait [c]animal sauvage [d]victime [e]la... *chewing it* [f]*masterpiece* [g]comparez: digestion [h]afin... pour que [i]suggéré [j]de préférence [k]profession [l]coup... regard bref [m]perdu

J'ai ainsi eu, au cours de ma vie, des tas de[n] contacts avec des tas de gens
sérieux. J'ai beaucoup vécu chez les grandes personnes. Je les ai vues de très
près. Ça n'a pas trop amélioré[o] mon opinion.

Quand j'en rencontrais une qui me paraissait un peu lucide, je faisais
l'expérience sur elle de mon dessin numéro 1 que j'ai toujours conservé. Je
voulais savoir si elle était vraiment compréhensive.[p] Mais toujours elle me
répondait: «C'est un chapeau.» Alors je ne lui parlais ni de serpents boas, ni         35
de forêts vierges, ni d'étoiles.[q] Je me mettais à sa portée.[r] Je lui parlais de
bridge, de golf, de politique et de cravates. Et la grande personne était bien
contente de connaître un homme aussi raisonnable.

Les grandes personnes aiment les chiffres.[s] Quand vous leur parlez d'un
nouvel ami, elles ne vous questionnent jamais sur l'essentiel. Elles ne vous
disent jamais: «Quel est le son de sa voix? Quels sont les jeux qu'il préfère?         40
Est-ce qu'il collectionne les papillons[t]?» Elles vous demandent: «Quel âge
a-t-il? Combien a-t-il de frères? Combien pèse-t-il? Combien gagne son père?»
Alors seulement elles croient le connaître. Si vous dites aux grandes personnes:
«J'ai vu une belle maison en briques roses, avec des géraniums aux fenêtres et
des colombes[u] sur le toit... » elles ne parviennent[v] pas à s'imaginer cette maison.     45
Il faut leur dire: «J'ai vu une maison de cent mille francs.» Alors elles s'écrient:
«Comme c'est joli!» Elles sont comme ça. Il ne faut pas leur en vouloir.[w] Les
enfants doivent être très indulgents envers les grandes personnes.

---

[n]des... beaucoup de   [o]changé en mieux   [p]verbe: comprendre   [q]points brillants dans le ciel, la nuit   [r]sa...
son niveau   [s]nombres   [t]*butterflies*   [u]oiseaux   [v]réussissent   [w]leur... avoir de mauvais sentiments envers elles

## Avez-vous compris?

**A.** Complétez chaque phrase selon les idées de la lecture. Mettez le verbe que
vous choisissez au passé composé. *Possibilités:* **comprendre, demander,
faire, montrer, tracer, voir.**

Le narrateur ____[1] l'image d'un serpent boa qui avalait un fauve. Après beaucoup de réflexion, il ____[2] son premier dessin. Il ____[3] son chef-d'œuvre aux
grandes personnes. Il leur ____[4] si le dessin leur faisait peur. Elles n' ____[5]
son dessin. Alors, il ____[6] son dessin numéro 2.

*Possibilités:* **améliorer, apprendre, avoir, devoir, vivre, voler.**

Enfin, il ____[7] choisir un autre métier que celui d'artiste. Il ____[8] à piloter
des avions. Il ____[9] un peu partout dans le monde. Il ____[10] des tas de
contacts avec des gens sérieux. Il ____[11] chez les grandes personnes. Cela
n'____[12] son opinion des grandes personnes.

*Possibilités:* **vouloir, devoir, préférer, s'intéresser.** Cette fois, mettez le
verbe au présent.

Les grandes personnes ____[13] les chiffres aux descriptions. Elles ____[14]
toujours savoir combien gagne une personne pour la connaître. Les enfants
____[15] plutôt à l'essentiel: les collections de papillons, etc. Les enfants ____[16]
avoir beaucoup de patience avec les grandes personnes.

**B.** Trois dessins sont décrits dans ce passage. A votre tour de décrire chacun d'entre eux.

1. Dans le livre sur la Forêt Vierge...
2. Le dessin numéro 1 du narrateur...
3. Le dessin numéro 2 du narrateur...

**C.** Comment les grandes personnes interprètent-elles le premier dessin? Qu'est-ce que leurs conseils à l'enfant révèlent sur leur système de valeurs?

**D.** Après ses déceptions en tant qu'artiste, le narrateur a changé de «métier». Quelle est cette deuxième carrière? Dans quelle mesure ses études ont-elles été utiles?

**E.** Une fois adulte, quand le narrateur ose-t-il montrer son premier dessin? Quelle est la réaction générale? Que fait-il alors?

**F.** Comparez la manière dont un enfant et un adulte décrivent une personne.

**G.** Trouvez dans le texte plusieurs détails qui indiquent que le narrateur voit le monde au travers des yeux d'un enfant.

## • *Et vous?*

**A.** Réfléchissez un moment et essayez de vous souvenir d'un livre favori de votre enfance. Racontez à un(e) camarade votre passage préféré du livre et décrivez une illustration que vous aimiez beaucoup. Votre professeur vous demandera de dire à la classe le nom du livre et de raconter les souvenirs de votre camarade.

**B.** Quand vous décrivez un nouvel ami à quelqu'un, de quoi parlez-vous? Etes-vous davantage comme une grande personne ou comme un enfant dans votre description?

**C.** Trop souvent, malheureusement, les adultes ne comprennent pas les idées, les craintes et les émotions des enfants. D'après vous, quelle en est la raison? Pensez à votre enfance. Pourriez-vous mentionner un incident où vos parents, votre instituteur (institutrice) ou un autre adulte a mal compris quelque chose que vous avez dit ou fait? Décrivez l'épisode brièvement.

**D.** Le narrateur dit que «Les grandes personnes ne comprennent jamais rien toutes seules, et c'est fatigant, pour les enfants, de toujours et toujours leur donner des explications.» C'est exactement ce que sentent quelquefois les adultes à l'égard des enfants. Ce sentiment suggère un fossé (*gap*) entre les générations dû à deux manières différentes d'envisager le monde. Tournez-vous vers un(e) camarade de classe. Un(e) de vous va jouer le rôle d'un(e) enfant; l'autre sera l'adulte. Choisissez un sujet de controverse entre générations (par exemple, l'argent dépensé par l'enfant, l'heure de rentrer le samedi soir, la musique, la mode) et parlez-en pendant deux minutes. Essayez d'expliquer ce qui est évident et de résoudre vos différences d'opinion si possible.

**E.** Le narrateur suggère que certains sujets surtout intéressent les grandes personnes: le bridge, le golf, la politique et les cravates. Qu'est-ce qu'il semble impliquer par cette liste? Est-ce qu'il faut jouer le jeu pour être accepté, pour avoir l'apparence d'un «homme raisonnable»? Quelles sortes de jeux sociaux sont nécessaires dans votre vie, avec vos amis, avec vos parents, au travail et à l'université? Faites une liste de ces jeux sociaux et lisez-la à la classe.

# Structures

## The Passé composé

The **passé composé** is the tense used to *narrate* events in the past; it tells *what happened*. It is the tense you will use most often to talk about the past. The use of the **passé composé** with other past tenses (**imparfait, plus-que-parfait**) are practiced in **Thème 3.** The focus of this chapter is the **passé composé** itself, to help you become more familiar with its forms.

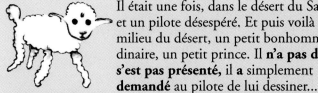

### Observez et déduisez

Judging from the following text (**Une rencontre inattendue**), how is the **passé composé** formed? What two verbs serve as auxiliary or helping verbs? How is the past participle formed for regular **-er** verbs, such as **arriver**? What about **-ir** and **-re** verbs? Among the irregular verbs, which do you readily recognize?

### Une rencontre inattendue

Il était une fois, dans le désert du Sahara, un avion cassé et un pilote désespéré. Et puis voilà qu'**est arrivé,** au milieu du désert, un petit bonhomme tout à fait extraordinaire, un petit prince. Il **n'a pas dit** bonjour, il **ne s'est pas présenté,** il **a** simplement **demandé** au pilote de lui dessiner... un mouton! Incapable de dessiner autre chose que des boas fermés et des boas ouverts, le pilote **a fait** son dessin numéro 1. Le petit prince **a répondu:** «Non! Je ne veux pas d'un éléphant dans un boa. J'ai besoin d'un mouton.» Surpris, impressionné, le pilote **a obéi...** Mais les trois moutons qu'il **a dessinés n'ont pas plu** au petit prince. Il **a** donc **fini** par dessiner une caisse, en disant: «Ça c'est la caisse. Le mouton que tu veux est dedans.» Un autre dessin fermé? Le petit prince, qui savait voir avec le cœur, **a été** ravi. C'est ainsi que le pilote et le petit prince **se sont connus.**

## Vérifiez

To form the **passé composé,** combine the present tense of the auxiliary verb **avoir** or **être** and the past participle of the verb you are conjugating. The past participle of regular verbs is formed as follows:

| INFINITIVE ENDING | PAST PARTICIPLE |
|---|---|
| **-er** (arriver, demander) | **-é** (arriv**é**, demand**é**) |
| **-ir** (finir, obéir) | **-i** (fin**i**, obé**i**) |
| **-re** (répondre) | **-u** (répond**u**) |

## Past Participles of Common Irregular Verbs

| PAST PARTICIPLE ENDING | INFINITIVE | PAST PARTICIPLE | EXAMPLE |
|---|---|---|---|
| **-u** | boire | bu | Il a trop bu. |
| | connaître | connu | Je l'ai connu au lycée. |
| | courir | couru | On a couru. |
| | devoir | dû | J'ai dû attendre. |
| | falloir | fallu | Il a fallu partir. |
| | lire | lu | Avez-vous lu *Le Petit Prince*? |
| | plaire | plu | Ce dessin m'a beaucoup plu. |
| | pleuvoir | plu | Il a plu hier soir. |
| | pouvoir | pu | Les enfants ont pu jouer. |
| | recevoir | reçu | J'ai reçu une lettre. |
| | savoir | su | Elle a su toutes les réponses! |
| | tenir (obtenir, etc.) | tenu | J'ai obtenu mon diplôme. |
| | venir | venu | Il est venu chez nous. |
| | voir | vu | Quand il nous a vus... |
| | vouloir | voulu | ...il a voulu nous parler. |

| PAST PARTICIPLE ENDING | INFINITIVE | PAST PARTICIPLE | EXAMPLE |
|---|---|---|---|
| -is | mettre (promettre, etc.) | mis | J'ai mis deux heures à faire mes devoirs. |
| | prendre (comprendre, etc.) | pris | J'ai pris mon temps, mais j'ai tout compris. |
| -it | dire | dit | Je t'ai dit... |
| | écrire | écrit | ...que j'ai déjà écrit. |
| -ert | découvrir | découvert | J'ai découvert quelque chose. |
| | offrir | offert | Il m'a offert un dessin. |
| | ouvrir | ouvert | J'ai ouvert la fenêtre. |
| | souffrir | souffert | Nous avons beaucoup souffert. |
| Individual exceptions | avoir | eu | On a eu peur. |
| | être _être_ | été | On a été surpris. |
| | faire | fait | Il a fait semblant... |
| | mourir | mort | ...d'être mort. |
| | naître _être_ | né | Où es-tu né(e)? |
| | rire | ri | Elle a ri de ma faute! |
| | suivre | suivi | J'ai suivi un cours de dessin. |

## Verbs Conjugated with *avoir*

Most French verbs form the **passé composé** with **avoir**.

_either noun or pronoun_

| | |
|---|---|
| j'**ai** parlé | nous **avons** parlé |
| tu **as** fini | vous **avez** fini |
| il/elle/on **a** attendu | ils/elles **ont** attendu |

The past participle of a verb conjugated with **avoir** does not change form unless it has a *preceding direct object*. In that case, the past participle agrees with the preceding direct object in gender and number.

Il a posé les questions.
**Quelles questions** a-t-il pos**ées**? _f, pl_
Il **les** a pos**ées**.
**Les trois moutons** qu'il a dessiné**s** n'ont pas plu au petit prince.

## Verbs Conjugated with *être*

Some verbs, often referred to as "verbs of motion or change of state," use **être** as the auxiliary verb. The past participle of a verb conjugated with **être** must agree in gender and number with its subject.

| | |
|---|---|
| je **suis** allé(**e**) | nous **sommes** allé(**e**)**s** |
| tu **es** venu(**e**) | vous **êtes** venu(**e**)(**s**) |
| il **est** entré | ils **sont** entrés |
| elle **est** sortie | elles **sont** sorties |
| on **est** parti | |

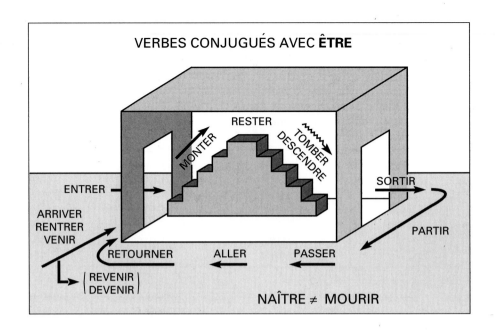

**VERBES CONJUGUÉS AVEC ÊTRE**

RESTER
MONTER
TOMBER DESCENDRE
ENTRER
SORTIR
ARRIVER
RENTRER
VENIR
PARTIR
RETOURNER  ALLER  PASSER
REVENIR DEVENIR
NAÎTRE ≠ MOURIR

## Verbs Conjugated with *avoir* or *être*

The verbs **monter, descendre, sortir, rentrer, retourner,** and **passer** are usually conjugated with **être;** however, when used with a direct object, they are conjugated with **avoir.** Compare:

Elle **est** montée au 2ᵉ étage.          Elle **a** monté l'escalier.
Elle **est** descendue.                       Elle **a** descendu sa valise.
Elle **est** sortie seule.                      Elle **a** sorti le chien.
Elle **est** rentrée à la maison.          Elle **a** rentré sa voiture au garage.
Elle **est** passée par là.                    Elle **a** passé quinze jours en France.

## Pronominal Verbs

All pronominal verbs are conjugated with **être.** The past participle usually agrees with the preceding pronoun (which acts as a preceding direct object).

Ils se sont connu**s**.          Elle s'est amusé**e**.          Nous nous sommes reposé**s**.

In a few cases, however, there is no agreement of the past participle.

* With verbs such as **se parler, se demander, se dire, s'écrire, se sourire,** and **se téléphoner** (where the reflexive pronoun is an indirect object: **on parle *à*, on demande *à* quelqu'un**):

Ils ne se sont pas écri**t**, ils se sont téléphon**é**.

* When the pronominal verb is followed by a direct object; compare:

Elles se sont lav**ées**.          Elles se sont lav**é les mains**.

# Essayez!

Mettez au passé composé. Utilisez **avoir** ou **être,** selon le cas.

1. Elle monte dans sa chambre.   2. Elle monte l'escalier.   3. Nous tombons par terre.   4. Tu rentres les chaises?   5. Non, les chaises restent dehors.

Mettez au passé composé. Faites attention à l'accord.

1. Ils se dépêchent.   2. Elle s'ennuie.   3. Nous nous serrons la main.
4. Ils se disent bonjour.

*(Réponses page 73)*

# Word Order with the *passé composé*

## Observez et déduisez

Look at the following sentences.

- Where are **ne** and **pas** placed with verbs in the **passé composé**? Where is **rien** placed? **personne**?
- With inversion, where is the inverted subject pronoun placed?
- Where is an adverb such as **bien** placed? Is it the same for **longtemps**?

> J'ai **bien** regardé, mais je **n'**ai **rien** vu, je **n'**ai vu **personne.** Il faut dire que je **ne** suis **pas** resté **longtemps. Avez-vous vu** quelqu'un?

## Vérifiez

- Negative Patterns
  With **ne... pas, ne... plus, ne... jamais,** and **ne... rien, ne** comes before the auxiliary verb (and before the reflexive pronoun, in the case of pronominal verbs); the other part of the negative expression is placed *between* the auxiliary and the past participle.

  > Nous **n'**avons **rien** fait de spécial, mais nous **ne** nous sommes **pas** ennuyés.

  With **ne... personne, ne... aucun, ne... ni... ni, ne... nulle part,** and **ne... que, ne** comes before the auxiliary verb; the other part of the negative expression is placed *after* the past participle.

  > Il **n'**a écouté **personne,** mais il **n'**a fait **aucune** faute.

- Interrogative Patterns
  Basic interrogative patterns, except inversion, remain the same with the **passé composé.** Note that only the auxiliary verb and the subject pronoun are inverted; the past participle follows.

  > **Est-ce que** le petit prince a dit bonjour? **S'est-il** présenté? Le pilote **a-t-il** été surpris?

*[handwritten annotations in right margin:]*
Before past participle
ne... pas
ne... plus
ne... jamais
ne... rien

After the past participle
ne... personne
ne... aucun
ne... ni... ni
ne... nulle part
ne... que

- Placement of Adverbs

Most adverbs are placed *between* the auxiliary and the past participle.

> J'ai **déjà** lu cette histoire; je l'ai **beaucoup** aimée.
>
> J'ai **complètement** oublié de faire mes devoirs! Le professeur l'a **sûrement** remarqué...

In negative sentences, **pas** usually precedes the adverb, except with **peut-être, sans doute, sûrement,** and **probablement.**

> Je n'ai **pas bien** compris votre question.
>
> Vous n'avez **peut-être pas** écouté...

Adverbs of time and place generally follow the past participle.

> Il est arrivé **tard;** il s'est assis **là;** il n'est pas resté **longtemps.**

# Essayez!

Mettez au passé composé.

1. Je ne sèche jamais mes cours.   2. Faites-vous déjà l'école buissonnière?
3. Les enfants s'amusent-ils bien?   4. Je ne reconnais personne.   5. Est-ce que vous vous reposez assez?   6. Je ne dors pas vraiment.

*(Réponses page 73)*

## • *Maintenant à vous*

**A.** **«Hier, c'était mercredi, et donc il n'y avait pas école, alors... »** Mettez les phrases suivantes au **passé composé.** C'est Thierry, un enfant de six ans, qui nous fait ce récit.

Je (me lève)[1] assez tard; je (descends)[2] en pyjama et j'(appelle)[3] ma maman. Elle (répond)[4]: «Je suis dans la cuisine!» J'(entre)[5] dans la cuisine. Comme d'habitude, j'(embrasse)[6] ma maman. Elle me (demande)[7]: «Tu (dors bien)[8]?» Elle (prépare)[9] mon petit déjeuner—un bol de chocolat et deux grosses tartines—et elle (met)[10] de la confiture de fraise sur une des tartines. Je (choisis)[11] la confiture d'abricot pour l'autre tartine. Après mon petit déjeuner, je (vais)[12] dans le salon. J'(allume)[13] la télé et je (regarde)[14] les dessins animés (*cartoons*) pendant une heure. Après ça, je (m'habille),[15] et juste après, mon copain Stéphane (arrive).[16] On (joue)[17] ensemble jusqu'à midi. On (s'amuse bien).[18] A midi, mon copain (part)[19] pour aller manger. L'après-midi, maman et moi, on (rend)[20] visite à ma grand-mère. Je (m'ennuie)[21] un peu là-bas, mais je (dessine)[22] en attendant, et puis, à 4 h, on (a)[23] des gâteaux! En rentrant, on (s'arrête)[24] au centre commercial, et maman (m'achète)[25] une nouvelle boîte de crayons de couleur! Elle est chouette, ma maman!

**B.** **Comparaisons.** Maintenant, comparez le mercredi de Thierry avec le samedi d'un petit garçon américain du même âge. Qu'est-ce qu'il a fait samedi dernier? Discutez en groupes de deux, puis résumez pour la classe les différences principales que vous voyez entre le mercredi d'un petit Français et le samedi d'un petit Américain.

**C. Un bilan assez négatif** (*A rather negative evaluation*). Au retour d'un petit voyage, une maman inquiète demande à son fils ce qu'il a fait la veille. Comme l'enfant est de mauvaise humeur, il répond presque toujours négativement, sur un ton obstiné. Posez des questions à votre camarade qui va y répondre. Suivez le modèle.

MODELE: passer une bonne journée

ETUDIANT A (**la maman**): Est-ce que tu as passé (As-tu passé) une bonne journée?

ETUDIANT B (**l'enfant**): Non, je n'ai pas passé une bonne journée.

1. travailler bien à l'école   2. rentrer tout de suite après l'école   3. rester jouer avec tes copains   4. ranger ta chambre   5. descendre la poubelle 6. faire tes devoirs   7. prendre ton bain   8. te brosser les dents

Résumez la journée de cet enfant.

**D. Et vous?** En groupes de deux, faites le bilan (*evaluate*) de la journée d'hier. Qu'est-ce que vous avez fait? Qu'est-ce que vous n'avez pas fait? Notez trois choses que vous avez faites mais que votre partenaire n'a pas faites.

**E. Un sondage.** Avec la liste des trois choses notées dans l'exercice précédent, circulez dans la classe, interrogez les autres étudiants et voyez combien de vos camarades ont fait une, deux ou trois de ces mêmes activités. Donnez un compte rendu de votre sondage à la classe ou résumez les réponses au tableau.

**F. Les grandes personnes sont-elles bizarres?** Voici une petite scène vue au travers des yeux d'un enfant. Mettez les verbes au passé composé. Il y avait un monsieur et une dame dans un parc, et...

1. Quand ils se voient, ils se sourient.   2. Ils se serrent la main.   3. Ils se regardent longtemps.   4. Mais ils ne se disent rien.   5. Ils ne se parlent pas!   6. Finalement, ils s'embrassent.   7. Et puis ils se quittent.   8. Ils se retournent plusieurs fois pour se regarder.

Expliquez pourquoi un enfant trouverait cette scène bizarre.

**G. En effet, les grandes personnes sont parfois bizarres.** En groupes de deux, racontez à tour de rôle deux ou trois incidents que vous avez observés et qui vous ont fait penser que les grandes personnes étaient parfois bizarres. Si vous n'avez pas d'expériences personnelles à raconter, inventez ensemble une histoire sur des grandes personnes du point de vue d'un enfant. Soyez prêts à présenter une de vos histoires à la classe après la discussion en groupes.

**H. Quelques souvenirs d'enfance.** Changez de partenaire et racontez à tour de rôle quelques souvenirs de votre enfance. Est-ce que vous vous rappelez...

1. votre premier jour à l'école primaire?   2. votre premier jour à l'école secondaire?   3. une expérience embarrassante à l'école?   4. un anniversaire particulier?   5. un voyage en famille?   6. un autre souvenir d'enfance?

**I. Jeu de rôles.** Jouez la situation suivante à deux.

Etudiant(e) A: vous êtes le père ou la mère d'un enfant qui est à l'école primaire ou au collège et comme vous êtes très curieux/curieuse et très intéressé(e), vous posez des questions.

*A-t-elle hâte de grandir? (Le jardin du Luxembourg, Paris, France)*

Etudiant(e) B: Vous avez passé une journée très chargée à l'école et vous avez beaucoup de choses à raconter, du point de vue d'un enfant, bien sûr!
Discutez:

• les cours, les examens, les devoirs

• le/les professeur(s)

• les autres enfants

• un événement particulier

Ensuite, inversez les rôles.

# Par écrit

## Avant d'écrire

**Organizing a Narration.** As you plan your essay on the following topic, focus especially on chronology. You'll be writing about past events. What is the most interesting way to present them? In a linear way, beginning with the earliest and finishing with the latest? Through flashbacks? Beginning in the middle of a sequence of events? These are all common patterns, and any one of them might be appropriate in your essay.

After you have established the order of presentation, think about the kinds of connecting words you will use as you write your essay. Words such as **auparavant** (*before that*), **d'abord, ensuite, puis, après, alors, ainsi** (*thus*), **donc** (*therefore*), and **finalement** give your reader clues about relationships among events.

Begin your essay with a brief introduction that sets the stage (**Quand j'avais ___ ans...** ). Include enough detail to make the story come alive, but avoid extraneous material that might distract or bore your reader. Conclude with something that you think is especially memorable or striking.

### PREWRITING TASK

Prepare an outline of the sequence of events in the composition you will write. Check the organization. Is it logical? Are all the points relevant to the story?

## • *Sujet de rédaction*

Reconstituez une page de votre journal intime en racontant en détail une journée particulièrement mémorable de votre enfance. Si vous n'avez aucun souvenir, vous pouvez toujours faire appel à votre imagination—c'est peut-être l'occasion rêvée de réinventer votre enfance!

 **Ensuite.** *Explorez en profondeur les thèmes et les structures qui se trouvent dans ce chapitre sur* ***www.mhhe.com/ensuite.***

---

**Réponses: Essayez!,** page 69: A. 1. Elle est montée dans sa chambre. 2. Elle a monté l'escalier. 3. Nous sommes tombé(e)s par terre. 4. Tu as rentré les chaises? 5. Non, les chaises sont restées dehors. B. 1. Ils se sont dépêchés. 2. Elle s'est ennuyée. 3. Nous nous sommes serré la main. 4. Ils se sont dit bonjour.

**Réponses: Essayez!,** page 70: 1. Je n'ai jamais séché mes cours. 2. Avez-vous déjà fait l'école buissonnière? 3. Les enfants se sont-ils bien amusés? 4. Je n'ai reconnu personne. 5. Est-ce que vous vous êtes assez reposé(e)(s)? 6. Je n'ai pas vraiment dormi.

---

## CHAPITRE 5

*Ce qu'il adore: les hamburgers, la planche à roulettes, les copains.*

# Le monde de l'enfant

## Lecture
• Guy Tirolien: *Prière d'un petit enfant nègre*

## Structures
• The **Imparfait**

## Le comportement

Un enfant peut être **bien élevé** (*well mannered*), **mal élevé, gâté** (*spoiled*), **poli, impoli, obéissant, désobéissant, affectueux** (*affectionate*), **indépendant, précoce, mûr** (*mature*) pour son âge, **méchant** (*mean*), **sage** (*good*).

Certains enfants aiment **se disputer** (*to argue*) ou **se battre** (*to fight*). Si c'est le cas, on peut les **gronder** (*scold*); ou bien ils **méritent** (*deserve*) peut-être une **fessée** (*a spanking*) ou une autre **punition.** Alors, ils **pleurent** (*cry*), puis ils **demandent pardon** (*apologize, ask for forgiveness*).

## Activités et loisirs

Les petits jouent avec des **jouets** [m.], comme par exemple une **poupée** (*doll*), une **petite balle** ou un **gros ballon;** ils jouent aussi à **cache-cache** (*hide-and-seek*) ou à d'autres **jeux** [m.]. Ils aiment qu'on leur raconte des histoires, comme des **contes** [m.] **de fées** (*fairy tales*).

Les plus grands sortent avec leurs **copains** et **copines:** il vont **prendre un pot** (*to have a drink*) ensemble, ils **font des balades** [f.] (à pied, en vélo ou en voiture), ils vont au **cinéma,** à une **boum** (*party*), ou danser en **boîte** [f.] **(de nuit);** ils écoutent des **CD** [m.]; ils regardent la télé, des **vidéos** [f.] ou des **DVD.** Ils jouent aux **cartes** [f.], aux **échecs** [m.] (*chess*) ou à d'autres **jeux de société.** Certains aiment les **jeux vidéo.**

Les jeunes font souvent du sport: de l'**athlétisme** [m.] (*track*), du **basket,** du **cyclisme** (du **vélo**) ou du **VTT** (vélo tout-terrain), de la **danse,** de l'**équitation,** du **foot** (*soccer*), de la **gymnastique,** du **jogging,** de la **randonnée** (*hiking*), de la **musculation** (*weightlifting*), de la **natation** (*swimming*), du **patinage** (*skating*), de la **planche à voile** (*windsurfing*), du **ski,** du **ski nautique,** du **tennis,** de la **voile** (*sailing*), du **volley.**

- *Parlons-en*

**A. Chassez l'intrus!** Un des mots de chaque phrase n'est pas logique dans le contexte. Trouvez ce mot, expliquez pourquoi c'est un «intrus» et remplacez-le par un terme plus approprié.
1. Cet enfant est sage, poli et désobéissant.
2. Cette petite fille est bien élevée, gâtée et méchante.
3. Les enfants jouent avec des ballons, des poupées et des contes de fées.
4. Nous aimons les sports comme la musculation, la natation, les échecs et la gymnastique.

**B. Des images et des mots.** Quelles images est-ce que les mots suivants évoquent pour vous? Donnez au moins trois images pour chaque mot et élaborez.

1. se disputer   2. un enfant gâté   3. une punition   4. un jouet
5. une boum   6. l'athlétisme   7. ?

**C. Et vous?** Quel genre d'enfant étiez-vous? Quelles étaient vos activités préférées? Donnez autant de détails que possible.

**D. Le sport.** Quels sport pratiquez-vous aujourd'hui? Et quand vous étiez plus jeune? Quels sports aimez-vous regarder à la télé? Préférez-vous les sports individuels ou les sports d'équipe (*team*)?

**E. Réflexion culturelle.** Donnez votre réaction personnelle aux observations culturelles suivantes. Quels sont les avantages et les inconvénients de ces pratiques ou attitudes?

1. En France, la vie sportive et sociale est généralement séparée de la vie scolaire. Les lycées et les universités n'ont pas d'équipes sportives et n'organisent pas de bals (*dances*) pour les jeunes.
2. Il n'y a pas de mot pour «dating» en français! En général, un jeune homme ne vient pas chercher une jeune fille chez elle avant d'aller au cinéma. Les jeunes sortent plutôt en groupes et se donnent rendez-vous devant le cinéma ou à la terrasse d'un café, et chacun achète son propre billet.

**F. Des enfants... ?** Ce vieux pêcheur breton (*fisherman from Brittany*) et sa femme ont été jeunes, eux aussi, n'est-ce pas? En groupes de deux, imaginez comment cet homme et cette femme étaient quand ils étaient enfants, puis quand ils étaient adolescents (leur caractère, leurs activités favorites, etc.). Comparez ensuite vos «caricatures» avec celles des autres groupes et déterminez par un vote général quel groupe a fait preuve du plus d'originalité.

*Un vieux pêcheur breton et sa femme*

# Lecture

## Avant de lire

### Culture et contexte

Quand vous pensez aux Antilles, ces belles îles dans la mer des Caraïbes, qu'est-ce que vous imaginez? De belles plages bordées d'hôtels de luxe? Des montagnes volcaniques où abonde la végétation tropicale? Des champs de canne à sucre pour la production du rhum? Toutes ces images sont appropriées, mais la réalité antillaise, c'est aussi un passé douloureux marqué par la colonisation et l'esclavage (*slavery*). La Guadeloupe, découverte par Christophe Colomb en 1493, puis colonisée par les Français à partir de 1635, a connu en effet «la traite des Noirs» dans le cadre du «commerce triangulaire» entre l'Europe, l'Afrique et l'Amérique, au xviie et au xviiie siècles. Les esclaves étaient arrachés à leurs villages en Afrique, stockés comme des animaux dans des forteresses sur les côtes de l'Afrique de l'Ouest, puis, s'ils n'étaient pas parmi les 25% qui mouraient dans ces forteresses, ils étaient transportés sur des «négriers», des bateaux d'esclaves, où 25% de plus mouraient pendant la traversée. Une fois arrivés aux Antilles, les esclaves devenaient «les mains noires des Blancs» (selon l'expression du poète Senghor) dans les plantations de sucre. L'esclavage a été aboli en 1848 dans les colonies françaises (15 ans avant les Etats-Unis). En 1946, la Martinique et la Guadeloupe sont devenues des départements français et leurs habitants bénéficient des mêmes droits et privilèges que les citoyens français de l'Hexagone. Guy Tirolien, né en 1917 à Pointe-à-Pitre, en Guadeloupe, est un des poètes de la «négritude», le mouvement littéraire qui, pendant les années 30 et 40 à Paris, a cherché à revaloriser la civilisation noire, non seulement auprès des Blancs, mais aussi et surtout auprès des Noirs eux-mêmes, les incitant à être fiers de leur race et de leurs traditions. Dans cette *Prière d'un petit enfant nègre,* Guy Tirolien évoque l'image du négrier sur «l'océan des cannes» et, sous des apparences naïves, revendique la libération des Noirs.

### Stratégies de lecture

- **Anticipation.** Considérez le titre du poème: prière d'un petit enfant noir. Si on imagine un petit enfant noir vivant dans une plantation en Guadeloupe au début du xxe siècle, quelle va être sa prière? Qu'est-ce qu'il va demander à Dieu? Faites trois ou quatre prédictions, puis parcourez rapidement le poème pour vérifier vos hypothèses.

- **L'ordre des mots.** Trouver le sujet et son verbe est très important pour comprendre une phrase. En poésie, l'ordre des mots n'est pas toujours traditionnel et le verbe précède souvent le sujet. Identifiez le sujet des verbes suivants.

  | | | |
  |---|---|---|
  | glissent (ligne 9) | mugit (14) | gonfle (31) |
  | cuisent (11) | sont (30) | dit (34) |

# Prière d'un petit enfant nègre

## GUY TIROLIEN

Seigneur je suis très fatigué.
Je suis né fatigué.
Et j'ai beaucoup marché depuis le chant du coq
Et le morne[a] est bien haut qui mène à leur école.
Seigneur, je ne veux plus aller à leur école,        5
Faites, je vous en prie, que je n'y aille plus.
Je veux suivre mon père dans les ravines fraîches
Quand la nuit flotte encore dans le mystère des bois
Où glissent[b] les esprits que l'aube[c] vient chasser.
Je veux aller pieds nus par les rouges sentiers[d]        10
Que cuisent les flammes de midi,
Je veux dormir ma sieste au pied des lourds manguiers,[e]
Je veux me réveiller
Lorsque là-bas mugit[f] la sirène des blancs
Et que l'Usine[g]        15
Sur l'océan des cannes[h]
Comme un bateau ancré[i]
Vomit dans la campagne son équipage[j] nègre...
Seigneur, je ne veux plus aller à leur école,
Faites, je vous en prie, que je n'y aille plus.        20
Ils racontent qu'il faut qu'un petit nègre y aille
Pour qu'il devienne pareil[k]
Aux messieurs de la ville
Aux messieurs comme il faut.[l]
Mais moi je ne veux pas        25
Devenir, comme ils disent,
Un monsieur de la ville,
Un monsieur comme il faut.
Je préfère flâner[m] le long des sucreries[n]
Où sont les sacs repus[o]        30
Que gonfle[p] un sucre brun autant que ma peau brune.

Je préfère vers l'heure où la lune amoureuse
Parle bas à l'oreille des cocotiers[q] penchés[r]
Ecouter ce que dit dans la nuit
La voix cassée[s] d'un vieux qui raconte en fumant        35
Les histoires de Zamba et de compère Lapin[t]
Et bien d'autres choses encore
Qui ne sont pas dans les livres.
Les nègres, vous le savez, n'ont que trop travaillé.

---

[a]petite montagne (mot créole) [b]slide [c]dawn [d]paths [e]mango trees [f]roars, bellows [g]Factory [h]sugarcane fields [i](mot ap.) [j]crew [k]identique [l]comme... bien élevés, corrects [m]to stroll [n]usines de sucre [o]pleins [p]swells [q]coconut trees [r]courbés [s]broken [t]Zamba... personnages de fables guadeloupéennes

Pourquoi faut-il de plus apprendre dans des livres                                     40
Qui nous parlent de choses qui ne sont point d'ici?
Et puis elle est vraiment trop triste leur école,
Triste comme
Ces messieurs de la ville,
Ces messieurs comme il faut                                                            45
Qui ne savent plus danser le soir au clair de lune
Qui ne savent plus marcher sur la chair[u] de leurs pieds
Qui ne savent plus conter les contes aux veillées.[v]
Seigneur, je ne veux plus aller à leur école.

---

[u]*flesh*   [v]réunions familiales ou entre amis après le dîner

## • *Avez-vous compris?*

**A. La volonté.** Qu'est-ce qu'il veut, ce petit enfant? Qu'est-ce qu'il ne veut pas?
Complétez le tableau suivant.

| IL VEUT... | IL NE VEUT PAS... |
|---|---|
| *suivre son père* | *aller à leur école* |

**B. Le concept du temps dans le poème.** Trouvez les expressions associées
à chaque moment de la journée. A votre avis, pourquoi l'auteur utilise-t-il
des périphrases (des circonlocutions) au lieu de termes précis pour parler
du temps?

1. l'aube (*dawn*)                    5  a. «lorsque... mugit la sirène des blancs»
2. le matin                           3  b. «les flammes de midi»
3. le milieu de la journée            6  c. «l'heure où la lune amoureuse
4. l'après-midi                          parle bas»
5. la fin de la journée               1  d. «le chant du coq»
   de travail                         2  e. «quand la nuit flotte encore»
6. le soir                            4  f. «ma sieste»

**C. Les images.** Trouvez et commentez les images qui évoquent les choses
suivantes.

1. la présence nocturne des esprits parmi les arbres
2. la chaleur du sol
3. les champs de canne à sucre
4. l'usine de sucre
5. les travailleurs noirs
6. les traditions africaines
7. le fait que les blancs ont perdu le contact avec la nature
8. l'abandon des traditions par les blancs

**D. La répétition.** Quel est le refrain (la phrase répétée) du poème? Pourquoi le
mot **leur** est-il si important dans le refrain? Que représente l'école?

*Guadeloupe:*
*«Je veux aller pieds nus par les*
*rouges sentiers / Que cuisent les*
*flammes de midi,... »*

● *Et vous?*

**A.** D'après le petit enfant noir, la «civilisation» est-elle synonyme de progrès? Expliquez.

**B.** Analysez ce que c'est que les «messieurs comme il faut» dans le contexte de ce poème. Pourquoi l'enfant résiste-t-il à l'idée de devenir un monsieur «comme il faut»? A-t-il raison?

**C.** Etre «comme il faut» est un idéal souvent proposé aux enfants. Est-ce que c'était le cas dans votre enfance? dans celle d'un de vos amis? Expliquez.

**D.** Comment ce poème est-il un appel à la revalorisation et la libération des Noirs?

 *Structures*

## *The Imparfait*

### Observez et déduisez

Look at the verbs in **Votre enfance;** they are in the imperfect tense. Is the imperfect used to tell what happened at a specific time or to describe how things were?*

---

*The use of the imperfect tense, in contrast with the **passé composé** and the **plus-que-parfait,** is reviewed and practiced in **Thème 3.** The focus of this chapter is the imperfect itself, so that you will become adept at describing in the past, telling how things were or used to be.

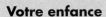

> ## Votre enfance
>
> Est-ce que vous **aimiez** aller à l'école quand vous **étiez** petit(e)? Quel genre d'enfant **étiez**-vous? Est-ce qu'on vous **punissait** souvent? Qu'est-ce que vous **faisiez** pour vous amuser? A quels jeux **jouiez**-vous? Qu'est-ce qu'il y **avait** dans le paysage de votre enfance?

## Vérifiez

The imperfect (**l'imparfait**) tells how things were or used to be; it is used to describe. More specifically, when do French speakers use the imperfect?

To answer, match the categories that follow with the corresponding example sentences.

_d_   1. actions in progress that are interrupted

_e_   2. habitual actions

_c_   3. physical, mental, or emotional states

_a_   4. weather, seasons, time of day

_b_   5. outward appearances

_f_   6. wishes or suggestions (with **si**)

a. Il **faisait** beau et l'air du soir **était** tiède. C'**était** au mois de juillet; il **était** 8 ou 9 h du soir; le soleil **se couchait** à l'horizon.

b. L'enfant **était** grand pour son âge; il **avait** les cheveux bruns; il **portait** un blue-jean.

c. Il **était** fatigué mais il ne **voulait** pas rentrer. Il **était** trop occupé à jouer pour penser à manger.

d. Il **jouait** depuis des heures quand son père est venu le chercher.

e. On **mangeait** généralement assez tard pendant l'été.

f. Et s'il **continuait à** jouer encore un quart d'heure?

*(Réponses en bas de la page)*

The imperfect is also used with the following constructions.

- **être en train de** + infinitive

  J'étais en train d'étudier quand vous êtes arrivés.

  *I was (in the process of) studying when you arrived.*

- **aller** + infinitive

  J'allais sortir quand le téléphone a sonné.

  *I was going to leave when the telephone rang.*

- **venir de** + infinitive

  Je venais de manger, alors je n'avais plus faim.

  *I had just eaten, so I wasn't hungry anymore.*

These constructions can be used in only two tenses: the present and the imperfect. If the event took place in the past, use the imperfect.

**Réponses: Vérifiez:** 1. d; 2. e; 3. c; 4. a; 5. b; 6. f

# Essayez!

Identifiez la forme correcte. (Regardez ce qui suit pour savoir quelle expression utiliser.)

1. Ils **sont** / **étaient** en train de lire, ne faites pas de bruit.
2. Quelle coïncidence! Je **viens** / **venais** de lui écrire quand il a téléphoné.
3. On **vient** / **venait** de lui parler; il n'y a plus de problème.
4. Soyez patients; nous **allons** / **allions** partir dans un instant.
5. **Je vais** / **J'allais** dire la même chose, mais vous ne m'avez pas interrogé.

*(Réponses page 86)*

## FORMATION

To form the imperfect, drop the **-ons** ending from the **nous** form of the present (**nous punissons → puniss-; nons faisons → fais-; nous avons → av-**). To this stem, add the imperfect endings: **ais, ais, ait, ions, iez, aient.**

| | | | | |
|---|---|---|---|---|
| je | fais**ais** | nous | fais**ions** |
| tu | fais**ais** | vous | fais**iez** |
| il/elle/on | fais**ait** | ils/elles | fais**aient** |

The only exception to this pattern is **être.**

| | | | | |
|---|---|---|---|---|
| j | ét**ais** | nous | ét**ions** |
| tu | ét**ais** | vous | ét**iez** |
| il/elle/on | ét**ait** | ils/elles | ét**aient** |

# Essayez!

Mettez à l'imparfait.

1. a. je mange
   b. tu commences
   c. elle se rappelle
   d. nous étudions
   e. vous dites
   f. ils achètent
2. Le petit enfant nègre **s'ennuie** à l'école; il ne **veut** plus y aller. Il **préfère** explorer la nature pendant que les autres élèves **étudient.**

*(Réponses page 86)*

## • *Maintenant à vous*

**A. Je n'en reviens pas!** (*I can't believe it!*) Vous retrouvez à l'université un camarade que vous n'avez pas vu depuis longtemps, et vous remarquez qu'il a beaucoup changé. Résumez vos impressions en terminant vos phrases par des caractéristiques contraires.

MODELE: Maintenant, il a beaucoup d'amis... →

**alors qu'avant** (*whereas before*), il n'avait pas beaucoup d'amis
( ...il n'avait aucun ami).

1. Maintenant il est plutôt mince...
2. Il dit qu'il se lève tôt...
3. Et il fait du sport tous les matins...
4. Il est devenu assez bavard...
5. Il sort souvent avec ses amis...
6. On voit qu'il prend même ses études au sérieux...
7. Il dit qu'il ne s'ennuie plus...
8. ?

En somme, la situation est-elle devenue pire ou meilleure?

B. **Avez-vous changé?** En groupes de deux, expliquez en quoi vous avez changé
ou non, selon le cas.

MODELE: pleurer souvent →
Quand j'étais petit(e), je pleurais souvent parce que j'étais très
sensible; maintenant, je ne pleure plus jamais—en public!

1. être gâté
2. s'ennuyer facilement
3. faire du sport
4. avoir peur du noir
5. ?

Continuez en faisant allusion à votre propre vie.

A la fin de l'activité, présentez à la classe deux caractéristiques particulièrement intéressantes de votre partenaire.

C. **Circonstances et impressions.** Joëlle est une étudiante française qui est
venue passer un an dans une université américaine; elle se rappelle son premier jour à l'université. Mettez les phrases à l'imparfait, selon le modèle.

MODELE: C'est au mois d'août. →
C'était au mois d'août.

1. Je viens d'arriver.    2. J'ai peur parce que tout est nouveau.    3. Le
campus semble énorme.    4. Je ne connais personne.    5. Je ne trouve pas
les bâtiments qu'il faut.    6. Les gens sont gentils mais impersonnels.
7. Je partage ma chambre avec une fille qui s'appelle Caroline.    8. Elle
est très sympathique mais elle parle tout le temps.    9. Je veux téléphoner à
mes parents, mais je ne peux pas parce que je dois économiser mon argent.
10. Je me sens à la fois heureuse et triste.

Quelle impression générale Joëlle avait-elle de l'université?

D. **Et vous?** Est-ce que vous vous rappelez votre premier jour à l'université?
En groupes de deux, comparez les circonstances et les impressions de ce premier jour: la date; le temps qu'il faisait; vos impressions du campus, de votre
chambre, des gens (étudiants, administrateurs, professeurs); vos sentiments,
etc. Faites une liste des choses que vous avez en commun, puis lisez cette liste
à la classe.

**E. La minute de vérité.** Posez une question à votre professeur pour savoir où il/elle habitait à l'âge de dix ans, ce qu'il/elle aimait faire, etc. Exemples: Est-ce que vous aimiez l'école? Quels étaient vos jeux favoris?

**F. Autrefois.** Qu'est-ce que vous faisiez quand vous aviez dix ans? Où habitiez-vous? Comment était votre chambre? Comment étiez-vous à cet âge-là? Discutez en groupes de deux, puis partagez avec la classe un renseignement particulièrement intéressant sur votre partenaire.

**G. Quinze ans.** Changez de partenaire et posez le plus de questions possible pour savoir comment était votre camarade à l'âge de quinze ans: description physique, personnalité, maison, chambre, famille, amis, école, professeurs préférés, activités favorites après l'école et le week-end, émissions favorites à la télévision, acteurs et chanteurs préférés, etc. Ensuite, inversez les rôles. Choisissez chacun(e) une ou deux caractéristiques qui semblent uniques à votre partenaire et présentez-les à la classe.

**H. Et si… ?** Plusieurs de vos camarades, qui vont jouer les rôles indiqués ici, s'ennuient et ne savent pas quoi faire. Le reste de la classe, qui va aussi jouer les rôles indiqués, va donc faire des suggestions, à tour de rôle, jusqu'à ce que (*until*) la personne en question soit satisfaite. Exemples de suggestions: Et si tu lisais un livre? Et si on allait faire une balade? Exemples de réponses: Non, je n'ai pas envie. Bof…

| CEUX QUI S'ENNUIENT | CEUX QUI SUGGÈRENT |
|---|---|
| 1. Une petite fille de 8 ans, un jour de pluie. | le/la babysitter |
| 2. Deux adolescent(e)s de 14–15 ans, un jour de vacances. On est en ville et il fait très chaud. | des copains et des copines du même âge |
| 3. Deux étudiant(e)s qui ont besoin de se changer les idées ce soir! | des copains et des copines dans la même situation |

*La fontaine Stravinsky, près du Centre Pompidou à Paris: que font ces enfants?*

**I. Un jeu.** Mettez-vous en petits groupes ou divisez la classe en deux équipes et voyez si vos camarades de classe peuvent deviner quels personnages historiques célèbres vous décrivez. Ces personnages peuvent être réels ou imaginaires.

MODELE: C'était un personnage imaginaire; il n'était pas beau; il ressemblait à un monstre. Il vivait au Moyen Age, dans les tours de la cathédrale Notre-Dame de Paris. Il aimait Esméralda. → Quasimodo

Choisissez parmi les noms suggérés ou pensez à d'autres personnages qui vous sont plus familiers. (Napoléon, Cléopâtre, Jules César, Sherlock Holmes, Louis XIV, George Washington, Marie-Antoinette, Jeanne d'Arc, Charlie Chaplin, Henri VIII d'Angleterre, Marilyn Monroe, Le Petit Chaperon Rouge, Scarlett O'Hara ?)

**J. Jeu de rôles.** Jouez la situation suivante à deux.

Etudiant(e) A: vous êtes sociologue et vous interviewez le petit enfant nègre devenu grand. Posez-lui des questions pour bien connaître ses activités quand il était petit en Guadeloupe. Qu'est-ce qu'il aimait faire? Qu'est-ce qu'il était obligé de faire? Pourqui? etc.

Etudiant(e) B: vous êtes le petit enfant nègre devenu grand. Reprenez les réponses fournies par le poème, mais utilisez aussi votre imagination pour décrire avec plus de détails:

- les activités à l'école des Blancs
- les activités des enfants «nègres» du matin jusqu'au soir, quand il n'y avait pas école

Le sociologue fera ensuite un rapport sur les deux activités qu'il aura jugées les plus intéressantes.

# Par écrit

## Avant d'écrire

**Using a Dictionary.** If you are looking up more than a few words when you write, you are probably translating your thoughts directly from English into French. This is very time-consuming and can lead to mistakes. Before you resort to the dictionary, always ask yourself if there is another, simpler way to express yourself. Can you convert your thought into French with words and structures that you already know? (See the writing strategy in **Chapitre 1.**) If you think it is absolutely necessary to use a dictionary, follow these guidelines.

- Determine the part of speech of the word you want for the context you have in mind. Is it a verb, a noun, etc.? For example, if you look up the French equivalent for *fan*, you will find several nouns (**éventail, ventilateur,**

**fanatique**) and several verbs (**éventer, souffler, attiser**). If your context is "football *fan*" (a noun), you can reject the meanings listed as verbs.

- What if you find more than one French equivalent for the part of speech you need? Before you jump to conclusions and write **Je suis un ventilateur** (*electric fan*) **de football,** consider the following strategies. If your dictionary provides example phrases or sentences, look for a similar context to help you decide on the proper equivalent. If no examples are provided, write down the French equivalents and look them up in the French-English section of the dictionary to determine which is closest to the meaning you want.

| | |
|---|---|
| éventail | *fan; range* |
| ventilateur | *ventilator; electric fan* |
| fanatique | *enthusiastic admirer, supporter, fan* |

Here, of course, **fanatique** is the correct word. As you write the following essay, make a list of the words you look up, and explain briefly next to each word how you decided on a particular meaning. Turn your list in with your composition.

## • *Sujet de rédaction*

**Les traditions familiales.** Ecrivez deux paragraphes sur des traditions de votre famille quand vous étiez enfant. (Est-ce que vous alliez en vacances ensemble? Est-ce que vous aviez des traditions à Noël ou un autre jour de fête?)

 **Ensuite.** *Explorez en profondeur les thèmes et les structures qui se trouvent dans ce chapitre sur* ***www.mhhe.com/ensuite.***

---

**Réponses: Essayez!,** page 82: 1. sont 2. venais 3. vient 4. allons 5. allais

**Réponses: Essayez!,** page 82: 1. a. je mang**e**ais b. tu commen**ç**ais c. elle se rappe**l**ait d. nous étud**ii**ons (Note the double **i;** the first **i** belongs to the stem, the second to the ending.) e. vous di**s**iez f. ils ach**e**taient 2. s'ennuyait / voulait / préférait / étudiaient

---

*Un travail intéressant?*

# Le travail

## Lecture
- J. M. G. Le Clézio: *La Grande Vie* [extrait]

## Structures
- Interrogative Pronouns

## CHAPITRE 6

# Le premier job

Quand on **cherche du travail,** la première chose à faire est souvent d'ouvrir le journal à la page des **annonces classées** où se trouvent les «offres d'emplois». Pour **faire une demande d'emploi** (*to apply for a job*), le **postulant** ou la **postulante** (*job applicant*) doit généralement **remplir un formulaire** (*to fill out a form*), puis se présenter en personne au **bureau du personnel** ou au futur **patron** (ou à la future **patronne**) (*boss*). Parfois, il faut envoyer son **curriculum vitæ** (*résumé*), avec une liste de toutes ses **compétences** [f.]. Si tout marche bien, on **est embauché** ou **engagé** (*hired*).

Le premier job n'est pas nécessairement un **métier** (*a trade*) ou une **carrière** (*a career*), c'est souvent un petit **boulot,** un **moyen** (*a means*) de **gagner** (*to earn*) de l'argent. Le **salaire** est un facteur très important: combien gagne-t-on **de l'heure** (*per hour*) ou **par mois** (*per month*)? Les **heures de travail** sont une autre considération; est-ce un travail **à plein temps** (*full-time*) ou **à mi-temps** (*part-time*)? Peut-on **faire des heures supplémentaires** (*to work overtime*)? Combien de **jours de congés** (*days off*) y a-t-il par an?

Les possibilités d'emploi sont très variées; par exemple, on peut être:

un(e) **employé(e) de maison**/un **jardinier** (*a gardener*)

un(e) **garde d'enfants**/un(e) **babysitter**

un **cuisinier**/une **cuisinière** (*a cook*)

un **serveur**/une **serveuse** dans un restaurant ou un café

un **chauffeur** (de taxi ou autre véhicule)

un **mécanicien** (*a mechanic*) dans un **garage,** ou un **pompiste** (*a service station attendant*) dans une **station-service**

un **ouvrier**/une **ouvrière** dans une **usine** ou dans un **atelier** (*a worker in a factory or workshop*); il y a par exemple des ateliers de **couture** où les **couturières** (*seamstresses*) confectionnent des vêtements.

un(e) **employé(e)** de **bureau,** de **banque,** etc.; un(e) **secrétaire;** un(e) **comptable** (*an accountant*)

un **caissier**/une **caissière** (*a cashier*); un **vendeur**/une **vendeuse** (*a salesperson*)

une **hôtesse d'accueil**/un(e) **réceptionniste,** ou un(e) **standardiste** (*a telephone operator*) dans un hôtel ou dans une **entreprise** (*a company*)

Si on travaille trop, on est **surmené** (*overworked*). Au bout de quelque temps, on peut recevoir (ou demander) une **augmentation de salaire** (*a raise*). Si l'employeur n'est pas satisfait, on risque d'**être licencié** ou **mis à la porte** (*to be fired*) et de se retrouver **au chômage** (*unemployed*). Si c'est l'employé(e) qui n'est pas satisfait(e), il/elle peut **donner sa démission** (*to quit*).

## • *Parlons-en*

**A. Le mot juste.** Voici la définition, à vous de trouver le mot juste!

1. C'est un résumé de vos compétences académiques et professionnelles.
2. C'est quand on ne travaille que quelques heures par semaine.
3. C'est votre chef ou votre employeur.
4. C'est quelqu'un qui fabrique des vêtements.
5. C'est quelqu'un qui travaille dans un magasin et vous aide à choisir ce que vous allez acheter.
6. C'est ce qu'on fait quand on annonce qu'on va quitter l'entreprise.

**B. La définition.** Voici le mot, à vous de donner la définition.

1. être surmené
2. être embauché
3. une usine
4. les congés
5. faires des heures supplémentaires
6. une augmentation de salaire
7. ?
8. ?

**C. Le marché du travail.** Que faut-il faire pour trouver du travail chez vous? Est-ce que vous vous rappelez comment vous avez obtenu votre premier job (ou un autre job plus mémorable)? Racontez.

**D. Réflexion culturelle.** Que pensez-vous des faits suivants? Qu'est-ce que ces pratiques ou attitudes indiquent sur la culture française? Quels sont les avantages et les inconvénients de ces pratiques?

1. Pour réduire le chômage et éviter les licenciements, depuis l'année 2002, la durée légale du travail des salariés est passée de 39 heures à 35 heures par semaine, sans diminution de salaire. Certaines catégories professionnelles, comme les professions libérales, les commerçants et les chefs d'entreprises, sont exclus de la semaine des 35 heures.
2. La loi française garantit à tout travailleur salarié cinq semaines de congés payés par an.

3. Très peu d'étudiants français travaillent pendant leurs études. Quelques raisons: l'enseignement supérieur est gratuit en France (à part environ 230 euros de frais administratifs par an); un étudiant sur cinq bénéficie d'une bourse d'études proportionnelle à la situation économique de la famille; 40% des étudiants vivent chez leurs parents.

**E. Les annonces classées.** Vous cherchez du travail en France. En consultant le journal, vous avez trouvé quelques annonces classées qui semblent intéressantes.

1. Avec un(e) camarade de classe, discutez chaque annonce classée; dites pourquoi ces postes vous intéressent ou non. Comparez-les avec des emplois que vous avez déjà eus.

2. Allô? Choisissez une annonce classée qui vous intéresse et téléphonez pour avoir plus de renseignements. Votre partenaire jouera le rôle de l'employeur. Posez chacun(e) les questions appropriées; s'il le faut, inventez vos qualifications et les renseignements voulus sur le poste en question. Ensuite, renversez les rôles avec une autre annonce. Voici quelques expressions pour vous aider à commencer: Allô? C'est bien le 01.41.70.79.79? J'ai vu votre annonce dans le journal, et je suis très intéressé(e)...

# Lecture

## Avant de lire

### Culture et contexte

La scolarité en France est obligatoire jusqu'à l'âge de 16 ans, mais le système scolaire propose plusieurs options au niveau secondaire.

- Après 2 ans de collège (de 11 à 13 ans), on peut choisir une formation préprofessionnelle et préparer un C.A.P. (Certificat d'aptitude professionnelle).

- Après 4 ans au collège, à l'âge de 15 ans, on peut entrer dans un lycée professionnel, où l'on peut obtenir un B.E.P. (Brevet d'enseignement professionnel), ou préparer le baccalauréat professionnel.

- La seule option académique qui mène à l'enseignement supérieur est le lycée d'enseignement général ou technologique où l'on prépare en 3 ans le baccalauréat général ou technologique. 34% des élèves suivent cette filière.

*J. M. G. Le Clézio*

L'histoire que vous allez lire présente deux orphelines qui n'ont pas beaucoup d'aptitudes pour les études et qui, après avoir obtenu leur C.A.P. de mécaniciennes, vont travailler dans un atelier de couture. Le texte est extrait d'une nouvelle intitulée «La Grande Vie» (*"Living it up"*), de Jean-Marie Gustave Le Clézio. Né en 1940, Le Clézio n'avait que 23 ans quand il a reçu le prix Renaudot, un grand prix littéraire, pour son premier roman, *Le Procès–Verbal*. Depuis, il a publié de nombreux romans et essais où il explore l'artificialité du monde moderne et la recherche d'une vie plus authentique.

## Stratégies de lecture

- **Anticipation.** Quel genre d'adolescent(e) étiez-vous: sage et réservé(e) ou terrible? Quel genre de tours (*pranks*) les adolescents «terribles» aiment-ils jouer? Donnez des exemples de tours que vous avez joués ou observés. Pouce et Poussy, les deux abolescentes de l'histoire, étaient surnommées les deux «terribles». Parcourez la première partie du texte pour voir si vous reconnaissez des tours que vous avez mentionnés.

  Maintenant pensez à votre premier travail. Quelles étaient les conditions de travail? Comment étaient votre patron(ne) et les autres employés? Quels étaient les aspects agréables et désagréables de ce travail? Sachant que Pouce et Poussy ont trouvé du travail dans un atelier de couture, quelles conditions de travail anticipez-vous? Parcourez la deuxième moitié du texte pour vérifier vos prédictions.

- **Mots apparentés.** Le français et l'anglais ont beaucoup de mots qui se ressemblent. Souvent, la différence est minime et on peut créer des catégories de préfixes et de suffixes comme celles de la liste suivante.

| | | | |
|---|---|---|---|
| -é | → | -y | réalité *reality* |
| -ment | → | -ly | exactement *exactly* |
| dé- | → | dis- | découvrir *discover* |
| in- | → | un-/in- | incapable *unable/incapable* |

Pouvez-vous déduire le sens des mots suivants?

inextinguible      se déplacer      particulièrement

## La Grande Vie [extrait]
### J. M. G. Le Clézio

A l'époque, Pouce et Poussy habitaient un petit deux pièces avec celle qu'elles appelaient maman Janine, mais qui était en réalité leur mère adoptive. A la mort de sa mère, Janine avait recueilli[a] Pouce chez elle, et peu de temps après, elle avait pris aussi Poussy, qui était à l'Assistance.[b] Elle s'était occupée des deux fillettes parce qu'elles n'avaient personne d'autre au monde, et qu'elle-même n'était pas mariée et n'avait pas d'enfants. Elle travaillait comme caissière dans une Superette Cali[c] et n'était pas mécontente de son sort. Son seul problème, c'étaient ces filles qui étaient unies comme deux sœurs, celles que dans tout l'immeuble, et même dans le quartier, on appelait les deux «terribles». Pendant les cinq ou six années qu'avait duré leur enfance, il ne s'était pas passé de jour qu'elles ne soient ensemble, et c'était la plupart du temps pour faire quelque bêtise, quelque farce. Elles sonnaient à toutes les portes, changeaient de place les noms sur les boîtes aux lettres, dessinaient à la craie sur les murs, fabriquaient de faux cafards[d] en papier qu'elles glissaient[e] sous les portes, ou dégonflaient[f] les pneus des bicyclettes. Quand elles avaient eu seize ans, elles avaient été renvoyées de l'école, ensemble, parce qu'elles avaient jeté

_____
[a]pris   [b]agence publique pour les enfants   [c]supermarché   [d]*cockroaches*   [e]mettaient   [f]*deflated*

un œuf du haut de la galerie[g] sur la tête du proviseur,[h] et qu'elles avaient été prises, en plein conseil de classe, de leur fameux fou rire en forme de grelots,[i] ce jour-là particulièrement inextinguible. Alors, maman Janine les avait placées dans une école de couture, où elles avaient, on se demandait comment, obtenu ensemble leur C.A.P. de mécaniciennes.[j] Depuis, elles entraient régulièrement dans les ateliers, pour en sortir un mois ou deux plus tard, après avoir semé la pagaille[k] et manqué faire brûler la baraque.[l]

Elles travaillaient toutes les deux dans un atelier de confection, où elles cousaient des poches et des boutonnières pour des pantalons qui portaient la marque Ohio, U.S.A. sur la poche arrière droite. Elles faisaient cela huit heures par jour et cinq jours par semaine, de neuf à cinq avec une interruption de vingt minutes pour manger debout devant leur machine.

Celles qui parlaient, qui arrivaient en retard, ou qui se déplaçaient sans autorisation devaient payer une amende au patron, vingt francs, quelquefois trente, ou même cinquante. Il ne fallait pas qu'il y ait de temps mort.[m] Les ouvrières s'arrêtaient à cinq heures de l'après-midi exactement, mais alors il fallait qu'elles rangent[n] les outils,[o] qu'elles nettoient les machines, et qu'elles apportent au fond de l'atelier toutes les chutes[p] de toile ou les bouts de fil[q] usés, pour les jeter à la poubelle.[r] Alors, en fait, le travail ne finissait pas avant cinq heures et demie.

Le patron, c'était un petit homme d'une quarantaine d'années, avec des cheveux gris, la taille épaisse et la chemise ouverte sur une poitrine velue.[s] Il se croyait beau. «Tu vas voir, il te fera sûrement du gringue[t]», avait dit Olga à chacune des jeunes filles. Et une autre fille avait ricané.[u] «C'est un coureur[v] ce type-là, c'est un salopard.[w]» Pouce s'en fichait.[x] Quand il était venu, la première fois, pendant le travail, les mains dans les poches, cambré[y] dans son complet-veston d'acrylique beige, et qu'il s'était approché d'elles, les deux amies ne l'avaient même pas regardé. Et quand il leur avait parlé, au lieu de lui répondre, elles avaient ri de leur rire de grelots, toutes les deux ensemble, si fort que toutes les filles s'étaient arrêtées de travailler pour regarder ce qui se passait. Lui, avait rougi très fort, de colère[z] ou de dépit,[aa] et il était parti si vite que les deux sœurs riaient encore après qu'il avait refermé la porte de l'atelier.

Le patron, à partir de là, avait évité d'approcher[bb] trop près d'elles. Elles avaient un rire vraiment un peu dévastateur.

20

25

30

35

40

45

50

---

[g]balcon  [h]directeur de l'école  [i]*small bells*  [j]C.A.P.... diplôme technique  [k]semé... *created chaos*  [l]manqué... *almost burned down the house*  [m]temps... *pause*  [n]*mettent à leur place*  [o]*tools*  [p]*clippings*  [q]bouts... *bits of thread*  [r]*garbage can*  [s]*hairy*  [t]*fera... will make a pass*  [u]*sneered*  [v]*chasseur (de femmes)*  [w]*rotten person*  [x]s'en... *didn't care*  [y]*arched*  [z]*irritation*  [aa]*spite*  [bb]avait... *ne s'était pas approché*

## • *Avez-vous compris?*

**A.** Les phrases suivantes sont-elles vraies on fausses? Si elles sont fausses, corrigez-les.

1. Pouce et Poussy venaient toutes les deux de l'Assistance publique.
2. Maman Janine avait d'autres enfants.   3. Les filles étaient faciles à élever.
4. A l'école, elles étaient toujours sages.   5. Toutes les deux ont obtenu leur C.A.P. de mécaniciennes.   6. Le travail dans l'atelier était facile.   7. Pouce et Poussy pouvaient sortir de l'atelier à cinq heures.   8. Le patron a essayé de flirter avec les deux filles.

**B.** Complétez les phrases suivantes selon le sens du passage. Mettez le verbe à l'imparfait.

*Possibilités:* **appeler, avoir, changer, dégonfler, dessiner, faire, habiter, sonner, travailler.**

1. Pouce et Poussy _____ un petit deux pièces.
2. Elles _____ leur mère adoptive maman Janine.
3. Elles n'_____ personne d'autre au monde.
4. Maman Janine _____ comme caissière dans une Superette Cali.
5. Enfants, les deux filles _____ beaucoup de bêtises: elles _____ à toutes les portes, elles _____ de place les noms sur les boîtes aux lettres, elles _____ à la craie sur les murs et elles _____ les pneus des bicyclettes.

*Possibilités:* **arriver, coudre (cous__), devoir, être, faire, parler, porter, rire, travailler.**

6. A l'école, c'_____ pareil: elles _____ beaucoup et _____ beaucoup de bêtises.
7. Maintenant, elles _____ dans un atelier de confection où elles _____ des poches et des boutonnières pour des pantalons qui _____ la marque Ohio, U.S.A. sur la poche arrière droite.
8. Elles _____ cela huit heures par jour.
9. Celles qui _____, ou qui _____ en retard, _____ payer une amende.

**C.** Décrivez une journée typique à l'atelier de confection. Parlez du travail et du patron.

**D.** Discutez avec un(e) camarade de classe en vous inspirant des suggestions suivantes. Essayez de varier vos questions.

1. Votre partenaire vient de lire le passage sur l'enfance de Pouce et de Poussy. Vous avez oublié plusieurs détails de la lecture. Posez-lui donc cinq questions pour obtenir une description des deux filles (leur situation familiale, leurs activités quand elles étaient enfants, puis adolescentes).
2. Celui (Celle) qui a répondu à vos questions va maintenant vous poser cinq questions pour obtenir une description du travail dans l'atelier.

• *Et vous?*

**A.** Dans le reste de l'histoire, nous apprenons que pour mieux supporter leur travail, Pouce et Poussy rêvent de partir au bord de la mer, au soleil. Et un jour, elles partent vraiment, sans autres bagages que leurs rêves, à la recherche de «la grande vie». Et vous? Quand vous avez un travail ennuyeux à faire (des devoirs, des tâches ménagères, des lettres ou une rédaction à écrire) et que vous hésitez à le commencer, est-ce que vous avez des rêves ou des souvenirs favoris qui vous aident à vous évader? Décrivez ces rêves ou ces souvenirs à un(e) camarade de classe.

**B.** Le patron de l'atelier était un coureur (un homme qui court après les femmes). Comment est-ce que les deux filles ont rejeté ses avances? A votre avis, les avances sexuelles sont-elles très courantes dans les bureaux ou les usines? Comment devrait-on réagir? Est-ce que ce type de «harcèlement sexuel» est aussi un problème à l'université? Expliquez.

# Interrogative Pronouns

## Observez et déduisez

Judging from the paragraph that follows (**Les deux «terribles»**), which interrogative pronoun is used to ask about *people* when the pronoun is a subject (*who*)? a direct object (*whom*)? an object of a preposition (*with whom*)?

Which interrogative pronoun is used to ask about *things* when the pronoun is a subject (*what*)? a direct object (*what*)? an object of a preposition (*about what*)?

---

### Les deux «terribles»

**Qui est-ce qui** faisait toujours des bêtises? **Qui est-ce qu'**on appelait les deux «terribles»? **Avec qui** habitaient-elles? **Que** faisaient-elles comme travail? **De quoi** aimaient-elles parler? **Qu'est-ce qui** est arrivé un jour au travail? **Laquelle** des deux était la plus terrible?

---

## Vérifiez

TO ASK ABOUT *PEOPLE*

| | LONG FORM | SHORT FORM |
|---|---|---|
| SUBJECT | **Qui** est-ce **qui**<br>Qui est-ce qui est venu? | **Qui**<br>Qui est venu? |
| DIRECT OBJECT | **Qui** est-ce **que**<br>Qui est-ce que tu as vu? | **Qui**<br>Qui as-tu vu? |
| OBJECT OF PREPOSITION | Preposition + **qui est-ce que**<br>A qui est-ce que tu as parlé? | Preposition + **qui**<br>A qui as-tu parlé? |

TO ASK ABOUT *THINGS*

| | LONG FORM | SHORT FORM |
|---|---|---|
| SUBJECT | **Qu'est-ce qui**<br>Qu'est-ce qui est arrivé? | *No short form* |
| DIRECT OBJECT | **Qu'est-ce que**<br>Qu'est-ce que tu as fait? | **Que**<br>Qu'as-tu fait? |
| OBJECT OF PREPOSITION | Preposition + **quoi est-ce que**<br>De quoi est-ce que tu as parlé? | Preposition + **quoi**<br>De quoi as-tu parlé? |

*Quelles questions peut-on lui poser sur son travail?*

 When using the long interrogative forms, remember that if you are asking about people, the question always starts with **qui;** if you are asking about things, it always starts with **que/qu'.** If the interrogative expression is the subject, it always ends with **qui;** if it's the object, it always ends with **que/qu'.**

## Use of Inversion When the Subject Is a Noun

With **qui** and **quoi,** the inversion pattern is regular.

> **Qui** Jean a-t-il vu?
> A **qui** Jean a-t-il parlé?
> De **quoi** Jean a-t-il besoin?

With **que,** the noun subject must be inverted directly.

> **Que** veut Jean?  **Que** font les autres?

However, if the sentence contains more than a subject and a verb, or if the verb is in a compound tense (such as the **passé composé**), the short form **que** is not used.

> **Qu'est-ce que** les autres ont fait?
> **Qu'est-ce que** Jean veut faire après ses études?

## Use of *qui* and *quoi* Alone

**Qui** and **quoi** may be used alone.

> Quelqu'un m'a dit ça. —**Qui?**

**Quoi** is often used as an exclamation.

> **Quoi?** Tu n'as pas encore fait ton lit?

To ask someone to repeat a statement (*What?*), use **Comment? Quoi?** is considered very familiar.

> **Quoi?** Qu'est-ce que tu as dit? (*familiar*)
> **Comment?** Qu'est-ce que vous avez dit? (*standard*)

The following fixed expressions with **quoi** are very common.

> **Quoi** de neuf?  *What's new?*
> **Quoi** d'autre?  *What else?*

# Verb Agreement with *qui (est-ce qui)* and *qu'est-ce qui*

Interrogative pronouns are usually masculine singular.

Les motos **font** du bruit. Qu'est-ce qui **fait** du bruit?
Les enfants **sont** arrivés. Qui (est-ce qui) **est** arriv**é**?

*WHY SINGULAR?*

Exception: when **qui** is followed by a conjugated form of **être,** the verb agrees with the noun or nouns that follow it.

Qui étai**ent** Pouce et Poussy?

# *Qu'est-ce (que c'est) que* or *quel est?*

*WHAT IS ...?*

Both expressions are equivalent to *What is . . .* **Qu'est-ce (que c'est) que** is used to elicit a definition. **Quel** elicits specific information.

**Qu'est-ce (que c'est) que** le camembert? — *What's "camembert"? (definition)*

**Quelle** est votre adresse? — *What's your address? (specific information)*

**Quel** est le problème? — *What's the problem? (specific information)*

# *Qu'est-ce qui est* or *quel est?*

*WHAT IS ...?*

*"which" en anglais?*

Similarly, **qu'est-ce qui** and **quel,** followed by a conjugated form of **être,** both express *What is . . .* If **être** is followed by a noun, use **quel.**

**Quelle** est la **spécialité** régionale?

If **être** is followed by anything other than a noun, use **qu'est-ce qui.**

**Qu'est-ce qui** est bon?

# Forms of *lequel* — *omit*

**Lequel** is a pronoun that replaces the adjective **quel** and the noun it modifies. It expresses *Which one?*

| | ADJECTIVE | | PRONOUN | |
| | *SINGULAR* | *PLURAL* | *SINGULAR* | *PLURAL* |
|---|---|---|---|---|
| MASCULINE | **Quel** livre lis-tu? | **Quels** livres lis-tu? | **Lequel** lis-tu? | **Lesquels** lis-tu? |
| FEMININE | **Quelle** page as-tu lue? | **Quelles** pages as-tu lues? | **Laquelle** as-tu lue? | **Lesquelles** as-tu lues? |

**Lequel** contracts with **à** and **de** in the plural and in the masculine singular forms.

|  | SINGULAR | PLURAL |
|---|---|---|
| MASCULINE | à + lequel = **auquel**<br>Un film? **Auquel** penses-tu? | à + lesquels = **auxquels**<br>**Auxquels** t'intéresses-tu? |
|  | de + lequel = **duquel**<br>Un dictionnaire? **Duquel** parles-tu? | de + lesquels = **desquels**<br>**Desquels** est-ce que tu as besoin? |
| FEMININE | à + laquelle = à laquelle<br>Une chanson? A laquelle penses-tu? | à + lesquelles = **auxquelles**<br>**Auxquelles** est-ce que tu t'intéresses? |
|  | de + laquelle = de laquelle<br>L'histoire? De laquelle parles-tu? | de + lesquelles = **desquelles**<br>**Desquelles** s'agit-il? |

## Essayez!

Complétez.

1. ____ vous faites dans la vie?  2. ____ est votre profession?  3. ____ vous intéresse le plus dans votre travail?  4. Dans ____ domaine est-ce que vous vous êtes spécialisé?  5. ____ avez-vous fait comme études?  6. De toutes les écoles où vous êtes allé, ____ avez-vous préférée?  7. Et parmi vos professeurs, ____ vous a le plus influencé?

*(Réponses page 101)*

## • *Maintenant à vous*

A. **La grande vie.** Complétez les questions suivantes en fonction des réponses anticipées. (Utilisez **qu'est-ce que c'est que, quel** ou **qu'est-ce qui.**)

MODELE: _____ un C.A.P.? (un Certificat d'aptitude professionnelle) →
Qu'est-ce que c'est qu'un C.A.P.?

1. _____ est arrivé quand le patron a essayé de faire des avances aux deux filles?  (Elles ont ri!)
2. _____ a été la réaction du patron?  (Il a rougi.)
3. _____ était si dévastateur dans le rire des deux filles?  (C'était un rire très fort.)
4. _____ un grelot?  (C'est une sorte de cloche.)
5. _____ est la différence entre rire et ricaner?  (Ricaner, c'est rire de façon moqueuse.)

B. **Comment?** Parce que vous n'avez pas bien entendu, vous posez des questions selon le modèle. Donnez d'abord la forme longue et puis, quand c'est possible, donnez la forme courte.

MODELE: **Pouce et Poussy** habitaient un petit appartement. →
Qui est-ce qui habitait un petit appartement? (Qui habitait un petit appartement?)

1. Elles habitaient avec **maman Janine.** 2. **Maman Janine** était leur mère adoptive. 3. Les deux filles faisaient **des bêtises.** 4. Elles fabriquaient **des cafards en papier.** 5. Elles dessinaient sur les murs avec **de la craie.** 6. **Leur fameux fou rire** irritait les professeurs. 7. Elles ont quand même obtenu **leur C.A.P. de mécaniciennes.** 8. Elles cousaient **des poches.** 9. Elles cousaient des poches sur **des pantalons.** 10. **Les pantalons** portaient l'étiquette «Ohio, U.S.A.».

Ensuite, posez d'autres questions pour mieux comprendre l'histoire.

**C. Etes-vous détective?** Pouce et Poussy ont disparu—elles sont parties sans rien dire à personne. Préparez toutes les questions possibles et imaginables que vous allez poser aux employées de l'atelier pour essayer de savoir où les deux filles sont parties. (Utilisez non seulement des pronoms mais aussi des adjectifs et des adverbes interrogatifs.)

**D. Des jobs pour l'été.** Quelqu'un que vous connaissez à peine vous parle de ses trois amis, Gabrielle, Marie-France et Alain, qui cherchent un petit boulot pour l'été. Comme votre interlocuteur parle très vite et que vous avez du mal à suivre ce qu'il dit, vous l'interrompez constamment pour demander des clarifications.

MODELE: Gabrielle a fait une demande d'emploi dans un magasin. →
Qui a fait une demande d'emploi? Où est-ce qu'elle a fait sa demande d'emploi?

1. Gabrielle espère gagner plus de 1200 € par mois. Elle veut un travail à plein temps parce qu'elle a vraiment besoin d'argent. Il paraît qu'il y a un poste de vendeuse dans le rayon vêtements et aussi un poste de caissière. Elle va avoir son interview avec le patron demain à 10 h.
2. Marie-France préfère travailler dans un bureau. Elle a déjà été secrétaire dans une banque, il y a un an. Elle a envoyé son curriculum vitæ à plusieurs personnes. Elle préfère un travail à mi-temps parce qu'elle veut aussi avoir le temps de s'amuser.
3. Alain a déjà été chauffeur et jardinier pour une famille très riche sur la Côte d'Azur. Il n'aimait pas ce travail parce qu'il n'avait pas beaucoup de liberté. Cet été, il voudrait trouver un poste de serveur dans un grand café à Cannes. Il aime voir les gens célèbres; il aime aussi la vie nocturne.

**E. Un(e) postulant(e) un peu nerveux (nerveuse)?** Vous cherchez un nouveau job. Complétez la conversation suivante avec les formes appropriées de **lequel.**

—Remplissez ce formulaire, s'il vous plaît.
—____? (1)
—Celui-ci. N'oubliez pas de mettre votre nom sur les deux lignes.
—____? (2)
—Ces deux-là. Vous n'êtes pas obligé(e) de répondre aux questions 8 à 10.
—____? (3)
—J'ai dit aux questions 8 à 10. C'est la première fois que vous faites une demande d'emploi?

—Oui... enfin non, j'ai déjà essayé une autre entreprise.
—Ah bon? ____? (4)
—Oh, j'ai oublié le nom.

Croyez-vous que cette personne va être embauchée? Pourquoi ou pourquoi pas?

**F. Un sondage.** «Les jeunes et le monde du travail»

1. En groupes de deux, préparez une liste de huit à dix questions que vous aimeriez poser à d'autres étudiants de la classe sur «les jeunes et le monde du travail». Vous pouvez poser des questions sur le genre de travail qu'ils ont déjà fait, le nombre de jobs, les conditions de travail, les avantages, les désavantages, ce qu'ils considèrent comme le job idéal, etc.

2. Circulez dans la classe et interviewez trois autres étudiant(e)s. Posez-leur vos questions et notez leurs réponses. Laissez-vous aussi interviewer par d'autres étudiants.

3. Revenez à votre partenaire, comparez vos résultats et préparez un petit compte rendu pour la classe ou résumez les résultats au tableau.

**G. Jeu de rôles.** Jouez la situation suivante à deux.

Etudiant(e) A: vous cherchez un travail pour l'été et vous voulez bien sûr impressionner votre futur employeur; vous faites donc une description très «fleurie» de vos qualifications, mais vous avez aussi beaucoup de questions à poser.

Etudiant(e) B: vous êtes l'employeur et comme vous avez le choix de plusieurs candidats, vous pouvez vous permettre de faire le (la) difficile (*be choosy*).

Tâche: d'abord, mettez-vous d'accord sur le type d'emploi (vendeur, réceptionniste, etc.) puis commencez l'entrevue, sans oublier

- les formalités et les présentations
- les qualifications académiques, professionnelles et personnelles du postulant
- tous les détails possibles et imaginables sur l'entreprise et sur le poste en question
- la promesse d'une réponse avant une date limite

Si le temps le permet, inversez les rôles avec un autre type d'emploi.

**H. Préparation à la rédaction «La grande vie?».** A l'exemple de Le Clézio, vous voulez écrire une mini-biographie. Choisissez un(e) de vos camarades de classe (changez de partenaire si possible) et posez-lui des questions pour avoir quelques détails (réels ou imaginaires) sur son enfance, sa famille, son éducation, son expérience dans le monde du travail, ses rêves d'autrefois et d'aujourd'hui, et d'autres aspects de sa vie. Prenez des notes sur les réponses, car vous allez les utiliser pour votre rédaction.

## *Avant d'écrire*

**Organizing Details.** The notes you took while interviewing your classmate in preparation for your minibiography were probably in fragments. They may also have been half in English, half in French. Before you can use the information you collected, it needs to be organized. Do not include every detail; pick only those details that will help create the effect you want.

1. Underline in your notes the highlights, as you see them, of your class-mate's life. In the story "La Grande Vie," such highlights could have been **orphelines, adoptées par femme seule, toujours ensemble, les deux «terribles», renvoyées de l'école, placées à 16 ans dans une école de couture, diplôme de mécaniciennes,** etc.

2. Analyze all remaining information. Keep details that are related to the highlights and omit the others.

3. Organize the highlights and supporting details into an outline that reflects the progression you want to follow (chronological or some other order). Turn this outline in with your composition.

4. Transform your outline into sentences by adding the necessary parts of speech. Be particularly careful with verbs (use correct tenses and auxiliaries) and check for agreement between subject and verb, between adjective and noun, and between past participles and their subjects or preceding direct objects, when relevant.

## • *Sujet de rédaction*

**La grande vie?** Ecrivez la mini-biographie, réelle ou imaginaire, d'un(e) de vos camarades, selon les renseignements que vous avez recueillis en classe.

**Ensuite.** *Explorez en profondeur les thèmes et les structures qui se trouvent dans ce chapitre sur* **www.mhhe.com/ensuite.**

---

**Réponses: Essayez!,** page 98: 1. Qu'est-ce que  2. Quelle  3. Qu'est-ce qui  4. quel  5. Qu'
6. laquelle  7. lequel / qui / qui est-ce qui

---

# Transports et vacances

## En bref

Foreign languages and travel go hand in hand, don't they? Travel is also a rich source of memories and stories. **Thème 3** explores the world of travel and storytelling in a variety of contexts relating to modes of transportation and vacation.

### Functions

- Describing and narrating in the past
- Coping with everyday situations
- Avoiding repetition

### Structures

- Using the **passé composé, imparfait,** and **plus-que-parfait** together
- Strategies to accomplish everyday tasks
- Direct and indirect object pronouns

## Anticipation

1. Quelle «relation» les personnes suivantes ont-elles avec leur voiture en Amérique? Est-ce un «jouet sacré»? un symbole de liberté ou de statut social? un simple moyen de transport? autre chose? Expliquez votre point de vue.
   - un adolescent de 16 ans
   - un(e) étudiant(e)
   - un homme d'âge moyen
   - une femme d'âge moyen
   - un cas spécial que vous connaissez
   - vous

2. Quelles images est-ce que le mot «vacances» évoque pour vous? Faites une liste de cinq images qui vous viennent à l'esprit, puis expliquez chacune en donnant des anecdotes personnelles.

3. Vous savez déjà que les Français ont droit à cinq semaines de congés payés par an. Imaginez les routes de France aux environs du 1er juillet ou du 1er août, quand plus de 20 millions de Français partent en vacances! Il y a des entreprises et des magasins qui ferment carrément leurs portes pendant un mois en juillet ou en août. Qu'est-ce que cela révèle sur les Français? Comparez avec les habitudes américaines. Quelles conclusions en tirez-vous sur les deux cultures?

## CHAPITRE 7

*Une voiture facile à garer? (Paris, France)*

# En voiture

## Lecture
• Christiane Rochefort: *Les Stances à Sophie* [extrait]

## Structures
• **Passé composé** or **Imparfait**?
• Use of **Depuis** and Other Time Expressions in Past Contexts

On peut **acheter à crédit, payer comptant** (*pay cash*) ou **louer** (*rent*) une voiture. On peut aussi **emprunter** (*borrow*) la voiture de quelqu'un d'autre.

Si l'on achète, est-ce que ce sera une voiture **neuve** (*brand-new*) ou **d'occasion** (*used*)? Une petite ou une **grosse** voiture? De quelle **marque?** (une Renault? une Citroën? une Mercédès?) Une voiture de sport **décapotable** (*convertible*) ou une voiture à quatre portes? Une **camionnette** (*pickup truck*), un **minibus** (*van*) ou un **camion** (*truck*)?

## Les parties de la voiture

L'essentiel, c'est le **moteur** (*engine*), n'est-ce pas? N'oublions pas le **coffre** (*trunk*), les **roues** [f.] (*wheels*), le **pare-brise** (*windshield*) et les portes ou **portières** [f.] qu'il faut toujours **fermer à clé** (*lock*) dans les grandes villes. A l'intérieur de la voiture, on s'assoit sur les **sièges** [m.] (*seats*) **avant** ou **arrière,** avec sa **ceinture de sécurité** (*seat belt*) attachée. Parmi les autres équipements, notons le **volant** (*steering wheel*), le **rétroviseur** (*rearview mirror*) et les **pédales** [f.], comme le **frein** (*brake*) et l'**accélérateur** [m.].

## Conduire

Avant de pouvoir conduire, il faut avoir 16 ans pour pouvoir prendre des cours dans une **auto-école** (*drivers' education*) et il faut avoir au moins 18 ans* pour obtenir son **permis** (*driver's license*). Il faut prouver qu'on sait **démarrer** (*start the engine*), **accélérer, changer de vitesse** (*change gears*), c'est-à-dire **passer en première, en seconde,** etc., si ce n'est pas une voiture **automatique;** il faut savoir **rouler dans** une rue, sur une route ou sur une **autoroute** (*freeway*), **freiner** (*brake*), **faire marche arrière** (*back up*), **mettre le clignotant** avant de tourner à droite ou à gauche, **faire demi-tour** (*make a U-turn*), **respecter la limite de vitesse** (130 kilomètres à l'heure sur l'autoroute) et tous les **panneaux** [m.] **de signalisation** (*road signs*), comme les **stops** [m.], obéir aux **feux** [m.] (*traffic lights*), changer de **file** [f.] (*lane*) pour **doubler** (*pass*), **ralentir** (*slow down*) dans les **virages** [m.] (*turns*), **s'arrêter** aux **passages-piétons** [m.] (*crosswalks*), n'**écraser** (*run over*) aucun **piéton** (*pedestrian*) et **se garer** dans un **parking** ou le long d'un **trottoir** (*sidewalk*).

## La circulation et les accidents

Aux **heures de pointe** (*rush hours*), il y a souvent des **embouteillages** [m.] (*traffic jams*), surtout dans les **carrefours** [m.] ou **intersections** [f.]. Les **agents de**

---

*Il faut avoir 18 ans pour pouvoir conduire seul, cependant il est possible de conduire en présence d'un adulte et sous sa responsabilité dès l'âge de 16 ans.

police (en ville) et les **gendarmes** (sur les routes) sont là pour maintenir l'ordre... ou donner des **contraventions** (*tickets*)! Avez-vous déjà **attrapé** une contravention? On fait aussi appel à la police quand on a un **accident,** comme quand on **rentre dans** (*collides with*) une autre voiture. Les accidents font des **dégâts** [m.] (*damages*) matériels, et parfois aussi des **blessés** (*injured people*).

# Les ennuis de voiture

Quand on **tombe en panne** (*breaks down*), il faut **faire réparer** le moteur ou ce qui ne marche plus. Si c'est une **panne d'essence,** il faut **prendre de l'essence** ou **faire le plein** (*fill up*). Si c'est un **pneu crevé** (*flat tire*), il faut **mettre la roue de secours** (*the spare*)—ou **faire de l'auto-stop** (*hitchhike*)!

## • *Parlons-en*

**A. Le mot juste.** Voici la définition, à vous de donner le mot juste!

1. C'est quand on passe l'examen pour pouvoir conduire légalement.

2. C'est ce qu'on fait pour sortir la voiture du garage (après avoir démarré).

3. C'est ce qu'on fait sur l'autoroute quand la voiture de devant ne va pas assez vite (plusieurs réponses possibles!).

4. C'est ce qu'on peut attraper si on ne respecte pas la limite de vitesse.

5. C'est le verbe qu'on utilise pour dire qu'on a eu une collision avec un arbre, par exemple.

6. C'est ce qu'on fait pour indiquer par un signal lumineux qu'on va tourner.

**B. La définition.** Voici le mot juste, à vous de donner la définition.

1. les dégâts
2. un piéton
3. se garer
4. payer comptant
5. écraser
6. décapotable

**C. Une leçon de conduite.** En groupes de deux, imaginez que vous donnez à votre petit frère ou petite sœur sa première leçon de conduite. Donnez-lui les conseils nécessaires pour sortir du garage et faire le tour du quartier. Le petit frère ou la petite sœur aura bien sûr beaucoup de questions à poser.

**D. Réflexion culturelle.** Donnez votre réaction personnelle aux observations culturelles suivantes. Qu'est-ce que ces pratiques ou attitudes révèlent sur la nature des Français? Quels sont les avantages et les inconvénients de ces pratiques?

1. En France, les enfants de moins de 10 ans n'ont pas le droit de s'asseoir à l'avant de la voiture.

2. Le permis de conduire n'est pas facile à obtenir en France: il faut avoir 18 ans, investir l'équivalent de 700 dollars ou plus en leçons d'auto-école (données non pas dans les écoles mais par des entreprises privées) et passer un examen de conduite très rigoureux.

# *Avant de lire*

## Culture et contexte

Les Français ont la réputation d'être des «fous du volant». Déjà en 1954, l'écrivain-humoriste Pierre Daninos écrivait dans ses *Carnets du Major Thompson:* «Il faut se méfier des* Français en général, mais sur la route en particulier», car «le simple contact du pied sur l'accélérateur» peut «métamorphoser le citoyen paisible en pilote démoniaque».†

Dans le texte que vous allez lire, extrait des *Stances à Sophie* (1978) de Christiane Rochefort, Philippe et Céline, un jeune couple, sont sur la route des vacances. Ils ont une voiture neuve, et le simple contact de Philippe avec son «jouet sacré» le métamorphose non seulement en pilote démoniaque, mais aussi en mari démoniaque. Cette scène est en fait typique de la relation entre Philippe et Céline, une relation où Philippe essaie de transformer sa femme, une artiste peintre, en «épouse-modèle», tuant petit à petit la créativité de Céline. Rochefort a d'ailleurs écrit *Les Stances à Sophie* pour exposer ce problème des femmes qui perdent parfois dans le mariage leur identité même. Connue surtout pour *Le Repos du guerrier* (1958) et *Les Petits Enfants du siècle* (1961), Christiane Rochefort (1917–1998) explore dans ses romans les tabous de la société moderne, en particulier dans le monde de la femme.

## Stratégies de lecture

- **Anticipation.** Des questions délicates!
  **Pour les femmes:** Comment vous sentez-vous lorsque vous conduisez avec un homme à côté de vous? Etes-vous nerveuse? Expliquez.
  **Pour les hommes:** Imaginez la voiture de vos rêves—toute neuve! Une petite amie ou votre femme vous demande si elle peut la conduire. Que faites-vous?

*Christiane Rochefort*

- **L'oralité.** L'un des buts principaux de Rochefort est de capturer le langage parlé, ce qu'elle appelle «écrire l'oralité». Le texte est alors plus vivant mais aussi plus difficile à déchiffrer, la ponctuation traditionnelle n'y étant pas toujours respectée. Reprenez la phrase de la ligne 6: «quatre places... et en plus elle roule.» Essayez d'ajuster la ponctuation. Avez-vous déjà vu une telle voiture? Quel ton l'auteur emploie-t-elle?

*se... faire attention aux
†Daninos, *Les Carnets du Major Thompson,* Hachette, 1954, pp. 197–198

# Les Stances à Sophie [extrait]

## CHRISTIANE ROCHEFORT

Je pars, pleine de feu et d'entrain.[a] Un peu de manque mais je me sens vivre. Je chante. Depuis quand je n'ai pas chanté. Philippe me regarde, surpris: il ne m'a jamais entendue, il paraît que j'ai une voix. Il fait beau. Philippe aussi est content, pour d'autres raisons, il a touché sa nouvelle 508 over roof tant attendue depuis le Salon, tous les avantages d'une voiture de sport sans les inconvénients, quatre places sièges transformables on peut dormir dedans pas besoin de remorque[b] (dieu soit loué) arrosage automatique[c] quatre tiroirs air conditionné respiration artificielle boîte à gants à musique sortie de secours[d] ascenseur est-ce que je sais plein de nickels et en plus elle roule. C'est qu'il n'y en a pas beaucoup[e] qui l'ont encore celle-là, on en a croisé une en cinq cents bornes[f] il a fait un peu la gueule[g].... Je lui demande de me la laisser essayer. Il y a longtemps que je n'ai pas émis[h] pareille prétention.

—Non. Tu vas me l'esquinter.[i] Une voiture neuve.... Elle est en rodage.[j]

Il ment, il l'a rodée à toute pompe sur l'autoroute avant de partir.

—Mais je sais roder, ce n'est pas sorcier[k] [ajoute Céline].

—Il faut sentir le moteur. Tu n'as pas l'habitude....

—J'irai pas vite [insiste Céline].

—Pour nous faire perdre du temps?

—Mais on en a!

—Ce n'est pas une raison....

—Tu dis tellement qu'elle est solide: elle va me résister.

—Qu'est-ce que tu as Céline en ce moment? Jamais je ne t'ai vue capricieuse comme ça!

—Capricieuse, pour une fois que j'ai envie de quelque chose. Ça n'arrive pas tellement souvent.... Laisse-moi conduire, Philippe.

—Tu es têtue.[l]

—Têtue, elle est bonne:[m] j'ai envie de conduire et je ne le fais pas, comment voudrais-tu que ça me passe! Je te préviens, ça ne va pas me passer.

—Hhha! Là là!

Il semble un peu à bout[n] d'arguments. Je me mets à grogner.[o]

—Avant je conduisais. J'ai pas conduit depuis mon mariage. Je finirai par ne plus savoir. C'est tout de même idiot.

—Mais tu as emporté ton permis?

—Bien sûr.

—Ah, tu l'as pris.

Il est franchement déçu.[p]

—Des fois que tu te serais cassé quelque chose.[q] On ne sait jamais, hein [continue Céline]? Ça peut arriver, non? Ça t'aurait bien arrangé, là. D'abord j'ai l'habitude de conduire la nuit je vois très bien et toi tu n'aimes pas ça. Suppose qu'on soit obligés de conduire la nuit? Si tu es fatigué? Ou si tu es malade? Ou si....

---

[a]enthousiasme  [b]*trailer*  [c]arrosage... *sprinkler system*  [d]sortie... pour sortir en cas d'urgence  [e](de gens)  [f]kilomètres  [g]un... une grimace  [h]exprimé  [i]endommager  [j]*break-in period*  [k]compliqué  [l]*stubborn*  [m]elle... c'est une bonne plaisanterie  [n]à... à la fin  [o]protester  [p]*disappointed*  [q]Des... *In case something happened to you*

Il cède, il n'en peut plus.... On va voir ce que tu sais faire! dit-il, en me laissant la place avec un regret cuisant[r] et des airs de me faire passer le permis.... [Céline prend le volant.] Ah, c'est agréable. Il fait beau. J'aimais bien conduire. J'avais oublié ça aussi.    45

—Han!

C'est lui, à côté. Il est assis tout raide,[s] crispé, la main droite agrippée à la portière, la gauche prête à voler sur le volant. Je le sens.

—Tu vas trop vite—Attention—Regarde à ta gauche [lance Philippe].

—Quoi?    50

—Ce type qui va te doubler.

—Je le vois bien. Qu'il double.

—Alors n'accélère pas!

—Je n'accélère pas.

—Si, tu accélères. Céline, tu ne vas pas droit. Regarde devant toi—Mais    55
ne regarde pas ton capot![t]

—Je ne regarde pas le capot.

—Si, tu regardes le capot!—Troisième. Troisième je te dis, passe en troisième!—Mais roule donc à droite tu es au milieu de la chaussée! Oh! Oh! Oh
non, Céline, ce cycliste! Tu lui as rasé les fesses![u]    60

—Quel cycliste?

—Mon Dieu!.... —Céline. Tu vas nous tuer. Céline tu vas nous tuer! Le
camion! Le camion Céline! Oh! Céline arrête! Arrête je ne peux plus! Arrête....
Passe en seconde. En seconde.

Où elle est la seconde? Merde, je ne sais plus rien. Merde merde merde    65
merde!

—Là. Monte maintenant. Mais fais attention, pas dans l'herbe. Là. Le
frein. Ouf.

Il s'effondre,[v] il est blême,[w] il tremble.

—Sors, dépêche-toi.    70

Je sors.... [Après quelques hésitations, Céline remonte dans la voiture.] Il
démarre en flèche. Ça y est, il la tient, il l'a eue, il l'a récupérée, il est content.
Rassuré. Je l'entends qui pousse un grand soupir.[x]

—Ma pauvre fille, tu n'es pas douée[y] [dit-il].

—Ça va, n'en remets pas,[z] c'est pas la peine, c'est fait.    75

—Garde ton jouet [continue Céline]. Tâche seulement de ne pas me tuer
je tiens à ma peau[aa].... Parce qu'entre nous, je ne l'ai jamais dit mais comme
chauffeur j'en ai vu de meilleurs que toi.

—Ah ah. Le coup de pied de l'âne.[bb]

—Regarde donc devant toi.    80

—[Ah...] On ne peut pas conduire avec son mari à côté c'est une règle
absolue. D'ailleurs la loi devrait l'interdire; c'est dangereux.

Il n'y a personne qui vous méprise autant, qui vous fasse aussi peu confiance, qu'un mari. Celui-là s'y est repris à deux fois avec moi mais il a fini par
m'avoir, j'oserai plus toucher à un volant. Ces zigzags que je faisais à la fin,    85
et je ne savais plus où étaient les pédales, c'était horrible à voir. Un danger
public. Et dire que j'étais spécialiste de la conduite de nuit et des dix heures
d'affilée.[cc]

---

[r]très fort   [s]rigide   [t]partie avant de la voiture   [u]Tu... *(fam.) You just missed him!*   [v]*collapses*   [w]pâle   [x]Je...
*I hear him sigh.*   [y]tu... tu es sans talent   [z]n'en... ne recommence pas   [aa](ici) vie   [bb]Le... *Sour grapes*   [cc]de suite

- ### *Avez-vous compris?*

**A.** Qui aurait dit les phrases suivantes? Céline (**C**) ou Philippe (**P**)?

1. __P__ Tu vas me l'abîmer. Elle est toujours en rodage. *ℓ 13*
2. __P__ Il faut sentir le moteur. Tu n'as pas l'habitude. *ℓ 16*
3. __C__ Je n'irai pas vite. *ℓ 17*
4. __P__ Tu dis tellement qu'elle est solide. Elle va me résister. *ℓ 21*
5. __C__ Avant, je conduisais. Je n'ai pas conduit depuis mon mariage. *ℓ 31*
6. __C__ J'ai l'habitude de conduire la nuit et toi tu n'aimes pas ça. *ℓ 39*
7. __P__ Troisième. Je te dis, passe en troisième. Mais roule donc à droite, tu es au milieu de la chaussée. *cinquante-huit*
8. __C__ Où elle est la seconde? *soixante cinq*
9. __P__ Vraiment, tu n'es pas douée. *soixante quatorze*
10. __C__ Garde ton jouet. Tâche seulement de ne pas me tuer. *soixante seize*

**B.** Complétez la phrase selon le passage.

1. Quand Céline demande à conduire, Philippe résiste, disant que sa femme est _____ et _____.
2. Il demande si elle a emporté _____.
3. Pendant les moments où elle conduit, il reste tout _____, une main _____ à la portière.
4. Il rend sa femme très _____ et ensuite elle _____, et elle _____.
5. Quand Philippe reprend la voiture, il est _____ et il pousse _____.
6. Elle se dit qu'on ne peut pas conduire avec _____ à côté, et même que la loi devrait _____.

**C.** Répondez selon le passage.

1. Décrivez la voiture de Philippe. Quelles sont ses qualités?
2. Dressez une liste des arguments que Philippe présente pour ne pas laisser conduire Céline.
3. Pourquoi Céline veut-elle conduire?
4. Comment Philippe réagit-il quand Céline est au volant?
5. Pendant le reste du trajet, qu'est-ce qu'elle fait pour gâter un peu la bonne humeur de Philippe?
6. A quels moments sentez-vous le sarcasme de Christiane Rochefort?

**D.** Analyse du texte.

1. Imaginez que vous êtes Céline. Avec un(e) camarade de classe, parlez de ce qui s'est passé «hier» avec votre mari dans la voiture. Votre camarade est très curieux (curieuse) et va vous interrompre plusieurs fois pour mieux comprendre. (Quelle sorte de voiture? Où étais-tu? Qu'est-ce qu'il a dit? Qu'est-ce que tu as fait?, etc.)
2. Imaginez maintenant que vous êtes Philippe. Avec un(e) autre camarade de classe, répétez cette activité. Votre camarade va sympathiser avec vous.
3. Examinez et décrivez les émotions de Céline à des moments différents du passage: (a) au commencement de la journée, (b) quand elle essaie de convaincre Philippe, (c) quand elle conduit, (d) après avoir redonné le volant à son mari.

- ## *Et vous?*

**A.** Très souvent on prend «les femmes au volant» comme sujet de blague (*joke*). Quelle est l'origine de telles blagues? Qu'en pensez-vous?

**B.** On peut analyser le rapport entre Philippe et Céline en termes psychologiques. A votre avis, lequel des deux a le plus de pouvoir? Comment exerce-t-elle (il) son pouvoir? Quels jeux psychologiques (agression, passivité, intimidation, etc.) pouvez-vous identifier dans le rapport entre le mari et la femme? Elaborez.

**C.** Oublions un instant les voitures. Racontez les détails d'un incident (réel ou imaginaire) pendant lequel quelqu'un a voulu emprunter (ou utiliser) une de vos possessions favorites (votre appareil photo, un nouveau pull, vos skis, etc.). En groupes de deux, comparez vos expériences.

 # Structures

## *Passé composé or Imparfait?*

When talking about past events, French speakers often mix the descriptive mode, expressed by the **imparfait,** with the narrative mode, expressed by the **passé composé.** You reviewed both the **passé composé** and the **imparfait** in **Thème 2.** This chapter focuses on the distinctions between the two tenses.

### Observez et déduisez

Read **La complainte de Céline** and compare the use of the **passé composé** and the **imparfait.** Under what circumstances is each tense used? Match each numbered verb with one of the following categories.

| NARRATIVE MODE (PASSE COMPOSE) | DESCRIPTIVE MODE (IMPARFAIT) |
|---|---|
| Actions that happened . . . <br> a. only once <br> b. a specified number of times (**2, 3, plusieurs fois**) or during a specified period of time (**pendant quelques minutes, une heure, etc.**) <br> c. as a result or consequence of another action | Verbs that describe . . . <br> d. background and circumstances (weather, season, time; physical, mental, or emotional states; conditions) <br> e. ongoing actions (what someone *was doing* when something else *happened*) <br> f. habitual actions (repeated an unspecified number of times) |

### La complainte de Céline

Mais pourquoi ne **voulait**-il (1) pas que je conduise? Son excuse **était** (2) que la voiture **était** (3) en rodage, mais ça ne l'**empêchait** (4) pas de faire de la vitesse, lui! D'ailleurs, avec l'autre voiture, il ne me **laissait** (5) pas conduire non plus. Alors cette fois-ci, j'**ai insisté** (6). Je lui **ai demandé** (7) plusieurs fois si je **pouvais** (8) conduire. Finalement, il m'**a laissée** (9) prendre le volant, mais pendant que je **conduisais** (10), il **n'a pas arrêté** (11) de me faire des remarques—j'**allais** (12) trop vite, je ne **roulais** (13) pas droit, j'**étais** (14) trop à gauche, j'**étais** (15) trop à droite—enfin bref, ça ne **pouvait** (16) pas continuer comme ça, alors il **a gagné** (17): j'**ai dû** (18) lui redonner le volant... le précieux volant de sa précieuse voiture... plus précieuse que sa propre femme.

## Vérifiez

In deciding when to use the **imparfait** or the **passé composé,** it may be helpful to visualize the two tenses on a time line. The horizontal line shown here represents the **imparfait** (*ongoing* action or state). The vertical arrow represents the **passé composé** (actions or changes of state at a *specific point in time*).

PAST | PRESENT

What happened?
**(passé composé)**

↓

How were things? What was going on? **(imparfait)**

There are times when either tense can be used, depending on the perspective of the speaker.

Ce soir-là, il **a plu.** (*This is a mere statement of fact, with no stage setting.*)

Ce soir-là, il **pleuvait,** alors je suis resté à la maison. (*The fact that it was raining sets the stage for something that happened.*)

---

Réponses: 1.–4. d; 5. f; 6. a; 7. b; 8. d; 9. a *or* c; 10. e; 11. b; 12–16. d; 17–18. c

# Essayez!

Décidez si chacun des verbes suivants est descriptif ou narratif. Ensuite, vérifiez vos réponses.

It (1) *was* Friday morning. I (2) *was hurrying* to get out of the house, but when I (3) *got* into my car, I (4) *realized* that I (5) *didn't have* my car keys, so I (6) *had* to go back into the house and hunt for my keys. By then, it (7) *was* rush hour, I (8) *was caught* in one traffic jam after another, and of course, when I finally (9) *made* it to my destination, I (10) *couldn't* find a place to park!

*(Réponses page 120)*

## Verbs Expressing Mental and Emotional States

Because these verbs are descriptive in nature, in a past context they are generally used in the **imparfait.**

| VERBS | EXAMPLES |
|---|---|
| aimer | Il aimait les gens. |
| avoir | Il avait beaucoup d'amis. |
| croire | Il croyait que la solitude était mauvaise. |
| détester | Il détestait la solitude! |
| espérer | Il espérait changer le monde. |
| être | Il était optimiste. |
| penser | Il pensait que la vie était belle. |
| préférer | Il préférait les films comiques. |

When used in the **passé composé,** these verbs take on different meanings. They no longer describe states or conditions; they indicate specific actions or reactions. Compare the following sentences.

Il pensait à sa famille. (*mental state*)            *He was thinking of his family.*

Quand il a vu la photo, il a            *When we saw the photo, he*
    pensé à sa famille. (*reaction*)            *thought of his family.*

Elle aimait les voitures de sport.            *She liked sports cars.*
    (*mental state*)

Elle n'a pas aimé sa nouvelle            *She didn't like his new car.*
    voiture. (*reaction*)

*Voyons—quels sonts les avantages de cette voiture?*

## Devoir, pouvoir, savoir, and vouloir

These verbs also change meanings according to whether they are used in the **imparfait** or the **passé composé.**

| IMPARFAIT | PASSE COMPOSE |
|-----------|---------------|
| devoir: je devais = *I was supposed to* | j'ai dû = (1) *I must have (probability)* <br> (2) *I had to (obligation)* |
| pouvoir: je pouvais = *I was capable, I was allowed* | j'ai pu = *I succeeded* <br> je n'ai pas pu = *I couldn't, I failed* |
| savoir: je savais = *I knew* | j'ai su = *I found out* |
| vouloir: je voulais = *I wanted to* | j'ai voulu = *I tried, I decided* <br> je n'ai pas voulu = *I refused* |

## Essayez!

Traduisez les phrases suivantes en anglais, en faisant attention aux différents sens de **devoir, pouvoir, savoir** et **vouloir.**

1. Il **devait** me laisser conduire mais il **a dû** oublier; j'**ai dû** lui redemander.
2. Je **pouvais** à peine parler, tellement j'étais furieuse; finalement, il **a pu** reprendre son précieux volant.   3. Je ne **savais** pas quoi faire quand j'**ai su** qu'il était maniaque.   4. Je **voulais** conduire, mais il **n'a pas voulu** me laisser la voiture.

*(Réponses page 120)*

## Rappelez-vous

When the progressive form (**être en train de** + *infinitive*), the near future (**aller** + *infinitive*), and the recent past (**venir de** + *infinitive*) are used in a past context, they are *always* conjugated in the **imparfait**.

| | |
|---|---|
| J'**étais** en train de me demander si j'**allais** ignorer ses insultes, car je **venais** d'être insultée. | *I was in the middle of asking myself if I was going to ignore his (her) insults, for I had just been insulted.* |

## Essayez!

Mettez les phrases suivantes au passé.

1. Je **suis** en train de me demander si je **vais** acheter une voiture d'occasion.   2. Je **viens** de prendre une décision quand des amis **viennent** me voir.   3. Nous **allons** au garage ensemble.

*(Réponses page 120)*

# Use of Depuis and Other Time Expressions in Past Contexts

## Depuis with the *imparfait* and the *passé composé*

To express an action that *has been going on,* remember that **depuis** is used with the present tense.

| | |
|---|---|
| Je **conduis** depuis longtemps. | *I have been driving for a long time.* |

But to express an action that *had been going on* for some time when something else happened, **depuis** is used with the **imparfait.**

| | |
|---|---|
| Nous **conduisions** depuis deux heures quand j'**ai proposé** de prendre le volant. | *We had been driving for two hours when I volunteered to drive.* |

To express an action that you *have not done* for some time, use **depuis** with the **passé composé.** In other words, the sentence must be negative to justify the use of the **passé composé** with **depuis.**

| | |
|---|---|
| Je **n'ai pas conduit** depuis mon mariage! | *I haven't driven since I've been married!* |

## *Pendant* and *il y a* with Time Expressions

To express an action that was done *for* a period of time, **pendant** (+ *length of time*) is used, usually with the **passé composé,** because it refers to a specific moment in time.

> J'ai loué une voiture **pendant** une semaine.      *I rented a car for a week.*

For an action that was *completed* some time *ago,* use **il y a** (+ *expression of time*), also with the **passé composé.**

> J'ai appris à conduire **il y a** deux ans.      *I learned to drive two years ago.*

## Essayez!

Traduisez.

1. I haven't driven since last year.    2. I drove for an hour.    3. I had been driving for an hour when the car broke down.    4. I filled up the car three days ago.

*(Réponses page 120)*

## • *Maintenant à vous*

**A. Le départ en vacances de Philippe et de Céline.** Mettez les phrases suivantes au passé composé ou à l'imparfait selon le cas.

1. Il **fait** beau.    2. Céline **est** tout heureuse de partir.    3. Elle **chante** constamment.    4. Philippe **regarde** sa femme deux ou trois fois d'un œil bizarre...    5. ...parce qu'il **est** surpris de l'entendre chanter comme ça. 6. Il ne **sait** même pas que sa femme **peut** chanter.    7. Philippe lui-même **veut** partir le plus vite possible...    8. ...parce qu'il **va** essayer sa nouvelle voiture sur l'autoroute.    9. Enfin, ils **mettent** leurs bagages dans le coffre,... 10. ...ils **montent** en voiture et ils **partent**!

Maintenant, résumez l'attitude de Philippe envers sa femme.

**B. La déception de Céline.** Passé composé ou imparfait? Mettez les verbes indiqués au temps convenable.

1. Elle **pense** qu'elle **va** conduire un petit peu.    2. Elle **attend** qu'ils soient sortis de la ville pour lui demander.    3. Elle **est** surprise de sa réaction, mais elle **insiste**.    4. Finalement, elle **peut** conduire—mais pas pour longtemps. 5. Enervée par les remarques de son mari, elle **arrête** la voiture.    6. Quand elle **descend** la voiture, elle **se demande** si elle **veut** continuer ce voyage. 7. Puis, parce qu'elle **a** quand même envie d'aller au soleil...    8. ...et parce qu'elle n'**aime** pas particulièrement faire de l'auto-stop,...    9. ...elle **reprend** sa place dans la voiture.

Pourquoi Céline est-elle remontée dans la voiture?

**C. Le point de vue de Philippe.** Transformez ses pensées du moment en réflexions au passé, faites après l'incident.

1. Pourquoi est-ce qu'elle **décide** de conduire, tout d'un coup? 2. Elle ne **veut** jamais conduire! 3. Je ne la **vois** jamais capricieuse comme ça. 4. Elle **oublie** comment conduire. 5. Elle **va** nous tuer! 6. Elle ne **sait** même plus passer en seconde! 7. Et puis après, elle **a** l'audace d'être fâchée. 8. Heureusement qu'elle **s'arrête** à temps.

Résumez le point de vue de Philippe.

**D. Et vous?** Est-ce que vous avez déjà essayé de conduire «un jouet sacré», c'est-à-dire la voiture très précieuse de quelqu'un? Etait-ce la voiture de vos parents quand vous appreniez à conduire? Ou la voiture d'un ami ou d'une amie? Faites un sondage auprès de trois ou quatre de vos camarades. Avec chacun(e), discutez les aspects (réels, exagérés ou même imaginaires) suivants de l'expérience.

1. les circonstances (où? quand? avec qui?)
2. la voiture (description)
3. l'expérience même (ce qui s'est passé—en détail)
4. vos sentiments avant, pendant et après l'expérience

Laissez-vous interviewer aussi. Après les sondages, résumez pour la classe les résultats que vous avez obtenus.

**E. Le permis de conduire.** Thierry, un jeune Français de Bordeaux, nous explique comment il a préparé, puis passé son permis. Reconstituez son histoire.

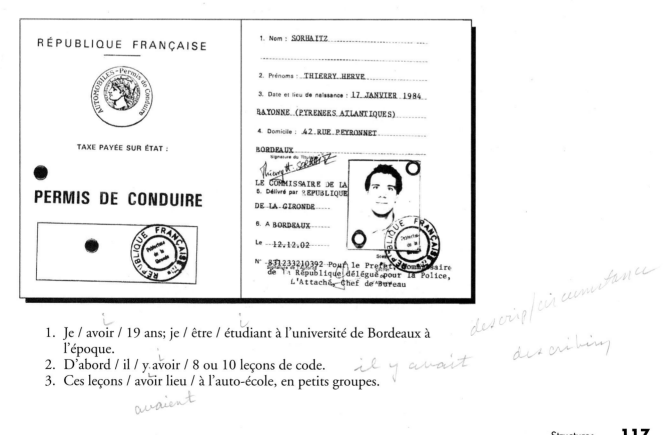

1. Je / avoir / 19 ans; je / être / étudiant à l'université de Bordeaux à l'époque.
2. D'abord / il / y avoir / 8 ou 10 leçons de code.
3. Ces leçons / avoir lieu / à l'auto-école, en petits groupes.

*Vaut-il mieux ralentir? (Sur la route à la Dordogne, France)*

4. Puis / je / prendre / 20 leçons de conduite.

5. Ce / être / des leçons individuelles d'une heure, deux fois par semaine.

6. Le jour du permis / je / être / assez nerveux,...

7. ...mais l'examinateur / me / mettre à l'aise.

8. Il / commencer par / parler de son week-end à la chasse.

9. Mon moniteur d'auto-école / être assis derrière.

10. Il / ne pas avoir / le droit d'intervenir / mais / sa présence / être / rassurante.

11. L'examinateur / me / dire de / rouler.

12. Ce / être / en pleine ville; il / y avoir / beaucoup de circulation.

13. Je / devoir / faire un créneau (*parallel park*) et faire demi-tour.

14. En tout, / ça / ne pas durer / plus d'un quart d'heure.

15. Tout / bien se passer; je / avoir / de la chance!

**F. Et vous?** Expliquez à un(e) camarade comment vous avez préparé, puis passé votre permis de conduire.

1. les circonstances (où? quand? avec qui?)

2. les leçons de conduite (activités habituelles, activités uniques)

3. le jour du permis (ce qui s'est passé; vos sentiments avant, pendant et après)

Faites une liste des points communs et des différences que vous trouvez dans vos histoires, et résumez-les pour la classe.

**G. Un accident.** Thierry, le jeune Français de Bordeaux, nous raconte maintenant un accident qu'il a eu—le seul! Reconstituez son histoire.

1. Ce jour-là / il / pleuvoir, et je / sortir / d'un virage,...

2. ...quand tout d'un coup, je / voir / une voiture qui / venir / d'en face,...

3. ...et qui / faire / demi-tour au milieu de la route, juste devant moi.

4. Je / freiner, bien sûr, mais comme / la route / être glissante,...

5. ...ma voiture / déraper (*to skid*), et je / rentrer / dans une autre voiture.

6. Heureusement que je / ne pas rouler / très vite.

7. Personne / être blessé, mais il / y avoir / pas mal de dégâts matériels.

Qu'est-ce qui a provoqué l'accident de Thierry?

**H. Et vous?** Est-ce que vous avez eu, ou vu, un accident? Si non, vous connaissez certainement quelqu'un qui a eu un accident de voiture. Etait-ce un accident grave? pas grave? Racontez à un(e) camarade comment ça s'est passé, avec le plus de détails possible. Ensuite, faites un compte au tableau du nombre d'accidents que les membres de la classe ont eus.

**I. Depuis combien de temps?** Interviewez un(e) ou deux camarades selon le modèle.

MODELE: tu / conduire / quand / avoir un accident →
   Depuis combien de temps est-ce que tu conduisais quand tu as eu un accident?
   —Je conduisais depuis (6 mois? 2 ans?) quand j'ai eu un accident.

1. tu / prendre des leçons de conduite / quand / passer ton permis
2. tu / avoir ton permis / quand / conduire seul(e) pour la première fois
3. tu / conduire / quand / attraper une contravention
4. tes parents / avoir leur ancienne voiture / quand / acheter leur voiture actuelle

**J. Jeu de rôles.** Jouez la situation suivante avec un(e) camarade de classe.

Etudiant(e) A: Vous avez emprunté la voiture d'un ami (d'une amie) et vous venez d'avoir un accident avec cette voiture! Vous devez donc lui téléphoner pour lui annoncer l'horrible nouvelle. Faites preuve de tact et d'imagination.

Etudiant(e) B: C'était votre voiture, une voiture presque neuve. Votre amitié est-elle plus précieuse que la voiture?

Tâche:

* Commencez la conversation téléphonique par des banalités.
* Passez à la mauvaise nouvelle. Le/La propriétaire de la voiture aura bien sûr une multitude de questions sur l'accident et l'état de la voiture.
* Essayez de trouver une solution au problème. Qui va assumer la responsabilité financière de cet accident? Quand la voiture sera-t-elle réparée (ou remplacée)? Que faire en attendant?

## Par écrit

### Avant d'écrire

**Narration and Description.** In this chapter, you have focused especially on the interweaving of the **passé composé** and the **imparfait** in narrating past events. Because these two verbal modes reflect ways of conceiving events that are completely different from those used by English speakers, it is a good idea to pay special attention to them when you write about the past.

Before you begin your composition, make a chart using two columns, one labeled "Narration" and the second "Description." In the first column, list all elements that advance the action in your story—that is, those that answer the question "What happened?" In the second column, list those elements that provide background information: circumstances, descriptions of the scene (including ongoing actions—that is, what people were in the process of doing), etc. Try to achieve a balance between the columns, then write your composition, interweaving the **passé composé** and **imparfait**.

MODÈLE:

| NARRATION | DESCRIPTION |
|---|---|
| Je suis allé à la plage. | Il faisait frais. |
| Je me suis assis par terre. | Des enfants jouaient au ballon. |

## • *Sujet de rédaction*

Racontez un voyage mémorable que vous avez fait en voiture. N'oubliez pas d'inclure les circonstances (où? quand? avec qui? pourquoi?); ce que vous avez fait, vu, et visité; le récit d'un incident ou d'une journée particulièrement mémorable pendant ce voyage; et vos sentiments avant, pendant et après le voyage.

 **Ensuite.** *Explorez en profondeur les thèmes et les structures qui se trouvent dans ce chapitre sur* ***www.mhhe.com/ensuite.***

---

**Réponses: Essayez!,** page 113: 1–2: background → descriptive 3–4: what happened? → narrative 5: circumstance → descriptive 6: what happened? → narrative 7: circumstance → descriptive 8–10: what happened? → narrative

**Réponses: Essayez!,** page 114: 1. He was supposed to let me drive, but he must have forgotten; I had to ask him again. 2. I was so upset that I was barely capable of speaking; finally, he succeeded in taking back his precious steering wheel. 3. I didn't know what to do when I found out he was a maniac. 4. I wanted to drive, but he refused to let me have the car.

**Réponses: Essayez!,** page 115: 1. J'étais / j'allais 2. Je venais / sont venus (*latter form of* **venir** *not used with* **de:** *not recent past*) 3. Nous sommes allés (*not near future*)

**Réponses: Essayez!,** page 116: 1. Je n'ai pas conduit depuis l'année dernière. 2. J'ai conduit pendant une heure. 3. Je conduisais depuis une heure quand je suis tombé(e) en panne. 4. J'ai fait le plein il y a trois jours.

---

*Les vacances d'été*

# Loisirs et vacances

## CHAPITRE 8

## Lecture
- «Pour ne pas bronzer idiot... Voyager en solidaire»

## Structures
- The **Plus-que-parfait**
- Indirect Discourse

Quelles sont les vacances idéales? Un **voyage organisé** (*tour*)? Une **croisière** (*cruise*)? Une **retraite** (*retreat*) solitaire? Des vacances en famille? au bord de la mer? à la montagne? à la campagne?

## La mer

A la **plage** (*beach*), on peut **prendre un bain de soleil** (*sunbathe*) sur le **sable** (*sand*) ou sur les **rochers** [m.] (*rocks*); le secret est de **bronzer** (*tan*) sans **attraper de coup** [m.] **de soleil** (*sunburn*)! On peut **se baigner** (*go for a swim*), **nager** (*swim*), **plonger** (*dive*) ou **faire de la voile** (*go sailing*) ou **de la planche à voile** (*windsurfing*). Quand on est en **bateau,** s'il y a trop de **vagues** [f.] (*waves*), comme pendant une **tempête** (*storm*), on peut **avoir le mal de mer** (*be seasick*).

## La montagne

En été, on peut **faire de la randonnée** (*hiking*) ou **de l'alpinisme** (*mountain climbing*). En hiver, on **fait du ski** dans les **stations** [f.] **de ski** (*ski resorts*). Le **ski alpin** se pratique sur des **pistes** [f.] (*slopes*). On peut aussi **faire du ski de fond** (*cross-country skiing*).

## La campagne

A la campagne, on peut tout simplement admirer le **paysage** (*landscape*): les **champs** [m.] (*fields*), les **lacs** [m.], les **rivières** [f.] et les **fleuves** [m.] (de grandes rivières qui se jettent dans la mer), les **forêts** [f.], etc. On peut **aller à la chasse** (*go hunting*) ou **à la pêche** (*fishing*). On peut aussi faire du sport: du cyclisme, de l'équitation, du tennis, etc.

## Les passe-temps

Pour s'occuper, certaines personnes aiment **coudre** (*to sew*), **peindre** (*to paint*) ou **bricoler** (*to putter around*). Quel est votre **passe-temps** (*hobby*) préféré?

# La vie nocturne

Si on veut sortir le soir, on peut aller dans un **casino,** une **boîte de nuit** (*night-club*) ou une **discothèque.** On peut aussi aller au **théâtre,** à un **concert,** au **cinéma** ou tout simplement **s'installer à la terrasse d'un café**—un passe-temps bien français!

# Le logement des vacances

On peut louer une **villa,** un **chalet,** un **gîte rural** (petite maison ou partie de ferme aménagée pour vacanciers); on peut aussi **faire du camping** avec une **caravane** (*camping trailer*) ou une **tente.**

Pour des séjours plus courts, on peut rester dans une **auberge de jeunesse** (*youth hostel*) ou à l'**hôtel.** Pendant la haute saison, il vaut mieux **réserver** sa chambre. Quand on arrive dans un hôtel, on **s'inscrit** (*registers*) à la **réception** (*front desk*). Une fois qu'on a sa **clé** (*key*), si c'est un grand hôtel, on peut **prendre l'ascenseur** [m.] (*elevator*) pour monter dans sa chambre.

## • *Parlons-en*

**A. Le mot juste.** Voici la définition, à vous de donner le mot juste.

1. C'est un voyage organisé sur un grand bateau.
2. C'est ce qui arrive quand on reste trop longtemps au soleil, surtout au début des vacances.
3. C'est un sport d'hiver pratiqué sur de longues distances de terrains enneigés. *snow covered*
4. C'est une grande rivière qui se jette dans la mer.
5. C'est une maison ambulante pour faire du camping avec plus de confort que dans une tente.
6. C'est ce qu'on utilise pour ouvrir une porte.

**B. La définition.** Voici le mot juste, à vous de donner la définition.

1. un rocher
2. plonger
3. une tempête
4. la campagne
5. un paysage
6. une forêt
7. une clé
8. bricoler

**C. Comparaisons.** Comparez les activités que l'on peut faire à la mer, à la montagne et à la campagne. Que préférez-vous faire?

**D. Un choix difficile.** Cet hiver, un parent riche vous propose de vous payer une semaine de vacances au Club Med. Vous avez le choix entre Val-d'Isère et la Tunisie.

1. En groupes de deux, étudiez les deux possibilités.
   **Val-d'Isère.** En quoi consiste cette «nouvelle formule»? Où se trouve l'hôtel? Qu'est-ce qui vous dit que ce n'est pas un hôtel de grand luxe? En dehors du ski, qu'est-ce qu'on peut faire à Val-d'Isère?

## 1850 m
### FRANCE
# Val-d'Isère

*Découvrez notre nouvelle formule : le ski à la carte. Pour profiter en toute liberté d'un domaine illimité. Des meilleures pistes d'Europe. D'une neige de rêve. Le rendez-vous des fans du grand ski.*

   3466 m / 1560 m

| 4 pistes | 31 pistes | 21 pistes | 5 pistes |

**106 remontées mécaniques sur Tignes et Val-d'Isère:** 4 téléphériques, 10 télécabines, 32 télésièges, 60 téléskis.

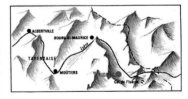

2. **Djerba la Douce.** Quelles sont les particularités géographiques de Djerba la Douce (situation, végétation, climat)? Quelles sont les deux options de logement? Laquelle préférez-vous? Parmi les activités mentionnées, lesquelles vous intéressent? Lesquelles vous surprennent?

**TUNISIE**

# Djerba la Douce

*28 courts de tennis. Du tir à l'arc. Deux piscines. Sur un autre rythme : micro-informatique, peinture sur soie, bridge et scrabble. Détente et douceur de vivre sur l'île des palmiers et des oliviers.*

**VOTRE VILLAGE**
Au sud de la Tunisie, dans le golfe de Gabès, de confortables bungalows de style tunisien à 2 lits. Salle d'eau. Patio intérieur ou extérieur. Egalement un hôtel avec chambres individuelles ou à 2 lits. Voltage : 220.

**SPORTS**
28 courts de tennis : 20 au village dont 16 en terre battue (5 éclairés) et 4 en dur et 8 courts en terre battue à 10 minutes. Voile. Deux piscines. Natation. Tir à l'arc jusqu'à 30 m. Aérobic. Football. Ping-pong. Volley-ball. Pétanque.

**STAGE**
**Tennis** : voir "Le guide de vos vacances".

**ET AUSSI...**
Atelier d'arts appliqués. Atelier de micro-informatique équipé "Olivetti". Restaurant typique.

**EXCURSIONS**
**En 1/2 journée**
**Tour de l'île** : la douceur de vivre de l'île des Lotophages et ses souks colorés.
**En 1 journée**
**Gabès/Matmata** : Gabès, l'une des rares oasis maritimes du monde et la très vieille cité troglodytique de Matmata.
**La barbaresque** : une randonnée dans un désert de pierre, le marché de Tataouine et la vieille ville berbère de Chenini.
**En 2 jours**
**Le grand Sud** : le paysage fascinant des grandes dunes, les oasis de Nouil et de Douz.
**En 3 jours**
**La saharienne** : une vue panoramique du Sud tunisien coupé par le désert de sel du Chott el Jerid. Prix communiqués sur place.

74

E. **En parlant d'hôtels.** Changez de partenaire, et racontez chacun(e) un souvenir personnel d'un séjour dans un hôtel. Où était-ce? Quelle était la raison de ce séjour? Comment était l'hôtel? Quel genre de chambre aviez-vous? Combien de temps êtes-vous resté(e)? Est-ce un souvenir agréable ou désagréable? Pourquoi?

# Avant de lire

## Culture et contexte

Pour les Français, les vacances sont sacrées! Comme vous le savez déjà, tous les Français ont droit à cinq semaines de congés payés par an. Que font-ils de ces cinq semaines? Environ 60% des Français partent quelque part en vacances, mais s'ils voyagent, ils aiment rester en France. Seulement 8% des séjours touristiques se font à l'étranger, une proportion très faible par rapport aux autres pays d'Europe. La tendance actuelle est d'étaler ses vacances au cours de l'année, par exemple trois semaines en été, une semaine en hiver et des week-ends prolongés pour le reste des congés payés. Et que fait-on pendant ces vacances? Pour 50% des Français, les vacances sont le moment idéal pour découvrir des endroits nouveaux; 25% préfèrent passer ce temps en famille ou avec des amis, et 25% voient les vacances comme une occasion de consacrer plus de temps à des activités qu'ils apprécient, comme le sport, la lecture, etc. Pour ceux qui aiment découvrir des endroits nouveaux, la plage reste le lieu privilégié d'été, et l'on préfère rester dans un seul endroit plutôt que de visiter une série de sites. La formule du Club Med offre pour un prix fixe le transport, le logement, la nourriture et toutes sortes d'activités dans des sites souvent exotiques, comme Tahiti ou l'île de La Réunion.

Certains pays d'Afrique, anciennes colonies françaises, essaient d'attirer les touristes français. Le Maroc et la Tunisie abondent déjà en destinations touristiques pour tous les budgets, mais les pays d'Afrique Noire, comme le Sénégal et la Côte-d'Ivoire, se lancent aussi dans le marché du tourisme. Si les hôtels en bord de plage restent la formule privilégiée, une nouvelle formule est en train d'apparaître, celle des «voyages solidaires». Comme l'explique l'article du *Nouvel Observateur* que vous allez lire, le but de ces voyages n'est pas de «bronzer idiot», c'est-à-dire de rester au soleil jusqu'à ce que l'inactivité cérébrale nous transforme en idiots, mais de découvrir la façon de vivre des vrais Africains et de participer pendant une dizaine de jours à la vie d'un village, en toute solidarité.

## Stratégies de lecture

- **Anticipation.** Quelles différences anticipez-vous entre le tourisme typique et le «tourisme solidaire» dans un petit village africain? Complétez le tableau suivant selon votre expérience et vos prédictions.

|  | TOURISME TYPIQUE | TOURISME SOLIDAIRE |
|---|---|---|
| LOGEMENT (HÉBERGEMENT) | *hôtel* | |
| REPAS | *restaurant* | |
| ACTIVITÉS | | |
| COMPORTEMENT | | |

- **Lecture globale.** Une stratégie qui aide à mieux comprendre un texte consiste à identifier d'abord l'organisation et les idées générales du texte. Lisez l'introduction, puis parcourez rapidement le texte sans chercher à comprendre les détails, simplement pour reconnaître les idées générales et les relier au paragraphe approprié.

| PARAGRAPHE | IDEE GENERALE |
|---|---|
| 1. «Quand Lanzéni... » | a. définition générale du tourisme solidaire |
| 2. «Le tourisme équitable... » | b. nouveau rôle d'un guide touristique |
| 3. «Je suis passée... » | c. préparation des villageois au tourisme solidaire |
| 4. «Au pic de la chaleur... » | d. préparation des touristes |
| 5. «Si le tableau... » | e. cas particulier d'un séjour dans un village africain |
| 6. «Les hôtes se préparent... » | f. façons de créer des liens (devenir amis) avec les villageois |
| 7. «Selon un sondage... » | g. commentaire sociologique sur le tourisme solidaire |

# Pour ne pas bronzer idiot... Voyager en solidaire

*Ces nouveaux touristes apprennent à ne pas faire de gaffes[a] dans les pays qu'ils visitent, à palabrer[b] dans les villages et à pratiquer les règles de l'échange équitable. Tout le monde y gagne, en commençant par les habitants des pays visités.*

Quand Lanzéni Coulibali faisait découvrir sa région du nord de la Côte-d'Ivoire, il se sentait tiraillé entre la curiosité boulimique de groupes de 5 touristes pressés et la gêne[c] des villageois, médusés qu'on les mitraille[d] avec un appareil photo ou qu'on ose s'aventurer dans les endroits sacrés. Depuis deux ans, Lanzéni joue le rôle de «facilitateur» au sein de l'association Djembé, qui organise des voyages «équitables» en Côte-d'Ivoire. «Facilitateur», c'est-à-dire non plus simple guide touristique mais intermédiaire entre deux cultures. Il 10 explique aux villageois que «les touristes ne sont pas des voyeurs»;[e] aux touristes, il dispense également de précieux conseils. Les causeries avec les artisans locaux et les séjours chez l'habitant ayant remplacé les visites éclairs,[f] les préjugés disparaissent. Résultat: «Les touristes ne font presque plus de bêtises!»

Le tourisme «équitable» ou «solidaire» se présente comme une alternative 15 encore underground au tourisme de masse. Les initiatives ont fleuri depuis

---

[a]bêtises, faux-pas  [b]discuter  [c]situation inconfortable  [d]médusés... *shocked to be shot at*  [e]observateurs vicieux  [f]ultra-rapides

deux ou trois ans au Burkina Faso ou en Côte-d'Ivoire, mais aussi en Inde ou au Laos. «Les villageois élaborent un projet d'accueil. Ils s'occupent également de la gestion[g] quotidienne du séjour, de l'hébergement aux activités. Les bénéfices générés par ce tourisme sont ensuite équitablement répartis sur place et assurent un développement local harmonieux», explique Olivier Chabrol, le président de Djembé. Ainsi tout le monde est content: le touriste, soulagé[h] du poids de sa mauvaise conscience de nanti,[i] et l'autochtone, qui bénéficie directement des revenus touristiques.

«Je suis passée de l'autre côté de la télé. Je ne connaissais que la pauvreté et les guerres... » Quelques jours au Burkina Faso en mars dernier, avec l'association Tourisme et Développement Solidaires, ont permis à Caroline Oberlin, de la région nantaise,[j] de découvrir l'Afrique et surtout les Africains. Le dépaysement commence dès l'aéroport de Ouagadougou—qui n'a rien d'un aéroport. Après quatre heures de route puis de piste[k] en 4x4, à slalomer entre des charrettes tirées par des ânes,[l] Caroline et un petit groupe de touristes français arrivent à Doudou. Un village de 4 000 habitants, aux cases en terre ocre plantées au milieu de la savane. Le confort est rudimentaire, mais les habitants font de leur mieux pour mettre à l'aise «les amis». Des cases joliment décorées, des repas adaptés au fragile estomac occidental, des toilettes aménagées à leur intention. Il est même possible de prendre une douche— une demi-bouteille d'eau minérale fait office de douche—à condition toutefois d'éviter le gaspillage, car le puits[m] le plus proche se trouve à 2 km.

Au pic de la chaleur, les voyageurs rejoignent les hommes du village à l'ombre des manguiers. «C'était l'occasion de commencer la conversation.» Autre moyen de créer des liens: une partie de foot avec les gamins[n] de Doudou. «Avec les femmes, la communication est moins facile. Elles sont très pudiques et puis elles parlent rarement le français... mais à la fin, certaines venaient spontanément nous montrer leurs bébés.»

Si le tableau semble idyllique, c'est que le séjour a été soigneusement préparé. Pour atténuer le choc culturel, chaque association a sa recette. Tourisme et Développement Solidaires distribue des brochures aux voyageurs et les informe à leur arrivée au Burkina Faso. Chez Djembé, un week-end de préparation à l'aventure est organisé quelques semaines avant le départ. «On nous explique par exemple que pour un Africain, l'eau a un caractère sacré et qu'il ne faut pas la boire à n'importe quel moment.»

Les hôtes se préparent eux aussi à la venue des touristes. On les informe sur les habitudes des Occidentaux, on incite les enfants à ne pas mendier.[o] Et surtout on fait comprendre aux villageois que le tourisme n'est pas la réponse à tout et qu'il ne faut pas délaisser les champs. En aucun cas le tourisme ne doit devenir la principale source de revenu. A Doudou, par exemple, aucun séjour n'est organisé pendant la saison des pluies (de juin à septembre) afin de ne pas gêner les semailles et les récoltes.[p]

Selon un sondage récent réalisé pour la revue professionnelle «L'Echo touristique», 35% des consommateurs se disent prêts à payer plus cher le respect de l'éthique dans le tourisme, mais on estime qu'il n'y a que 500 personnes par an qui franchissent vraiment le pas. Comme le dit Jean-Didier Urbain, sociologue du tourisme et auteur de «L'Idiot du voyage» (Payot, 1993),

---

[g]*management*  [h]*relieved*  [i]*riche*  [j]de Nantes (ville de l'ouest de la France)  [k]route primitive en terre
[l]charrettes... *carts pulled by donkeys*  [m]source d'eau (*well*)  [n]jeunes garçons  [o]*beg*  [p]semailles... *planting and harvesting*

«le tourisme éthique s'adresse à une élite. Celui qui a économisé pendant
des années pour se payer le voyage de ses rêves n'a sans doute pas envie de se     65
charger de ce genre de préoccupations pendant ses vacances. De toute façon,
on ne peut pas responsabiliser des milliers de voyageurs en un clin d'œil.�q On
voudrait que le touriste soit aussi parfait que l'ethnologue, mais il a fallu cinq
siècles à l'ethnologue pour élaborer une stratégie d'humilité par rapport aux
populations qu'il rencontre... »     70

—*Le Nouvel Observateur,* août 2001

---

�q instantanément en...

## • *Avez-vous compris?*

**A.** Déduisez le sens des mots suivants, en utilisant le contexte et la logique.

PARAGRAPHE 1

1. «il se sentait **tiraillé** entre... »       a. divisé, déchiré       b. satisfait
2. «**les préjugés** disparaissent»       a. jugements       b. idées préconçues
                                             rationnels

PARAGRAPHE 2

3. «Les villageois élaborent un       a. pour choisir       b. pour recevoir
   projet **d'accueil**»                   les touristes           les touristes
4. «l'autochtone qui bénéficie       a. gens qui       b. profits financiers
   directement des **revenus**            reviennent
   touristiques»

PARAGRAPHE 3

5. «**Le dépaysement** com-       a. le choc culturel       b. l'achat de
   mence dès l'aéroport»                                         souvenirs
6. «Un village de 4 000 habi-       a. maisons rudi-       b. routes
   tants, aux **cases** en terre... »      mentaires
7. «...à condition d'éviter **le**       a. l'eau non filtrée       b. la consomma-
   gaspillage»                                                        tion excessive

PARAGRAPHE 6

8. «...il ne faut pas **délaisser**       a. abandonner       b. chercher des
   les champs.»                            l'activité agricole      champions

PARAGRAPHE 7

9. «...il n'y a que 500 personnes       a. achètent une       b. passent à
   par an qui **franchissent**             agence                 l'action
   vraiment le pas»

**B.** Répondez aux questions suivantes.

1. Quand Lanzéni Coulibali était un guide touristique traditionnel,
   pourquoi se sentait-il «tiraillé»?
2. Que fait-il maintenant en tant que «facilitateur»?

3. Qui organise le tourisme solidaire? Quelle est la responsabilité des villageois? Que font-ils des bénéfices générés par ce tourisme? Pourquoi les touristes sont-ils contents?

4. Résumez l'expérience de Caroline Oberlin: que connaissait-elle de l'Afrique avant son voyage? Pourquoi le dépaysement a-t-il commencé dès l'aéroport? Comment est-elle arrivée au village? Comment était le village? Qu'est-ce que les villageois avaient fait pour mettre à l'aise leurs nouveaux amis? Pourquoi fallait-il éviter le gaspillage d'eau? Comment pouvait-on «créer des liens»? Pourquoi était-il plus difficile d'engager la conversation avec les femmes?

5. Comment les deux organismes mentionnés préparent-ils les touristes à leur expérience «solidaire»?

6. Comment prépare-t-on les villageois? Quelle est la préoccupation principale?

7. Pourquoi le tourisme éthique s'adresse-t-il à «une élite»? Pourquoi le sociologue Jean-Didier Urbain pense-t-il que la popularisation du tourisme éthique va prendre du temps?

• *Et vous?*

1. Que pensez-vous de ce tourisme éthique? Quels sont les avantages et les inconvénients? Avec un(e) camarade de classe, faites une liste détaillée du pour et du contre.

2. Imaginez que vous êtes à la tête d'un organisme de tourisme solidaire. Quel voyage allez-vous organiser? En groupes de deux, préparez tous les détails: lieu, durée et conditions du séjour, nombre de touristes, activités, préparation des touristes et des hôtes, bénéfices du voyage pour les touristes et les hôtes. Ensuite, comparez votre voyage avec ceux des autres groupes.

3. Quelle est votre définition des vacances idéales? Avec un(e) camarade de classe, identifiez et comparez vos vacances idéales. N'oubliez pas d'inclure les éléments suivants:

   • but du voyage (relaxation? découverte?, etc.)

   • lieu

   • saison

   • durée du séjour

   • activités

4. Pensez à un souvenir de vacances agréable. Où êtes-vous allé(e)? Avec qui? Qu'avez-vous fait? Pourquoi étaient-ce de bonnes vacances? Donnez autant de détails que possible.

*Il y a des gens qui ne s'ennuient jamais. Quels sont les passe-temps de vos vacances?*

# Structures

## The Plus-que-parfait

### Observez et déduisez

Judging from the verbs in bold in **Les bavardages mondains,** the **plus-que-parfait** is a compound tense formed with (1) the _____ tense of the auxiliary verb **avoir** or **être** and (2) the _____ of the main verb.

### Les bavardages mondains

*chatter*

J'ai entendu dire que les Darribet **avaient loué** une villa à Cannes pour la semaine du Festival et puis, quand ils sont arrivés, la villa était déjà occupée. Vous imaginez un peu? Ils **avaient** tout **arrangé** plusieurs mois à l'avance, par l'intermédiaire d'une agence; ils **avaient** même **payé** un acompte.* En attendant de pouvoir se plaindre à l'agence, ils ont dû chercher un hôtel, parce qu'ils **étaient arrivés** en soirée, après la fermeture des bureaux. Tous les hôtels étaient complets, bien sûr. Finalement, ils ont pu avoir une chambre que quelqu'un **avait décommandée** à la dernière minute, au Carlton. Mais ça leur a coûté les yeux de la tête,† évidemment. Si seulement ils **avaient su...**

## Essayez!

Mettez au plus-que-parfait.

    1. tu te baignes    2. nous attrapons des coups de soleil    3. je nageais
    4. vous souffrez    5. elles se promènent

*(Réponses page 139)*

### Verifiez

The **passé composé** is what makes a story progress. It sets the time of the narration. The **plus-que-parfait** is for flashbacks or anything that *had happened before* the time of the narration. The **imparfait** sets the stage for any past action, either in the **passé composé** or in the **plus-que-parfait.**

| | |
|---|---|
| Ils ont pu avoir une chambre que quelqu'un **avait décommandée** à la dernière minute. | *They were able to get a room for which someone had canceled a reservation at the last minute.* |

---

*down payment*   †les... très, très cher
**Réponses: Observez et déduisez:** (1) imperfect; (2) past participle

| REMOTE PAST | PAST | | PAST | PRESENT |
|---|---|---|---|---|

REMOTE PAST
What had happened before?
(**plus-que-parfait**)

PAST

What happened?
(**passé composé**)
↓

PAST

PRESENT

How were things? What was going on? (**imparfait**)

# Essayez!

Passé composé, imparfait ou plus-que-parfait? Mettez les verbes indiqués au temps convenable.

### RETOUR AU PASSE

L'année dernière, j'(avoir)[1] l'occasion de retourner à la maison de mon enfance. C'(être)[2] un peu par hasard: nous (être)[3] en vacances dans la région, et, quand je/j' (voir)[4] le nom du village sur la carte, je/j' (proposer)[5] de faire un détour, par curiosité. Nous (avoir)[6] du mal à trouver la maison, parce que tout (changer)[7]: le village (s'élargir)[8], il y (avoir)[9] de nouveaux magasins, de nouvelles rues. La maison de mon enfance (être)[10] toujours là, mais elle (ne plus être)[11] de la même couleur, et les arbres (devenir)[12] énormes. Avec une certaine nostalgie, je (regarder)[13] le jardin où je/j' (jouer)[14] quand j'(être)[15] petite, et je/j' (reconnaître)[16] la balançoire (*the swing*) où je/j' (passer)[17] tant d'heures. Puis je/j' (regarder)[18] la façade de la maison, et j' (essayer)[19] de me rappeler à quelles pièces (correspondre)[20] les fenêtres, quand soudain la porte d'entrée (s'ouvrir)[21] et une petite fille (sortir)[22], interrompant le rêve où je/j' (entrer)[23].

*(Réponses page 139)*

## • *Maintenant à vous*

**A. Le couple malchanceux.** Vous vous rappelez les Darribet des «Bavardages mondains»? Pour indiquer ce que les Darribet avaient fait avant de partir pour Cannes, avant le terrible malentendu, mettez les phrases suivantes au plus-que-parfait.  *misunderstanding*

1. Ils / annoncer / à tout le monde...
2. ...qu'ils / louer / une villa à Cannes.
3. Ils / inviter / même / des amis à venir les voir.
4. Ils / donner / l'adresse de la villa à plusieurs personnes.
5. Ils / s'habituer / à l'idée de vivre dans cette villa.

**B. Et vous?** Est-ce que vous avez déjà eu une expérience semblable? Indiquez les préparatifs que vous aviez faits pour quelque chose qui devait arriver mais qui, à la dernière minute, n'a pas eu lieu (par exemple, un voyage qui ne s'est pas réalisé ou des plans qu'il a fallu changer).

**C. Déjà / pas encore.** Complétez les phrases suivantes de façon personnelle, en utilisant le plus-que-parfait et le plus de verbes possible.

MODELE: Quand je suis allé(e) en France,... →
Quand je suis allé(e) en France, j'avais **déjà** eu trois ans de français, etc. (*ou*)
Quand je suis allé(e) en France, je n'avais **pas encore** voyagé seul(e), etc.

1. Quand j'ai commencé mes études ici,... 2. Quand je suis rentré(e) chez moi, hier,... 3. Quand je suis sorti(e) de chez moi, ce matin,... 4. Quand je me suis inscrit(e) pour ce cours de français,... 5. Quand le week-end dernier s'est terminé,... 6. A la fin de l'été dernier,...

# Indirect Discourse

*Direct* discourse relates *directly* what someone else has said or written, using quotation marks (called **guillemets** in French) and the original wording. *Indirect* discourse relates *indirectly,* without quotation marks or **guillemets,** what someone else has said or written. Indirect discourse works the same way in French as it does in English.

## Observez et déduisez

Based on the following chart, can you suggest answers to these questions?

1. If the introductory verb is in the present, are there tense changes in the dependent clauses when you switch from direct to indirect discourse? What needs to be adjusted?
2. If the introductory verb is in the past, what tense changes occur in the dependent clauses? What does the present become? And the **passé composé**? Do the **imparfait** and the **plus-que-parfait** change?
3. How is a *yes/no* question expressed in indirect discourse? What happens with information questions?

*La plage et la Promenade des Anglais à Nice en France*

| | DIRECT DISCOURSE | INDIRECT DISCOURSE |
|---|---|---|
| *Main verb in present* | Il me **dit:** «Je pars en vacances; ma famille a loué une villa sur la Côte d'Azur.» | Il me **dit qu'il part** en vacances et **que sa** famille **a loué** une villa sur la Côte d'Azur. |
| *Main verb in past* | Il m'**a dit:** «Je pars en vacances; ma famille a loué une villa.»<br>Il m'**a dit:** «L'année dernière, on avait loué la même villa; c'était génial.»<br>Il m'**a demandé:** «Est-ce que tu aimes voyager?»<br>Il m'**a demandé:** «Quand es-tu allé au Maroc? Qu'est-ce que tu as fait là-bas?» | Il m'**a dit qu'il partait** en vacances et **que** sa famille **avait loué** une villa.<br>Il m'**a dit que** l'année dernière **ils avaient loué** la même villa et **que c'était** génial.<br>Il m'**a demandé si j'aimais** voyager.<br><br>Il m'**a demandé quand j'étais allé** au Maroc et **ce que j'avais fait** là-bas. |

## Vérifiez

1. When the introductory verb is in the present, there are no tense changes in the dependent clause(s). Use **que** to introduce each dependent clause, and adjust personal pronouns and possessive adjectives.

2. When the introductory verb is in the past, the following tense changes occur in the dependent clause(s).

   **présent → imparfait**
   **passé composé → plus-que-parfait**

   The **imparfait** and the **plus-que-parfait** remain unchanged.

3. In questions, the following changes occur in the dependent clause(s).

   - *Yes/no* question → **si** + *declarative sentence*

     **Je t'ai demandé si tu avais faim.**

   - **Où, quand, comment,** etc. → *interrogative expression + declarative sentence*

     **Il m'a demandé à quelle heure j'allais revenir.**

   - Interrogative pronouns:

| | | |
|---|---|---|
| Qui est-ce qui ⎫<br>Qui est-ce que ⎭ | → qui | Il m'a demandé qui était venu.<br>Il m'a demandé qui j'avais vu. |
| Qu'est-ce qui | → ce qui | Il m'a demandé ce qui s'etait passé. |
| Qu'est-ce que | → ce que | Il m'a demandé ce que j'avais fait. |

# Essayez!

Mettez au discours indirect, en ajoutant «il a dit» ou «il a demandé» selon le cas.

1. «Je ne suis jamais allé sur la Côte d'Azur.»    2. «Est-ce que vous avez eu le mal de mer quand vous étiez en bateau?»    3. «Qui est-ce qui a attrapé des coups de soleil?»    4. «Qu'est-ce que tu veux faire?»

*(Réponses page 139)*

## ● *Maintenant à vous*

**D. Un voyage solidaire au Burkina Faso.** Résumez ce que des touristes français ont dit de leur séjour dans un village africain.

MODELE: «Nous avons découvert la vraie Afrique.» →
        Ils ont dit qu'ils avaient découvert la vraie Afrique.

1. «Les voyages en solidaires permettent de vraiment connaître les gens.»
2. «Le dépaysement a commencé dès l'aéroport.»
3. «Nous avons fait quatre heures de piste en 4x4.»
4. «Il fallait slalomer entre les charrettes et les ânes.»
5. «Les cases étaient rudimentaires mais confortables.»
6. «Les villageois ont préparé des repas adaptés à l'estomac occidental.»
7. «Nous avons discuté avec les hommes du village.»
8. «Nous avons joué au foot avec les gamins du village.»
9. «C'est plus difficile de parler aux femmes parce qu'elles ne comprennent pas le français.»
10. «C'est une expérience formidable de voyager en solidaire.»

**E. Les questions des sociologues.** Cette nouvelle formule de vacances intrigue les sociologues. Résumez les questions qu'ils ont posées à Marianne Didierjean, la fondatrice de «Voyager autrement», puis répondez selon le texte que vous avez lu dans ce chapitre, ou inventez une réponse logique.

MODELE: «Avez-vous inventé la formule du voyage solidaire?» →
        Ils lui ont demandé si elle avait inventé la formule du voyage solidaire. Elle a répondu que non, la formule existait déjà, mais qu'elle avait un peu changé la formule.

1. «Quand avez-vous commencé votre agence?»
2. «Qu'est-ce que vous avez fait en Egypte?»
3. «Est-ce que les touristes ont vu les pyramides?»
4. «Pourquoi avez-vous organisé une rencontre avec les petits chiffonniers?»
5. «Qu'est-ce que cette rencontre vous a appris?»
6. «Etes-vous satisfaite de cette formule?»

**F. Une carte postale.** Vous venez de recevoir une carte postale d'un couple français que vous connaissez (Denise et Jean-Michel). Qu'est-ce qu'ils ont dit?

La transhumance

Meilleurs souvenirs des Pyrénées!
Nous nous reposons dans un village
très pittoresque. Nous avons loué
un gîte rural qui est très agréable.
L'autre jour, nous avons vu des
centaines de moutons qui traversaient
le village (comme sur la carte)-
Il y a une jolie petite rivière dans la
vallée. Nous sommes allés à la
pêche 2 ou 3 fois, mais nous
n'avons rien attrapé.
    Bien affectueusement,
        Denise et Jean-Michel

(OT) Éditions CAP-THEOJAC - Rep. int.
Avenue de Larrieu - 31094 TOULOUSE
Photo D. FAURE

MEXICHROME

Imprimé en France

**G. Un Américain à Roissy.** George, un étudiant américain, raconte à des amis français son arrivée à l'aéroport Charles de Gaulle à Roissy. Mettez son histoire au passé en utilisant l'imparfait, le passé composé ou le plus-que-parfait selon le cas.

Avant de partir de New York, je (avoir)[1] beaucoup de confiance en moi. Je (ne jamais aller)[2] en France, mais je (étudier)[3] le français pendant plusieurs années, et je (croire)[4] que je (être)[5] prêt. Mais dans l'avion, un peu avant d'arriver, je (commencer)[6] à avoir peur: et si je (ne rien comprendre)[7]? Heureusement, je (comprendre)[8] la première personne qui me (adresser)[9] la parole en français. Ce (être)[10] un douanier (*customs officer*), et il me (dire)[11]: «Vos papiers, s'il vous plaît». Mais plus tard, ça (se compliquer).[12] Je (aller)[13] aux bagages pour attendre ma valise, et là, je (attendre)[14] pendant 15 ou 20 minutes. Il y (avoir)[15] beaucoup de valises qui (passer)[16] et (repasser)[17] devant moi, mais aucune (n'être)[18] ma valise. Au bout de 30 ou 40 minutes, je (se rendre compte)[19] que tous les passagers de mon avion (prendre déjà)[20] leurs valises et (partir)[21]. Alors je (voir)[22] quelqu'un qui (avoir l'air)[23] de travailler là, et je lui (expliquer)[24] mon problème. Il me (regarder)[25] avec un petit sourire et me (répondre)[26] quelque chose que je (ne pas comprendre)[27]. Finalement, je (trouver)[28] le bureau de la ligne aérienne et je (recommencer)[29] mon explication. L'employée, qui (très bien comprendre)[30] mon français, (consulter)[31] son ordinateur et on (apprendre)[32] que ma valise (rester)[33] à New York.

**H. Un Américain à Paris—sans valise.** En groupes de deux, imaginez (oralement ou par écrit) le deuxième épisode des «aventures» de George. Vous pouvez vous servir des expressions suggérées ou donner libre cours à votre imagination, mais rappelez-vous que l'histoire doit être au passé (imparfait/passé composé/plus-que-parfait).

**Expressions suggérées:** changer de l'argent au bureau de change de l'aéroport; prendre un taxi; aller dans un hôtel que quelqu'un / recommander; demander une chambre; ne pas avoir de brosse à dents ni de pyjama; aller dans un magasin; acheter une brosse à dents et du dentifrice; décider de ne pas prendre de pyjama après tout; se promener un petit peu dans les rues de Paris; être impressionné par les vieux monuments; avoir faim; manger dans un restaurant; aller à la gare de Lyon; se renseigner sur le prix d'un billet pour Marseille; téléphoner à ses amis pour leur annoncer le retard; etc. (plus tard) mal dormir; rêver que sa valise / être mise sur le mauvais vol, etc.

**I. Et vous?** Interviewez un(e) de vos camarades de classe: demandez-lui de vous raconter «une aventure» qui lui est arrivée un week-end ou en vacances. Posez suffisamment de questions pour «tout» savoir—les circonstances (où? quand? avec qui? pourquoi?); ce qui s'était passé avant l'incident; un récit détaillé de l'incident; ses sentiments avant, pendant et après. Prenez des notes pendant l'interview, pour ne rien oublier.

Maintenant, changez de partenaire et racontez (en vous rappelant les principes du discours indirect) l'histoire que vous venez d'entendre—avec la permission de l'auteur, bien sûr!

**J. Jeu de rôles.** Jouez la situation suivante avec un(e) camarade de classe.

Etudiant(e) A: Votre fils ou fille revient d'un voyage en Afrique. Vous aviez cru que c'était du tourisme traditionnel, dans des conditions adaptées aux visiteurs occidentaux. Quelle surprise d'apprendre que ce n'était pas le cas! Qu'est-ce que c'est que cette histoire de voyage solidaire? Vous avez besoin de beaucoup d'explications, et vous allez interrompre souvent votre fils ou fille pour lui demander des détails supplémentaires!

Etudiant(e) B: Vous venez donc de faire un séjour «en solidaire» dans un petit village d'Afrique. Pour ne pas inquiéter vos parents, vous ne leur aviez pas dit la vérité avant votre départ. Maintenant vous devez rassurer votre mère ou votre père en donnant toutes les explications voulues sur:

- les raisons de votre silence avant le voyage
- les objectifs du voyage et de l'ONG* qui l'a organisé
- les participants (autres membres du groupe)

---

*organisation non-gouvernementale

- le voyage même (arrivée à l'aéroport, etc.)
- le séjour: conditions d'hébergement, eau, repas, activités, etc.
- la santé (tomber malade, se protéger contre le paludisme [*malaria*], être piqué par des moustiques, etc.)
- les villageois
- les leçons tirées de l'expérience

# Par écrit

## Avant d'écrire

**Openers.** The opening sentence(s) of a piece of writing ought to tell the reader your approach to the topic; otherwise, you cannot expect your reader to follow your line of thought. If your topic is **les loisirs,** for example, what you make of this subject is your line of thought, or the idea you want to explore. Your line of thought may be that **les loisirs sont nécessaires.** The element needed to strengthen your line of thought is a specific *situation* or context, such as **la nécessité des loisirs dans la vie des travailleurs *surmenés*** (*overworked*).

To open your essay, you could begin with a question that you will answer: **Les loisirs sont-ils une nécessité dans une société dominée par le culte du travail?** This sentence is effective because it introduces the topic, the line of thought, and the situation. It prepares the reader for what is to follow. Moreover, it does not give away your conclusion, so readers will want to read on.

PREWRITING TASK

With a partner in class, consider the topic of **les voyages organisés.** Make a list of possible lines of thought for this topic, choose one, and then write an opening sentence that will indicate your line of thought and the situation you will be using as a context.

## • Sujet de rédaction

**Le rôle des vacances.** Allez-vous parler du rôle des vacances dans la famille américaine? dans votre propre famille? dans l'enfance en général? dans votre propre enfance? A vous de choisir et d'indiquer votre choix par votre phrase d'ouverture. Essayez d'inclure un souvenir personnel dans le développement de vos idées.

 **Ensuite.** *Explorez en profondeur les thèmes et les structures qui se trouvent dans ce chapitre sur* ***www.mhhe.com/ensuite.***

**Réponses: Essayez!,** page 131: 1. tu t'étais baigné(e)  2. nous avions attrapé  3. j'avais nagé  4. vous aviez souffert  5. elles s'étaient promenées

**Réponses: Essayez!,** page 132: 1. what happened? → *passé composé* 2–3. circumstances → *imparfait* 4–6. what happened? → *passé composé* 7–8. action prior to time of narration → *plus-que-parfait* 9–11. descriptive → *imparfait* 12. action prior to time of narration → *plus-que-parfait* 13. what happened? story progresses → *passé composé* 14. habitual action in the past → *imparfait* or action prior to time of narration → *plus-que-parfait* 15. descriptive → *imparfait* 16. what happened next? → *passé composé* 17. action prior to time of narration → *plus-que-parfait* 18. what happened after that? → *passé composé* 19. action in progress, related to **quand** clause that follows → *imparfait* 20. descriptive → *imparfait* 21–22. what happened? → *passé composé* 23. action prior to the time of narration, which time is now **quand une petite fille est sortie** → *plus-que-parfait*

**Réponses: Essayez!,** page 135: 1. Il a dit qu'il n'était jamais allé sur la Côte d'Azur.  2. Il a demandé si nous avions eu le mal de mer quand nous étions en bateau.  3. Il a demandé qui avait attrapé des coups de soleil.  4. Il m'a demandé ce que j'avais fait.

## CHAPITRE 9

*Attention au départ! (Gare de l'Est, Paris, France)*

# Le départ

## Lecture
- Jean-Jacques Sempé et René Goscinny: *Le Petit Nicolas* [extrait]

## Structures
- Direct and Indirect Object Pronouns
- Forms of **Tout**
- Communicative Strategies for Everyday Situations

## Paroles

## Les voyages en train

Les trains français, gérés par la **SNCF** (Société nationale des chemins de fer français), sont réputés pour leur ponctualité et, depuis la mise en service des **TGV** (trains à grande vitesse) en 1981, pour leur rapidité. La ligne la plus célèbre du TGV est la ligne Eurostar qui emprunte le tunnel sous la Manche et assure la liaison Paris-Londres en trois heures. Sur des distances inférieures à 1000 km, le TGV est plus rapide que l'avion, moins cher et plus confortable.

Le **départ** (*departure*): d'abord, il faut bien sûr **se renseigner** (*to get information*) au **bureau de renseignements** [m.] (*information counter*) ou sur Internet et consulter l'**horaire des trains** (*train schedule*). On peut prendre son **billet** à la **gare** (*train station*), au **guichet** (*ticket window*) ou à la **billetterie automatique.** On peut prendre un **aller simple** (*one way ticket*) ou un **aller-retour** (*round-trip*) pour la **destination** voulue, **en première classe** ou **en deuxième classe;** pour un petit **supplément,** on peut **réserver** sa place, dans un **compartiment fumeurs** (*smoking*) ou **non-fumeurs;** les **réservations** [f.] sont requises pour le TGV. A l'entrée du **quai** (*platform*), il faut **composter** (*punch*) son billet dans une petite machine de couleur orange (un composteur), pour que le billet soit **valable** (*valid*); quand on a trouvé le **bon train** (*the right train*), on cherche la place indiquée sur sa réservation, ou une **place libre** (*empty seat*). On se dépêche pour ne pas **manquer** ou **rater** (*to miss*) le train.

Dans le train: Au moins une fois pendant le voyage, le **contrôleur** (*conductor*) contrôle les billets des **passagers** [m.] (*passengers*); si ce n'est pas un **train direct,** il faut descendre à la gare voulue pour prendre la **correspondance** (*connecting train*). Quand on voyage de nuit, on peut prendre une **couchette** (*bunk*).

L'arrivée: Si on désire laisser ses bagages à la gare pendant qu'on visite la ville, on les met à la **consigne** (*baggage check/locker*).

## Les voyages en avion

Air France est la plus grande **compagnie aérienne** (*airline*) française et l'**aéroport** Charles de Gaulle, à Roissy (près de Paris), est un des plus grands aéroports du monde.

Le départ: on peut prendre son billet dans une **agence de voyages,** mais il faut aller au **comptoir** (*ticket counter*) de la ligne aérienne pour obtenir sa **carte d'embarquement** (*boarding pass*) et pour **enregistrer ses bagages.** Après plusieurs **contrôles de sécurité,** on se dirige vers la **porte d'embarquement** (*boarding gate*).

*A la Gare de l'Est, Paris, France*

Dans l'avion: Les **hôtesses de l'air** [f.] et les **stewards** [m.] (*flight attendants*) s'occupent des passagers. Quand l'avion décolle (**décoller** = *to take off*) ou atterrit (**atterrir** = *to land*), il faut rester dans son **siège** (*seat*) et **attacher sa ceinture** (*fasten one's seat belt*).

L'arrivée: Les passagers des **vols** [m.] (*flights*) internationaux doivent **passer à la douane** (*to go through customs*); le **douanier** (*customs officer*) contrôle votre **passeport** et demande si vous avez **quelque chose à déclarer;** quelquefois, il fouille (**fouiller** = *to search*) vos bagages.

## • *Parlons-en*

**A. Le mot juste.** Voici la définition, à vous de donner le mot juste.

1. C'est une machine qui vend des billets de train.
2. Si on est allergique au tabac, c'est la section du train qu'on demande.
3. C'est ce qu'on fait pour valider son billet à l'entrée du quai de la gare.
4. C'est ce que fait le douanier quand il vous fait ouvrir votre valise pour contrôler ce qu'il y a dedans.
5. C'est ce que vous faites avec vos bagages quand vous les donnez à l'employé(e) de la ligne aérienne, avant le départ.
6. C'est ce que fait l'avion quand il part dans le ciel.

**B. La définition.** Voici le mot juste, à vous de donner la définition.

1. le bureau de renseignements
2. rater (le train, l'avion)
3. la consigne
4. la carte d'embarquement
5. atterrir
6. un passager

**C. Un vol mémorable.** Est-ce que vous vous rappelez votre premier voyage en avion, ou un autre vol particulièrement mémorable? En groupes de deux, comparez vos expériences. Si vous n'avez jamais pris l'avion, racontez l'histoire de quelqu'un que vous connaissez.

**D. «C'était horrible!»** Avec un(e) camarade de classe, imaginez que vous êtes deux voyageurs qui récapitulent ensemble ce qui leur est arrivé pendant leur voyage en train à travers l'Europe. Imaginez toutes les catastrophes possibles: des gares qu'on ne pouvait pas trouver, des problèmes de billets qu'on avait oublié de composter, la fois où on a pris le mauvais train et où on a donc dû changer de train plusieurs fois pour retrouver la bonne ligne, une autre fois où on avait oublié sa valise, etc. N'hésitez pas à exagérer pour avoir l'histoire la plus longue et la plus horrible de la classe!

**E. Réflexion culturelle.** Donnez votre réaction personnelle aux observations culturelles suivantes. Qu'est-ce que ces observations révèlent sur la nature des Français? Comment expliquez-vous ces phénomènes? Comparez avec votre pays.

*A l'aéroport Charles de Gaulle, Roissy, France*

1. Plus de la moitié des Français n'ont jamais pris l'avion.
2. Les trains français sont subventionnés (*subsidized*) par le gouvernement pour permettre aux familles de bénéficier de réductions de 25 à 50%. Les «cartes junior» permettent aux jeunes de 12 à 25 ans de voyager avec des réductions de 50% en temps normal et de 25% en période de pointe. Les salariés, les retraités et même les chômeurs qui cherchent activement un emploi peuvent bénéficier une fois par an d'un billet «congé annuel» qui donne droit à 25% de réduction sur le prix d'un billet de deuxième classe dans tous les trains.

# Lecture

## Avant de lire

### Culture et contexte

Comme nous l'avons vu, les vacances sont sacrées en France, et pour les enfants qui n'auraient peut-être pas l'occasion de partir en vacances, pour des raisons économiques ou autres, le gouvernement français et certaines entreprises subventionnent des «colonies de vacances». Cette formule propose le logement, la nourriture et une variété d'activités pour un prix qui dépend souvent du revenu familial. Dans ces colonies, pendant 1 à 5 semaines, des enfants de tout âge et venant d'un peu partout en France, se retrouvent sous la surveillance de «moniteurs» pour s'amuser et passer des vacances à la mer, à la montagne ou à la campagne. Dans le texte que vous allez lire, le petit Nicolas se prépare à partir en colonie de vacances.

*Jean-Jacques Sempé*

*René Goscinny*

Connaissez-vous déjà le petit Nicolas? Ce petit bonhomme turbulent et tendre est la création du dessinateur Jean-Jacques Sempé (1932– ) et de René Goscinny (1926–1977), l'auteur des célèbres bandes dessinées *Astérix*. *Le Petit Nicolas,* publié en 1954, a connu un tel succès en France que d'autres aventures ont suivi, comme *Les Vacances du petit Nicolas* (1962), dont le texte suivant est extrait.

## Stratégies de lecture

- **Anticipation.** Quand vous étiez enfant, vous est-il arrivé de partir en vacances sans vos parents? Où êtes-vous allé(e)? Pendant combien de temps? Vous souvenez-vous de la journée du départ? Quels sentiments éprouviez-vous? Etiez-vous triste? nerveux (nerveuse)? Avez-vous extériorisé vos sentiments? Et vos parents, comment ont-ils réagi? Racontez...

- **Le point de vue.** Dans *Le Petit Nicolas,* une grande partie du comique réside dans le fait que la réalité est perçue par un enfant. Regardez les premières phrases du texte: qu'est-ce qui caractérise le style du petit Nicolas? Trouvez la phrase qui commence par «Et maman... » à la ligne 13: Dans cette phrase, qu'est-ce qui indique qu'il s'agit du point de vue d'un enfant? En lisant le texte, soulignez ou notez d'autres exemples de phrases typiques du point de vue d'un enfant.

## Le Petit Nicolas *[extrait]*
### JEAN-JACQUES SEMPE ET RENE GOSCINNY

Aujourd'hui, je pars en colonie de vacances et je suis bien content. La seule chose qui m'ennuie, c'est que Papa et Maman ont l'air un peu tristes; c'est sûrement parce qu'ils ne sont pas habitués[a] à rester seuls pendant les vacances.

Maman m'a aidé à faire la valise, avec les chemisettes, les shorts, les espadrilles, les petites autos, le maillot de bain, les serviettes,[b] la locomotive du train électrique, les œufs durs, les bananes, les sandwiches au saucisson et au fromage, le filet[c] pour les crevettes,[d] le pull à manches longues, les chaussettes et les billes.[e] Bien sûr, on a dû faire quelques paquets parce que la valise n'était pas assez grande, mais ça ira.

Moi, j'avais peur de rater le train, et après le déjeuner, j'ai demandé à Papa s'il ne valait pas mieux[f] partir tout de suite pour la gare. Mais Papa m'a dit que c'était encore un peu tôt, que le train partait à 6 heures du soir et que j'avais l'air bien impatient de les quitter. Et Maman est partie dans la cuisine avec son mouchoir,[g] en disant qu'elle avait quelque chose dans l'œil.

Je ne sais pas ce qu'ils ont,[h] Papa et Maman, ils ont l'air bien embêtés.[i] Tellement embêtés que je n'ose pas leur dire que ça me fait une grosse boule[j]

5

10

15

---

[a]mot ap.   [b]*towels*   [c]*net* (pour pêcher)   [d]*shrimp*   [e]*marbles*   [f]valait... était préférable de   [g]*handkerchief*   [h]ce... leur problème   [i]inquiets   [j]*lump*

dans la gorge quand je pense que je ne vais pas les voir pendant presque un mois. Si je le leur disais, je suis sûr qu'ils se moqueraient[k] de moi et qu'ils me gronderaient.[l]

Moi, je ne savais pas quoi faire en attendant l'heure de partir, et Maman    20
n'a pas été contente quand j'ai vidé[m] la valise pour prendre les billes qui étaient au fond.

—Le petit ne tient plus en place,[n] a dit Maman à Papa. Au fond,[o] nous ferions peut-être mieux de partir tout de suite.

—Mais, a dit Papa, il manque encore une heure et demie jusqu'au départ    25
du train.

—Bah! a dit Maman, en arrivant en avance, nous trouverons le quai vide et nous éviterons les bousculades[p] et la confusion.

—Si tu veux, a dit Papa.

Nous sommes montés dans la voiture et nous sommes partis. Deux fois,    30
parce que la première, nous avons oublié la valise à la maison.

A la gare, tout le monde était arrivé en avance. Il y avait plein de gens partout, qui criaient et faisaient du bruit. On a eu du mal à trouver une place pour mettre la voiture, très loin de la gare, et on a attendu Papa, qui a dû revenir à la voiture pour chercher la valise qu'il croyait que c'était Maman    35
qui l'avait prise. Dans la gare, Papa nous a dit de rester bien ensemble pour ne pas nous perdre. Et puis il a vu un monsieur en uniforme, qui était rigolo[q] parce qu'il avait la figure toute rouge et la casquette de travers.[r]

—Pardon, monsieur, a demandé Papa, le quai numéro 11, s'il vous plaît?

—Vous le trouverez entre le quai numéro 10 et le quai numéro 12, a ré-    40
pondu le monsieur. Du moins, il était là-bas la dernière fois que j'y suis passé.

—Dites donc, vous... a dit Papa; mais Maman a dit qu'il ne fallait pas s'énerver[s] ni se disputer, qu'on trouverait bien le quai tout seuls.

Nous sommes arrivés devant le quai, qui était plein, plein, plein de monde, et Papa a acheté, pour lui et Maman, trois tickets de quai.* Deux pour la pre-    45
mière fois et un pour quand il est retourné chercher la valise qui était restée devant la machine qui donne les tickets.

—Bon, a dit Papa, restons calmes. Nous devons aller devant la voiture Y.

Comme le wagon qui était le plus près de l'entrée du quai, c'était la voiture A, on a dû marcher longtemps, et ça n'a pas été facile, à cause des gens, des chouettes[t] petites voitures pleines de

50

55

60

---

[k]mot ap.  [l]réprimanderaient  [m]pensez à: vide  [n]tient... devient impatient  [o]Au... Après tout (ici)  [p]jostling
[q]pensez à: rigoler (rire)  [r]de... pas droite  [s]pensez à: nerveux  [t]jolies, plaisantes

valises et de paniers et du parapluie du gros monsieur qui s'est accroché[u] au
filet à crevettes, et le monsieur et Papa se sont disputés, mais Maman a tiré
Papa par le bras, ce qui a fait tomber le parapluie du monsieur qui était toujours accroché au filet à crevettes. Mais ça s'est très bien arrangé, parce qu'avec  65
le bruit de la gare on n'a pas entendu ce que criait le monsieur.

Devant le wagon Y, il y avait des tas de types[v] de mon âge, des papas,
des mamans et un monsieur qui tenait une pancarte[w] où c'était écrit «Camp
Bleu»: c'est le nom de la colonie de vacances où je vais. Tout le monde criait.
Le monsieur à la pancarte avait des papiers dans la main, Papa lui a dit mon  70
nom, le monsieur a cherché dans ses papiers et il a crié: «Lestouffe! Encore
un pour votre équipe[x]!»

Et on a vu arriver un grand, il devait avoir au moins dix-sept ans.

—Bonjour, Nicolas, a dit le grand. Je m'appelle Gérard Lestouffe et je
suis ton chef d'équipe. Notre équipe, c'est l'Œil-de-Lynx.  75

Et il m'a donné la main. Très chouette.

—Nous vous le confions, a dit Papa en rigolant.

—Ne craignez rien, a dit mon chef; quand il reviendra, vous ne le recon-
naîtrez plus.

Et puis Maman a encore eu quelque chose dans l'œil et elle a dû sortir  80
son mouchoir. [...]

Et puis on a entendu un gros coup de sifflet[y]
et tout le monde est monté dans les wagons
en criant, et le monsieur en uniforme est
allé voir le monsieur à la pancarte et il  85
lui a demandé d'empêcher le petit
imbécile qui jouait avec un sifflet
de mettre la pagaille partout.
Alors, il y en a qui sont descen-
dus des wagons, et ce n'était pas  90
facile à cause de ceux qui montaient.
Des papas et des mamans criaient
des choses, en demandant qu'on
n'oublie pas d'écrire, de bien
se couvrir[z] et de ne pas  95
faire de bêtises.[aa] Il
y avait des types
qui pleuraient et
d'autres qui se
sont fait gronder  100
parce qu'ils
jouaient au foot-
ball sur le quai,
c'était terrible.
On n'a même  105
pas entendu le

---

[u]*caught on*   [v]garçons   [w]*sign*   [x]groupe   [y]coup... *whistle*   [z]se... s'habiller chaudement   [aa]stupidités

---

* *Tickets purchased to gain access to the train platform*

monsieur en uniforme qui sifflait, il en avait la *appearance* figure toute forcée, comme s'il
revenait de vacances. Tout le monde a embrassé tout le monde et le train est
parti pour nous emmener à la mer.

    Moi, je regardais par la fenêtre, et je voyais mon papa et ma maman,    110
tous les papas et toutes les mamans, qui nous faisaient «au revoir» avec leurs
mouchoirs. J'avais de la peine.[bb] C'était pas juste, c'était nous qui partions, et
eux ils avaient l'air tellement plus fatigués que nous. J'avais un peu envie de
pleurer, mais je ne l'ai pas fait, parce qu'après tout, les vacances, c'est fait pour
rigoler et tout va très bien se passer.      *managed*    115

    Et puis, pour la valise, Papa et Maman se débrouilleront sûrement pour
me la faire porter par un autre train.

———————

[bb]J'avais... J'étais triste.

## • *Avez-vous compris?*

**A.** Les phrases suivantes sont-elles vraies ou fausses? Si elles sont fausses,
corrigez-les.

   1. Nicolas avait l'habitude de partir en colonie de vacances.  *l. 2–3*
   2. Maman a pu mettre toutes les affaires de Nicolas dans une seule valise.  *l 8–9*
   3. Les vacances de Nicolas allaient durer une semaine.  *l 17–18*
   4. Papa a oublié la valise de Nicolas plusieurs fois.  *l 30–31, 34–36, 46–48*
   5. La scène sur le quai était calme.  *l 44, 57–63.*
   6. Enfin, Nicolas est parti avec sa valise.  *l 116–117*

**B.** Quels étaient les sentiments de Papa et de Maman? Identifiez les phrases qui
indiquent ces sentiments au lecteur. Comment Nicolas a-t-il interprété les
sentiments de ses parents? Comment Nicolas a-t-il décrit ses propres émotions?

**C.** Faites une liste des façons dont Papa et Maman montrent et cachent leurs
sentiments. En face, notez comment Nicolas interprète leurs actions.

| MANIFESTATION DES SENTIMENTS DE PAPA ET DE MAMAN | INTERPRETATION DE NICOLAS |
|---|---|
| *ont l'air triste* | *pas habitués à rester seuls* |

**D.** A la gare, est-ce que le monsieur en uniforme a bien guidé la famille?  *l 37*
Expliquez.

**E.** Qu'est-ce que Maman et Nicolas ont mis dans sa valise?  *l 5–9*

**F.** Retracez «l'itinéraire» de la valise.
*at home – l 30*
*in car – l 36*
*at quai booth – l 46*
*on the quai – l 115–16*

**G.** L'histoire du départ de Nicolas se divise en trois scènes: a) à la maison; b) à la gare; c) le départ même. En groupes de trois, racontez l'histoire au passé, chacun reprenant une des scènes. Faites une description aussi minutieuse que possible et n'hésitez pas à ajouter des détails aux récits de vos camarades.

## • *Et vous?*

**A.** Imaginez que c'est le lendemain du départ. Nicolas, toujours sans valise, écrit à ses parents une petite carte postale où il raconte sa première journée en colonie de vacances. En groupes de deux, rédigez cette carte postale en imitant le style du petit Nicolas, puis lisez votre carte à la classe.

**B.** Selon les psychologues, l'oubli peut refléter un désir inconscient. D'après vous, que peut refléter l'oubli de la valise? Avez-vous déjà eu une expérience semblable? Racontez.

**C.** Nicolas et ses parents cachent leurs vrais sentiments. Quelles sont les raisons de Papa et de Maman? de Nicolas? Quel est le résultat de cette manière d'agir? Qu'en pensez-vous? Imaginez une discussion plus honnête entre Nicolas et ses parents. En groupes de trois, jouez la scène du départ avec cette nouvelle honnêteté.

**D.** Avec un(e) partenaire, parlez d'un départ mémorable dans votre vie. Quand était-ce? Où alliez-vous? Qui était présent? Qu'est-ce qui s'est passé? Quels étaient vos sentiments? Retracez la scène du départ dans tous ses détails.

## *Structures*

# *Direct and Indirect Object Pronouns*

## Direct Object Pronouns
### Observez et déduisez

Knowing that a direct object is a noun that *directly* follows the verb, without a preposition, read the following dialogue (**Une maman inquiète**) and circle all the direct object nouns. What are the pronouns used to replace those nouns? Where are the direct object pronouns placed?

## Une maman inquiète

—Tu es sûr que tu as tout remis dans la valise?

—Oui, j'ai tout remis.

—Tu n'as pas oublié ton pull à manches longues?

—Non, je l'ai pris.

—Et tes espadrilles?

—Je **les** ai prises; je **te** dis, j'ai tout pris!

—Et les billes, tu **les** as rendues à ton copain?

—Non, il **m'**a dit que je pouvais **les** garder, mais je vais **les lui** rendre après les vacances.

—Si tu ne **les** perds pas... Oh, tiens, n'oublie pas d'écrire à papy et à mamy*; tu n'as pas perdu leur adresse?

—Non, la voilà. Ne **t'**inquiète pas, je vais **leur** écrire.

## Vérifiez

Tu n'as pas oublié **ton pull** à manches longues? → Non, je **l'**ai pris.

Et [tu as pris] **tes espadrilles**? → Je **les** ai prises.

[Tu as rendu] **les billes**? → Tu **les** as rendues?

Tu n'as pas perdu **l'adresse**? → Non, **la** voilà.

The direct object pronoun forms are the following.

| | | | |
|---|---|---|---|
| *Singular:* | **me** | **te** | **le, la, l'** |
| *Plural:* | **nous** | **vous** | **les** |

Pronouns come directly before the verb. With compound verbs, this means before the auxiliary. With an infinitive construction, a pronoun is placed before the verb it is logically related to, which is usually the infinitive.

Je vais rendre les billes. (**Les billes** *is the object of* **rendre.**) → Je vais **les** rendre.

Pronouns also precede **voilà,** which acts as a verb.

Où es-tu? —**Me** voilà!

With interrogative and negative patterns, pronouns remain in their normal place—directly before the verb.

Si tu ne **les** perds pas.

In compound tenses conjugated with **avoir,** the past participle must agree with the preceding direct object pronoun.

Et les billes? Tu **les** as rendu**es**?

L'adresse? Je **l'**ai pris**e.**

---

*Grandpa and Grandma

## Indirect Object Pronouns

### Observez et déduisez

Look again at the dialogue, **Une maman inquiète,** and identify what nouns **lui** (**Tu les lui as rendues?**) and **leur** (**Je vais leur écrire.**) replace. Which preposition introduces those nouns?

### Vérifiez

> Tu les **lui** as rendues? = Tu les as rendues **à** ton copain?
> Je vais **leur** écrire. = Je vais écrire **à** papy et **à** mamy.

If the noun object is (1) a person (2) introduced by the preposition **à,** the object is called indirect, and it can be replaced by an indirect object pronoun. The indirect object pronoun forms are the following.

| | | | |
|---|---|---|---|
| *Singular:* | **me** | **te** | **lui** |
| *Plural:* | **nous** | **vous** | **leur** |

Indirect object pronouns precede the verb and never affect past participles.

> J'ai écrit à mes grands-parents. → Je **leur** ai écri**t.**

## Essayez!

Mettez au passé composé.*

1. Il nous attend.
2. Il vous parle.
3. Elle nous répond.
4. Elles te cherchent.

*(Réponses page 157)*

## Multiple Pronouns

When two pronouns are used together, they must be combined in the following order.

| | | | | | | | |
|---|---|---|---|---|---|---|---|
| *subject* + (ne) | + | me<br>te<br>se<br>nous<br>vous | + | le<br>la<br>les | + | lui<br>leur | + *verb* + (pas) |

> Les billes? Je les lui ai rendues.

---

*To know whether the object is direct or indirect, analyze the verb: When followed by a noun, does it require a preposition or not? For example, **Il nous regarde:** On regarde **quelqu'un** ou **à quelqu'un**? *Réponse:* **On regarde quelqu'un → objet direct.**

*Exception:* With affirmative commands, pronouns are placed after the verb; they are connected to the verb by hyphens, and **me** and **te** become **moi** and **toi.** The order of pronouns is the following.

| verb | + | le<br>la<br>les | + | moi<br>toi<br>lui, leur<br>nous<br>vous |
|------|---|-----------------|---|-----------------------------------------|

Rends-moi mes billes! Rends-les-moi!

With negative commands, the placement and order of pronouns are the same as in declarative sentences.

Ne me rends pas mes billes! Ne me les rends pas!

# Essayez!

Remplacez les noms indiqués par des pronoms.

1. Il ne faut pas rater **le train.**
2. Donne **les billets à maman**!
3. Donne-moi **la valise.**
4. N'oublie pas **le sac.**
5. J'ai donné **les bonbons aux enfants.**

*(Réponses page 157)*

## • *Maintenant à vous*

**A. L'inventaire de la valise.** Voici la liste de ce que vous vouliez emporter. Est-ce que vous avez tout pris? Répondez selon le modèle.

MODELE: imperméable √ → Oui, je **l'**ai pris.
         parapluie    → Non, je **l'**ai oublié; je vais **le** prendre.

| | |
|---|---|
| blue-jean √ | chaussures √ |
| pantalon blanc | chaussettes |
| short | pyjama |
| tee-shirts √ | trousse de toilette √ |
| chemise bleue | appareil photo √ |
| pull jaune √ | carnet d'adresses |

**B. En sortant de la gare.** Imaginez la conversation du papa et de la maman de Nicolas après le départ de leur fils, selon le modèle.

MODELE: Tu as parlé **à ce Gérard Lestouffe**? (oui) → Oui, je **lui** ai parlé.

1. Est-ce qu'il ne **t'**a pas paru un peu jeune? (si)    2. Mais tu fais confiance **à ce garçon**? (oui)    3. Tu crois que ces enfants vont obéir **à des jeunes de dix-sept à dix-huit ans**? (mais oui!)    4. Tu as dit **à Nicolas** d'écrire **à tante Margot**? (oui)    5. Tu as rappelé **à Nicolas** de nous écrire une fois par semaine? (oui)

*«Les jolies colonies de vacances... »*
*Sont-ils contents de partir?*

**C. Mince alors!** (*Oh darn!*) Les parents du petit Nicolas s'aperçoivent que la valise est restée sur le quai. Reformulez les phrases selon le modèle.

MODÈLE: Mais je croyais que tu avais donné **la valise à Nicolas**! →
Mais je croyais que tu **la lui** avais donnée!

1. Et les paquets? Tu as donné **les paquets à Nicolas**? 2. Heureusement qu'il a **les paquets**! 3. Mais ses sandwiches au saucisson et au fromage—dire que j'avais préparé **ses sandwiches** exprès pour le train! 4. Mon pauvre petit—qui est-ce qui va donner à manger **à mon pauvre petit**? 5. Et la valise? Qui est-ce qui va apporter **cette valise à notre petit Nicolas**? 6. Il y a des employés là-bas: allons donc expliquer **la situation aux employés.**

# *Forms of Tout*

## *Tout* as an Adjective

As an adjective, **tout** precedes the noun and agrees with it.

| | |
|---|---|
| **Tout le** train était plein. | *The whole train was full.* |
| On a attendu **toute la** journée. | *We waited the whole day.* |
| **Tous les** enfants criaient. | *All the kids were yelling.* |
| Et **toutes les** mamans pleuraient. | *And all the moms were crying.* |

## *Tout* as a Pronoun

As a pronoun, **tout** can be used alone; it then means *everything* and is invariable.

| | |
|---|---|
| J'ai **tout** mis dans le sac. | *I've put everything in the bag.* |
| **Tout** va bien. | *Everything's fine.* |
| Je ne peux pas **tout** faire. | *I can't do everything.* |

**Tout** can reinforce the subject.

| | |
|---|---|
| **Ils** sont **tous** là. | *They are all there.* |

**Tout** can also be used with direct object pronouns (**le, la, les**). In this usage, forms of **tout** follow the verb in a simple tense and go between the auxiliary and the past participle in a compound tense.

Les billes? Je **les** ai **toutes.** Je **les** ai **toutes** prises.
Les paquets? Je ne **les** ai pas **tous.** Tu ne me **les** as pas **tous** donnés.

Note: The **s** of **tous** is pronounced when **tous** is a pronoun. (Hint: pronoun → pronounce!)

## *Tout* in Idiomatic Expressions

### Observez et déduisez

Match the meanings on the right with the idiomatic expressions containing a form of **tout**.

(1) **En tout cas,** (2) **tout le monde** est là. Le train ne part pas (3) **tout de suite.** (4) **De toute façon,** il y a des voyageurs qui ne sont pas (5) **tout à fait** prêts. Regardez! Il y a (6) **toutes sortes de** bagages sur le quai. Ce n'est (7) **pas du tout** organisé! (8) **Malgré tout,** il faudra se dépêcher (9) **tout à l'heure.**

a. everyone
b. all kinds of
c. in any case
d. anyway
e. in a little while
f. right away
g. not at all
h. in spite of it all
i. completely

## Essayez!

Traduisez.

1. We've read the whole story.
2. We've read it all.
3. Everyone has understood everything!

*(Réponses page 157)*

---

Réponses: (1) c; (2) a; (3) f; (4) d; (5) i; (6) b; (7) g; (8) h; (9) e

**D. Un douanier méticuleux.** Vous racontez à un ami (une amie) ce qui s'est passé à la douane. Votre ami(e), incrédule, répète au fur et à mesure, selon le modèle.

MODÈLE: Il a fouillé tous mes bagages! → Il **les** a **tous** fouillés?

1. Il a ouvert toutes les valises.
2. Il a sorti tous mes vêtements.
3. Il a demandé que j'ouvre tous les cadeaux.
4. Il a confisqué toutes mes boîtes de fromage!
5. Mais il m'a laissé tout mon chocolat.

**E. Une carte postale qui a pris la pluie.** Vous venez de recevoir une carte postale d'un ami en vacances, mais certains mots ont été effacés (*erased*) par la pluie. Reconstituez le texte en ajoutant la forme appropriée de **tout.**

Il pleut presque _____ les jours, alors je ne peux pas faire _____ les excursions que j'avais prévues, mais _____ se passe bien quand même. J'ai visité presque _____ les châteaux de la Loire. Je les aime _____. Je voudrais m'arrêter dans _____ les petites villes, mais je n'ai pas le temps de _____ faire. En _____ cas, je t'embrasse de _____ mon cœur.

# Communicative Strategies for Everyday Situations

## How to Start a Polite Request

Pardon, monsieur (mademoiselle),...          *Pardon me, Sir (Miss), . . .*
Excusez-moi, monsieur (madame),...          *Excuse me, Sir (Ma'am), . . .*

## Making a Polite Request

**Est-ce que vous avez** une chambre pour deux personnes?
**Je voudrais** un aller simple pour Marseille.
**Pourriez-vous me dire** à quelle heure part le prochain train pour Strasbourg et sur quel quai?
**Pourriez-vous me rendre** un petit service? Je...

## Using Pause Fillers

Eh bien...          *Well . . .*
Voyons,...          *Let's see, . . .*

| C'est-à-dire que... | *I mean . . .* |
| Euh... | *Umm . . .* |
| Oui, mais... | *Yes, but . . .* |
| Alors... | *So . . .* |

## Asking for Clarification

Comment?
Excusez-moi, mais je n'ai pas (bien) compris.
Pourriez-vous m'expliquer... ?

*I beg your pardon? (What?)*

## Closing the Conversation

Merci bien. / Merci beaucoup. / Je vous remercie.
Au revoir, monsieur (madame, mademoiselle).

## On the Telephone

Allô?
Qui est à l'appareil?

*Who is this?*

Ne quittez pas / Un instant, je vous prie...

*Please hold / Just a minute, please . . .*

Puis-je laisser un message?

*May I leave a message?*

Bon, je vous laisse...

*Well, I'd better go . . .*

Je ne vais pas vous retenir plus longtemps...

*I'd better let you go . . .*

● *Maintenant à vous*

**F. Le TGV.** Après quelques jours idylliques sur la Côte d'Azur, vous devez—hélas—regagner Paris. C'est la mi-juin, vous voulez voyager un samedi et prendre le TGV à Cannes dans l'après-midi, pour arriver à Paris-Gare de Lyon en soirée. Quelles sont vos options?

1. En groupes de deux, étudiez l'horaire et répondez aux questions.
   a. Pourquoi ne pouvez-vous pas prendre le TGV de 17 h 12 ou de 19 h 15?
   b. Pourquoi ne pouvez-vous pas prendre le TGV nº 5184?
   c. Lesquels des trains sont les plus directs (avec le moins d'arrêts)?
   d. Quel train préférez-vous et pourquoi? Essayez de trouver sur une carte de France les villes par lesquelles vous allez passer.

# Côte d'Azur > Paris / Ile de France

POUR CONNAITRE LES PRIX REPORTEZ-VOUS AUX PAGES 90 à 93

| numéro du TGV | | 6172 | 6174 | 9864 | 6176 | 6178 | 5184 | 6180 | 6182 | 6184 | 6186 | 6188 |
|---|---|---|---|---|---|---|---|---|---|---|---|---|
| *particularités* | | | | | | | | | | | | ⓝ |
| *restauration* | | ☕ | ☕ | ☕ | ☕ | ☕ | ☕ | ☕ | ☕ | ☕ | ☕ | ☕ |
| Ventimiglia | Départ | | 8.47 | | | | | | | | | |
| Menton | Départ | | 9.00 | | | | | | | | | |
| Monaco | Départ | | 9.10 | | | | | | | | | |
| **NICE** | **Départ** | 7.15 | 9.35 | 10.31 | 11.41 | 13.45 | 15.35 | 15.56 | 16.43 | 17.35 | 18.45 | 21.58 |
| Antibes | Départ | 7.32 | 9.53 | 10.48 | 11.58 | 14.02 | 15.52 | 16.12 | 17.00 | 17.52 | 19.02 | 22.12 |
| Cannes | Départ | 7.45 | 10.07 | 11.01 | 12.11 | 14.15 | 16.03 | 16.24 | 17.12 | 18.05 | 19.15 | 22.24 |
| Sain-Raphaël | Départ | 8.13 | 10.35 | 11.27 | 12.38 | 14.41 | 16.28 | 16.49 | 17.40 | 18.31 | 19.42 | 22.50 |
| Les Arcs-Draguignan | Départ | | 10.55 | 11.46 | | 15.01 | | | | | | |
| Toulon | Départ | | | | 12.24 | 13.33 | 17.18 | 17.40 | | | | 23.46 |
| Marseille | Départ | | | | 13.15 | | 18.09 | 18.29 | | | | |
| Aix en Provence TGV | Départ | | | | | 14.23 | | | 19.23 | 20.12 | | |
| Avignon-TGV | Départ | 10.10 | | | | | 18.40 | 19.01 | | | 21.39 | |
| Valence-TGV | Départ | | | 14.19 | | | 19.15 | | | | | |
| **PARIS-GARE-DE-LYON** | **Arrivée** | 12.51 | 15.11 | | 17.21 | 19.21 | | 21.41 | 22.21 | 23.11 | 0.24 | 6.46 |
| Massy-Palaiseau | Arrivée | | | | | | | | | | | |
| Massy-TGV | Arrivée | | | | | | | | | | | |
| Marne-la-Vallée-Chessy ❤ | Arrivée | | | 16.27 | | | 21.47 | | | | | |
| Aéroport-Charles-de-Gaulle-TGV | Arrivée | | | 16.42 | | | 22.04 | | | | | |

**CIRCULATIONS ET TARIFS**

| | | 6172 | 6174 | 9864 | 6176 | 6178 | 5184 | 6180 | 6182 | 6184 | 6186 | 6188 |
|---|---|---|---|---|---|---|---|---|---|---|---|---|
| **du 10 au 28 juin et du 27 août au 30 septembre** | Lundi / Mardi à jeudi / Vendredi / Samedi / Dimanche | | | | | | | | | | | |
| **du 29 juin au 26 août** | Lundi / Mardi à jeudi / Vendredi / Samedi / Dimanche | | | | | | | | | | | ⓝ |
| **du 1er octobre au 1er décembre** | Lundi / Mardi à jeudi / Vendredi / Samedi / Dimanche | | | | | | | | | | | |

**Légende**

▬ TGV circulant en période normale — ne circule pas ce jour
▬ TGV circulant en période de pointe ⓝ TGV de nuit circulant ce jour

*En 2ᵉ Classe, les prix varient selon les périodes (normale ou de pointe) reportez-vous aux pages de prix*

**Jours particuliers** Les jours de circulation et la tarification des trains ci-dessus sont suceptibles d'être modifiés les 30 juin, 14, 28 juillet, 15, 25 août, 1er septembre, 26, 27, 31 octobre, 1er et 4 novembre. Renseignez- vous avant votre départ.

## G. Jeux de rôles

**La valise perdue.** Avec un(e) autre partenaire, imaginez que vous revenez d'un merveilleux voyage à travers le monde. Au moment de récupérer vos bagages, vous apprenez qu'une de vos valises a été perdue. C'était la valise avec tous les cadeaux pour votre famille et vos amis! Il faut bien sûr expliquer la situation à un employé (une employée) de la compagnie aérienne, et donner une description du contenu de la valise. L'employé(e), qui est très bavard(e) et très intéressé(e) par votre voyage, vous pose des questions sur les circonstances dans lesquelles vous aviez acheté chaque objet. Parlez (avec le plus de pronoms possible), ça fait oublier la tragédie de la valise perdue!

# Par écrit

## Avant d'écrire

**Point of View.** In this chapter, you read *Le Petit Nicolas,* a story told from a child's viewpoint. Now *write* a story from a child's viewpoint. Read the composition topic, and then go back to Nicolas's account of **le départ,** paying close attention to what the child focuses on and the style of the text in general: the repetitions, the simple sentences, etc. Next, prepare your story by identifying, in proper sequence, the various scenes that a child would perceive.

### • Sujet de rédaction

Vous avez déjà eu l'occasion, après la lecture tirée du *Petit Nicolas,* de parler d'un départ mémorable dans votre vie. Mais s'il y a des départs, il y a aussi des arrivées: l'arrivée dans une nouvelle ville lors d'un déménagement, par exemple, ou l'arrivée en vacances, ou même le retour à la maison après les vacances. Racontez un départ ou une arrivée mémorable du point de vue de l'enfant que vous avez été. Si la mémoire vous fait défaut, faites appel à votre imagination. Faites très attention à la concordance des temps au passé, et évitez les répétitions inutiles par l'emploi de pronoms.

 **Ensuite.** *Explorez en profondeur les thèmes et les structures qui se trouvent dans ce chapitre sur* ***www.mhhe.com/ensuite.***

---

**Réponses: Essayez!,** page 150: 1. Il nous a attendu(e)s (*direct object*). 2. Il vous a parlé (*indirect object*). 3. Elle nous a répondu (*indirect object*). 4. Elles t'ont cherché(e) (*direct object*).

**Réponses: Essayez!,** page 151: 1. Il ne faut pas le rater. 2. Donne-les-lui! 3. Donne-la-moi. 4. Ne l'oublie pas. 5. Je les leur ai donnés.

**Réponses: Essayez!,** page 153: 1. Nous avons lu toute l'histoire. 2. Nous l'avons toute lue. 3. Tout le monde a tout compris!

---

# *Bon appétit!*

## En bref

Food, a common topic of conversation in every culture, has special importance in France. Many contemporary magazine and newspaper pieces, as
well as passages from classical literature, deal with food. You will read a
few of these in **Thème 4.**

### Functions

- Linking ideas coherently
- Avoiding repetition
- Circumlocution
- Describing, narrating, and explaining in the present and the past

### Structures

- Articles and nouns
- Relative pronouns
- Transition words
- Pronouns: **y, en,** disjunctive pronouns
- Useful fixed phrases
- The present participle

*Que voulez-vous manger?*

## Anticipation

Un proverbe français dit qu'il faut manger pour vivre et non vivre pour manger, mais les Français ont souvent la réputation de vivre pour manger car les repas sont très importants pour eux.

1. Les repas sont-ils importants pour vous? Combien de temps dure un repas typique dans votre famille? Qu'est-ce qui caractérise un «bon» repas pour vous? Décrivez le dernier «bon» repas que vous avez fait (Où était-ce? Qui était présent? Qu'est-ce que vous avez mangé?).

2. Maintenant, considérez les spécialités culinaires. Tout d'abord, voyons si vous pouvez deviner de quelle région de France viennent les spécialités suivantes.

   1. le foie gras, le confit de canard
   2. les tomates, l'ail (*garlic*), les olives, la bouillabaisse
   3. la choucroute (*sauerkraut*), la quiche, la bière
   4. les crêpes, le cidre, le beurre, le camembert

   a. l'Ouest (Bretagne, Normandie)
   b. l'Est (Alsace, Lorraine)
   c. le Sud-Ouest (région de Bordeaux et de Toulouse)
   d. le Sud-Est (Provence-Côte d'Azur)

   Avez-vous des spécialités culinaires? Décrivez-les!

## CHAPITRE 10

*Déjeuner en famille. (Nancy, France)*

# Les plaisirs de la table

## Lecture
- Aminata Sow Fall: *Un grain de vie et d'espérance* [extrait]

## Structures
- Articles
- Nouns
- Relative Pronouns

## Le petit déjeuner: le premier repas de la journée

Le matin, on peut prendre une **tasse** (*cup*) **de café;** du **café au lait;** un **crème** (*coffee with cream*), du **chocolat** ou du **thé,** avec une **tartine,** c'est-à-dire une **tranche de pain** (*slice of bread*) avec du beurre ou de la **confiture** (*jam*), du **pain grillé** (*toast*) ou des **croissants** [m.].

Le petit déjeuner anglais (ou américain) est généralement plus copieux; il inclut des **œufs** [m.] (*eggs*), du **bacon** ou des **saucisses** [f.] et des **céréales** [f.].

## Le déjeuner et le dîner

Un repas français traditionnel commence par des ***hors-d'œuvre*** [m.], par exemple, des ***crudités*** [f.] (*raw vegetables*): une **salade de tomates** [f.], de **concombres** [m.] (*cucumbers*), de **betteraves** [f.] (*beets*) à la **vinaigrette** (*vinegar and oil dressing*); ou de la ***charcuterie*** (*cold cuts*): du **jambon** (*ham*), du **saucisson** (*hard salami*), du **pâté;** le soir, le ***potage*** ou la ***soupe*** remplace souvent les hors-d'œuvre: une **soupe de légumes,** une **soupe à l'oignon,** un **potage** aux **champignons** [m.] (*mushrooms*), du **bouillon** (*broth*).

Puis vient l'***entrée*** [f.]: du **poisson** (*fish*), des ***fruits de mer*** (*seafood*): des **crevettes** [f.] (*shrimp*), du **crabe,** des **coquilles** [f.] **Saint-Jacques** (*scallops*), du **homard** (*lobster*), des **huîtres** [f.] (*oysters*) ou des **escargots** [m.]; une **omelette;** une **quiche.**

Le ***plat garni*** est le ***plat principal*** (*main dish*) du repas: les ***viandes*** [f.]: un **bifteck / un steak;** du **rôti** (*roast*) de **bœuf** [m.], de **veau** [m.] (*veal*), de **porc** [m.] ou d'**agneau** [m.] (*lamb*); une **côtelette;** la ***volaille*** (*poultry*): du **poulet** (*chicken*), du **canard** (*duck*), de la **dinde** (*turkey*); les ***légumes*** [m.] (*vegetables*): des **asperges** [f.] (*asparagus*), des **carottes** [f.], du **chou** (*cabbage*), des **épinards** [m.] (*spinach*), des **haricots verts** (*green beans*), du **maïs** (*corn*), des **petits pois** (*peas*), des **pommes de terre** (*potatoes*), des **frites** [f.] (*fries*); les **pâtes** [f.] (*pasta*), les **nouilles** [f.] (*noodles*), le **riz** (*rice*).

Après le plat garni, on sert la **salade** (la laitue = *lettuce*) et le **fromage** (le **camembert,** le **brie,** le **roquefort,** le **gruyère** [*Swiss cheese*], le **fromage de chèvre** [*goat*], etc.).

Le *dessert* met fin au repas. On peut choisir des *fruits* [m.]: un **abricot**, de l'**ananas** [m.] (*pineapple*), une **banane**, une **orange**, une **poire** (*pear*), une **pomme** (*apple*), du **raisin** (*grapes*); un *yaourt:* **nature** (*plain*), aux **fraises** [f.] (*strawberries*), aux **framboises** [f.] (*raspberries*), au **citron** (*lemon*), à la **pêche** (*peach*); de la *glace* (*ice cream*): à la **vanille**, au **chocolat**, etc.; des *gâteaux* [m.]: un **chou à la crème** (*cream puff*), un **éclair**, une **tarte** aux **cerises** [f.] (*cherries*), etc., des **petits gâteaux** ou des **biscuits** (*cookies*).

Pour accompagner le repas, n'oublions pas les *boissons* [f.] (*drinks*): l'**eau minérale**, la **bière**, le **vin**, le **lait**, un **jus de fruits**, un **Coca**, une **boisson gazeuse** (*carbonated*) / **non gazeuse** (*noncarbonated*); un **glaçon** (*ice cube*).

## • *Parlons-en*

**A. Chassez l'intrus.** Un des mots de chaque phrase ne convient pas au contexte. Trouvez ce mot, expliquez pourquoi c'est un intrus et remplacez-le par un terme plus approprié.

1. Vous avez le choix entre du roquefort, du brie, du pâté ou du chèvre.
2. J'adore tout ce qui est crabe, crevettes, épinards, homard, coquilles Saint-Jacques.
3. Pour accompagner le magret (*breast*) de canard, je propose des carottes, des haricots verts, des petits pois ou des tartines.
4. Nous pouvons commencer par une assiette de charcuterie, des côtelettes d'agneau, des crudités ou un potage.
5. Prenez donc des concombres, des abricots, des pêches ou des poires.

**B. Le mot juste.** Voici la définition, à vous de donner le mot juste.

1. C'est le plat qui vient après l'entrée.
2. C'est jaune et blanc et ça fait partie du petit déjeuner anglais.
3. C'est rouge foncé et en France, ça se mange généralement froid, avec de la vinaigrette (non, ce ne sont pas des tomates).
4. Il y en a aux fruits (fraises, framboises, citron, etc.) ou nature.
5. Il y a deux variétés d'eau minérale: l'eau plate (comme l'Evian) et l'eau _____ (comme le Perrier).
6. C'est un genre de pâtisserie dont la première partie du nom est aussi un légume.

**C. La définition.** Voici le mot juste, à vous de donner la définition.

1. un glaçon
2. de la confiture
3. du jambon
4. des champignons
5. la volaille
6. les nouilles
7. un chou à la crème
8. ?

**D. Des comparaisons.** Avec un(e) partenaire, comparez ce que vous aimez manger pour le petit déjeuner, le déjeuner et le dîner. Vos habitudes alimentaires sont-elles très différentes? Faites une liste de trois points communs et de trois différences.

**E. Une journée française à la cafétéria!** La cafétéria de votre école organise une semaine internationale, et pour la journée française, votre classe est chargée de proposer des menus pour le repas de midi et le repas du soir. En groupes de deux ou trois, préparez vos menus, avec trois ou quatre choix pour chaque partie du repas. N'oubliez pas les boissons. N'oubliez pas non plus qu'il est important d'offrir des repas bien équilibrés (*well-balanced*). Soyez prêts à faire une présentation très «fleurie» de vos menus, car les groupes qui seront sélectionnés par la cafétéria auront droit à plusieurs repas gratuits!

**F. Réflexion culturelle.** Donnez votre réaction personnelle aux observations culturelles suivantes. Qu'est-ce que ces observations révèlent sur la nature des Français? Comment expliquez-vous ces phénomènes? Comparez avec votre pays.

1. 70% des Français prennent leur repas de midi chez eux, particulièrement ceux qui habitent des villes moyennes où le travail s'arrête à 12 h et reprend à 14 h.

2. Les Français passent une moyenne de 2 h 15 mn à table par jour: en semaine, 15–20 mn pour le petit déjeuner, 30–40 mn pour le déjeuner et 35–45 mn pour le dîner. Le week-end et les jours de fêtes, les repas peuvent durer plusieurs heures!

3. Le grignotage (*Snacking*) commence à faire son apparition en France, mais la plupart des Français n'ont toujours pas l'habitude de manger entre les repas, et s'ils grignotent (devant la télé ou ailleurs), c'est 5 fois moins qu'aux Etats-Unis.

4. 40% des Français disent préférer la cuisine traditionnelle, mais les produits exotiques (chinois, tex-mex, etc.) ont de plus en plus d'adeptes. Les plats étrangers les plus appréciés sont, dans l'ordre: 1) le couscous (spécialité d'Afrique du Nord), 2) la paëlla (spécialité espagnole) et 3) la pizza (spécialité italienne).

# Lecture

## Avant de lire

## Culture et contexte

Quand la cuisine est un art, comme elle l'est en France et dans certains pays de la Francophonie, il est parfois tentant de vivre pour manger, n'est-ce pas? C'est ce qu'on appelle la gourmandise! Les plats varient d'un pays ou d'une région à l'autre, mais les attitudes qui accompagnent l'acte de manger sont souvent universelles.

*Aminata Sow Fall*

Le texte que vous allez lire dans ce chapitre nous vient du Sénégal, un pays principalement musulman (islamique) en Afrique de l'Ouest. Colonisé par les Français dès le XVIIᵉ siècle, le Sénégal a déclaré son indépendance en avril 1960, avec le poète Léopold Sédar Senghor comme premier président de la République sénégalaise. Dakar, la capitale actuelle, et Saint-Louis, l'ancienne capitale fondée par les Français en 1659, au nord du pays, se disputent la réputation de «meilleure cuisine». Aminata Sow Fall, l'auteur d'*Un grain de vie et d'espérance* dont le texte suivant est extrait, est originaire de Saint-Louis et montre donc une préférence marquée pour les spécialités «saint-louisiennes» comme le tiébou dienn (le riz au poisson), le dem farci (poisson local rempli d'une farce [*stuffing*] délicieuse) et le baassi salté, le couscous sénégalais par excellence qui est décrit dans le texte. Les ingrédients de base de la cuisine sénégalaise sont le riz, le mil (*millet*), le poisson frais, le poulet, les oignons, les légumes de toutes sortes, la pâte d'arachide (*peanut butter*) et une variété d'épices (*spices*). La façon traditionnelle de manger tous ces délices? Tout le monde est assis par terre autour d'un grand bol commun et l'on fait des «boulettes» avec sa main droite.

Porte-parole des réalités africaines d'aujourd'hui, Aminata Sow Fall est l'auteur de six romans, dont *La Grève des Bàttu* (*The Beggars' Strike*, 1979), *l'Appel des arènes* (*The Call of the Ring*, 1982) et *Douceurs du bercail* (*Sweetness of Home*, 1998) qui ont reçu des prix littéraires internationaux. *Un grain de vie et d'espérance* (2002) est une nouvelle où Aminata Sow Fall analyse «l'acte de manger».

## Stratégies de lecture

- **Anticipation.** Est-ce que manger et «absorber de la nourriture», c'est la même chose, à votre avis? En groupes de deux ou trois, comparez et définissez le rôle du manger (ou des repas) a) dans votre vie personnelle, b) dans votre famille, c) dans la société en général. Est-ce que vous mangez simplement pour survivre, ou est-ce aussi pour le plaisir physique et esthétique, l'interaction sociale, etc.? Faites une liste de tous les facteurs qui, selon vous, entrent dans «l'acte de manger».

- **Lecture globale.** Comme nous l'avons déjà vu pour d'autres lectures, une stratégie qui aide à mieux comprendre un texte consiste à identifier d'abord l'organisation et les idées générales du texte. Parcourez rapidement le texte sans chercher à comprendre les détails, simplement pour identifier les quatre idées générales et les mettre dans l'ordre du texte.

  \_\_\_\_\_ rôle social du manger
  \_\_\_\_\_ histoire du nom du baassi salté
  \_\_\_\_\_ définition de l'acte de manger
  \_\_\_\_\_ tradition qui mêle le manger et les croyances religieuses

# Un grain de vie et d'espérance [extrait]

## AMINATA SOW FALL

L'acte de manger, c'est quoi? L'acte de manger est un beau sourire adressé à la vie. A-t-on jamais vu quelqu'un manger de bon cœur au moment où des sanglots[a] lui obstruent la gorge! Manger est un acte de joie. C'est la fête, pas seulement dans le ventre,[b] mais dans l'âme.[c] Absorber de la nourriture dans certaines circonstances où l'envie n'y est pas, ni le goût ni le plaisir, ni                5
l'humeur, ce n'est pas manger à proprement parler. C'est se nourrir au sens le plus ordinaire du terme: assurer la condition élémentaire de la survie, dans des situations où l'acte de manger n'a pas de sens, en vérité. Le manger ne saurait en effet être réduit au simple fait de se remplir le ventre. Tous les ani-maux en font autant. Il leur manque la capacité de créer autour du manger ce            10
langage unique à mille tonalités qui puise[d] sa force et sa beauté dans l'intelli-gence, l'émotion et le désir, et qui donne son vrai sens à l'acte de manger. Qui mange se dévoile.[e]

La voici, Nogaye, la jolie *drianké*[f] du quartier des pêcheurs, une femme imposante par son embonpoint,[g] ses toilettes, ses manières. Elle a presque vidé        15
l'assiette de baassi salté, restes du repas de la veille.[h]

A propos de l'appellation de ce plat des grandes occasions que Nogaye n'hésite pas à s'offrir chaque fois que son porte-monnaie le lui permet, on peut dire comme dans un conte: Il était une fois un homme qui aimait la bonne chère.[i] A Saint-Louis du Sénégal où l'art du manger est une question          20
sensible,[j] on l'invita à partager un plat de couscous. Il écarquilla les yeux lorsque Doli, la maîtresse de maison, souleva le van[k] qui couvrait l'énorme assiette ronde: ce n'était pas le couscous baassi à la sauce d'arachide qu'il avait l'habitude de consommer avec plaisir et gourmandise. Non! Plutôt une débauche de viandes, légumes, sauces et autres onctuosités gisant sur un canapé        25
épais de couscous de mil, semé de haricots blancs et de petites boulettes de viandes, de raisins secs et diverses fantaisies. L'homme se régala sans retenue et il allait conclure sa ripaille par une dernière poignée de ce mets fabuleux lorsque son joli bonnet rouge s'échappa de sa tête et atterrit au milieu de l'assiette. L'assistance—dix personnes autour du plat—en fut fort gênée, chacun    30
fuyant le regard de l'autre dans un silence de cimetière. Mais la petite Absa planta ses yeux pétillants de malice sur le front baissé[l] de l'homme. On vit sa petite main piquer le bonnet puis elle s'adressa à l'hôte sur un ton enjoué:

—*Tonton, baassi bi salté na dé*—Tonton,[m] ce baassi est sale,[n] n'est-ce pas!

—*Eh sama dom, salté na ba keuf sama mbakhané*—Tu vois, ma fille, il est     35
tellement sale qu'il m'a volé[o] mon bonnet!

Et tout finit par des rires et des plaisanteries. Et l'inscription sur le registre saint-louisien de l'art culinaire de l'antiphrase sortie de la tête d'Absa pour désigner le plus prestigieux des plats.

---

[a]*sobs*  [b]l'estomac  [c]*soul*  [d]prend  [e]Qui... *To eat is to reveal oneself.*  [f]expression sénégalaise qui signifie: femme imposante  [g]apparence de quelqu'un qui mange bien  [h]restes... *yesterday's leftovers*  [i]nourriture  [j]importante  [k]panier  [l]planta... *set her eyes shining with mischief on the lowered forehead*  [m]oncle (ici appellation tradition-nelle pour un invité)  [n]*dirty;* sale (adjectif) → saleté (nom) → salté (déformation sénégalaise du mot français)  [o]pris

Si l'acte de manger est une réponse à un désir individuel, il 40
n'en est pas moins marqué—profondément—par des considéra-
tions d'ordre esthétique, social, philosophique et même religieux.
Nogaye est loin d'être superstitieuse. Elle aime vivre sur le réel et
se dire que son destin est entre les mains de Dieu. Elle ne se perd
donc pas dans les pratiques occultes qui peuplent son environ- 45
nement social. Pourtant, il y a une chose avec laquelle elle ne badine<sup>p</sup>
pas. C'est «la part<sup>q</sup> de l'ancêtre,» à l'occasion de la fête du Nouvel
An musulman appelé *Tamkharit* au Sénégal. Pour la circonstance,
les musulmans sénégalais préparent un repas pantagruélique,<sup>r</sup> du
baassi salté (encore!). La norme est de se gaver pour remercier Dieu 50
de sa générosité. Après le festin des vivants, on prépare la «part
de l'ancêtre». Cette nuit-là, comme chaque année, Nogaye pose
dans la cour une bassine<sup>s</sup> avec une énorme boule de couscous. Tous
ont prié et formulé leurs désirs les plus fous pour que l'Ancêtre
(c'est-à-dire tous les ancêtres morts depuis l'aube des temps) inter- 55
cède en leur faveur auprès de Dieu. Puis ils sont allés au lit, l'estomac plus que
chargé, mais plein d'euphorie dans la tête. Au premier chant du coq, Nogaye
s'est emparée avec dévotion de la bassine qui, la veille, était le réceptacle de
l'offrande.

—Qui a mangé la boule de couscous? demande Diaalo, le fils de Nogaye. 60
—L'ancêtre, évidemment, répond Nogaye...

Le temps du manger est un moment irremplaçable de convivialité.
Se mettre tous ensemble autour d'une assiette, assis par terre, est bien un
choix. De nos jours, manger à table avec tout le confort est à la portée d'un
grand nombre de Sénégalais. Néanmoins, il y en a dans l'élite cultivée qui 65
préfèrent s'asseoir autour de l'assiette commune, en communiant dans l'utile
et l'agréable. La solidarité et le sens du partage se cultivent au contact des
autres, dans une proximité de dignité et de respect mutuel.

L'acte de manger enseigne les valeurs cardinales sur lesquelles repose notre
société. On apprend le sens de la mesure, le savoir-faire, le savoir-vivre et la 70
discipline en mangeant. Lorsque les mains entrent dans l'assiette, les frontières
ne sont pas tracées mais chacun a appris à se limiter, par décence, à sa zone.
Personne n'ira pêcher un légume, un morceau de viande ou de poisson, ou un
condiment quelconque au gré de sa convoitise,<sup>t</sup> là où il se trouve. On mange
devant soi. 75

Manger n'est donc pas un acte banal. Le fait de manger ensemble con-
solide les liens dans le couple, dans la famille et dans la communauté. Le temps
du manger offre le lieu primordial où se forge notre conscience sociale.

---

<sup>p</sup>plaisante  <sup>q</sup>la portion  <sup>r</sup>énorme  <sup>s</sup>un grand bol  <sup>t</sup>au gré... selon son désir

## • *Avez-vous compris?*

**A.** Dans les phrases indiquées, en utilisant le contexte et la logique, trouvez les mots qui ont le sens suivant.

1. [Lignes 27–30, phrase qui commence par «L'homme se régala... »] a) un festin; b) une grosse boulette; c) tomber; d) manger avec grand plaisir; e) évitant (*avoiding*); f) endroit pour les morts; g) un plat; h) embarrassé
2. [Lignes 50–51, phrase qui commence par «La norme est... »] a) être forcé; b) obéir à la règle; c) manger à l'excès

**B.** Répondez aux questions suivantes sur le texte.

1. Pourquoi Aminata Sow Fall dit-elle que l'acte de manger est un acte de joie, un sourire à la vie?
2. Quelle est la différence entre les animaux et les êtres humains en ce qui concerne l'acte de manger?
3. Qui l'auteur utilise-t-elle pour représenter la femme sénégalaise typique? Comment est-elle? Quel est son plat préféré et quand en mange-t-elle?
4. Décrivez le baassi salté et expliquez l'origine du terme.
5. Comment Nogaye est-elle différente de son environnement social? Quelle est la seule exception? Expliquez cette tradition.
6. Quels sont les avantages de manger de la manière africaine traditionnelle, c'est-à-dire assis par terre, autour d'un bol commun, avec la main? Quelles sont les «valeurs cardinales» qu'on apprend? Qu'est-ce que personne ne fait?

## • *Et vous?*

**A.** «Un grain de vie et d'espérance»—pourquoi ce titre pour une nouvelle sur l'acte de manger? En groupes de deux ou trois, trouvez des explications possibles, originales et profondes!

**B.** Que pensez-vous des phrases suivantes? Etes-vous d'accord? Expliquez votre point de vue.

1. «Qui mange se dévoile.» [lignes 12–13]
2. «Le temps du manger offre le lieu primordial où se forge notre conscience sociale.» [lignes 77–78]
3. Choisissez une autre phrase du texte que vous trouvez intéressante, et dites ce que vous en pensez.

# Articles

## Observez et déduisez

In the recipe for **le gâteau breton,** what articles

- introduce nouns used in a general sense (such as cakes in general)?
- introduce nouns used in a specific sense (*the* sugar, *the* butter)?
- correspond to the English *a, an*?
- correspond to the English *some* in the plural? in the singular?

### Le gâteau breton

Même si vous n'aimez pas **les** gâteaux, vous n'allez pas pouvoir résister **au** gâteau breton! **La** recette est très simple: mélanger 250 grammes (ou 2 tasses) **de** farine,* 250 g (ou 1 tasse 1/4) **de** sucre et 250 g (ou **une** demi-livre) **de** beurre (**du** vrai beurre **que** vous aurez laissé ramollir† à température ambiante). Quand **la** farine, **le** sucre et **le** beurre sont bien mélangés, ajouter 6 jaunes d'œufs et les incorporer à **la** pâte.‡ On peut aussi ajouter **du** Grand Marnier— **une** cuillerée à soupe. Aplatir§ **la** pâte dans **un** moule à gâteau‖ (rond) bien beurré. Dorer **la** surface avec **un** septième jaune d'œuf; tracer **des** lignes à **la** fourchette pour **la** décoration—et voilà! Il ne reste plus que **la** cuisson: à 375° pendant 30 min, puis à 300° pendant 15 min. Ne pas démouler avant que **le** gâteau soit complètement refroidi.

C'est **un** gâteau **qui** est sûr de plaire, et **dont** vous allez rêver **la** nuit.

*Le gâteau breton—comment le fait-on?*

## Vérifiez

Definite articles (**le, la, l', les**) indicate that a noun is used in a general or abstract sense.

**Les** gâteaux sont-ils bons pour **la** santé?

Note that verbs expressing general likes and dislikes (**aimer, préférer, détester**) are followed by definite articles.

J'aime **les** gâteaux, mais je préfère **les** glaces.

Definite articles are also used for specific references.

Quand **la** farine, **le** sucre et **le** beurre sont bien mélangés...

---

*flour;   †soften;   ‡dough;   §Flatten;   ‖moule... cake pan

**Le** and **les** contract with the prepositions **à** and **de.**

| | |
|---|---|
| **à + le = au** | Je pensais **au** gâteau breton. |
| **à + les = aux** | Faites attention **aux** calories! |
| **de + le = du** | Parlons **du** repas... |
| **de + les = des** | ...et **des** différents plats. |

The indefinite articles **un** and **une** correspond to the English *a* and *an.*

Ajouter **une** demi-livre de beurre; c'est **un** gâteau qui est sûr de plaire.

**Des** is the plural of **un/une;** it corresponds to the English *some.*

Il faut aussi **des** œufs.

Other articles that refer to *some,* or to *a part of* a whole, are partitive articles (part → partitive): **du, de la, de l'.**

Pour cette recette, il faut **du** beurre, **de la** farine, **de l'**eau...

Note: Although *some* is often omitted before nouns in English, **du, de la, de l',** and **des** *must* be used in French.

Indefinite and partitive articles become **de** after most expressions of quantity and after negative expressions.

Du beurre? J'ai beaucoup **de** beurre, assez **de** beurre, trop **de** beurre!
Vous avez **une** recette? —Non, je n'ai pas **de** recette.
Vous prenez **du** vin? —Non merci, je ne bois jamais **de** vin.

There are several exceptions. First, articles remain unchanged after **la plupart.**

| | |
|---|---|
| La plupart **des** gens veulent encore du dessert. | *Most people want some more dessert.* |

Second, no article or preposition is used after **plusieurs** (*several*) and **quelques** (*a few*).

J'ai **plusieurs** recettes de gâteaux et **quelques** recettes de glaces.

Finally, in negative sentences with **être,** the indefinite and the partitive articles remain unchanged.

Ce n'est pas **une** boisson ordinaire.
Ce n'est pas **du** vin, c'est du jus de raisin.

## Essayez!

Complétez les phrases suivantes avec le mot **légumes**—et l'article nécessaire.

1. J'aime...   2. Je ne mange jamais...   3. J'ai pris trop...   4. Voulez-vous encore...   5. Ce ne sont pas...   6. Tu as pensé à... ?   7. Je mange beaucoup...   8. J'aime beaucoup...   9. Je n'ai pas acheté...   10. J'aime la plupart...

Recommencez l'exercice avec le mot **beurre.** (Faites les changements suivants: 5. Ce n'est pas...   10. Je préfère... )

*(Réponses page 177)*

*Comment choisir un bon saucisson?
Est-ce une question de prix ou de
qualité?*

## • *Maintenant à vous*

**A. La liste de commissions** (*Grocery shopping list*). Pour mieux vous rappeler, vous répétez à haute voix ce que vous devez acheter. Ajoutez les articles voulus.

1. D'abord, il faut que j'achète _____ pain et _____ croissants. (J'espère que _____ croissants seront encore chauds!)  2. Voyons, je vais prendre aussi _____ beurre, _____ confiture, _____ kilo _____ tomates, _____ litre _____ lait et _____ bouteille _____ eau minérale.  3. Comme viande, si _____ bifteck est beau, je vais prendre _____ bifteck. Autrement, je prendrai _____ côtelettes de veau.  4. Je vais prendre aussi _____ jambon et _____ saucisson. _____ saucisson est toujours bon, _____ jambon aussi, d'ailleurs.

Maintenant, dites à un(e) partenaire ce que vous avez acheté la dernière fois que vous avez fait des courses.

**B. Tout pour faire plaisir.** Pendant une visite chez votre grand-mère, vous l'accompagnez au supermarché où elle veut acheter tout ce qui vous ferait plaisir. Alors, pourquoi ne pas la laisser vous gâter (*spoil*)? Jouez la situation avec un(e) partenaire. Ensuite, renversez les rôles.

MODÈLE: oranges → ÉTUDIANT(E) A: Tu aimes les oranges?
                  ÉTUDIANT(E) B: Oui, prends *des* oranges! (*ou*)
                                Non, ne prends pas *d'*oranges!

1. pâtes  2. concombres  3. huîtres  4. poisson  5. crevettes  6. agneau  7. poulet  8. haricots verts  9. carottes  10. riz  11. purée  12. gruyère  13. Coca  14. jus de pomme  15. glace au chocolat  16. ?

Ensuite, les «grands-mères» décriront les goûts de leur «petit-fils» ou «petite-fille» à la classe.

**C. Dis-moi ce que tu manges, et je te dirai qui tu es...** En groupes de deux, dites ce que vous aimez, ce que vous prenez et ce que vous ne prenez jamais aux différents repas de la journée. Ensuite, votre partenaire déterminera si vous êtes **gourmet** (c'est-à-dire, quelqu'un qui apprécie la cuisine fine), **gourmand(e)** (quelqu'un qui aime beaucoup manger), **difficile, indifférent(e)** à ce que vous mangez ou tout simplement **bizarre**! Vous pouvez assumer une personnalité fantaisiste si vous le désirez. Reprenez le vocabulaire du début du chapitre pour vous inspirer.

# Nouns

## Gender

As you know, French nouns are either masculine or feminine. Although a few noun endings are indicative of masculine or feminine gender (for example, **-isme** endings are masculine, and **-tion** endings are feminine), there are so many exceptions that the best policy is to learn each new noun with its article. When in doubt, consult the dictionary. A few nouns (primarily referring to professions) are always masculine (**un ingénieur, un médecin, un professeur**), and a few nouns are always feminine (**une personne, une vedette de cinéma, une victime**).

Some masculine nouns designating people can be made feminine with a simple change of article—**un(e) adulte, un(e) artiste, un(e) enfant, un(e) secrétaire.** Other nouns follow the same rules for gender agreement as adjectives.

## Essayez!

Rappelez ce que vous avez appris sur les adjectifs dans **Chapitre 1,** donnez la forme féminine à chaque nom suivant.

1. le patron   2. un boulanger   3. un acteur   4. un chanteur
5. un Parisien

*(Réponses page 177)*

## Number

Here again, the rules you learned for adjectives also apply to nouns.

une crevette → des crevette**s**        un anim**al** → des anim**aux**

Only a few irregular plural forms are particular to nouns.

| SINGULAR | PLURAL | EXCEPTIONS |
|---|---|---|
| **-ail**<br>un travail | **-aux**<br>des travaux | un détail → des dét**ails** |
| **-eu**<br>un feu | **-eux**<br>des feux | un pneu → des pneu**s** |
| **-ou**<br>un chou | **-oux**<br>des choux | un sou → des sou**s** (*money*)<br>un trou (*a hole*) → des trou**s**<br>un clou (*a nail*) → des clou**s** |

Here are three exceptions.

un œil → des yeux
le ciel → les cieux
un jeune homme → des jeunes gens

Verbs and prepositions are invariable in a compound noun; nouns and adjectives are pluralized if the meaning allows it.

le grand-père *(adj. + noun)* →      les grands-pères

l'arrière-grand-parent
    *(prep. + adj. + noun)* →      les arrière-grands-parents

une salle à manger
    *(noun + prep. + verb)* →      des salles à manger

un gratte-ciel *(verb + noun,*
    *but one sky only)* →      des gratte-ciel

un hors-d'œuvre *(prep. + noun*
    *expressing a singular idea)* →      des hors-d'œuvre

### «MONSIEUR, MADAME, MADEMOISELLE»

To form the plural of **monsieur, madame,** and **mademoiselle,** which are the contractions of **mon seigneur** (*my lord*), **ma dame** (*my lady*), and **ma demoiselle** (*my damsel*), the possessive adjective becomes plural: ***mes*sieurs, *mes*dames, *mes*demoiselles.**

Proper nouns are invariable in French.

Les Dupon**t** sont en visite chez les Duran**d.**

## Essayez!

Mettez au pluriel.

    1. un journal    2. un héros    3. un agneau    4. un cheveu
    5. un caillou (*rock*)    6. un ouvre-boîtes (*can opener*)

*(Réponses page 177)*

### • *Maintenant à vous*

**D. Un petit discours.** Vous avez préparé un petit discours (*speech*) sur les repas français, mais sous le coup de la nervosité sans doute, vous avez mis tous vos noms au singulier—vite, mettez-les au pluriel! Faites les autres changements nécessaires.

    1. **Madame et Monsieur,...**    2. ...je vais vous parler **du repas français.**
    3. **Le petit déjeuner** est «petit»,...    4. ...mais **l'autre repas** est «grand».
    5. Pour manger, on met sa serviette sur **son genou,** et on garde **la main** sur la table.    6. Il faut aussi garder **l'œil** sur **son voisin** pour voir comment il se sert **de la fourchette et du couteau.**    7. D'abord, il y a **le hors-d'œuvre;** **l'entrée et le plat garni** ne sont pas **la même chose.**    8. **Le fruit de mer,** par exemple, ou **la quiche,** n'est pas considéré comme **un plat principal.**
    9. **La viande** se sert avec **un légume.**    10. **Le fromage** se sert avant **le fruit.**

En quoi le repas français diffère-t-il du repas américain?

**E. Un malentendu.** Pensant que vous parliez d'un ami, nous avons tout interprété au masculin; mais il s'agissait en fait d'**une amie,** alors rectifions les phrases suivantes.

1. Si nous comprenons bien, ce n'est plus **un enfant.** 2. Il est **étudiant** à l'université de Paris. 3. Il veut devenir **architecte** ou **ingénieur.** 4. A la maison, c'est **un bon cuisinier** et surtout **un bon pâtissier.**

# *Relative Pronouns*

## Observez et déduisez

In the following paragraph, what does the relative pronoun **qui** stand for? Why is **qui** used in the first relative clause and **que** in the second?

> J'essaie de manger des choses **qui** sont bonnes pour la santé, mais des choses **que** j'aime aussi—**ce qui** n'est pas toujours facile! Tiens! Voilà le restaurant **dont** je te parlais. C'est un restaurant **où** on sert des spécialités provençales.

## Vérifiez

Relative pronouns *relate* sentences to each other, or join them. A relative clause explains or elaborates on a noun called the *antecedent.* (**Qui** and **que** in the paragraph stand for **choses.**)

des choses qui...                    des choses que...
le restaurant dont...               un restaurant où...

When there is no specific antecedent, or when a whole sentence is the antecedent, **ce** is added as an artificial antecedent. **Ce** can refer only to things or ideas, not to people.

...**ce qui** n'est pas toujours facile!         C'est **ce que** je disais.

How do you know which relative pronoun to use?

## Qui

If the relative pronoun (or the antecedent it represents) is the *subject* of the clause it introduces, use **qui.**

| | |
|---|---|
| J'essaie de manger des choses **qui** sont bonnes pour la santé. | *I try to eat things that are healthful.* |
| Je ne comprends pas **ce qui** se passe. | *I don't understand what's happening.* |
| **Ce qui** m'intéresse, c'est la cuisine chinoise. | *What interests me is Chinese cooking.* |

## Que

If the relative pronoun is the *direct object* of the clause it introduces, use **que** (or **qu'** in front of a vowel).

| | |
|---|---|
| J'essaie de manger des choses **que** j'aime. | *I try to eat things (that) I like.* |
| C'est la recette **que** tu cherchais? | *Is it the recipe (that) you were looking for?* |
| Je t'ai dit tout **ce que** je sais. | *I've told you everything I know.* |

Note: Although in English the relative pronoun *that* is often omitted, in French it must always be stated.

Because **que** indicates a preceding direct object, watch for past participle agreements when compound tenses are used.

| | |
|---|---|
| La tarte **que** tu as fait**e** était vraiment bonne. | *The pie (that) you made was really good.* |

## Dont

If the verb of the dependent clause requires the preposition **de** (as in **parler de, avoir besoin de,** etc.), use **dont.**

C'est un gâteau **dont** vous allez rêver la nuit! (rêver **de**)
Voilà **ce dont** j'ai besoin. (avoir besoin **de**)

**Dont** is also used to express possession. Note that the possessive adjective becomes a definite article after **dont.**

Je connais un monsieur; **sa** femme est française.
(sa femme = la femme **de** ce monsieur; de → dont)
Je connais un monsieur **dont la** femme est française.

## Où

If the antecedent is *a place* or *a time,* use **où.**

C'est un restaurant **où** on sert des spécialités provençales.
Tu te rappelles le jour **où** on a mangé là?

## Essayez!

Complétez avec un pronom relatif.

1. Il y a des gens ____ n'aiment pas les escargots.   2. Je connais un magasin ____ on trouve des escargots importés de France.   3. C'est le magasin ____ je t'ai déjà parlé.   4. Les escargots ____ on a mangés l'autre jour étaient délicieux, n'est-ce pas?

Complétez les phrases suivantes avec **ce qui, ce que,** ou **ce dont.**

1. ____ je mange est important.   2. J'achète ____ est bon pour la santé.
3. Voilà exactement ____ j'avais envie.

*(Réponses page 177)*

- ## *Maintenant à vous*

**F. Comment?** Vous avez vraiment l'esprit ailleurs aujourd'hui. Avec un(e) partenaire, demandez et donnez des clarifications selon le modèle, en utilisant le pronom **dont** ou bien **où** selon le cas. Ensuite, renversez les rôles.

MODELE: le gâteau / on parlait →
ETUDIANT(E) A: Voilà le gâteau! →
ETUDIANT(E) B: Quel gâteau? →
ETUDIANT(E) A: Le gâteau dont on parlait.

1. la recette / tu avais besoin   2. le livre / j'ai trouvé cette recette   3. le magazine / ses réclames (*ads*) sont toujours si belles   4. la réclame / je te parlais   5. la page / il y a la photo de mon dessert favori   6. le dessert / j'étais si fier (fière) l'autre jour

**G. Le gâteau breton.** Combinez les deux phrases à l'aide d'un pronom relatif, selon le modèle.

MODELE: C'est un gâteau. Il est très facile à faire. →
C'est un gâteau qui est très facile à faire.

1. C'est un gâteau. Vous pourrez le faire vous-même.
2. Les ingrédients sont de la farine, du sucre, du beurre et des œufs. On a besoin de ces ingrédients.
3. Le beurre peut être avec ou sans sel. Vous utilisez ce beurre.
4. Le moule doit être bien beurré. Vous mettez la pâte dans ce moule.
5. C'est un gâteau. Il peut se manger à toute heure de la journée.

**H. Vous devinez?** Commencez la description d'un produit alimentaire, et vos camarades vous poseront des questions pour essayer de deviner ce à quoi vous pensez. Condition requise: chaque phrase ou question *doit contenir un pronom relatif.*

MODELE: Je pense à un produit alimentaire dont le nom commence par un **c.** →
(Question 1) C'est quelque chose qu'on mange au dessert? → non
(Question 2) C'est quelque chose qui vient d'un animal? → non
(Question 3) C'est un légume dont on se sert pour les crudités? → oui
(Question 4) C'est un légume qui se mange en salade? → oui
(Réponse) Le concombre!

La liste de vocabulaire du début du chapitre pourra vous servir d'inspiration.

**I. A vous!** En groupes de deux, complétez les phrases suivantes de façon personnelle. Faites une liste des réponses que vous avez en commun, puis faites part de cette liste à la classe.

1. Un repas de fête, c'est un repas qui/que...   2. Un repas ordinaire, c'est un repas qui/que...   3. J'aime aller dans des restaurants où...   4. Ce dont j'ai envie maintenant...   5. J'attends avec impatience le jour où...

**J. Jeu de rôles.** Avec un(e) partenaire, jouez la situation suivante avec élaboration, exagérations—et émotion!

Etudiant(e) A: vous êtes un Français (une Française) très chauvin(e) qui décrit avec amour et fierté un repas typique français et les avantages de passer beaucoup de temps à table. Après tout, «une famille qui mange ensemble, reste ensemble», n'est-ce pas?

Etudiant(e) B: vous êtes le chauvin américain (la chauvine américaine), ou d'une autre nationalité de votre choix, et vous décrivez avec autant d'amour et de fierté les repas et les attitudes vis-à-vis de la nourriture dans votre culture. Qui sera le plus convaincant?

## Par écrit

### Avant d'écrire

**How to Begin: Brainstorming.** Most experienced writers can write something interesting about nearly any topic. Less experienced writers, however, often find that the biggest problem they face is simply finding something interesting to say. One reason is that novice writers expect to produce lively and organized prose the first time they sit down with a pen and paper. They don't realize that all good work grows out of a series of steps; writing is a process that usually begins with brainstorming, followed by a stage of organizing ideas (and eliminating some of them). The writing process ends only after several revisions.

One of the most useful ways to approach a subject that you have not chosen yourself is to think about how it connects with your personal experience. You can't write something that will capture your reader's interest if it bores you. Jot down all the ideas that occur to you. Don't evaluate or criticize them; you can do that later. Once you begin brainstorming in this way, you will probably be surprised at how much you have to say about nearly any topic.

Once you have more ideas than you can use, go back and begin to shape your essay. Organize your ideas into the general and the particular, and eliminate those that do not seem to fit into your general line of thought. You will find several hints about how to organize your ideas in the **Par écrit** sections of **Chapitres 6** and **15.**

Read the following topic, and set aside 15 or 20 minutes just to brainstorm before you begin writing. You might start by asking yourself these questions: What do I remember about meals in my family? Do meals seem to have a different character in my friends' families? What role does eating play in other cultures I know about? Afterward, list personal experiences you might use to approach the topic, and then progress to generalizations about other people.

## • *Sujet de rédaction*

**Le rôle des repas dans la vie familiale et sociale.** Faites particulièrement attention à la personnalisation de votre composition et, au point de vue de la
forme, à l'emploi des articles, à l'accord des noms et à la formation de phrases
plus élaborées.

 **Ensuite.** *Explorez en profondeur les thèmes et les structures qui se trouvent dans ce chapitre sur*
**www.mhhe.com/ensuite.**

---

**Réponses: Essayez!,** page 169: 1. les légumes  2. de légumes  3. de légumes  4. des légumes
5. des légumes  6. aux légumes  7. de légumes  8. les légumes  9. de légumes  10. des légumes /
1. le beurre  2. de beurre  3. de beurre  4. du beurre  5. Ce n'est pas du beurre  6. au beurre
7. de beurre  8. le beurre  9. de beurre  10. le beurre

**Réponses: Essayez!,** page 171: 1. la patronne  2. une boulangère  3. une actrice  4. une
chanteuse  5. une Parisienne

**Réponses: Essayez!,** page 172: 1. des journaux  2. des héros  3. des agneaux  4. des cheveux
5. des cailloux  6. des ouvre-boîtes

**Réponses: Essayez!,** page 174: 1. qui  2. où  3. dont  4. qu';  1. Ce que  2. ce qui  3. ce dont

---

## CHAPITRE 11

*Combray, où Marcel Proust passait ses vacances quand il était enfant*

# Le goût du souvenir

## Lecture
- Marcel Proust: *A la recherche du temps perdu* [extrait]

## Structures
- The Pronouns **y** and **en**
- Disjunctive Pronouns
- Strategies for Getting and Giving Essential Information

## Les courses

On peut faire ses courses dans les ***petits magasins:*** l'**épicerie** [f.]/l'**alimentation générale** (*grocery store*), la **boulangerie** (*bakery*), la **pâtisserie** (*pastry shop*), la **boucherie** (*butcher shop*), la **charcuterie** (*delicatessen*), la **poissonnerie** (*fish market*).

On peut aussi aller au **marché** (*market*) ou dans les **grandes surfaces,** comme les **supermarchés** [m.] ou les **hypermarchés** [m.], qui vendent plus que de l'alimentation et qui sont organisés en **rayons,** comme le rayon des fruits et légumes, le rayon boucherie, etc.

*Un marché en Provence*

Quand on fait ses courses, on choisit, on **fait peser** (*has something weighed*), on met ses achats dans un **chariot** ou un **caddie,** on **fait la queue** (*waits in line*) pour passer à la **caisse** (*cash register*), on paie le **caissier**/la **caissière** (*cashier*) par **chèque** [m.], **en liquide** (*cash*) ou avec une **carte de crédit,** on prend son **reçu** ou son **ticket de caisse** (*receipt*) et on met ses achats dans un **sac en plastique,** une **boîte en carton** (*cardboard box*) ou dans un **panier** (*basket*).

Les produits alimentaires peuvent être **frais** (*fresh*), **en conserve** (*canned*), **préparés** (des plats déjà cuisinés), **surgelés** (*frozen*), **secs** (*dry*) ou **en poudre** (*powdered*). Ils peuvent se servir **crus** (*raw*) ou **cuits** (*cooked*).

## La cuisine

Que faut-il pour faire la cuisine?

Des ***ustensiles*** [m.]: un **couteau** pour **couper,** une **cuillère en bois** (*wooden spoon*) pour **remuer** (*stir*), un **mixeur** pour **mélanger** (*to mix*), une **casserole** (*cooking pan*) pour **faire cuire** (*to cook*) ou **faire bouillir** (*to boil*), une **poêle** (*frying pan*) pour **faire frire** (*to fry*), une **marmite** (*Dutch oven*), un **moule à gâteau** ou **à tarte** (*cake/pie pan*).

Des ***appareils*** [m.] ***ménagers:*** la **cuisinière** (*stove*), le **four** (*oven*), le **four à micro-ondes** (*microwave oven*), le **robot** (*food processor*), le **frigo** et le **congélateur** (*freezer*).

Des ***ingrédients*** [m.]: la **farine** (*flour*), le **sucre,** la **vanille,** la **crème,** le **persil** (*parsley*), l'**ail** [m.] (*garlic*), la **moutarde** (*mustard*), l'**huile** [f.] (*oil*), le **sel** (*salt*), le **poivre** (*pepper*) et autres **épices** [f.] (*spices*) pour **assaisonner** (*to season*) les plats.

Les **recettes** [f.] (*recipes*) indiquent les quantités voulues: une **cuillerée à café/ à soupe** (*tea-/tablespoonful*), une **pincée** (*pinch*), un **morceau** (*piece*), une **tranche** (*slice*), une **tasse** (*cup*), une **livre** (c'est-à-dire 500 g ou la **moitié** d'un kilo), une **demi**-livre (250 g), un **quart** (¼), un **tiers** (⅓), etc.

Et bien sûr, pour faire la cuisine, il faut aussi des techniques et même un certain talent, non?

## • *Parlons-en*

**A. Le mot juste.** Voici la définition, à vous de donner le mot juste.

1. C'est ce qu'on fait quand on attend pour être servi dans un magasin.
2. C'est le petit bout de papier qui indique ce qu'on a acheté et combien on a payé.
3. Ce sont les produits que l'on trouve dans un grand congélateur.
4. C'est le contraire de cuit (pour du poisson, par exemple).
5. C'est ce qu'il faut faire avec l'eau avant d'y ajouter les pâtes, par exemple.
6. C'est un ustensile qu'on utilise pour remuer.

**B. La définition.** Voici le mot juste, à vous de donner la définition.

1. faire peser
2. passer à la caisse
3. une poêle
4. du lait en poudre
5. couper
6. mélanger
7. de l'ail
8. assaisonner

**C. Le bon endroit** (*The right place*). Dans quel(s) magasin(s) ou à quel rayon d'une grande surface achète-t-on les choses suivantes en France?

| | | |
|---|---|---|
| du pain | des saucisses | des croissants |
| des fruits de mer | du fromage | des légumes |
| des œufs | de la viande | une tarte aux cerises |

**D. Des révélations.** Votre façon de faire les courses révèle-t-elle des choses sur votre personnalité et votre style de vie? En groupes de deux, comparez votre façon de faire les courses. Par quel rayon commencez-vous? Mettez-vous longtemps à choisir? Sur quels critères basez-vous vos choix?, etc. Soyez prêts à faire un rapport à la classe sur deux points communs et deux différences qui seront ressortis de votre discussion.

**E. Des recettes.** Apportez en classe une recette simple que vous aimez bien. Sans montrer la recette et sans lire d'abord la liste complète des ingrédients, décrivez à un(e) camarade tout ce que vous faites pour préparer ce plat et voyez si votre camarade peut deviner de quel plat il s'agit. Chacun(e) dira ensuite à la classe ce qui lui a permis de deviner la recette de son (sa) parte-naire—ou pourquoi il était impossible de la deviner.

F. **Réflexion culturelle.** Donnez votre réaction personnelle aux observations culturelles suivantes. Qu'est-ce que ces observations révèlent? Comment expliquez-vous ces phénomènes? Comparez avec votre propre pays.

1. Les dépenses alimentaires sont en baisse en France: elles représentent aujourd'hui 18% du budget familial (pour les repas pris à la maison), contre 33% en 1960. Mais le nombre de repas pris à l'extérieur (restaurants, cantines, etc.) est en hausse: 15–20% aujourd'hui, contre 10% en 1960. Aux Etats-Unis, plus de 40% des repas sont pris à l'extérieur.

2. Les goûts évoluent! Les Français mangent de moins en moins de pain, de pommes de terre, de viande rouge et de sucre; en revanche, ils mangent de plus en plus de produits surgelés, de plats préparés (frais), de produits laitiers (fromages, yaourts) et de produits «bio» (biologiques).

3. Les habitudes changent. Les petits magasins sont-ils menacés? 65% des achats alimentaires se font en grande surface aujourd'hui, contre 11% en 1965.

# Lecture

## Avant de lire

### Culture et contexte

C'est une coutume très française de tremper (*dunk*) les tartines, les croissants ou les gâteaux dans une boisson chaude. Le goût de la nourriture se mélange alors avec celle de la boisson pour procurer une saveur très spéciale. C'est ce mélange de goûts qui va déclencher (*trigger*) l'expérience du souvenir que Marcel Proust raconte ici, dans un texte très célèbre que tous les lycéens français connaissent comme «Proust et la madeleine». (Une madeleine est un petit gâteau.)

Marcel Proust (1871–1922) a marqué la littérature française par son œuvre en sept volumes, *A la recherche du temps perdu,* un long roman semi-autobiographique qui peut être comparé à une symphonie dont les deux thèmes principaux sont le passage du temps et la mémoire.

De santé fragile, Proust a passé une enfance protégée entre son père, brillant médecin, et sa mère, issue d'une famille aristocratique. Déçu par la vie mondaine et affligé par la maladie, Proust s'est réfugié dans l'écriture, explorant non seulement «la mémoire volontaire, la mémoire de l'intelligence», mais aussi la mémoire involontaire, qui restitue le passé à partir de sensations fortuites. C'est par cette mémoire que l'on retrouve «le temps perdu».

## Stratégies de lecture

- **Anticipation.** Pensez à certains aliments ou plats qui évoquent des souvenirs spéciaux quand vous les mangez. Quels sont ces aliments? Quels souvenirs évoquent-ils? Pourquoi? Racontez. Est-ce que ces souvenirs vous viennent instantanément à l'esprit ou faut-il parfois «forcer» votre mémoire?

- **Structure du texte.** Le style de Proust est parfois difficile à suivre, donc ne vous inquiétez surtout pas si vous ne comprenez pas tout! Pendant votre première lecture, concentrez-vous sur la structure du texte et répondez aux questions suivantes. La structure de ce texte est la clé qui va vous ouvrir la porte de la compréhension.

  1. (Lignes 1 à 7) Qu'est-ce que la mère de Marcel lui offre à boire et à manger?
  2. (Lignes 9–10) Qu'est-ce qu'il ressent en buvant? Sait-il pourquoi?
  3. Identifiez deux idées concernant la source possible de ce qu'il ressent (11–13).
  4. De quoi se souvient-il? (29–32).
  5. Quels sont les sens (*senses*) qui semblent les plus importants dans le processus du souvenir? (37–39)?
  6. (Lignes 43–51) Quelles sont les images qui reviennent clairement à la mémoire du narrateur?

*Marcel Proust*

# *A la recherche du temps perdu [extrait]*
## MARCEL PROUST

Un jour d'hiver, comme je rentrais à la maison, ma mère, voyant que j'avais froid, me proposa de me faire prendre, contre mon habitude, un peu de thé. Je refusai d'abord et, je ne sais pour quoi, me ravisai.[a] Elle envoya chercher un de ces gâteaux courts et dodus[b] appelés Petites Madeleines. Et bientôt, machinalement, accablé[c] par la morne[d] journée et la perspective d'un triste lendemain, je portai à mes lèvres une cuillerée du thé où j'avais laissé s'amollir[e] un morceau de madeleine. Mais à l'instant même où la gorgée mêlée[f] des miettes du gâteau toucha mon palais, je tressaillis,[g] attentif à ce qui se passait d'extraordinaire en moi. Un plaisir délicieux m'avait envahi,[h] isolé, sans la notion de sa cause. [...] J'avais cessé de me sentir médiocre, contingent, mortel. D'où avait pu me venir cette puissante joie? Je sentais qu'elle était liée[i] au goût du thé et du gâteau, mais qu'elle le dépassait[j] infiniment, ne devait pas être de même nature. D'où venait-elle? Que signifiait-elle? Où l'appréhender? Je bois une seconde gorgée où je ne trouve rien de plus que dans la première,

5

10

---

[a]ai changé d'opinion  [b]*plump*  [c]fatigué  [d]sombre  [e]*soften*  [f]mélangée  [g]je... j'ai tremblé  [h]m'avait... était entré en moi  [i]associée  [j]considérez: passer

*Des madeleines*

une troisième qui m'apporte un peu moins que la seconde. Il est 15
temps que je m'arrête, la vertu du breuvage^k semble diminuer. Il est
clair que la vérité^l que je cherche n'est pas en lui, mais en moi. [...]
Je pose la tasse et me tourne vers mon esprit. C'est à lui de trouver
la vérité. Mais comment? [...]

Arrivera-t-il jusqu'à la surface de ma claire conscience, ce 20
souvenir, l'instant ancien que l'attraction d'un instant identique
est venue de si loin solliciter, émouvoir, soulever tout au fond
de^m moi?

Dix fois il me faut recommencer, me pencher^n vers lui. Et
chaque fois la lâcheté^o qui nous détourne de toute tâche difficile, de toute 25
œuvre importante, m'a conseillé de laisser cela, de boire mon thé en pensant
simplement à mes ennuis^p d'aujourd'hui, à mes désirs de demain qui se
laissent remâcher^q sans peine.

Et tout d'un coup le souvenir m'est apparu. Ce goût, c'était celui du
petit morceau de madeleine que le dimanche matin à Combray,^r quand j'allais 30
lui dire bonjour dans sa chambre, ma tante Léonie m'offrait après l'avoir
trempé dans son infusion de thé ou de tilleul. La vue de la petite madeleine
ne m'avait rien rappelé avant que je n'y eusse^s goûté; peut-être parce que, en
ayant souvent aperçu^t depuis, sans en manger, sur les tablettes des pâtissiers,
leur image avait quitté ces jours de Combray pour se lier à d'autres plus 35
récents. [...] Mais, quand d'un passé ancien rien ne subsiste, après la mort
des êtres, après la destruction des choses, seules, plus frêles^u mais plus vivaces,
plus immatérielles, plus persistantes, plus fidèles, l'odeur et la saveur restent
encore longtemps, comme des âmes, à se rappeler, à attendre, à espérer, sur
la ruine de tout le reste, à porter sans fléchir,^v sur leur gouttelette^w presque 40
impalpable, l'édifice immense du souvenir.

Et dès que j'eus reconnu^x le goût du morceau de madeleine trempé
dans le tilleul que me donnait ma tante,... aussitôt^y la vieille maison grise
sur la rue, où était sa chambre, vint comme un décor de théâtre s'appliquer
au petit pavillon donnant sur le jardin, qu'on avait construit pour mes parents 45
sur ses derrières,... et avec la maison, la ville, depuis le matin jusqu'au soir
et par tous les temps, la Place où on m'envoyait avant déjeuner, les rues où
j'allais faire des courses, les chemins qu'on prenait si le temps était beau. [...]
Toutes les fleurs de notre jardin et les bonnes gens du village et leurs petits
logis et l'église et tout Combray et ses environs, tout cela est sorti, ville et 50
jardins, de ma tasse de thé. 🖋

---

^kboisson  ^lconsidérez: vrai  ^mau... à l'intérieur  ^ndiriger  ^o≠ courage  ^ptroubles  ^qreconsidérer  ^rvillage de
son enfance  ^saie  ^tvu  ^ufragiles  ^v*bending*  ^w*droplet*  ^xdès... *as soon as I had recognized*  ^yimmédiatement

*La maison de tante Léonie
à Combray*

## • *Avez-vous compris?*

**A.** Complétez.

1. Au début du texte, la mère de Marcel lui a proposé du thé...
   a. parce qu'il avait froid.
   b. parce que c'était son habitude.
2. Quand il a bu la première gorgée,...
   a. il s'est senti médiocre, mortel.
   b. il a éprouvé une joie extraordinaire.
3. Avec la troisième gorgée, la joie du narrateur...
   a. a augmenté.
   b. a diminué.
4. Quand il essaie d'analyser ce qu'il sent, Proust...
   a. comprend que la joie ne vient pas de la boisson, mais de quelque chose en lui.
   b. éprouve une profonde envie de dormir.
5. Il comprend enfin que le goût de la madeleine évoque un souvenir puissant...
   a. d'un voyage en train avec ses parents.
   b. de son enfance chez sa tante Léonie.
6. Il voit aussi reparaître des souvenirs de/d'...
   a. toute la ville de Combray.
   b. un décor de théâtre.

**B.** Faites des phrases en liant les éléments de la colonne de gauche à ceux de la colonne de droite.

| | |
|---|---|
| 1. Le narrateur a d'abord refusé... | a. goût du gâteau. |
| 2. Il a imaginé que le lendemain serait... | b. des tâches difficiles. |
| 3. Dans le thé il a trempé... | c. peuvent faire revivre «le temps perdu». |
| 4. Sa joie était liée au... | d. son esprit. |
| 5. Il a trouvé la vérité dans... | e. le thé. |
| 6. Selon le narrateur, la lâcheté nous détourne... | f. triste. |
| 7. La vue de la madeleine... | g. ne lui avait rien rappelé. |
| 8. Mais l'odeur et la saveur... | h. la madeleine. |

**C.** D'après Proust, on peut «retrouver» le temps «perdu». Etes-vous d'accord? Expliquez aussi clairement que possible.

### • *Et vous?*

**A.** Il arrive parfois qu'une sensation—une odeur, un goût, la vue d'un objet particulier, une musique, un mot, un geste—nous rappelle quelque chose ou quelqu'un. Pour Marcel Proust, une simple madeleine trempée dans du thé a fait revenir dans sa mémoire involontaire son enfance à Combray. Avez-vous déjà eu une expérience similaire? Racontez, en donnant le plus de détails possible sur la sensation qui a déclenché le souvenir, et sur le souvenir même.

**B.** D'après ce que vous avez lu, quelle sorte de personne est le narrateur? Décrivez son caractère, et justifiez vos conclusions.

**C.** Quelles sortes de techniques employez-vous comme aide-mémoire? Sont-elles efficaces?

**D.** Nous avons tous des plats favoris, qui nous rappellent peut-être notre enfance ou des souvenirs particuliers. Circulez dans la classe pour faire un sondage de 3 minutes. Parlez de vos préférences et des raisons de ces préférences. Est-ce que le souvenir y joue un rôle? Notez les réponses de vos camarades, puis à la fin, résumez les résultats de votre sondage.

# Structures

## The Pronouns y and en

### Observez et déduisez

In the following paragraph,

1. look at the use of **y.** Replace each **y** with the word or phrase it stands for. What can you conclude about **y**? What prepositions introduce a noun replaced by **y**?
2. look at the use of the pronoun **en.** What does **en** stand for? What can you conclude about **en**?

---

#### La madeleine et la tasse de thé

Une simple tasse de thé... il **y** avait trempé une madeleine, et le souvenir avait pris vie. Le thé en soi ne lui avait rien rappelé; la madeleine non plus, parce qu'il **en** avait vu beaucoup depuis son enfance. Mais la combinaison des deux goûts sur son palais avait fait revivre «le temps perdu». Par le pouvoir du souvenir, il traversait le temps et l'espace. Combray? Il **y** était. Il n'**y** avait pas pensé depuis des années... Il s'**en** souvenait maintenant, avec une joie infinie.

---

### Vérifiez

**THE PRONOUN y**

Il avait trempé une madeleine **dans une simple tasse de thé.** →
Il **y** avait trempé une madeleine.     *He had dipped a madeleine in it.*

Il était **à Combray.** →
Il **y** était.     *He was there.*

Il n'avait pas pensé **à cela** depuis des années. →
Il n'**y** avait pas pensé depuis des     *He hadn't thought about that for*
années.     *years.*

If the noun object is a *thing* introduced by the preposition **à,** it can be replaced by the pronoun **y.**

If the noun object is a *person* introduced by **à,** an indirect object pronoun is used (**me, te, lui, nous, vous, leur**).

Il n'avait pas répondu **à sa lettre.** → Il n'**y** avait pas répondu.
Il n'avait pas écrit **à sa tante Léonie.** → Il ne **lui** avait pas écrit.

When the prepositional phrase refers to a place, **y** can replace any preposition but **de.** In this sense, **y** means *here/there.*

> La tasse est **sur** la table. →
> Elle **y** est.                                         *It is there.*

**THE PRONOUN en**

> Il avait vu beaucoup **de madeleines.** →
> Il **en** avait vu beaucoup.                            *He had seen many of them.*
>
> Il se souvenait **de cela.** →
> Il s'**en** souvenait.                                  *He remembered it.*

If the noun object is a *thing* or a *place* introduced by the preposition **de,** it can be replaced by the pronoun **en.**

> Il revenait **de Combray.** →
> Il **en** revenait.                                     *He was returning from there.*

**En** is also used if the noun object is a *thing* or a *person* introduced by an indefinite article, a partitive article, a number, or an expression of quantity. Numbers and expressions of quantity must be repeated when **en** is used. When **quelques** is repeated, it becomes **quelques-uns** or **quelques-unes.**

> Il avait **une** tante à Combray. → Il **en** avait **une** à Combray.
> Il a mangé **des** madeleines. → Il **en** a mangé.
> Il a mangé **quelques** madeleines. → Il **en** a mangé **quelques-unes.**
> Il a bu **du** thé; il a pris **plusieurs** tasses. → Il **en** a bu; il **en** a pris **plusieurs.**

**MULTIPLE PRONOUNS**

When **y** and **en** are combined with other pronouns, they always come last.

| ORDER OF MULTIPLE PRONOUNS | | | | | | | | |
|---|---|---|---|---|---|---|---|---|
| *subject* + | (ne +) | me<br>te<br>se<br>nous<br>vous | + | le<br>la<br>les | + | lui<br>leur | + y + en + | *verb* (+ pas) |

> Il avait revu **sa tante à Combray.** →
> Il **l'y** avait revue.                                 *He had seen her there.*
>
> Il voulait parler **à sa mère de son expérience.** →
> Il voulait **lui en** parler.                           *He wanted to talk to her about it.*

With affirmative imperatives, note that the **s** of the **tu** form is restored before **y** and **en.**

> **Va** au bureau! **Vas**-y!
> **Parle** du problème! **Parles**-en!

<table>
<tr><td colspan="7">ORDER OF MULTIPLE PRONOUNS IN THE<br>AFFIRMATIVE IMPERATIVE</td></tr>
<tr>
<td>verb</td>
<td>+</td>
<td>le<br>la<br>les</td>
<td>+</td>
<td>moi<br>toi<br>lui<br>nous<br>vous<br>leur</td>
<td>+   y   +</td>
<td>en</td>
</tr>
</table>

Note the following contractions: **moi** + **en** = **m'en; toi** + **en** = **t'en.**

> Parle-moi du problème. Parle-**m'en.**
> Souviens-toi de cette expérience. Souviens-**t'en.**

## Essayez!

Remplacez les expressions indiquées par le pronom approprié.

1. Il est temps de penser **à nos devoirs.**    2. J'ai besoin **de mon diction-naire,** mais je l'ai laissé **dans mon appartement.**    3. Quel dommage! Je reviens juste **de mon appartement**!    4. Je n'ai pas **de mémoire**!    5. Peut-être que je pourrais téléphoner **à ma sœur** pour qu'elle m'apporte **mon dictionnaire.**

*(Réponses page 196)*

## • *Maintenant à vous*

**A. Des madeleines.** Vous vous préparez à faire des madeleines. Avec un(e) partenaire, vérifiez ensemble si vous avez tous les ingrédients nécessaires et les mesures voulues.

MODELE: vanille / une demi-cuillerée à café →
       ETUDIANT(E) A: Tu as de la vanille? →
       ETUDIANT(E) B: Oui, j'en ai. →
       ETUDIANT(E) A: Combien est-ce que tu vas en mettre? →
       ETUDIANT(E) B: Je vais en mettre une demi-cuillerée à café.

1. œufs / 4
2. sucre / une tasse et demie
3. beurre / une tasse et un quart
4. jus de citron / une cuillerée à soupe
5. farine / 2 tasses et un tiers

Et maintenant, pour les gourmands et les curieux, le reste de la recette: préchauffer le four à 350°, mélanger tous les ingrédients, beurrer les moules à madeleines et mettre au four pendant 8 ou 9 minutes. Cette recette est pour 48 madeleines.

**B. La santé dans l'assiette.** Cette publicité intitulée «la santé dans l'assiette» est publiée par le Service d'Education pour la Santé en Polynésie française (Tahiti). Avec un(e) partenaire, révisez les conseils donnés selon le modèle.

MODELE: (frites) ETUDIANT(E) A: Est-ce que les frites sont bonnes pour la santé?
ETUDIANT(E) B: Non, il faut en manger très peu!

1. glace
2. fromage
3. tomates
4. pâtes
5. œufs
6. sodas (*m.*)
7. poulet
8. bananes
9. confiture
10. poisson
11. pain
12. mayonnaise (*f.*)

**C. Et vous?** Maintenant reprenez les aliments de la pyramide et discutez de vos cas personnels. Exemple: Des frites? Malheureusement, j'en mange trop! Et toi? (Du poisson? Je n'en mange presque jamais. Du lait? Je n'en bois pas assez, etc.) Soyez prêts à faire un compte rendu sur les habitudes alimentaires que vous avez en commun et sur celles qui diffèrent.

**D. Tant qu'à faire** (*While you're at it*). Voyant que vous allez faire les commissions, votre camarade de chambre vous demande où vous allez et si vous pourriez faire quelques achats supplémentaires. Il (Elle) vous dit les produits voulus (un ou plusieurs pour chaque magasin), tandis que vous faites la liste au fur et à mesure.

MODELE: passer / boulangerie →

VOTRE CAMARADE: Est-ce que tu vas passer à la boulangerie? →

VOUS: Oui, je vais y passer. →

VOTRE CAMARADE: Est-ce que tu peux m'y acheter (une baguette)?

1. aller / épicerie        4. aller / charcuterie
2. passer / pâtisserie     5. s'arrêter / poissonnerie
3. s'arrêter / boucherie   6. ?

Oh, il (elle) exagère! Après l'activité en groupes de deux, utilisez votre liste pour faire un compte rendu à la classe de tout ce qu'il faut que vous achetiez pour votre camarade de chambre.

**E. Des voyages au pays du souvenir.** Quand vous voyagez au pays du souvenir, dans les refuges de votre mémoire, où allez-vous et pourquoi?

MODELE: Je vais chez ma grand-mère. Pourquoi chez ma grand-mère? Parce que quand j'étais petit(e), j'y retrouvais mes cousins...

Utilisez le plus de pronoms possible dans vos réponses. Après la discussion en groupes de deux, faites un compte rendu à la classe sur les points que vous avez en commun avec votre partenaire.

# Disjunctive Pronouns

## Observez et déduisez

Judging from the following paragraph, which disjunctive pronoun corresponds to **je**? **tu**? **elle**? **nous**? **ils**? When are disjunctive pronouns used? Give two uses.

**Moi,** j'ai faim. Et **toi**? Ma tante est une excellente cuisinière—allons manger chez **elle**! Mon oncle, **lui,** fait de bons gâteaux. J'aime être avec **eux.** Quand ils viennent chez **nous,** ils apportent toujours des gourmandises.

## Vérifiez

The disjunctive pronoun forms are the following.

| SINGULAR | PLURAL |
|---|---|
| moi | nous |
| toi | vous |
| lui, elle, soi* | eux, elles |

---

***Soi** is used with impersonal expressions: *On* **est bien chez** *soi.* *Chacun* **pour** *soi* (*Every man for himself*).

Disjunctive pronouns are used for *people and animals only;* they are used in the following ways.

- to emphasize subject pronouns or nouns

    **Moi,** j'ai faim; mon frère, **lui,** ne mange pas beaucoup; c'est **toi** qui **as** acheté ça? *(Note the agreement of the verb with the **tu** form.)*

- with **c'est** or alone

    | | |
    |---|---|
    | Qui est là? —**Moi!** | *Who's there? —Me! (It's me!)* |
    | (—C'est **moi!**) | |
    | J'ai faim, et **toi?** | *I am hungry. How about you?* |

- in compound subjects

    | | |
    |---|---|
    | Mes amis et **moi,** nous aimons manger. | *My friends and I love to eat.* |

- with **même,** to mean *-self* (myself, yourself, etc.)

    | | |
    |---|---|
    | Il ne le sait pas **lui-même.** | *He doesn't know it himself.* |
    | Nous faisons tout **nous-mêmes.** | *We do everything ourselves.* |

- with **ne... que** (*only*)

    | | |
    |---|---|
    | Ce n'est que **moi.** | *It's only me.* |

- with all prepositions other than **à**

    Allons manger **chez** elle; j'aime être **avec** eux; je me souviens **de** lui.

Note: What happens when the preposition is **à?**

*Rule:* **à** + *person* = *indirect object pronoun*

Je téléphone **à mes amis.** → Je **leur** téléphone.

*Exception:* **à** + *person* = **à** + *disjunctive pronoun,* in these cases:

a. after the following verbs or verbal expressions*

    | | |
    |---|---|
    | se fier à (*to trust*) | Je ne me fie pas trop à **elle.** |
    | s'habituer à (*to get used to*) | Je m'habitue à **eux.** |
    | s'intéresser à (*to be interested in*) | Alors, tu t'intéresses à **lui,** hein? |
    | penser à (*to think about*) | Pense à **nous!** |

b. to express possession with **être à...** or for emphatic use with possessive adjectives

    Ce livre est à **moi.** C'est mon livre à **moi!**

---

*Of course, if the object of these verbs is a thing instead of a person, the pronoun used is **y: Je m'intéresse beaucoup à la cuisine française.** → **Je m'y intéresse beaucoup.**

# Essayez!

Ajoutez les pronoms qui conviennent.

Ce n'est pas ___ qui ai raconté cette histoire, c'est Robert. Tu te souviens de ___, n'est-ce pas? Robert et ___, vous étiez ensemble à l'école primaire.

Remplacez les expressions indiquées par des pronoms.

Quand je pense **à mes problèmes,** je pense **à ces filles;** j'ai parlé **à ces filles** l'autre jour; je ne me fie pas **à ces filles.**

*(Réponses page 196)*

## • *Maintenant à vous*

**F. Il faut bien que quelqu'un le fasse.** Personne ne veut rien faire, mais il y a pourtant des courses à faire et un grand repas à préparer. Donnez des instructions selon le modèle.

MODELE: tu / aller au supermarché → C'est toi qui vas aller au supermarché.

1. je / faire la liste des commissions
2. tu / acheter tout ce qu'il faut
3. il / nettoyer la maison
4. nous / faire la cuisine
5. tu / préparer les légumes
6. moi / faire cuire la viande
7. elle / s'occuper du dessert
8. il / mettre la table

Parmi les tâches précédentes, laquelle préférez-vous faire? Laquelle n'aimez-vous pas du tout?

**G. Au secours!** (*Help!*) L'auteur du passage suivant est conscient de son style très lourd. Pouvez-vous l'aider en remplaçant toutes les répétitions inutiles par les pronoms appropriés?

L'expérience de Marcel Proust avec sa madeleine et sa tasse de thé me rappelle quelque chose: quand je bois de la citronnade fraîche, je pense à ma grand-mère. Quand j'étais petit, je passais mes étés chez ma grand-mère. J'aimais beaucoup ma grand-mère. C'était même amusant de travailler avec ma grand-mère, ou pour ma grand-mère. Une de mes responsabilités, avant chaque repas, était de préparer la citronnade. Je choisissais bien soigneusement les citrons: je prenais un ou deux citrons, je lavais les citrons, je pressais les citrons à la main, je mettais le jus dans le pichet (*pitcher*) à citronnade, et puis j'ajoutais l'eau et le sucre au jus. Quand la citronnade était prête, je montrais la citronnade à ma grand-mère: je demandais toujours à ma grand-mère de goûter la citronnade, pour voir s'il fallait ajouter du sucre à la citronnade. Ce n'était pas difficile de faire plaisir à ma grand-mère. Et maintenant, ce n'est pas difficile de penser à ma grand-mère: il suffit d'un simple verre de citronnade pour que je me souvienne de ma grand-mère.

# Strategies for Getting and Giving Essential Information

Foreigners often need to know how to ask for clarification when they don't understand something, as well as how to express ideas when they don't know the exact words. Here are some suggestions.

## Asking for Clarification

In addition to the very acceptable **Comment?,** the following expressions can be used:

| | |
|---|---|
| **Qu'est-ce que vous voulez (tu veux) dire?** | *What do you mean?* |
| **Qu'est-ce que ça veut dire?** | *What does it mean?* |
| **Comment ça se fait?** | *How come?* |
| **Comment se fait-il que** les magasins soient fermés? | *How is it that the stores are closed?* |

## Circumlocuting

To circumlocute is to get a message across without the exact term(s). You have already had some practice defining or explaining words in the vocabulary section of every chapter of *Ensuite* (**Le mot juste** and **La définition**). The main thing to remember when trying to get "around" a word, or circumlocuting, is that you can use the familiar to describe the unfamiliar, and that there usually is more than one way to say something. Stalling devices or pause fillers, such as **voyons...** and **euh...** (see **Chapitre 9**) or **comment dirais-je...** (*how should I say . . . ?*) make natural leads into circumlocution. Here are some useful expressions to add variety to your circumlocutions.

- **C'est quelque chose qui s'utilise... qu'on utilise pour...**

  Je ne sais pas comment ça s'appelle, mais c'est quelque chose qu'on utilise pour ouvrir les boîtes de conserve (*cans*).

- **un truc, un machin** (*familier* = **une chose**)

  Passe-moi le truc pour ouvrir les boîtes de conserve.

- **C'est ce qu'on fait quand...**

  C'est ce qu'on fait quand on ajoute des épices.

- **C'est ce qui arrive quand...**

  C'est ce qui arrive quand on laisse quelque chose trop longtemps sur le feu.

- **C'est là où... / C'est l'endroit où...**

  C'est là où on garde la glace et les choses très froides.

For example, imagine that you are explaining how to make a cake, but you don't remember how to say *cake pan* in French. One possible solution would be to say **Comment dirais-je... C'est quelque chose en métal pour faire cuire le gâteau.** What other circumlocutions can you think of for *cake pan*?

- ## *Maintenant à vous*

**H. Place à la stratégie.** Sans le mot juste (dont l'équivalent anglais est en italique dans les phrases suivantes), pouvez-vous quand même exprimer les idées voulues?

1. Tell a French guest, who wants to help you in the kitchen, that he or she can *peel* the potatoes. 2. Explain that one of the *burners* on your stove doesn't work. 3. Explain that you prefer your vegetables *steamed*. 4. Explain that you try not to eat too many *sweets* because they are *fattening*. 5. Apologize that the ice cream you are serving is *half melted*. 6. You are returning a bottle of milk to the store. Explain that the milk is *sour*.

**I. Un jeu.** Faites une liste de dix mots (français) que vous avez appris cette année (vous pouvez feuilleter les sections de vocabulaire si vous manquez d'inspiration). Ensuite, mettez-vous en groupes de deux, et à tour de rôle, faites deviner à votre partenaire chacun de vos mots. Attention de ne pas montrer vos mots à votre partenaire, et rappelez-vous que vos explications, ou circonlocutions, ne peuvent être qu'en français! Par exemple, si votre premier mot est «homard», vous pouvez le décrire de cette façon: «C'est un animal rouge qui vit dans la mer et qui ressemble à une grosse crevette; ça coûte très cher; c'est une spécialité de la Nouvelle-Angleterre.»

**J. Jeu de rôles.** Qu'est-ce qu'on va faire à manger? Votre partenaire et vous avez invité des amis à dîner chez vous ce week-end. Mais qu'est-ce que vous allez faire à manger? A tour de rôle, suggérez des recettes, en indiquant les quantités, le temps de cuisson, etc. Considérez plusieurs possibilités, puis mettez-vous d'accord sur ce que vous allez servir, qui va faire les courses et qui va préparer quoi. Rappelez-vous les stratégies de communication et évitez les répétitions inutiles en utilisant des pronoms.

# Par écrit

## Avant d'écrire

**Introducing Variety into Your Writing.** An unbroken series of short or long sentences makes for tedious reading. Nothing animates prose like variety, and sentences are infinitely variable. You can vary their structure as well as their length. Longer sentences combine related thoughts; short sentences isolate a single thought for special focus. Compare the paragraph-opening sentences from Proust's text:

1. Un jour d'hiver, comme je rentrais à la maison, ma mère, voyant que j'avais froid, me proposa de me faire prendre, contre mon habitude, un peu de thé.

2. Je refusai d'abord, et, je ne sais pourquoi, me ravisai.

The first sentence combines several descriptive elements and the circumstances behind the offer of a cup of tea. The second short sentence provides a striking contrast: it emphasizes the narrator's decision—a seemingly trivial decision that will have profound consequences. Later in the text, another short sentence (**Et tout d'un coup le souvenir m'est apparu**) conveys the sudden recollection. Then, as Proust describes that recollection, the sentences stretch from one image to another. On a simpler scale, you too can vary your sentences to create special effects and improve your style in French.

### PREWRITING TASK

Working in class with a partner, combine the following related sentences into one or two longer sentences, using relative pronouns and other connecting words, such as **et, mais, parce que,** and **quand.** Avoid unnecessary repetitions. Then add a short sentence for special effect.

1. J'étais enfant.   2. Ma mère m'envoyait souvent faire les commissions à l'épicerie du coin.   3. On vendait toutes sortes de bonbons dans cette épicerie.   4. Les bonbons n'étaient jamais sur ma liste.   5. Il fallait que je rapporte la monnaie exacte.   6. Je ne pouvais pas acheter de bonbons sans que maman le sache.

## • *Sujet de rédaction*

**A la recherche du temps perdu.** Pensez d'abord à une expérience particulièrement mémorable que vous avez partagée avec une ou plusieurs personnes qui vous sont chères. Pour faire revivre ce souvenir, essayez de le reproduire dans une lettre que vous envoyez à ceux qui l'ont partagé avec vous. Recréez le décor et décrivez les activités, la conversation, etc. Faites une description très détaillée. Peut-être qu'après tout il sera possible de «retrouver le temps perdu». Essayez de créer des effets de style en variant la structure et la longueur de vos phrases.

 **Ensuite.** *Explorez en profondeur les thèmes et les structures qui se trouvent dans ce chapitre sur* **www.mhhe.com/ensuite.**

*Ça vous tente? (Paris, France)*

# A table!

## Lecture
- Jean de La Fontaine: *Le Corbeau et le Renard*
- Jacques Prévert: *Déjeuner du matin*

## Structures
- From Sentences to Paragraphs
- The Present Participle

## CHAPITRE 12

## La table

Que faut-il pour **mettre le couvert** (*set the table*)? D'abord une **nappe** (*tablecloth*) et des **serviettes** [f.] (*napkins*). Puis on met les *assiettes* [f.]: des **assiettes creuses** (et non des **bols**) pour la soupe, des **assiettes plates** pour le reste et des **petites assiettes** pour le dessert. Les assiettes peuvent être en **porcelaine** [f.] (*china*), en **faïence** [f.] (*stoneware*) ou en **plastique** [m.].

Les *couverts* [m.] (*silverware*) incluent le **couteau** (*knife*), la **cuillère à soupe** (*soup spoon*), la **petite cuillère,** la **fourchette** (*fork*) et la **fourchette à dessert.**

Pour boire, il faut des **verres** [m.]. L'eau se sert dans une **carafe** (*pitcher*). Le thé et le café se boivent dans une **tasse,** placée sur une **soucoupe** (*saucer*).

Et qui fait le service? L'**hôte** ou l'**hôtesse** servent les **invités** (*guests*).

## Au restaurant

On peut attirer l'attention du **serveur** ou de la **serveuse** par un simple «Monsieur/Mademoiselle, s'il vous plaît?»

On commande un **menu à prix fixe** (*set price*) ou **à la carte,** ce qui revient généralement plus cher. La viande peut se commander **saignante** (*rare*), **à point** (*medium*) ou **bien cuite** (*well-done*). L'**apéritif** (*before-dinner drink*) et les **vins** (blanc, rouge ou rosé) sont en supplément.

Après le repas, on paie l'**addition;** si le **service** est **compris,** il n'est pas nécessaire de laisser un **pourboire** (*tip*).

## Un pique-nique

Pour un pique-nique, on prépare généralement des *sandwichs* [m.]: au **jambon,** au **thon** (*tuna*), au **pâté,** au **fromage,** etc. On peut emporter des **chips** [f.], des **œufs durs** (*hard-boiled eggs*), un **melon** (*cantaloupe*), une **pastèque** (*watermelon*); on peut aussi faire un **barbecue.**

## Les régimes

Etes-vous **au régime** (*on a diet*)? On peut suivre un régime **végétarien, amaigrissant** (*reducing*), sans sel, sans sucre, etc. Il paraît qu'il faut **faire attention à sa ligne** (*watch one's figure*)...

- *Parlons-en*

**A. Le mot juste.** Voici la définition, à vous de donner le mot juste.

1. C'est la personne qui prend votre commande au restaurant.
2. C'est la cuisson d'un bifteck si on l'aime rouge.
3. C'est un récipient, souvent en verre ou en cristal, pour servir l'eau.
4. C'est l'ustensile qu'on utilise pour couper sa nourriture.
5. C'est la matière dont sont faites les assiettes de luxe (celle de Limoges est particulièrement connue).
6. C'est quand on fait griller la viande dans le jardin ou dans la nature.

**B. La définition.** Voici le mot juste, à vous de donner la définition.

1. une nappe
2. une assiette creuse
3. un régime
4. un invité
5. commander à la carte
6. un pourboire
7. du thon
8. des œufs durs

**C. Un bon dîner.** Racontez une expérience mémorable au sujet d'un dîner au restaurant en employant autant de vocabulaire du chapitre que possible.

**D. Un pique-nique.** Avec un(e) partenaire, vous décidez d'organiser un pique-nique. Faites une liste de la nourriture et des choses à emporter.

**E. Au restaurant.** En groupes de deux, imaginez que vous êtes dans ce beau restaurant parisien (see photo on p. 200). L'un(e) de vous sera le client (la cliente), l'autre le serveur (la serveuse). Discutez:

1. la table que vous allez choisir (près/loin de la fenêtre? sur la terrasse?, etc.).
2. le menu (le client [la cliente] a beaucoup de questions, le serveur [la serveuse] a des recommandations—et beaucoup d'imagination pour expliquer les plats qu'il [elle] ne connaît pas... ).
3. la commande.

A la fin de l'activité, les serveurs feront un résumé sur la commande de leur client(e), et les clients expliqueront pourquoi leur serveur (serveuse) mérite un bon pourboire ou non!

**F. Réflexion culturelle.** Donnez votre réaction personnelle aux observations culturelles suivantes. Qu'est-ce que ces observations révèlent? Comparez avec votre pays.

1. Un proverbe français dit que «la présentation, c'est la moitié du goût». C'est pour cela que la disposition des aliments sur les plats et les assiettes est un art où les mélanges de couleurs et de saveurs ont une valeur esthétique autant que nutritive. C'est pour cela aussi que les Français changent plusieurs fois d'assiette pendant le repas, et ne mélangent jamais la salade et le plat principal, par exemple.

**Hors-d'œuvre**

*Escargots à la
    bourguignonne
Caviar Romanoff
Crevettes à la marinière
Fonds d'artichauts Bayard*

**Potages**

*Soupe à l'oignon gratinée
Vichyssoise*

**Poissons**

*Filet de sole meunière
Truite amandine
Homard grillé
Crabe Thermidor*

**Viandes**

*Canard à l'orange
Poulet aux champignons
Côtelettes d'agneau grillées
Tournedos béarnaise
Chateaubriand gastronome
Veau cordon bleu*

**Salades**

*Salade d'épinards flambée
    au Cognac
Salade de laitue au
    Roquefort*

**Fromages assortis**

**Desserts**

*Gâteau moka
Meringue glacée
Pêche Melba
Soufflé au Grand Marnier
Crème caramel
Tarte aux framboises*

*Un restaurant parisien*

2. Quand on demande aux Français ce que c'est que la «bonne bouffe» (bonne nourriture), voici des réponses typiques:

«Pour moi, un bon plat, c'est le contraire de ce qu'on trouve dans les fast-foods. Bien manger, c'est avant tout éprouver du plaisir face à son assiette.» (homme, 38 ans)

«Une bonne bouffe, c'est d'abord un repas en famille ou avec des amis. Je préfère rester chez moi plutôt qu'aller au restaurant, car c'est vraiment trop cher par rapport à ce qu'on mange, et on y est moins détendu.» (femme, 41 ans)

«Pour moi, une bonne bouffe, c'est forcément de la cuisine tradition-nelle. Je regrette le temps où on prenait le temps de cuisiner... .» (femme, 72 ans)

3. L'alimentation au foyer reste encore très structurée en France. Seuls 16% des Français déclarent ne pas manger à heure fixe. 84% dînent en famille le soir, entre 19 et 20 h.

4. Malgré la percée de la restauration rapide (66% des restaurants ouverts en France dans les 15 dernières années sont des fast-foods), le fast-food ne représente que 1,2% des repas pris à l'extérieur et les hamburgers ne représentent que 1% de la quantité d'aliments consommés par les jeunes de 15 à 24 ans.

# Lecture

## Avant de lire

### Culture et contexte

Les fables de La Fontaine font partie de la culture française comme la tarte aux pommes fait partie de la culture américaine! Les enfants les apprennent à l'école primaire et leurs images sont passées dans le langage courant: on est travailleur comme une fourmi, frivole comme une cigale («La Cigale et la Fourmi», *The Cicada and the Ant*), ou rusé (*cunning*) comme le renard de la fable que vous allez lire ici, «Le Corbeau et le Renard» (*The Crow and the Fox*). Jean de La Fontaine (1621–1695), fabuliste par excellence, s'est inspiré des fables d'Esope de la Grèce antique, mais il a su actualiser et adapter ses fables au contexte de la France du XVII^e siècle. Destinées à l'éducation morale du fils du roi Louis XIV, la plupart des fables de La Fontaine reflètent de façon satirique non seulement la société du XVII^e siècle, mais aussi l'humanité en général, avec ses passions et ses faiblesses.

Le deuxième poème que vous allez lire ici est un autre «classique» de la littérature française—moderne par son style, mais classique par sa popularité. L'auteur, Jacques Prévert (1900–1977), est connu pour la simplicité de son langage et des scènes qu'il décrit. Prévert est le poète de la vie ordinaire. Beaucoup de ses poèmes ont été mis en chansons.

### Stratégies de lecture

- **Anticipation.** «Le Corbeau et le Renard»—Aimez vous les compliments? Comment réagissez-vous quand quelqu'un vous complimente? Quelle est la différence entre un compliment et une flatterie?

  Maintenant imaginez un renard qui a faim et qui voit un corbeau avec un grand fromage dans son bec. Pouvez-vous prédire ce qui va se passer?

  «Déjeuner du matin»—Quand vous prenez votre «p'tit déj», comme on dit en France, est-ce que vous parlez beaucoup? A qui? Ou préférez-vous manger en silence, en lisant quelque chose ou en regardant la télé? Le silence entre deux personnes peut indiquer beaucoup de choses: quelles sont les émotions que peut cacher le silence, à votre avis?

- **Lecture à haute voix.** La poésie est la musique de la littérature. L'effet d'un poème dépend donc des sons et de l'ordre des mots aussi bien que de leur sens. Après une première lecture rapide pour comprendre les idées générales des deux poèmes, lisez-les à haute voix pour mieux comprendre les sentiments évoqués.

## Le Corbeau et le Renard
### JEAN DE LA FONTAINE

Maître[a] corbeau, sur un arbre perché,
Tenait en son bec un fromage.
Maître renard, par l'odeur alléché,[b]
Lui tint[c] à peu près[d] ce langage:       5
«Eh bonjour, Monsieur du Corbeau.
Que vous êtes joli! que vous me semblez beau!
Sans mentir, si votre ramage[e]
Se rapporte à[f] votre plumage,             10
Vous êtes le phénix* des hôtes de ces bois.»
A ces mots, le corbeau ne se sent pas[g] de joie;
Et pour montrer sa belle voix,
Il ouvre un large bec, laisse tomber sa proie.      15
Le renard s'en saisit, et dit: «Mon bon monsieur,
Apprenez que tout flatteur                  20
Vit aux dépens de celui qui l'écoute.
Cette leçon vaut bien un fromage sans doute.»
Le corbeau, honteux[h] et confus,
Jura,[i] mais un peu tard, qu'on ne l'y prendrait plus.

---

[a]mot ap. (î = s)   [b]attiré   [c]tenir (passé simple)   [d]à... presque   [e]chanson   [f]se... est comparable à
[g]ne... *is overcome*   [h]comparez: honte   [i]*swore*

---

*Oiseau mythologique qui représente un être unique en son genre, supérieur par ses brillantes qualités

## • *Avez-vous compris?*

**A.** Classez les phrases (de 1 à 6) selon l'ordre de la fable.

_____ Le renard flatte le corbeau.

_____ Le renard offre la leçon.

_____ Le renard sent l'odeur du fromage.

_____ Le corbeau ouvre son bec pour chanter.

_____ Le renard a le fromage.

_____ Le corbeau est perché sur un arbre.

**B.** On dit que les fables de La Fontaine possèdent deux parties: l'histoire et la morale. Identifiez chacune et le moment de transition entre les deux.

**C.** Quelle est la conclusion du corbeau à la fin du poème?

**D.** Les paroles de la fable indiquent clairement qu'il s'agit d'animaux. Faites une liste des mots qui appartiennent au royaume des animaux.

**E.** Décrivez le caractère du corbeau et puis celui du renard.

## • *Et vous?*

**A.** Dans la préface des Fables, La Fontaine a écrit: «Ces fables sont un tableau où chacun de nous se trouve dépeint.» Vous identifiez-vous le plus au renard ou au corbeau? Expliquez votre choix.

**B.** A propos du ton de ses fables, La Fontaine a écrit: «Aujourd'hui... on veut de la nouveauté et de la gaieté... un certain charme, un air agréable, qu'on peut donner à toutes sortes de sujets, même les plus sérieux.» Relisez la fable et identifiez où et pourquoi vous trouvez ce charme et cette gaieté.

**C.** La fable présente un monde injuste. Voyez-vous le monde du XXI$^e$ siècle de cette façon? Expliquez votre réponse.

**D.** La vanité est-elle un vice ou un aspect naturel de l'humanité? Quelle est la différence entre la vanité et une bonne opinion de soi-même, une confiance en soi qui est nécessaire au bon fonctionnement de l'individu?

**E.** Racontez un incident où quelqu'un a essayé de vous flatter pour arriver à ses propres fins. Quel a été le résultat?

# Déjeuner du matin

## Jacques Prevert

Il a mis le café
Dans la tasse
Il a mis le lait
Dans la tasse de café
Il a mis le sucre                    5
Dans le café au lait
Avec la petite cuiller
Il a tourné
Il a bu le café au lait
Et il a reposé la tasse              10
Sans me parler
Il a allumé
Une cigarette
Il a fait des ronds
Avec la fumée                        15
Il a mis les cendres
Dans le cendrier
Sans me parler
Sans me regarder
Il s'est levé                        20
Il a mis
Son chapeau sur sa tête
Il a mis
Son manteau de pluie
Parce qu'il pleuvait                 25
Et il est parti
Sous la pluie
Sans une parole
Sans me regarder
Et moi j'ai pris                     30
Ma tête dans ma main
Et j'ai pleuré.

*Jacques Prévert*

• *Avez-vous compris?*

**A.** Complétez.

1. L'histoire se passe au ____.
2. Dehors, il ____.
3. «Il» boit ____.
4. Dans son café, il met ____ et ____.
5. Il allume ____.
6. Il fait ____ avec la fumée.
7. Il met ____ sur sa tête.
8. Il met aussi ____.
9. Il ne ____ pas.
10. Après son départ, le narrateur (la narratrice) ____.

**B.** Qui parle? Que dit-«il» dans le poème? Que lui dit le narrateur (la narratrice)?

**C.** Répondez aux questions suivantes. Vous allez trouver qu'il y a plusieurs réponses possibles à certaines questions.

1. «Déjeuner du matin» nous offre le spectacle de deux personnes silencieuses. Qui sont-elles? Justifiez votre réponse.
2. Décrivez l'atmosphère du poème.
3. Quels sentiments éprouve le narrateur (la narratrice) du poème? Et l'autre «il»?
4. Quels mots ou expressions se répètent dans le poème? Quel est l'effet de cette répétition?

## • *Et vous?*

**A.** Quel rapport mystérieux entre les deux personnages du poème! Prévert offre peu de détails qui expliqueraient leur situation. Avec un(e) camarade de classe, inventez leur histoire et soyez prêts à la raconter au bout de cinq minutes. (Exemples: une dispute familiale? la fin d'une période de vie ensemble? un matin typique dans un mariage?)

**B.** Discutez en groupes de deux. C'est le soir de la journée qui est présentée dans le poème. Lui, il revient du travail et vous, vous avez résolu de sauver votre mariage (ou relation ou amitié). Vous analysez la situation actuelle, et vous expliquez ce que vous voulez faire. Votre partenaire présente son point de vue. A deux, vous allez «négocier» votre avenir ensemble en parlant des mesures spécifiques que vous allez prendre pour améliorer l'avenir.

**C.** Cette sorte de rapport peut représenter dans une certaine mesure le mariage stéréotypé des années 50 et 60 (le mari qui lit son journal et ne parle à personne). Dans les vieux films et dans les émissions de télévision, on en trouve beaucoup d'exemples: «The Honeymooners», «I Love Lucy», les films de Doris Day, etc. Est-ce réaliste? Est-ce toujours vrai? Connaissez-vous des personnes comme ça?

**D.** En imaginant que, d'ici dix ans, vous serez marié(e), quelle sera votre réaction et que direz-vous si votre époux ou épouse agit de cette manière?

**E.** Décrivez un petit déjeuner typique dans la cafétéria, dans votre appartement ou dans votre famille. Mentionnez ce que vous prenez pendant le repas, et l'interaction typique entre ceux qui sont présents.

# From Sentences to Paragraphs

## Observez et déduisez

As illustrated in the following text, "connecting" words (**les mots-liens**) change simple sentences into more complex ones and strings of sentences into paragraphs, adding coherence and a nativelike flow to what you say and write. Observe the effect of the words in bold.

### Les résolutions du corbeau

Que vais-je faire maintenant? **Et dire que** j'avais volé ce fromage au marché, au risque de ma propre vie... Ce n'est pas tous les jours qu'on trouve des fromages comme ça au marché, **d'ailleurs. La prochaine fois que** je verrai ce maudit renard, **même s'il** me fait les plus beaux compliments du monde, je ne l'écouterai pas!

## Vérifiez

You have already learned various kinds of connectors, such as relative pronouns (**qui, que, dont, où**), conjunctions (**quand, lorsque, depuis que,** etc.),* and adverbs (**déjà, encore, parfois, toujours,** etc.). Here are more basic expressions that will help you show relationships among ideas.

    *Ordering of Events:* **d'abord** (*first*), **puis/ensuite** (*then*), **après/plus tard** (*after; later*), **finalement/enfin**† (*finally*).

    *Additions and Nuances:* **et, aussi** (*also*), **de même** (*similarly*), **en plus/de plus**‡ (*moreover*), **d'ailleurs** (*besides*), **ou plutôt** (*or rather*), **surtout** (*especially*), **quand même/de toute façon** (*anyway*), **au fait** (*by the way*), **en fait**§ (*actually*).

    *Explanation and Cause:* **c'est-à-dire [que]** (*that is to say*), **en d'autres termes** (*in other words*), **c'est pour cette raison que.../c'est pour ça que...** (*that's why . . .*), **parce que** (*because*), **car** (*for, because*), **puisque/comme** (*since*), **à cause de** (*because of*).

    *Illustration:* **par exemple** (*for example*), **comme** (*like, as*).

    *Purpose:* **pour/afin de** (*in order to*).

    *Contrast or Concession:* **mais** (*but*), **par contre/au contraire/en revanche** (*on the contrary*), **d'autre part** (*on the other hand*), **au moins** (*at least*), **malgré** (*in spite of*), **sauf (que)** (*except*), **cependant/pourtant** (*yet, nevertheless*), **alors que/tandis que** (*whereas*), **même si** (*even if*).

    *Consequence:* **alors/donc/ainsi** (*so, then, therefore*), **par conséquent** (*consequently*).

---

*More conjunctions (those requiring the subjunctive) are introduced in **Chapitre 15.**
†**Enfin** may also mean *well . . .* or *that is to say . . . : C'était mon fromage... enfin, celui que j'avais volé.*
‡The **s** is pronounced in both forms.
§The **t** is pronounced.

## • *Maintenant à vous*

**A. Le Corbeau et le Renard: Du poème à la prose.** Pour raconter l'histoire du corbeau et du renard au présent, quels mots-liens faut-il ajouter? Transformez ces phrases de style télégraphique en paragraphe, en vous servant de conjonctions, d'adverbes ou de pronoms (relatifs et autres) pour éliminer les répétitions inutiles et articuler les idées.

1. Perspective du récit, dans l'ordre *chronologique.*
   Le renard se promène dans un bois / Il sent quelque chose de bon / Il lève la tête / Il voit un corbeau perché sur un arbre / Ce corbeau tient un fromage dans son bec / Le renard pense à une ruse / Il demande au corbeau si sa voix est aussi belle que son plumage / Le corbeau, flatté, commence à chanter / Quand il ouvre son bec, il perd son fromage / Le renard le prend / Le renard fait la morale au corbeau

2. Perspective de *l'explication,* avec diverses nuances.
   C'est l'histoire d'un renard / Ce renard a faim / Il ne veut pas se fatiguer pour trouver à manger / Il voit un corbeau dans un arbre / Ce corbeau tient un fromage dans son bec / Le renard est rusé / Il pense tout de suite à un moyen d'obtenir ce fromage / La flatterie marche toujours bien / Il fait toutes sortes de compliments au corbeau / Il l'encourage à montrer sa voix / Le corbeau est fier de sa voix / Il oublie tout / Il ouvre le bec / Il perd son fromage / Le renard est tout content / Le corbeau n'est pas très fier de lui-même

**B. Déjeuner du matin: Du poème à la prose.** Transformez le poème de Prévert en paragraphe au présent; les mots-liens que vous utiliserez refléteront votre interprétation. («Déjeuner du matin», c'est l'histoire d'un homme qui... )

**C. «Depuis que... »** Est-ce que vos habitudes alimentaires ont changé depuis que vous êtes à l'université? Est-ce que vous mangez le même genre de choses qu'avant? Est-ce que vos repas sont réguliers? Préférez-vous manger chez vous ou au restaurant? Quels restaurants aimez-vous, et pourquoi? Expliquez tout ceci à un(e) camarade de classe en utilisant le plus de mots-liens possible. Ensuite, inversez les rôles, puis résumez pour la classe ce que vous avez en commun avec votre partenaire. (Depuis que je suis à l'université... )

# *The Present Participle*

## Observez et déduisez

In the following paragraph, look at the expressions in boldface type; they are present participles.

1. How is the present participle formed?
2. Find a present participle used
   a. as an adjective
   b. as an equivalent to the English *by* or *while* followed by an *-ing* verb form (two examples)
   c. to replace a **qui** clause
   d. to replace a causative clause (**parce que, comme**)

## Une idée tentante

C'est **en se promenant** dans le bois que le renard a vu un corbeau **tenant** dans son bec un fromage. **N'ayant pas** envie de trop se fatiguer pour son déjeuner, le renard a eu une idée **tentante** (*tempting*): «**en flattant** ce corbeau, je parie que je peux obtenir son fromage!»

## Vérifiez

### FORMATION

To form the present participle, drop the **-ons** from the **nous** form of the present indicative and add **-ant.**

| | | | | | | |
|---|---|---|---|---|---|---|
| tenir | tenons | → | ten- | → | tenant |
| finir | finissons | → | finiss- | → | finissant |
| faire | faisons | → | fais- | → | faisant |

All verbs follow this pattern, with three exceptions.

| | | |
|---|---|---|
| avoir | → | ayant |
| être | → | étant |
| savoir | → | sachant |

### USAGE

A present participle can be used as an adjective that modifies a noun; in this usage, it agrees with the noun it modifies.

> une idée **tentante**          des histoires **impressionnantes**

When used as a verb, the present participle is invariable. Preceded by **en,** (equivalent to the English *by, while, upon,* or *in*), it corresponds to the English *-ing* verb form.

| | |
|---|---|
| **En se promenant** dans le bois... | *While walking through the woods . . .* |
| **En flattant** ce corbeau... | *By flattering this crow . . .* |
| **En entrant** dans la pièce... | *Upon entering the room . . .* |

Used without **en,** the present participle can act like a **qui** clause, modifying the nearest noun.

> Il a vu un corbeau **tenant** dans son bec un fromage =
> Il a vu un corbeau **qui tenait** dans son bec un fromage.

It can also replace a causative clause.

> **N'ayant pas** envie de trop se fatiguer... =
> **Comme (Parce qu') il n'avait pas** envie de trop se fatiguer...

The use of the present participle without **en** is more common in formal language than in everyday speech.

# Essayez!

Participe présent avec ou sans **en**? Complétez de façon appropriée.

1. Il est tombé _____ l'escalier. (descendre)
2. Ce sont des enfants _____ ? (obéir)
3. Est-ce que vous écoutez la radio _____ ? (étudier)
4. _____ quoi faire, je n'ai rien fait. (ne pas savoir)

*(Réponses page 211)*

## • *Maintenant à vous*

**D. En même temps.** Découvrez les petites habitudes de vos camarades de classe en posant des questions selon le modèle.

MODELE: rêver / dormir →
> Est-ce que tu rêves en dormant?
> (Réponse possible: Je sais que je rêve, mais je ne me rappelle jamais mes rêves en me réveillant.)

1. parler / manger   2. manger / regarder la télé   3. manger / conduire
4. chanter / prendre ta douche   5. lire le journal / prendre le petit déjeuner   6. planifier ta journée / venir à l'école   7. écouter la radio / faire tes devoirs   8. ?

**E. L'autre jour.** Complétez les phrases de façon personnelle, selon le modèle.

MODELE: écouter la radio →
> En écoutant la radio, l'autre jour, j'ai entendu la dernière chanson de... / j'ai appris que...

1. écouter la radio
2. regarder la télé
3. lire le journal / un livre
4. ouvrir le frigo
5. faire les courses
6. réfléchir à ma vie

**F. Comment?** Comment arrive-t-on à faire les choses suivantes? Donnez le plus de suggestions possible, selon le modèle.

MODELE: apprendre une langue étrangère →
> On apprend une langue étrangère en écoutant, en parlant, en lisant, en écrivant, etc.

1. apprendre le français
2. avoir des bonnes notes
3. maigrir
4. devenir bon cuisinier / bonne cuisinière
5. être heureux / heureuse

**G. Causes et conséquences.** Complétez de façon personnelle, selon le modèle.

MODELE: ne pas savoir quoi dire en classe →
   Ne sachant pas quoi dire en classe, je n'ai rien dit (j'ai inventé une réponse).

1. ne pas avoir assez d'argent
2. être trop fatigué(e) hier soir
3. ne pas comprendre ce que disait le professeur
4. vouloir réussir à l'examen
5. connaître mes faiblesses (*weaknesses*)

**H. Des images poétiques.** Quelles images est-ce que les mots suivants évoquent pour vous? Complétez de façon personnelle, selon le modèle.

MODELE: l'hiver →
   Je pense à la neige tombant doucement du ciel, à des enfants faisant un bonhomme de neige (*snowman*), etc.

1. l'été
2. la fable «Le Corbeau et le Renard»
3. le poème «Déjeuner du matin»
4. un restaurant chic
5. la France
6. ?

**I. Jeux de rôles.** En groupes de deux, jouez les situations suivantes en faisant preuve d'imagination.

1. **En mangeant, l'autre jour...** L'un(e) de vous sera Marcel Proust (voir **Chapitre 11**), l'autre sera Jacques Prévert. Qu'est-ce qui s'est passé l'autre jour, en mangeant? Reprenez les histoires de ces auteurs, mais ajoutez-y des détails personnels. Comparez vos expériences et soyez prêts à faire un compte rendu à la classe sur les points les plus originaux de l'histoire de votre partenaire.

2. **Une mouche dans la soupe!** Vous êtes dans un restaurant deux étoiles (c'est-à-dire assez chic et assez cher). L'un(e) de vous sera le client (la cliente) qui vient de trouver une mouche (*a fly*) dans sa soupe; l'autre sera le serveur (la serveuse), d'abord très sceptique, car ce genre de chose n'arrive pas dans un restaurant à deux étoiles! Négociez une solution à votre problème.

## Par écrit

### Avant d'écrire

**Paragraphs (1).** Your recent work connecting ideas has led you to create paragraphs. A paragraph is a group of sentences that are about the same topic and that follow the same line of thought. Writing in paragraphs means first *separating* and then *connecting* your ideas.

1. *Separate* your thoughts into smaller units. If you are working with an outline, each of your subheadings can be a paragraph starter. Aim to begin a new paragraph when your thoughts change direction.

2. To achieve unity within the paragraph, you must then *connect* your sentences. Ideas and information must be related to the main point of the paragraph. "Connecting" words, such as the ones you learned earlier in this chapter, are used to make transitions from one sentence to another.

3. Unity is achieved through sufficient development. Have you said enough about the topic to ensure that an intelligent reader won't think something has been left out? Have you anticipated most of your reader's questions?

PREWRITING TASKS

1. A brand-new restaurant has just opened in your area, and you have been asked to write a brochure describing it. In groups, "create" this restaurant (style? menu? decor? price? location?).

2. Individually, define the main point you wish to make about this restaurant; this will become your topic sentence. (See the writing strategy in **Chapitre 8.**) Make sure that what you express in the topic sentence is a general idea, not a detail.

3. Expand your topic sentence by anticipating your reader's questions. List those questions and your answers.

4. Organize your material to create a logical progression from one sentence to another.

## • *Sujet de rédaction*

Sachant que vous avez des connaissances en français, l'office du tourisme de votre ville vous a demandé de participer à la rédaction d'une brochure pour les touristes francophones sur les restaurants de la région. Votre tâche est de décrire, sous forme de deux ou trois paragraphes, un nouveau restaurant qui promet de faire sensation. N'hésitez pas à transformer cette description en une invitation à l'extase culinaire.

 **Ensuite.** *Explorez en profondeur les thèmes et les structures qui se trouvent dans ce chapitre sur* ***www.mhhe.com/ensuite.***

**Réponses: Essayez!,** page 209: 1. en descendant  2. obéissants  3. en étudiant  4. Ne sachant pas

# Les conquêtes du monde moderne

## En bref

**Thème 5** looks at contemporary society and at the changes brought about by a redefinition of gender roles, French colonialism, and immigration to European countries. Through readings on these topics, you will have the chance to talk and write about their impact on life today, as well as on the future of Western society.

### Functions
- Describing in the future
- Talking about places
- Expressing feelings and opinions

### Structures
- Use of infinitives
- Verbs in the future tenses
- Prepositions with geographical names
- Verbs in the subjunctive mood

*Qu'est-ce qu'elles font comme travail?*

## Anticipation

Le monde moderne évolue presque aussi vite que la technologie,
n'est-ce pas?

1. Le «progrès» est-il toujours une bonne chose? Pensez au monde qui
   vous entoure. Quels aspects positifs et quels aspects négatifs du progrès
   y voyez-vous? Faites deux listes et expliquez votre point de vue.

2. Comment définissez-vous la réussite professionnelle? Comment imaginez-
   vous votre vie dans 10 ans, sur le plan professionnel et personnel?

3. Pour les pays en voie de développement, comme les pays africains, le
   progrès est souvent synonyme d'occidentalisation. Ceci engendre un
   conflit culturel profond, une «aventure ambiguë» entre les valeurs traditionnelles et les valeurs «modernes». A votre avis, les nouvelles valeurs
   sont-elles supérieures aux anciennes? Justifiez votre opinion en vous
   appuyant sur des exemples précis.

4. Les pays «riches», comme les Etats-Unis, le Canada et la France, ont-ils
   la responsabilité d'ouvrir leurs portes aux immigrés des pays «pauvres»,
   ou y a-t-il des limites? Qu'en pensez-vous?

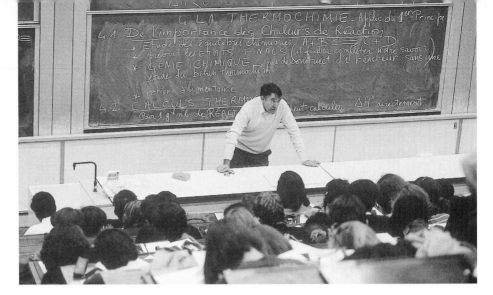

*Les études supérieures en France (Paris VII, Paris, France)*

# Conquêtes professionnelles

## Lecture
• «Mon travail, ma vie et moi—la recherche d'un équilibre»

## Structures
• Infinitives

## L'enseignement supérieur

A la fin du collège, les jeunes Français de 14 à 15 ans ont deux choix. Ceux qui ne veulent pas faire d'études supérieures peuvent préparer des **brevets professionnels** dans des **collèges d'enseignement technique** pour entrer dans la vie active à 17 ou 18 ans. Ceux qui veulent faire des études supérieures vont au lycée pendant trois ans pour préparer le **baccalauréat** (le **bac**), un examen national qui permet d'accéder à l'enseignement supérieur. On peut **se spécialiser en** (*major in*) **sciences, sciences économiques, gestion** (*business management*), **sciences humaines** (*social sciences*), **lettres** (*humanities*), **droit** (*law*), etc. Quelle est la **durée** des études supérieures et quels **diplômes** peut-on **obtenir**? En deux ans, on peut obtenir un **brevet** de **technicien supérieur (BTS)** dans un Institut universitaire de technologie, ou IUT (5–8% des étudiants français suivent cette filière ou direction). Dans une université (85% des étudiants), on peut obtenir une **licence** (*equivalent to a bachelor's degree*) en trois ans; il faut un an de plus pour la **maîtrise** (*master's degree*) et trois ou quatre ans de plus pour avoir le **doctorat.**

Les études supérieures les plus prestigieuses dans certains domaines en France se font dans les **grandes écoles** et durent quatre ou cinq ans. L'admission par **concours** [m.] (*competitive entrance exam*) est réservée à l'**élite** intellectuelle. L'Ecole des hautes etudes commerciales (H.E.C.) et l'Ecole polytechnique (pour les ingénieurs) sont des grandes écoles.

Les études de **médecine,** qui durent un minimum de sept ans, se font dans un centre hospitalier universitaire. Les études **dentaires** durent cinq ans.

## Débouchés et carrières

Quel est le **but,** ou l'**objectif,** des études supérieures? A quels **débouchés** (*job opportunities*) mènent tous ces diplômes?

Dans le domaine de la santé, on peut devenir **médecin, dentiste, vétérinaire, infirmier/infirmière, pharmacien(ne),** etc.

Les études scientifiques mènent à des **postes** [m.] de **chimistes, biologistes,** techniciens, ingénieurs, **chercheurs** (*researchers*), etc.

Dans le monde des affaires et du droit, on peut devenir **avocat(e)** (*lawyer*), **administrateur/administratrice, gestionnaire** (*management expert*), président directeur général, ou **P-DG** (*equivalent to CEO*), **banquier,** etc.

Il y a bien sûr d'autres professions: les **architectes,** les **professeurs,** les **écrivains,** les **journalistes,** les **artistes,** etc. La plupart des diplômes de l'enseignement supérieur mènent aux **professions intermédiaires** (techniciens, instituteurs, chefs de bureaux, etc.) et aux **professions intellectuelles supérieures** (chefs d'entreprises, ingénieurs, professeurs, etc.) qu'on appelle aussi les **cadres** [m.].

Pour **réussir** dans le monde professionnel, il faut bien sûr **satisfaire les exigences** [f.] (*meet the expectations*) des **entreprises** ou des employeurs. Quand on travaille dans le secteur public, c'est-à-dire pour le gouvernement, on est **fonctionnaire** (28% des salariés en France sont fonctionnaires). Pour **obtenir des promotions** [f.], il faut être **performant.** Mais il ne suffit pas de bien **gagner sa vie,** n'est-ce pas? Pour être heureux, ne faut-il pas savoir trouver un **équilibre** entre la vie professionnelle et la vie personnelle?

## • *Parlons-en*

**A. Le mot juste.** Voici la définition, à vous de trouver le mot juste.

1. C'est quelque chose qu'on obtient à la fin d'un programme d'études, comme le bac ou une licence.

2. C'est le verbe qu'on utilise pour indiquer qu'on fait des études dans un domaine particulier, comme les lettres ou les sciences.

3. Ce sont les institutions d'études supérieures les plus prestigieuses en France.

4. C'est un acronyme pour le grand chef d'une entreprise.

5. C'est un terme qui désigne les employés du secteur public.

6. C'est un terme qui désigne les salariés exerçant des fonctions de direction ou de conception.

**B. La définition.** Voici le mot juste, à vous de donner la définition.

1. un vétérinaire
2. un équilibre
3. un concours
4. des études de droit
5. un débouché
6. gagner sa vie

**C. Etudes et objectifs.** Avec un(e) partenaire, parlez des études que vous avez faites jusqu'à présent et de celles que vous pensez poursuivre dans l'avenir. Quels sont vos objectifs professionnels?

**D. Un jeu.** Imaginez que vous avez fait toutes vos études en France. Individuellement d'abord, choisissez une profession et faites le profil des études scolaires et universitaires qui vous ont préparé(e) à cette profession. Mettez-vous ensuite en groupes de deux. En vous posant des questions auxquelles les réponses seront **oui** ou **non,** votre partenaire devra deviner les études que vous avez faites (en grand détail) et votre profession. Dix questions minimum! Ensuite, inversez les rôles.

**E. Réflexion culturelle.** Donnez votre réaction personnelle aux observations culturelles suivantes. Qu'est-ce que ces observations révèlent? Comparez avec votre pays.

1. Malgré la réputation «élitiste» d'un système d'éducation qui requiert «le bac» pour accéder à l'enseignement supérieur, la France arrive en 3e position dans le monde pour la proportion d'étudiants par rapport à la population, après le Canada et l'Espagne. 40% des étudiants français sont enfants de cadres ou de professeurs; 13% sont enfants d'ouvriers.

2. Le gouvernement français subventionne très fortement l'enseignement supérieur. Rappelez-vous que l'enseignement supérieur est gratuit en France, à part environ 230 euros de frais administratifs par an. Les étudiants qui n'habitent pas chez leurs parents pendant leurs études (environ 60%) peuvent bénéficier d'une bourse d'études proportionnelle au revenu des parents pour payer les frais de logement. Le gouvernement subventionne aussi les restaurants universitaires (le «RU») où les étudiants peuvent prendre le repas de midi et le repas du soir pour un prix très modique.
3. En Afrique, où vingt-deux pays sont d'anciennes colonies françaises et où le système d'éducation suit encore le modèle français, on assiste à un phénomène dévastateur pour ces pays en voie de développement: la fuite des cerveaux (*brain drain*). Selon des statistiques de la Banque Mondiale, l'Afrique perd ⅓ de ses cadres chaque année, et plus de 50% des médecins africains exercent leur profession ailleurs. «Une éducation importée en fait un instrument d'exportation», disent les analystes.

# Lecture

## Avant de lire

## Culture et contexte

Dans les cinquante dernières années, les développements scientifiques et technologiques ont bouleversé le monde du travail. Les agriculteurs et les «cols bleus» (ouvriers de toutes qualifications) sont de moins en moins nombreux tandis que les «cols blancs» des professions intermédiaires, des professions intellectuelles supérieures et des cadres (chefs d'entreprises, ingénieurs professeurs, etc.) sont de plus en plus nombreux. 70% de la population active travaille désormais dans le secteur des services (commerce, transport, finance, éducation, santé, administration) et les femmes, qui sont arrivées en masse sur le marché du travail depuis 1960, constituent 45% de la population active. Cette restructuration radicale du monde du travail implique une restructuration sociale, mais aussi une nouvelle image du travail. La conception presque religieuse du travail comme une obligation sacrée a commencé à disparaître dans les années 60, au nom des revendications de liberté individuelle. Puis, pendant la crise économique des années 80, la crainte (la peur) du chômage a favorisé une conception «sécuritaire» du travail: si l'argent ne fait pas le bonheur, il apporte au moins la sécurité. Cependant, depuis la sortie de la crise, vers 1998, une nouvelle mentalité semble émerger. C'est cette mentalité qu'analyse le magazine *Psychologies,* dont l'article suivant est extrait.

## Stratégies de lecture

- **Anticipation.** Quelle est votre conception du travail? Choisissez, parmi les options suggérées, les deux ou trois réponses qui expriment le mieux votre opinion et expliquez pourquoi.

  Le travail, pour moi, c'est avant tout... parce que...

  ___ un moyen de gagner sa vie (*earn a living*)
  ___ un moyen d'acquérir des choses matérielles
  ___ un moyen d'acquérir ou de conserver un statut social
  ___ un moyen d'être utile à la société
  ___ un moyen de s'épanouir (développer ses potentialités)
  ___ un moyen d'établir des contacts sociaux
  ___ un moyen d'éviter l'ennui

- **«Je pense, donc je suis.»** Cette fameuse phrase du philosophe français du XVIIe siècle René Descartes s'applique certainement au processus de la lecture. Pour *être* un bon lecteur, il faut *penser* au contexte du texte et au contexte de la vie. En réfléchissant aux phrases suivantes, déduisez le sens des mots en caractères gras. En utilisant les techniques de la circonlocution, essayez de les expliquer.

  1. Un des dangers de la vie professionnelle, c'est de se laisser **vampiriser** par son travail.
  2. Au travail comme dans la vie, il faut **fuir** le mauvais stress.
  3. Si on travaille trop, on n'a pas le temps de **profiter de** sa famille.
  4. Une nouvelle perspective **relativise** le rôle du travail. On **accorde** plus d'importance à d'autres facteurs.

## Mon travail, ma vie et moi— la recherche d'un équilibre

*Entre le désir, légitime, de réussir sa vie professionnelle et la crainte de se laisser vampiriser par son travail, comment faire pour ne pas perdre sa vie à la gagner?*

« Avez-vous seulement réfléchi aux conséquences sur votre carrière?» Considérée comme l'une des meilleures commerciales[a] de sa banque, Hélène, 36 ans, deux enfants, vient d'informer son patron, quelque peu déconcerté, 5
qu'elle refusait sa promotion à la tête d'une grande agence parisienne. Elle y a bien réfléchi avec Richard, son compagnon. «Ni une augmentation substantielle de mon salaire, ni un titre d'importance ne pouvaient rivaliser avec l'équilibre de vie que je m'étais construit au fil des années pour profiter de ma famille. Je veux fuir le mauvais stress.» 10
Son choix risque de lui fermer des portes. Elle le sait. Mais elle a tiré un trait, au moins en pointillé,[b] sur le plan de carrière qu'elle avait appris à

---

[a]personnes appartenant aux services commerciaux   [b]tiré... *has drawn a line*

construire dans son école de commerce: un saut[c] en avant tous les trois ou quatre ans.

Avec les années, une vie de couple, deux enfants, le pacte néofaustien, «ton âme contre un salaire plus important», lui est apparu comme une duperie.[d] 15

## *La désacralisation du travail*

Hélène ne constitue pas un cas isolé. Entre le désir d'évoluer, de prendre des responsabilités et la crainte de se laisser vampiriser par son job, quelle est la bonne place à accorder au travail dans sa vie? Quel sens donner, aujourd'hui, à ses ambitions? Beaucoup d'entre nous se posent désormais ces questions. 20

Notre époque est marquée par la forte revendication d'exister en tant que personne, en développant toutes ses potentialités, dans ou hors du travail. Il devient possible de se demander comment ne pas perdre sa vie à la gagner.

## *Place à l'extra-professionnel*

«Mon père avait des rêves. Il ne les a pas réalisés. Je ne veux pas être comme lui», affirme Joël, 24 ans, étudiant en journalisme. Les jeunes accordent désor- 25 mais une large place à ce qui est extra-professionnel: les loisirs, la famille, les passions.

Solenn, 26 ans, ethnologue et écrivain, se fait l'écho des gens de son âge: «La révolutoin d'Internet nous a prouvé que tout passe de plus en plus vite, tout devient jetable.[e] Il y a tellement d'informations que cela relativise. Il reste 30 l'instant et soi-même.»

Trouver la bonne distance par rapport au travail, c'est une façon de se protéger des violences de ce monde professionnel qui n'hésite pas à licencier ses employés au nom de la restructuration ou de la multinationalisation.

## *Dire non à une société qui juge*

Le rejet[f] de la performance, voilà le nouveau leitmotiv.[g] Les jeunes oublient-ils 35 pour autant la réussite professionnelle? Professeur en gestion des ressources humaines à l'école de management de Lyon, Françoise Dany affirme que, dans la société humaine, les individus sont avant tout guidés par un besoin ontologique de sécurité. «Or, l'entreprise oblige constamment l'individu à se surpasser pour réussir. Dans le travail, il doit résister à une charge mentale 40 incroyable: être performant, suivre le marché de l'emploi, entretenir des réseaux[h] au cas où,[i] etc. Il n'est pas étonnant, dans ces conditions, qu'il souhaite ré-équilibrer sa vie professionnelle—zone de tous les dangers—par sa vie privée. Une façon de dire non à une société qui juge de plus en plus les personnes.

La notion de carrière s'effrite,[j] celle du «sens» s'impose. Cela ne signifie 45 pas que le travail, avec tout ce qu'il comporte de positif, d'envie de progresser, d'autonomie, de sécurité et de réussite matérielle, va disparaître. Mais sans doute sera-t-il perçu autrement. Il ne dévorera[k] pas toute l'existence et devien-dra juste l'un des éléments d'une «philosophie de l'activité».

---

[c]*promotion*    [d]*acte de duper*    [e]*disposable*    [f]*rejection*    [g]*slogan*    [h]entretenir... *networking*    [i]au... *just in case*
[j]*crumbles*    [k]*mangera*

## Ils ont choisi leur rythme

Nouveau métier, nouveaux horaires... Certains changent leur façon de travailler pour donner la priorité à leur équilibre personnel.

### Il s'accorde une semaine par mois

**Stéphane, un chirurgien de la main, 40 ans, marié, deux enfants, travaille trois semaines sur quatre.** «Cette décision a changé ma vie. Je ne suis plus jamais stressé. Si cette organisation est source d'harmonie pour moi, elle l'est également pour le malade qui profite d'un médecin à l'esprit toujours frais et dispos.[l]»

### Elle choisit le foyer

**Emmanuelle, 37 ans, mariée, deux enfants, un DEA[m] en poche, elle a cessé toute activité professionnelle depuis cinq ans pour être mère au foyer.** «Après de longues études—sept ans après le baccalauréat, dont un DEA à l'Ecole des hautes études en sciences sociales—je suis devenue l'assistante de la directrice d'une société d'études qualitatives du marché. C'était ludique et bien rémunéré.

Mais après la naissance de mon premier enfant, je me suis rendu compte que si je le mettais en crèche,[n] je ne le verrais que dix minutes le matin et un quart d'heure le soir! Alors j'ai donné ma démission. A aucun moment je n'ai eu le désir de reprendre mes activités professionnelles. Je n'ai finalement rien à me prouver, les choses importantes de mon existence sont ailleurs.»

[Extrait de *Psychologies*, Octobre 2001, pp. 82–92]

---

[l]en bonne forme physique et morale   [m]diplôme d'études approfondies (entre la maîtrise et le doctorat)
[n]*daycare*

## • *Avez-vous compris?*

### *Introduction*

1. Entre quoi et quoi est-on déchiré (partagé) dans le monde du travail?
2. Quelle promotion le patron d'Hélène lui proposait-il? Pourquoi a-t-elle refusé cette promotion? Quels sont les risques de son choix? Qu'est-ce qu'elle avait appris dans son école de commerce?
3. Expliquez comment le choix d'Hélène peut être considéré comme un «pacte néofaustien», c'est-à-dire un pacte avec le diable.

### *La désacralisation du travail*

4. Par quelle revendication notre époque est-elle marquée? Pourquoi est-ce que cela ne préoccupait pas les générations précédentes?

### *Place à l'extra-professionnel*

5. Pourquoi Joël ne veut-il pas être comme son père?
6. Selon Solenn, qu'est-ce que la révolution d'Internet a prouvé? Quelles sont les implications? Quelles sont les valeurs clés pour les jeunes?

### *Dire non à une société qui juge*

7. Selon Françoise Dany, pourquoi la vie professionnelle est-elle une «zone dangereuse»?
8. Quels sont les côtés positifs du travail? Qu'est-ce qui va changer dans la perception future du travail?

### *Stéphane et Emmanuelle*

9. Comment ces deux personnes ont-elles donné la priorité à leur équilibre personnel? Résumez leur situation.

## • *Et vous?*

A. **«Perdre sa vie à la gagner.»** Connaissez-vous des gens qui perdent leur vie à la gagner? Décrivez-les. Pourquoi est-ce un danger croissant dans la société moderne? Qu'est-ce que cette tendance révèle sur le monde «développé»?

B. **«Ton âme contre un salaire plus important.»** On a parfois l'impression de «vendre» son âme pour des gratifications immédiates, qu'il s'agisse de salaire ou d'autre chose. Dans quelles circonstances est-on tenté de vendre son âme? En groupes de deux, comparez des exemples que vous avez observés dans votre vie personnelle, dans l'actualité, dans l'histoire, dans la littérature ou au cinéma.

C. **La recherche de l'équilibre.** Que faites-vous pour trouver un équilibre entre les différents aspects de votre vie (études, travail, amis, famille, etc.)? En groupes de deux, comparez vos stratégies, vos réussites et vos échecs.

D. **La vie de famille et la vie professionnelle.** Dans une famille idéale, à votre avis, est-ce que les deux partenaires travaillent quand il y a de jeunes enfants? Quels sont les problèmes auxquels font face les mères de famille qui ont une carrière? Et les pères? Expliquez votre point de vue.

# Infinitives

## Expressing the Future with Infinitives

French speakers use a variety of ways to talk about the future without using the future tense.

### Observez et déduisez

Judging from **Les chemins de l'ambition,** describe six of those ways.

---

**Les chemins de l'ambition**

Qu'est-ce qu'elle **va faire** de sa vie? Elle **veut devenir** ingénieur, alors elle **compte faire** un bac C, puis elle **espère entrer** à l'Ecole polytechnique ou une autre grande école. **Après avoir fini** ses études, elle **a l'intention de travailler** pour une société internationale, car elle **tient à voyager.**

---

### Vérifiez

aller
vouloir
compter (*to plan to*)
espérer                          } + *infinitive*
avoir l'intention de (*to intend to*)
tenir à (*to be set on*)

## • Maintenant à vous

A. **Le monologue du vendredi.** Envisagez ce que vous allez faire vendredi soir, selon le modèle. Donnez votre réaction après chaque possibilité.

MODELE: je / étudier → Peut-être que je vais étudier vendredi soir.
(Oh, non! Il faut être fou pour étudier le vendredi soir.)

1. je / sortir avec des amis
2. on / aller voir un film de science fiction
3. je / rester chez moi à me tourner les pouces (*twiddle my thumbs*)
4. mes amis / venir regarder la télé avec moi

Est-ce que ce sera un vendredi soir typique?

B. **Les ambitions futures.** Comparez vos ambitions avec celles de deux personnes que vous connaissez bien, et la plupart des (*most*) gens en général. Formez autant de phrases que possible, affirmatives ou négatives, avec les éléments suivants.

*Sur le chemin de l'ambition?*

|  |  | devenir riche |
|--|--|---|
|  |  | trouver un travail intéressant |
|  |  | devenir célèbre |
| je | avoir l'intention | *mener* mener une vie ordinaire |
| mon ami(e) | compter | se marier |
| quelqu'un d'autre que je connais | espérer | avoir ____ enfants |
| la plupart des gens | tenir à | rester célibataire |
|  | vouloir | habiter à ____ |
|  |  | voyager |
|  |  | être en bonne santé |
|  |  | vivre vieux |
|  |  | ? |

Qui est le plus ambitieux (la plus ambitieuse) de la classe? Qui est le (la) plus raisonnable? le plus original (la plus originale)?

**C. Des situations épineuses** (*Sticky situations*). Pour chacune des situations suivantes, décidez avec un(e) partenaire cinq choses que vous comptez faire. Ensuite, comparez vos plans avec ceux des autres groupes.

1. Vous remarquez qu'un(e) camarade de classe triche pendant un examen.
2. Vous êtes une femme ingénieur dans une grande société. Vos collègues hommes avec les mêmes qualifications et la même ancienneté (*seniority*) ont reçu leur promotion, mais pas vous.
3. Vous êtes un employé (homme) dans une grande société. Une de vos collègues est visiblement traitée en inférieure par votre patron et certains autres employés. Cette situation vous irrite.
4. Définissez ensemble une autre situation épineuse, puis décidez ce que vous comptez faire.

## Use of Infinitives

When a conjugated verb is followed by another verb in French, the second verb is always an infinitive.

> Qu'est-ce que je **vais faire** ce week-end?
> Je ne **tiens** pas à **passer** tout le week-end à **étudier.**
> Mais je **suis obligé** de le **faire** si je **veux avoir** une bonne note.

The infinitive may follow the conjugated verb directly, or it may be preceded by the preposition **à** or **de.** The *governing* verb, or conjugated verb, determines whether a preposition is required. Why **tenir à** but **être obligé de**? Just as in English (*to prevent from, to engage in*), the only rule is usage, and each verb must be learned individually.

## Observez et déduisez

Most of the following verbs are familiar to you. Try adding an infinitive (such as **étudier**), with or without a preposition.

> MODELE: aimer → j'aime **étudier** / **à étudier** / **d'étudier**?

Your recollection of what you have read and heard will help you decide what sounds right. In this case, the answer is **j'aime étudier.** Try the same thing with the following verbs.

| | | |
|---|---|---|
| adorer | faire (On nous fait... ) | pouvoir |
| désirer | falloir (Il faut... ) | préférer |
| détester | laisser (Laissez-moi... ) | savoir |
| devoir | oser (*to dare*) | valoir (Il vaut mieux... ) |

Try it now with verbs of movement, such as the following.

| | | |
|---|---|---|
| aller | descendre | partir |
| courir | monter | venir |

And with verbs of perception, as in the following examples.

| | |
|---|---|
| Je vous regarde... | Je vous écoute... |
| Je vous vois... | Je vous entends... |

## Vérifiez

All the preceding verbs are followed directly (i.e., with *no* preposition) by an infinitive; so are **aller, compter, espérer,** and **vouloir,** seen earlier in this chapter.

## Observez et déduisez

Scan the following list of verbs to find a few you know well. Then decide which preposition (if any) they take before an infinitive. Try adding **à parler français** or **de parler français** to the sentences on the right.

| | |
|---|---|
| aider | Aide-moi... |
| s'amuser | Je m'amuse... |
| apprendre | J'apprends... |
| arriver (*to manage*) | J'arrive... |
| commencer | Je commence... |
| continuer | Je continue... |
| enseigner | Le professeur nous enseigne... |
| s'exercer (*to practice*) | Je m'exerce... |
| s'habituer (*to get used to*) | Je m'habitue... |
| hésiter (*to hesitate*) | J'hésite... |
| inviter | Le professeur nous invite... |
| obliger | Le professeur nous oblige... |
| renoncer (*to give up*) | Je renonce... |
| réussir | Je réussis... |

## Vérifiez

All the preceding verbs require the preposition **à** before an infinitive. The following verbs require the preposition **de** before an infinitive. Choose six, and create your own examples to illustrate each one. Be prepared to share those examples with the class. Be creative!

| | |
|---|---|
| accepter de | être heureux de* |
| arrêter de | être obligé de† |
| avoir envie de (*to feel like*) | éviter de (*to avoid*) |
| avoir honte de (*to be ashamed*) | s'excuser de |
| avoir peur de/craindre de | finir de |
| avoir raison de (*to be right*) | menacer de (*to threaten*) |
| avoir tort de (*to be wrong*) | oublier de |
| choisir de | permettre de |
| décider de | promettre de |
| défendre de / interdire de | refuser de |
|    (*to forbid*) | regretter de |
| demander de | remercier de |
| se dépêcher de | rêver de (*to dream of*) |
| dire de | risquer de |
| empêcher de (*to prevent*) | venir de (*to have just*) |
| essayer de | |

## Past Infinitives

The past infinitive is used to express the past with an infinitive. Verbs such as **s'excuser, regretter,** and **remercier** are often followed by a past infinitive, to indicate that you apologize, regret, or are thankful for something that *has already taken place.*

> Je vous remercie d'**être venus.**
> Veuillez m'excuser d'**être arrivé(e)** en retard; je regrette de ne pas **avoir téléphoné.**

Whenever the preposition **après** is followed by a verb, it is always a past infinitive.

> Après **avoir fini** ses études, elle veut travailler à l'étranger.

The past infinitive is formed with the infinitive of the auxiliary verb (**avoir** or **être**) and the past participle of the main verb. Note that the past participle of a past infinitive is subject to agreement (see rules about agreement of the past participle in **Chapitre 4**).

> Je **vous** remercie d'être venu**s.**
> Après être arrivé**e, elle** va nous téléphoner.

Note also that most negative expressions precede an infinitive.

> Elle regrette de **ne pas** être venue plus tôt.
> Je promets de **ne rien** dire.

---

*__Etre__ + an adjective expressing a feeling or emotion is always followed by **de** (**être content de, être fâché de, être fatigué de, être triste de,** etc.).
†Not to be confused with the active form **obliger à** (*to force someone to do something*).

# Essayez!

Combinez les deux phrases avec un infinitif, selon le modèle. Faites attention au temps. Si le deuxième verbe indique une action antérieure, utilisez l'infinitif passé.

MODÈLE: Tu as raison / Tu as parlé. → Tu as raison d'avoir parlé.

1. J'ai honte / J'ai fait des fautes bêtes.   2. Je vous demande / Ne faites pas de bruit.   3. Nous hésitons / Nous posons des questions.   4. Ils ont peur / Ils ont choisi la mauvaise réponse. 5. Je vous prie de m'excuser / Je vous dérange (*to disturb*).   6. Elle est désolée / Elle n'est pas venue.

*(Réponses page 230)*

## • *Maintenant à vous*

**D. Un jeu à deux.** Individuellement d'abord, préparez une liste de dix verbes tirés des listes à les pages 224–225. Puis mettez-vous en groupes de deux. Au signal du professeur, passez au jeu! Commencez des phrases avec chacun de vos verbes et votre partenaire devra ajouter **le faire, à le faire** ou **de le faire.**

MODÈLE: ETUDIANT(E) A: Nous réussissons...
ETUDIANT(E) B: ...à le faire.

Si la réponse n'est pas correcte, commencez une deuxième (ou une troisième) phrase avec le même verbe (**Je ne réussis pas toujours...** ). Quand vous aurez fini vos dix verbes, inversez les rôles.

**E. La conquête d'une langue.** Jean-Pierre, un étudiant français qui est venu passer quelques mois dans une université américaine, donne ses premières impressions. Reconstituez-les en formant des phrases complètes au présent avec les éléments donnés.

1. Je / venir / arriver
2. Alors je / ne... pas / oser / trop parler
3. Je / avoir peur / dire des bêtises
4. Mais je / devoir / s'habituer / parler anglais
5. Je / réussir / comprendre presque tout
6. Je / s'exercer / prendre l'accent
7. Mais je / renoncer / faire le *r* américain
8. Je / ne... pas / arriver / prononcer ce son!
9. Je / demander / souvent / mes amis / expliquer des mots
10. Ils / me / aider / faire des progrès

Faites un résumé de l'expérience de Jean-Pierre.

*Que faut-il faire pour entrer à la prestigieuse Ecole polytechnique? (Paris, France)*

**F. Et vous?** Que pensez-vous de la «conquête du français»? Donnez vos réactions—ironiques ou authentiques—selon le modèle.

MODELE: oublier / faire les liaisons →
J'oublie toujours (quelquefois) de faire les liaisons. (Je n'oublie jamais de faire les liaisons!)

1. aimer / passer des examens
2. éviter / faire des fautes
3. hésiter / lever la main quand je sais la réponse
4. être obligé(e) / répéter trente-six fois la même chose
5. détester / ?
6. essayer / ?
7. adorer / ?

**G. Vous et vos études.** Faites des phrases originales en combinant, en adaptant ou en complétant les éléments suivants. Ajoutez les prépositions nécessaires.

| | | |
|---|---|---|
| Tout d'abord | j'ai choisi | venir à cette université |
| Au début | j'ai failli | parce que... |
| Mais | je voulais | aller ailleurs |
| Et puis | j'avais peur | me spécialiser en... |
| Après ça | j'ai décidé | suivre des cours de... |
| Cette année | je pense | ne pas avoir fait... |
| Maintenant | je regrette | savoir ce que je vais faire |
| Plus tard | je commence | finir mes études |
| ? | je me dépêche | ? |
| | j'espère | |
| | ? | |

**H. Vous et l'avenir.** En groupes de deux, complétez les phrases suivantes.

Ce week-end...

1. Après / sortir de mon dernier cours / je / avoir l'intention...
2. Après / s'amuser / je / aller...

L'été prochain...

1. Après / rentrer chez moi / je / espérer...
2. Après / travailler (voyager) / je / compter...

Plus tard...

1. Après / finir mes études / je / compter...
2. Après / gagner assez d'argent / je / vouloir...

**I. La querelle des anciens et des modernes.** Les «modernes» sont les hommes qui favorisent l'émancipation de la femme; les «anciens» sont pour «la femme au foyer». En groupes de deux ou en deux équipes (sous forme de débat), reconstituez les opinions des modernes et des anciens.

| La femme | devoir / oser | faire ce qu'elle veut |
|---|---|---|
| | pouvoir / vouloir | comprendre son rôle |
| | commencer / continuer | réaliser son potentiel |
| | arriver / renoncer | s'occuper de ses enfants |
| | hésiter / éviter | négliger sa famille |
| | avoir peur / raison / tort | rester au foyer |
| | choisir / préférer | avoir les mêmes privilèges |
| | regretter / risquer | que les hommes |
| | ? | vivre une double vie |
| | | ? |

**J. Jeu de rôles.** Imaginez un jeune couple de professionnels où le mari est un ingénieur pour une grande entreprise internationale qui lui propose une promotion inespérée. Cette promotion est très importante pour sa carrière, mais le nouveau poste est en Afrique! La femme est avocate et vient de commencer une carrière très lucrative dans une entreprise locale. Si le mari accepte la promotion, la femme devra sacrifier sa carrière, pour quelques années en tout cas. Est-ce que la promotion de l'un justifie le sacrifice (temporaire) de la carrière de l'autre?

Etudiant(e) A:  Vous êtes le mari de ce jeune couple (l'ingénieur).
Etudiant(e) B:  Vous êtes la femme (l'avocate).
Etudiant(e) C:  Vous êtes un très bon ami (une très bonne amie) de ce couple, réputé(e) pour sa sagesse et ses conseils.

Discutez, considérez vos options, et essayez de prendre une décision!

## Avant d'écrire

**Business Letters.** French business letters differ in format from American business letters in the following ways.

1. *Date:* The city where the letter is mailed is mentioned with the date. (Paris, le 18 février, 2003)

2. *Name and address:* The name and address of the sender are placed on the left. The name and address of the recipient are on the right.

3. *Salutation:* If you do not know the recipient's name, use **Madame, Monsieur** (together). If you know his or her name, use **Monsieur, Madame,** or **Mademoiselle,** as appropriate. Never include the person's name. In a letter to someone you have met, you may write **Cher Monsieur, Chère Madame,** or **Chère Mademoiselle.**

4. *The body of the letter:* Here is an example of a first paragraph, which should include the purpose of the letter.

    > J'ai l'intention de passer six mois en France pour perfectionner mon français, et je vous serais très reconnaissant(e) de bien vouloir m'envoyer des renseignements sur vos cours de langue française pour étudiants étrangers.

    The other paragraphs give or request supplementary information, with a different paragraph for each category of information. Here are some examples.

    > J'ai vingt ans, et je suis étudiant(e) à l'université de _____ où je me spécialise en...

    > Je voudrais donc recevoir au plus vite tous les renseignements nécessaires sur votre programme: description des cours, conditions d'admission, frais d'inscription, possibilités de logement, etc.

5. *Conclusion:* Instead of a closing phrase, such as *Sincerely yours,* the French have a conventional concluding sentence. It is the last paragraph, and begins on the left. This concluding sentence uses the same form of address as the salutation.

    > Recevez, Madame, Monsieur, mes salutations distinguées.

    Other options include the following.

    > Croyez, Chère Madame, à l'assurance de ma considération distinguée.

    > Veuillez agréer, Monsieur, l'ex`pression de mes sentiments les meilleurs.

## • *Sujet de rédaction*

Vous cherchez un emploi dans une entreprise française. Ecrivez une lettre au chef du personnel, expliquant le genre de travail que vous cherchez, vos qualifications (études, diplômes, expérience, etc.), vos buts à long terme et l'importance de cet emploi dans vos plans professionnels.

Présentez votre lettre sous forme dactylographiée (*typed*), et selon les règles de la correspondance française.

 **Ensuite.** *Explorez en profondeur les thèmes et les structures qui se trouvent dans ce chapitre sur* ***www.mhhe.com/ensuite.***

---

**Réponses: Essayez!,** page 226: 1. J'ai honte d'avoir fait des fautes bêtes. 2. Je vous demande de ne pas faire de bruit. 3. Nous hésitons à poser des questions. 4. Ils ont peur d'avoir choisi la mauvaise réponse. 5. Je vous prie de m'excuser de vous déranger. 6. Elle est désolée de ne pas être venue.

---

*La machine remplacera-t-elle l'homme?*

# La conquête de l'avenir

## Lecture
- Cheikh Hamidou Kane: *L'Aventure ambiguë* [extrait]

## Structures
- The Future Tenses
- Talking About Places

## CHAPITRE 14

## L'avenir

L'avenir, c'est **tout à l'heure** (*in a little while*), **demain, d'ici demain** (*by tomorrow*), **après-demain** (*the day after tomorrow*), la **semaine prochaine,** le **mois prochain, l'année prochaine, dans deux ans, plus tard** (*later*), **en l'an 2020,** etc.

## Le monde de l'informatique et des communications

De plus en plus de Français ont un **ordinateur** (**PC** ou **Mac**), qui comprend un **écran** (*screen*), un **clavier** (*keyboard*) et une **souris** (*mouse*) avec laquelle on **clique** pour effectuer diverses opérations, comme **effacer** (*delete*), **sauvegarder** (*save*) ou **télécharger** (*download*). Pour **imprimer** (*print*) un **document,** il faut une **imprimante.** Pour multiplier les options d'un ordinateur, il faut beaucoup de **mémoire** [f.], de bons **logiciels** (*software*) et bien sûr un **modem** pour **accéder à Internet.** Que peut-on faire **en ligne**? On peut **s'informer, surfer sur des sites** [m.] **web, s'amuser, se faire des amis, faire du commerce, bénéficier** de programmes de **téléenseignement** (*long-distance learning*), **envoyer des messages électroniques** ou des **e-mails** [m.], avec ou sans **fichiers attachés** (*attached documents*); on peut aussi **échanger** des photos **numériques** (*digital*). Quand on **est connecté** aux **réseaux** [m.] (*networks*) d'Internet, les **frontières** [f.] (*borders*) disparaissent. Un danger cependant: on peut devenir un «**accro**» (*addict*) du Web et passer tout son temps devant son écran, oubliant la vie extérieure...

Un **outil** (*tool*) qui nous rappelle à la vie extérieure est le **téléphone** qui permet de **passer des coups de fil.** Le **portable** (*cell phone*) est en train de transformer la façon de **gérer** (*manage*) son temps car il permet de **modifier** jusqu'à la dernière minute les activités de tous les jours. Comme l'ordinateur, il transforme aussi le **rapport** avec l'espace, car il permet d'**être à plusieurs endroits en même temps.**

## La télévision

Avant de pouvoir regarder la télévision, il faut **brancher** (*plug in*) le **poste de télé** (*TV set*), **l'allumer** (*turn it on*) et peut-être **régler le son** (*adjust the sound*) ou **l'image** [f.].

Si une **émission** ou un **programme** ne nous plaît pas, on peut toujours **changer de chaîne** [f.] (*change the channel*) ou **éteindre** (*turn off*) la télé. Qu'y a-t-il comme émissions? Le **journal télévisé** ou les **actualités** [f.] (*news*), un **dessin animé** (*cartoon*), un **documentaire,** un **feuilleton** (*TV series or soap opera*), un **film,** un **spectacle de variétés,** un **jeu télévisé,** comme «la Roue de la Fortune», et bien sûr, la **publicité** ou la **pub** (*commercials*).

Le **câble** et le **satellite** permettent l'accès à des chaînes supplémentaires. Un foyer sur cinq, en France, **est abonné à** des chaînes du câble, comme Canal Plus ou Eurosport. Le **magnétoscope** permet d'**enregistrer** (*record*) des émissions. La télévision **numérique** (*digital*) et les **DVD** sont en train de révolutionner le monde de l'**audiovisuel.**

## L'exploration spatiale

On **lance** (*launches*) des **fusées** [f.] (*rockets*) pour explorer l'espace. Les **astronautes** montent à bord des **navettes spatiales** [f.] (*space shuttles*). Leur mission est parfois de déployer des **satellites** [m.] pour les télécommunications, par exemple.

## Les problèmes de l'avenir

La **guerre des étoiles** (*star wars*) aura-t-elle lieu, avec ses **armes** [f.] **nucléaires** et ses **missiles** [m.]?

L'**énergie** [f.] **nucléaire** n'est pas sans dangers; que faire des **déchets** nucléaires (*nuclear waste*) qui inquiètent tant les **écologistes**? La **pollution menace** (*threatens*) de plus en plus la nature et l'on ressent déjà les effets du **réchauffement de la planète** (*global warming*).

Parmi les problèmes économiques et sociaux, il y a bien sûr le **chômage,** la **pauvreté** et le développement des **pays du tiers-monde** (*third-world countries*).

### • *Parlons-en*

**A. Chassez l'intrus.** Un des mots de chaque liste est un intrus. Trouvez ce mot, expliquez pourquoi c'est un intrus et remplacez-le par un terme plus approprié.

1. après-demain, avant-hier, la semaine prochaine, dans quinze jours
2. la souris, le clavier, l'écran, le magnétoscope
3. télécharger, cliquer, gérer, surfer
4. un fichier, un documentaire, un feuilleton, une pub

**B. Le mot juste.** Voici la définition, à vous de trouver le mot juste.

1. C'est quelqu'un qui est passionné de quelque chose au point d'en devenir dépendant.
2. C'est quand on met une machine en état de fonctionnement.
3. C'est un synonyme de «téléphoner».
4. C'est un synonyme des actualités à la télé.
5. Il faut s'y abonner pour recevoir des chaînes de télé supplémentaires.
6. On les appelle aussi les pays «en voie de développement».

**18.05** Feuilleton : 8727295
**MELROSE PLACE**
Sans pitié. Billy et Alison veulent passer un contrat avec un client difficile et l'invitent dans une boîte... (Distribution : voir vendredi)

**19.00** Série : **BEVERLY HILLS** 9552
Désillusion. Bill Taylor, le père de Kelly, qu'elle n'a pas vu depuis quinze ans, veut s'installer à Los Angeles...
INTERPRÈTES. — Jennie Garth (Kelly), Jason Priestley (Brandon), Luke Perry (Dylan), Brian Austin Green (David), Kathleen Robertson (Claire), Tori Spelling (Donna), Joe E. Tata (Nat), Tiffani-Amber Thiessen (Valerie), Jamie Walters (Ray), Ian Ziering (Steve), Jason Wiles (Colin), Emma Caulfield (Susan), Cameron Bancroft (Joe).

**20.00** LE JOURNAL 77403674

**20.30** Football : 3896295
**FRANCE/ANGLETERRE**
Tournoi de France, en direct du stade La Mosson à Montpellier. Commentaires : Thierry Roland et Jean-Michel Larqué.

Une belle affiche qu'on pourrait qualifier de grand classique du football européen. Cependant, ces deux équipes ne se sont pas mesurées depuis plusieurs années. En effet, leur dernière confrontation remonte à l'Euro 92 en Suède, rencontre qui s'était soldée par un match nul. L'Angleterre, tout comme l'Italie, l'Espagne et l'Allemagne, fait partie des nations de pointe en Europe ; à ce titre, il est toujours très instructif de se mesurer au football anglais, l'un des plus profession-

*MacManaman, l'un des fers de lance de l'équipe à la rose.*

nels. Demi-finaliste lors de l'Euro 96 il y a un an, devant son public, cette équipe s'est inclinée aux tirs au but face aux Allemands, futurs champions d'Europe. Parmi les joueurs qu'alignera l'entraîneur Glenn Hoddle, on devrait retrouver sur la pelouse le meilleur buteur de l'Euro 96, Shearer, les deux jeunes attaquants de Liverpool, Fowler et MacManaman, ainsi que le gardien Seaman...

**22.40** Téléfilm : 2711945
**UNE SALE ARNAQUE**
Lucinda, la distinguée, belle et riche épouse de Jim Sullivan, un homme d'affaires très occupé, a pour amant un certain Scott, bellâtre d'une trentaine d'années. Un jour, une lettre arrive chez Lucinda : il s'agit d'une demande d'argent en échange du silence sur son aventure avec Scotty...
INTERPRÈTES. — Dale Midkiff (Scott), Susan Blakely (Lucinda Sullivan), Beth Toussaint (Charlene), Mac Davis (Norm), John Saxon (Gene). △

**0.20** PATINAGE ARTISTIQUE 9797408
7ᵉ édition des Masters Miko. (En différé.)

**1.25** TF 1 NUIT 7710069

**1.35** REDIFFUSIONS
Les rendez-vous de l'entreprise — 2.15 Feuilleton : Les grandes espérances — 2.50, 3.50, 4.45 et 5.15 Histoires naturelles.

**C. La définition.** Voici le mot juste, à vous de donner la définition.

1. une imprimante
2. Internet
3. enregistrer
4. un outil
5. un portable
6. un dessin animé
7. une navette spatiale
8. un écologiste
9. ?
10. ?

**D. L'ordinateur et vous.** En groupes de deux, comparez vos habitudes: Combien de temps passez-vous devant l'ordinateur chaque jour? Qu'est-ce que vous y faites? Quand vous surfez sur le web, quels genres de sites visitez-vous? Pour vous, l'ordinateur est-il avant tout un outil de travail, de communication, d'éducation ou de loisirs?

**E. La télé et vous.** Avec un(e) autre partenaire, comparez les émissions que vous aimez regarder à la télé, puis donnez votre opinion de la télévision en général—quels en sont les avantages et les inconvénients?

**F. Une journée typique dans dix ans.** Que ferez-vous? Que verrez-vous quand vous regarderez par la fenêtre de votre salon? Que regarderez-vous à la télé? Comment seront les ordinateurs? Quelles autres technologies y aura-t-il? De quoi parleront les journaux? Quels seront les sujets d'actualité? Discutez avec un(e) partenaire en faisant une liste des prédictions que vous avez en commun, et une autre liste des idées que vous ne partagez pas.

**G. Réflexion culturelle.** Donnez votre réaction personnelle aux observations culturelles suivantes. Qu'est-ce que ces observations révèlent? Comparez avec votre pays.

1. 99% des foyers français sont équipés d'une télé, qui reste allumée entre trois et cinq heures par jour en moyenne, mais d'une manière générale, les Français ne sont pas très satisfaits de la télévision. Ils trouvent les programmes culturellement pauvres et la publicité (qui n'interrompt pourtant pas souvent les émissions en France) irritante.
2. Il ne faut pas rester longtemps en France pour s'apercevoir qu'il y a beaucoup de chansons anglaises ou américaines à la radio. Mais la loi oblige les radios à diffuser au moins 40% de chansons françaises!
3. S'il y a environ un ordinateur pour deux habitants aux Etats-Unis, il n'y en a qu'un pour 6 000 en Afrique. Pour combler un petit peu ce «fossé numérique» (*digital divide*), des ONG (organisations non gouvernementales) essayent d'installer des cybercafés et des «cyberpops» (points Internet) dans les villes africaines. Selon les analystes, le fossé numérique et le fossé économique sont étroitement liés.

*Cheikh Hamidou Kane*

## Avant de lire

### Culture et contexte

L'Afrique a gardé des cicatrices (*scars*) profondes de son passé. Il y a eu d'abord
l'esclavage et la traite négrière qui ont enlevé à l'Afrique plus de 100 millions de
ses hommes, femmes et enfants entre le XV^e et le XIX^e siècles, et qui ont donné
lieu au plus grand génocide de tous les temps. Puis il y a eu la colonisation par les
Portugais, les Allemands, les Anglais, les Belges et les Français, qui, par le Traité
de Berlin en 1885, se sont partagé l'Afrique comme on se partage des cartes de
poker. Les frontières, artificielles, ne tenaient aucun compte de l'identité culturelle des peuples africains qui se sont vu imposer la culture européenne. Dans ce
processus d'assimilation, l'outil le plus efficace était l'école, «plus forte que les
canons», comme le dit Cheikh Hamidou Kane dans *L'Aventure ambiguë*. Dans ce
chef-d'œuvre de la littérature africaine, publié en 1961, Kane considère la situation du pays des Diallobé, au nord-est du Sénégal, pendant la période coloniale.
Le Sénégal est un pays musulman, et la seule école qui existait au pays des Diallobé avant l'arrivée des Français était l'école coranique, ou «le foyer ardent»
(*glowing hearth*), dirigé par «le Maître». «L'aventure ambiguë» commence par
un grand dilemme: faut-il envoyer les enfants à «l'école nouvelle», l'école des
blancs, au risque de les voir perdre leur culture et leur foi (*faith*), ou bien l'école
coranique est-elle suffisante? Dans le passage que vous allez lire, le Maître de
l'école coranique, le Chef des Diallobé et sa sœur, la Grande Royale, partagent
leurs opinions et leurs doutes sur le sujet. Finalement une décision va être prise...

Né en 1928 au Sénégal, Cheikh Hamidou Kane a donc connu l'époque
coloniale. Après des études de philosophie et d'administration à Paris, il a aussi
connu l'Indépendance en 1960, et en tant que ministre dans le gouvernement de
la nouvelle République du Sénégal, il a passé une grande partie de sa vie à essayer
de résoudre «l'aventure ambiguë» de l'Afrique. Son deuxième roman, *Les Gar-
diens du Temple* (1995), illustre la nécessité de garder le «temple» des traditions
au cœur de la modernité.

### Stratégies de lecture

- **Anticipation.** Imaginez que vous avez la responsabilité de décider de
l'avenir de votre communauté, une communauté qui malgré la présence
coloniale, a su garder ses traditions. Si les enfants de la communauté vont
à l'école des blancs, qu'est-ce qui va arriver? Vont-ils perdre leurs traditions
et leur foi? Mais s'ils n'y vont pas, quelles seront les conséquences? Les
Diallobé pourront-ils survivre dans le monde moderne sans avoir les
mêmes connaissances que les blancs? En groupes de deux, considérez
les deux options, faites une liste du pour et du contre, et prenez votre
décision.

# L'Aventure ambiguë [extrait]
## CHEIKH HAMIDOU KANE

—Si je leur dis d'aller à l'école nouvelle, ils iront en masse [dit le chef des Diallobé]. Ils y apprendront toutes les façons de lier le bois au bois* que nous ne savons pas. Mais, apprenant, ils oublieront aussi. Ce qu'ils apprendront vaut-il ce qu'ils oublieront? Je voulais vous demander: peut-on apprendre ceci sans oublier cela, et ce qu'on apprend vaut-il ce qu'on oublie?  5

—Au foyer,[a] ce que nous apprenons aux enfants, c'est Dieu [répondit le Maître]. Ce qu'ils oublient, c'est eux-mêmes. Ainsi, ce qu'ils apprennent vaut infiniment mieux que ce qu'ils oublient.

—Si je ne dis pas aux Diallobé d'aller à l'école nouvelle, ils n'iront pas. Leurs demeures[b] tomberont en ruine, leurs enfants mourront ou seront réduits en esclavage. La misère s'installera chez eux et leurs cœurs seront pleins de ressentiments...[c]  10

La Grande Royale était entrée sans bruit, selon son habitude. Elle avait laissé ses babouches[d] derrière la porte. C'était l'heure de sa visite quotidienne à son frère. Elle prit place sur la natte,[e] face aux deux hommes.  15

—Je suis une pauvre chose qui tremble et qui ne sait pas [dit le chef des Diallobé]. Ce lent vertige[f] qui nous fait tourner, mon pays et moi, prendra-t-il fin? Grande Royale, dites-moi que votre choix vaudra mieux que le vertige; qu'il nous en guérira et ne hâtera pas notre perte, au contraire. Vous êtes forte. Tout ce pays repose sous votre grande ombre.[g] Donnez-moi votre foi.  20

—Je n'en ai pas... L'école étrangère est la forme nouvelle de la guerre que nous font ceux qui sont venus,[h] et il faut y envoyer notre élite, en attendant d'y pousser tout le pays... Notre détermination d'envoyer la jeunesse noble du pays à l'école étrangère ne sera obéie que si nous commençons par y envoyer nos propres enfants.  25

***

[Peu après, La Grande Royale s'adresse au peuple.]

—Gens du Diallobé, dit-elle au milieu d'un grand silence, je vous salue... J'ai fait une chose qui ne nous plaît pas, et qui n'est pas dans nos coutumes. J'ai demandé aux femmes de venir aujourd'hui à cette rencontre. Nous autres

---

[a]ici: école coranique  [b]maisons  [c]mot ap.  [d]chaussures  [e]*mat*  [f]égarement d'esprit, confusion  [g]*shadow*
[h]ceux... les Français

---

*****Lier le bois au bois:** Literally, to bind the wood to wood. Play on words: The French word **école** sounds like the Diallobé word for *wood.* In other words, school teaches people how to build solid wooden edifices (a metaphor for building solid economic security for the country).

Diallobé, nous détestons cela, et à juste titre,[i] car nous pensons que la femme 30
doit rester au foyer.[j] Mais de plus en plus, nous aurons à faire des choses que
nous détestons, et qui ne sont pas dans nos coutumes. C'est pour vous exhorter
à faire une de ces choses que j'ai demandé de vous rencontrer aujourd'hui.
Je viens vous dire ceci: moi, Grande Royale, je n'aime pas l'école étrangère. Je
la déteste. Mon avis est qu'il faut y envoyer nos enfants cependant. 35

    L'assistance demeurait immobile, comme pétrifiée. La Grande Royale
seule bougeait...

    —L'école où je pousse nos enfants tuera en eux ce qu'aujourd'hui nous
aimons et conservons avec soin, à juste titre. Peut-être notre souvenir lui-
même mourra-t-il en eux. Quand ils nous reviendront de l'école, il en est qui 40
ne nous reconnaîtront pas. Ce que je propose c'est que nous acceptions de
mourir en nos enfants et que les étrangers qui nous ont défaits[k] prennent en
eux toute la place que nous aurons laissée libre... Quelqu'un veut-il parler?

    Nul ne répondit.

    —Alors la paix soit avec vous, gens des Diallobé, conclut la Grande 45
Royale.

───────

[i]à... avec raison    [j]au... à la maison    [k]*defeated*

## • *Avez-vous compris?*

**A.** Les phrases suivantes sont-elles vraies ou fausses? Si elles sont fausses,
corrigez-les.

    1. Le chef des Diallobé est tout à fait pour l'école nouvelle.
    2. Les Diallobé feront ce que leur chef ordonnera.
    3. Refuser l'école nouvelle peut conduire les Diallobé à la misère.
    4. Au foyer du Maître, les enfants apprennent le sacrifice d'eux-mêmes.
    5. La Grande Royale aime l'école nouvelle.
    6. C'est le Maître des Diallobé qui prend la décision finale.
    7. Chez les Diallobé, la coutume veut que les femmes restent au foyer.
    8. Les coutumes vont changer.
    9. L'école nouvelle ne présente aucun danger.
   10. Le peuple est enthousiasmé par la nouvelle.

**B.** Faites une liste des avantages et des inconvénients de l'école nouvelle, selon le
texte, et expliquez chacun d'eux.

**C.** Dans quel sens l'école étrangère est-elle une nouvelle forme de guerre dans un
pays colonisé?

**D.** Quel sacrifice la Grande Royale est-elle prête à faire? Pourquoi?

## • *Et vous?*

**A.** Est-ce que le «progrès» est toujours bon pour l'humanité? Donnez des exemples positifs et négatifs.

**B.** Pourquoi êtes-vous à l'université? Expliquez le rôle que jouera une éducation plus poussée dans votre avenir. Imaginez ce qui arrivera dans quinze ans à ceux qui n'auront pas eu la chance de faire des études universitaires.

**C.** D'après vous, les études sont-elles parfois en conflit avec les convictions personnelles? Vos études ont-elles changé votre façon de voir certaines choses? Expliquez en donnant des exemples.

**D.** Peut-on encore vivre et être heureux avec une éducation qui repose principalement sur la tradition?

**E.** Avez-vous parfois l'impression de vivre une «aventure ambiguë», où vous êtes déchiré (*torn*) entre deux identités? Quelles sont ces deux identités? Comment essayez-vous de les concilier?

**F.** L'aventure ambiguë de l'Afrique continue. Elle continue à travers la diaspora, c'est-à-dire tous ces émigrés en Europe ou en Amérique qui essaient de concilier deux identités, deux cultures. Elle continue aussi en Afrique où le conflit entre la tradition et la modernité prend parfois des dimensions dévastatrices. En groupes de deux, imaginez que l'un(e) de vous est un volontaire pour le Corps de la Paix dans un petit village au Sénégal. L'autre est un jeune homme ou une jeune fille du village qui rêve d'aller faire ses études aux Etats-Unis—et peut-être d'y rester après. Partir ou rester? Discutez le pour et le contre.

## ✒ *Structures*

## *The Future Tenses*

There are two future tenses in French: the **futur simple** expresses an action that *will take place;* the **futur antérieur,** a compound tense, expresses an action that *will have taken place* before another future action. In general, the future tenses in French are used in the same way as in English. There is one important difference, however.

### Observez et déduisez

In **Une décision difficile,** what tense is used after **quand**? What tense would be used in English?

## Vérifiez

If the context is future, French speakers use a future tense (*not* the present) after the following words.

| | |
|---|---|
| quand / lorsque | *when* |
| dès que / aussitôt que | *as soon as* |
| tant que | *as long as* |

If the actions of both clauses will take place in the same time frame, the **futur simple** is used.

| | |
|---|---|
| Quand ils nous **regarderont,** ils ne nous **reconnaîtront** pas. | *When they look at us, they won't recognize us.* |

If, in the sequence of future events, one action must be completed *before* other actions can take place, the **futur antérieur** is used (*before* → ***antérieur***).

| | |
|---|---|
| Quand ils reviendront, ils **seront devenus** des étrangers. | *When they come back, they will have become strangers.* |
| Quand j'**aurai obtenu** mon diplôme, je chercherai du travail. | *When I graduate, I'll look for a job.* |

Because of its use with **quand** and other conjunctions, the **futur antérieur** is more common in French than the future perfect is in English.

# Essayez!

Dans les phrases suivantes, est-ce que les verbes en italique se traduiraient au présent, au passé composé, au futur simple ou au futur antérieur?

MODELE: I'll tell you everything when I *see* you. → futur simple

1. As long as we *are* students, we won't have any money.   2. Call me as soon as you *can*.   3. I was still hungry when I *left*.   4. You won't be hungry when you *leave*!   5. I'm always hungry when I *leave*.   6. As long as you *haven't finished* eating, you won't leave the table.

*(Réponses page 248)*

## Formation: The *futur simple*

### Rappelez-vous

To form the future tense of almost all French verbs, use the infinitive as the stem (for **-re** verbs, drop the **e**). The last letter of the future stem will always be an **r.** Then add the endings **-ai, -as, -a, -ons, -ez, -ont.**

## Essayez!

Mettez au futur.

1. allumer (je)  2. éteindre (tu)  3. choisir (elle)  4. prendre (nous)
5. dire (vous)  6. se reposer (ils)

*(Réponses page 248)*

A few verbs have irregular future stems. For each one (except impersonal expressions), give the **tu** and the **vous** forms.

| INFINITIVE | STEM | EXAMPLE |
|---|---|---|
| aller | **ir-** | j'irai |
| avoir | **aur-** | j'aurai |
| courir | **courr-** | je courrai |
| devoir | **devr-** | je devrai |
| envoyer | **enverr-** | j'enverrai |
| être | **ser-** | je serai |
| faire | **fer-** | je ferai |
| falloir | **faudr-** | il faudra |
| mourir | **mourr-** | je mourrai |
| pleuvoir | **pleuvr-** | il pleuvra |
| pouvoir | **pourr-** | je pourrai |
| recevoir | **recevr-** | je recevrai |
| savoir | **saur-** | je saurai |
| tenir | **tiendr-** | je tiendrai |
| valoir | **vaudr-** | il vaudra |
| venir | **viendr-** | je viendrai |
| voir | **verr-** | je verrai |
| vouloir | **voudr-** | je voudrai |

With stem-changing **-er** verbs, the following changes occur in the future.

1. Verbs like **acheter: e → è** in all forms.

   J'achèterai une nouvelle télé.

2. Verbs like **préférer:** no change.

   Je préférerai sûrement le modèle le plus cher.

3. Verbs like **jeter** and **appeler:** double the consonant in all forms.

Je ne jetterai pas ma vieille télé.

4. Verbs ending in **-yer: y → i** in all forms.*

Je ne m'ennuierai pas.

## Essayez!

Mettez au futur.

1. se rappeler (nous)  2. se lever (tu)  3. répéter (je)  4. employer (il)
5. se promener (elles)  6. nettoyer (vous)

*(Réponses page 248)*

## Formation: The *futur antérieur*

The **futur antérieur** is formed with the future of the auxiliary **avoir** or **être** and the past participle of the main verb.

| | |
|---|---|
| Quand ils reviendront, ils **auront changé.** | *When they come back, they will have changed.* |
| Dès qu'ils **seront revenus,** ils voudront repartir. | *As soon as they have returned, they'll want to leave again.* |

---

*For verbs ending in **-ayer,** the change is optional: **j'essaierai** or **j'essayerai.**

# Essayez!

Mettez au futur antérieur.

1. revenir (tu)  2. ne rien voir (nous)  3. s'ennuyer (elles)  4. bien dormir (on)

*(Réponses page 248)*

## • *Maintenant à vous*

**A. Si tu vas à leur école...** Dans le village des Diallobé, une maman considère l'avenir de son fils. Qu'est-ce qui lui arrivera? Complétez selon le modèle.

MODELE: changer → Tu changeras.

1. apprendre à lire
2. lire les livres des Blancs
3. devenir comme eux
4. voir des choses nouvelles
5. faire des choses nouvelles
6. obtenir toutes sortes de connaissances
7. oublier nos traditions
8. ne plus vouloir revenir au village
9. ?

**B. Pas nécessairement...** Le fils essaie de rassurer sa mère. Composez des phrases au futur selon le modèle.

MODELE: je suis à l'école / je pense au village →
    Quand je serai à l'école, je penserai au village.

1. je suis à l'école / j'apprends beaucoup de choses
2. j'apprends des choses nouvelles / je n'oublie pas nos traditions
3. je sais tout / je reviens
4. je reviens / je peux aider le village
5. je fais ça / tu es fière de moi!

**C. Est-ce que... ?** En tant qu'observateur (observatrice) sceptique, vous vous posez des questions au futur ou au futur antérieur, selon les modèles.

MODELES: il finit l'école / il revient →
    Quand il finira l'école, est-ce qu'il reviendra?

    il finit l'école / il a changé →
    Quand il finira l'école, est-ce qu'il aura changé?

1. il revient au village / il est devenu un étranger
2. il revient / il a oublié les traditions
3. il voit ses ancêtres / il apprécie leurs qualités
4. il se rappelle la ville / il veut rester au village
5. il sort de l'école / il a appris à être heureux

Pensez à deux ou trois questions supplémentaires que vous vous posez sur l'avenir de ce garçon.

**D. L'avenir en face.** Quittons maintenant l'Afrique et analysons les résultats d'une enquête faite en France, intitulée «L'avenir en face». Résumez oralement pourquoi certains enfants pensent que dans dix ans la vie sera: a) mieux que maintenant et b) moins bien que maintenant.

MODÈLE: Quarante-neuf pour cent des enfants pensent que la vie dans dix ans sera mieux que maintenant parce que tous les pays vivront en paix.

### L'avenir en face

| Pour toi, réussir dans la vie, c'est... | |
|---|---|
| Avoir un métier intéressant | 64 % |
| Aider les autres | 44 |
| Etre sûr(e) de ne jamais être au chômage | 34 |
| Faire ce qu'on a envie | 31 |
| Gagner beaucoup d'argent | 27 |
| Travailler dans les métiers d'avenir | 27 |
| Commander les autres | 4 |

| Dans une dizaine d'années, quand tu auras à peu près 20 ans, la vie sera... | |
|---|---|
| Mieux que maintenant | 49 % |
| Pareille que maintenant | 31 |
| Moins bien que maintenant | 20 |

| Parmi ces mauvaises choses, quelles sont celles qui, à ton avis, arriveront quand tu auras à peu près 20 ans? | |
|---|---|
| Il n'y aura pas de travail | 34 % |
| Il y aura la guerre | 22 |
| Il y aura beaucoup de maladies | 20 |
| Il n'y aura presque plus d'animaux | 18 |
| Il fera beaucoup plus froid | 16 |
| Il n'y aura presque plus à manger | 6 |
| Sans réponse | 18 |

| Et parmi ces bonnes choses? | |
|---|---|
| Il y aura des robots partout | 33 % |
| Il n'y aura plus d'enfants qui ont faim | 33 |
| Tu pourras voyager dans l'espace | 31 |
| On vivra beaucoup plus longtemps | 27 |
| On travaillera moins | 26 |
| Tous les pays vivront en paix | 25 |
| Il y aura du travail pour tout le monde | 21 |

**Et vous?** En groupes de deux, discutez les questions suivantes. Qu'est-ce que «la réussite» veut dire pour vous? (Nommez un minimum de cinq choses que vous ferez pour «réussir» dans la vie.) A votre avis, qu'est-ce qui aura changé dans dix ans? Qu'est-ce qui sera mieux? Qu'est-ce qui sera moins bien? Qu'est-ce qui ne changera jamais? Utilisez le vocabulaire du chapitre et soyez prêts à présenter vos conclusions au reste de la classe.

**E. C'est bien beau de rêver...** En groupes de deux, complétez les phrases suivantes de façon personnelle. Comparez vos réponses et discutez les différences.

1. Les voyages dans l'espace seront accessibles à tous quand...
2. Il y aura moins de problèmes de pollution quand...
3. Les gens n'auront plus peur de vieillir quand...
4. La télévision restera une sorte d'«opium du peuple» tant que...
5. Les pays du tiers monde se développeront davantage dès que...

**F. Des hypothèses.** Qu'est-ce que vous ferez dans les cas suivants? Discutez en groupes de deux.

1. Si vous apprenez qu'il n'y a plus aucun débouché dans votre domaine de spécialisation...
2. Si ça ne vous intéresse plus de faire des études universitaires...
3. Si vous héritez d'un million de dollars...
4. Si on vous propose un voyage sur la prochaine navette spatiale...
5. Si ça devient possible d'acheter un terrain sur la lune...
6. Si la Troisième Guerre mondiale éclate...

# Talking About Places

## Observez et déduisez

When the name of a country is used as a subject or a direct object, what does it require? Is the same true for cities?

**Going *to* or being *in* a place:** What preposition is used with feminine countries*? masculine countries starting with a vowel? masculine countries starting with a consonant? cities?

> Vous allez **en** France? Ah! **La** France est belle, n'est-ce pas? J'adore Paris; je vais souvent **à** Paris. L'été prochain, nous irons **au** Sénégal. Nous n'avons jamais visité **le** Sénégal. L'été dernier, nous avons fait un voyage **en** Israël.

## Vérifiez

When names of *countries, continents, provinces,* and *states* are used as subjects or direct objects, they require a definite article.

Connaissez-vous **l'**Europe?

No article is used with cities unless the article is part of the name, such as **Le Havre** and **Le Caire.**

Le Caire est la capitale de l'Egypte.

---

*If the name of a country, continent, island, state, or province ends with an **e,** the gender is feminine. If it ends with anything but an **e,** the gender is masculine. The exceptions are **le Cambodge, le Maine, le Mexique, le Zaïre,** and **le Zimbabwe.**

**PREPOSITIONS WITH COUNTRIES, CONTINENTS, ETC.**

| CATEGORY | GOING **TO** / BEING **IN** | COMING FROM |
|---|---|---|
| *Feminine countries, islands, provinces, and continents* | **en**<br>Quand nous serons en Europe, nous irons en Allemagne. | **de**<br>Elle vient de Normandie. |
| *Masculine countries starting with a vowel* | **en**<br>Il est né en Iran. | **d'/de l'**<br>Il est originaire d'Iran/ de l'Iran. |
| *Masculine countries starting with a consonant* | **au**<br>On parle espagnol au Chili. | **du**<br>Il revient du Brésil. |
| *Cities and masculine islands* | **à**<br>Nous sommes restés à Madrid. | **de**<br>Elle vient de Tahiti. |
| *Plural geographical names* | **aux**<br>Vous allez aux Antilles? | **des**<br>Nous sommes des Etats-Unis. |

**PREPOSITIONS WITH AMERICAN STATES** With most states, follow the same rules as for countries. Masculine states present a few peculiarities.

| CATEGORY | GOING **TO** / BEING **IN** | COMING FROM |
|---|---|---|
| *Feminine names* | **en**<br>en Californie, en Caroline du Nord/du Sud, en Floride, en Géorgie, en Louisiane, en Pennsylvanie, en Virginie | **de**<br>Vous êtes de Californie |
| *Islands* | **à**<br>Ils habitent à Hawaï. | **de/d'**<br>Ils sont d'Hawaï. |
| *Masculine names starting with a vowel* | **en/dans l'**<br>Nous sommes allés en Utah/dans l'Utah. | **d'/de l'**<br>Elle vient d'Arizona/de l'Arizona. |
| *Masculine names starting with a consonant* | 1) Texas → **au**<br> Ils habitent au Texas.<br>2) all others → **dans le**<br> Un voyage dans le Maine ou dans le Vermont? | **du**<br>Ils sont du Texas.<br><br>Je reviens du Mississippi. |

*Connaissez-vous
Venice en Italie?*

To avoid confusion between states and cities with the same name, use **dans l'état de** before the states of New York and Washington.

Rochester est dans l'état de New York.

# Essayez!

Complétez.

Nous ferons un voyage ___¹ Moyen-Orient; nous irons ___² Beyrouth, ___³ Liban, puis nous visiterons ___⁴ Syrie avant d'aller ___⁵ Arabie Saoudite.

*(Réponses page 248)*

## • *Maintenant à vous*

**G. Un jeu.** Connaissez-vous votre géographie? En groupes de deux ou en deux équipes, dites dans quel pays, quel état ou quelle province vous serez quand vous arriverez dans telle ou telle ville.

MODELE: Berlin → Quand j'arriverai à Berlin, je serai en Allemagne.

| VILLES | PAYS, ETATS |
|---|---|
| 1. Las Vegas 2. Tokyo 3. Le Caire 4. Bombay 5. Rio de Janeiro 6. Pékin 7. Santiago | Floride; Hawaï; Chili; Tennessee; Sénégal; Grèce; Australie; Maroc; Israël; France; Alberta; Bulgarie; |

| VILLES | PAYS, ETATS |
|---|---|
| 8. Calgary 9. Varsovie | Egypte; Mexique; Italie; Japon; |
| 10. Portland 11. Casablanca | Pennsylvanie; Brésil; Pologne; |
| 12. Istanbul 13. Jérusalem | Turquie; Espagne; Inde; Russie; |
| 14. Athènes 15. Orlando | Tchad; Danemark; Suisse; Chine; |
| 16. Copenhague 17. Sofia | Oregon; Suède; Nevada |
| 18. N'Djamena 19. Honolulu | |
| 20. Acapulco 21. Stockholm | |
| 22. Madrid 23. Rome | |
| 24. Moscou 25. Memphis | |
| 26. Philadelphie 27. Marseille | |
| 28. Sydney 29. Dakar 30. Genève | |

**H. Des points communs.** En circulant dans la classe, posez des questions à vos camarades pour savoir si vous avez des points géographiques communs. Demandez-leur (1) où ils sont nés, (2) dans quels états ou pays ils ont habité, (3) quels pays ou états ils ont visités et (4) d'où viennent leurs ancêtres. Notez les réponses, faites une liste des points communs et puis préparez-vous à la présenter à la classe.

**I. Où irez-vous?** Imaginez que vous avez gagné un voyage autour du monde pour l'été prochain. Où irez-vous, et pourquoi? Discutez en groupes de deux. Faites une liste des goûts que vous avez en commun.

**J. Jeu de rôles.** En groupes de trois, jouez la situation suivante.

Etudiant(e) A: Vous voulez abandonner vos études pendant deux ans pour travailler comme volontaire dans le Corps de la Paix. Cette expérience vous permettra de voyager, peut-être d'utiliser votre français, d'apprendre d'autres langues, de découvrir d'autres cultures, d'aider les gens, etc. C'est l'école de la vie, avec tous ses avantages!

Etudiants B et C: Vous êtes les parents et vous pensez à tous les désavantages de cette idée: les risques de tomber malade—d'attraper le paludisme (*malaria*) ou d'autres maladies, le retard dans les études, l'éloignement de la famille, etc. Discutez le pour et le contre, posez beaucoup de questions et imaginez plusieurs scénarios. Qui saura être le plus convaincant?

# Par écrit

## Avant d'écrire

**Defining Your Audience.** In conversation, there are instant reminders—for instance, in the form of a puzzled frown—that listeners need more information to understand what you want to say. Because there are no such reminders when you write, you need to anticipate the information your readers will need.

In reading an autobiographical essay, for example, a reader who is not acquainted with you will require more background information than someone who knows you. Before you start writing about the topic that follows, do the prewriting activities described here.

1. Identify two possible readers: one who knows you well, and one who doesn't know you (or who knows you only superficially).

2. For each reader, make a list of the information you need to include to paint a clear picture of your life twenty years from now. Organize the information in two columns. Notice the differences between the lists.

Now decide which reader you prefer to address, and develop your essay accordingly. When you have finished your rough draft, do the following things.

1. Edit for content. Have you kept your audience in mind throughout? Does your choice of information reflect this? Is the information clearly organized?

2. Proofread for grammar. Is your use of **futur** or **futur antérieur** appropriate, especially with **quand** and other conjunctions? Check for agreement of verbs with subjects, adjectives with nouns, etc.

3. Proofread for spelling and accents. Use a dictionary if necessary.

## • *Sujet de rédaction*

**Ma vie dans vingt ans.** Comment serez-vous dans vingt ans—physiquement et du point de vue de la personnalité? Aurez-vous changé? Où habiterez-vous? Serez-vous marié(e)? Aurez-vous des enfants? Comment sera votre maison ou votre appartement? Quel genre de travail ferez-vous? Quels diplômes aurez-vous obtenus? Quels voyages aurez-vous faits? Quels seront vos meilleurs souvenirs? Quelles seront vos aspirations? Donnez libre cours à votre imagination.

 **Ensuite.** *Explorez en profondeur les thèmes et les structures qui se trouvent dans ce chapitre sur* ***www.mhhe.com/ensuite.***

---

**Réponses: Essayez!,** page 239: 1. futur simple 2. futur simple 3. passé composé 4. futur simple 5. présent 6. futur antérieur

**Réponses: Essayez!,** page 240: 1. j'allumerai 2. tu éteindras 3. elle choisira 4. nous prendrons 5. vous direz 6. ils se reposeront

**Réponses: Essayez!,** page 241: 1. nous nous rappellerons 2. tu te lèveras 3. je répéterai 4. il emploiera 5. elles se promèneront 6. vous nettoierez

**Réponses: Essayez!,** page 242: 1. tu seras revenu(e) 2. nous n'aurons rien vu 3. elles se seront ennuyées 4. on aura bien dormi

**Réponses: Essayez!,** page 246: 1. au 2. à 3. au 4. la 5. en

---

*Des travailleurs immigrés à Strasbourg*

## CHAPITRE 15

# La conquête des frontières?

## Lecture
• Tahar Ben Jelloun: *Le racisme expliqué à ma fille* [extrait]

## Structures
• The Subjunctive

# L'immigration et le racisme

Un(e) **immigré(e)** est un **étranger**/une **étrangère** (*foreigner*) qui a **immigré** dans un autre pays. Sans les papiers nécessaires, l'immigré est un **résident illégal** ou un **sans-papiers** qui peut être **déporté**. Si l'immigration est légale, il y a parfois l'option de devenir un **citoyen**/une **citoyenne** (*citizen*).

Pourquoi immigrer? Pour **échapper à** une situation politique **opprimante** (*oppressive*)? Pour sortir d'un **milieu** social trop fermé? Pour trouver un meilleur travail, une société plus **juste**? Pour **poursuivre** des rêves **idéologiques,** économiques, ou tout simplement pour l'**aventure** [f.]?

Il n'est pas toujours facile de **s'établir** (*settle*) dans un nouveau pays, car certaines personnes ont des **préjugés** [m.] (*prejudices*) contre un autre **groupe ethnique,** une autre **race,** un autre **peuple.** L'**antisémitisme** ou la **discrimination** contre les **Juifs** (*Jews*) est une forme de **racisme.** Quelquefois on ne se rend pas compte (**se rendre compte** que/de + nom = *to realize*) qu'on a un **comportement** (*behavior*) raciste, car il est naturel d'**avoir peur** ou de **se méfier de** (*to be wary, to distrust*) ce qu'on ne connaît pas, mais quand on méprise (**mépriser** = *to despise*) des gens à cause de leurs **origines** [f.], de leurs **coutumes** [f.] (*customs*) ou de leurs **croyances** [f.] (*beliefs*) n'est-ce pas du racisme? Le racisme mène (**mener** = *to lead*) à la **haine** (*hate*) et parfois même à la **guerre.** Au contraire, le **respect** et la **tolérance** mènent à la **paix** (*peace*).

Certains citoyens hésitent à **accueillir** (*welcome*) les étrangers, car ils les considèrent comme une **menace** (*threat*) sur le **marché de l'emploi** (*job market*). Si ces étrangers arrivent à **s'intégrer dans** la société et à **s'adapter à** (*adjust to*) la culture du **pays d'accueil,** l'**intolérance** [f.] semble **diminuer.**

# La vie en société

La vie en société est réglée par des **lois** [f.] (*laws*). Avec ces lois, on **a le droit de** (*has the right to*) faire certaines choses, et on **a droit à** (*is entitled to*) certains **privilèges.** Est-ce qu'on abuse de ses **droits** [m.] (*rights*) quand on **vit aux dépens** (*lives at the expense*) du gouvernement, ou quand on participe à des **manifestations** [f.] (*demonstrations*), des **grèves** [f.] (*strikes*) et des **émeutes** [f.] (*riots*)? Les agents de police, ou les **flics** [m.] comme on les appelle familièrement, sont chargés de rétablir l'**ordre** [m.]. Ceux qui **enfreignent** (**enfreindre** = *to break*) les lois et qui **commettent** des **crimes** [m.] sont **arrêtés** et **poursuivis** et, s'ils sont **coupables** (*guilty*), ils sont **condamnés** à diverses **peines** [f.] (*penalties*), comme à une **peine de prison** [f.] (*prison term*) ou, dans certaines sociétés, à la **peine de mort** (*the death penalty*).

## • *Parlons-en*

**A. Le mot juste.** Voici la définition, à vous de trouver le mot juste.

1. C'est ce qui arrive à un sans papiers quand il est renvoyé de force dans son pays d'origine.
2. C'est un membre officiel ou légal d'un pays.
3. C'est une idée préconçue et souvent irrationnelle.
4. Ce sont les descendants de Juda, qui pratiquent le judaïsme.
5. C'est le contraire de la guerre.
6. C'est un terme qui décrit la façon d'agir (les actions) de quelqu'un.

**B. La définition.** Voici le mot juste, à vous de donner la définition.

1. le respect
2. se rendre compte
3. mépriser
4. une croyance
5. s'adapter
6. faire la grève
7. coupable
8. la loi
9. ?
10. ?

**C. Vos origines.** L'Amérique est un continent d'immigration, un melting-pot. D'où viennent vos ancêtres? Savez-vous dans quelles circonstances ils ont immigré? Racontez l'histoire d'un(e) de vos ancêtres.

**D. Adaptation et intégration?** A quelles difficultés doit-on faire face quand on immigre dans un nouveau pays? Que faut-il faire pour s'intégrer dans une nouvelle société? Quelles sont les activités qui menacent l'ordre et la paix dans une société, et quels sont les moyens de rétablir l'ordre? Que pensez-vous de ces moyens?

**E. Trois générations d'immigrés arabes à Marseille.\*** En groupes de deux, utilisez votre imagination pour finir les phrases suivantes et créer des histoires originales sur chacune des trois personnes représentées. Quelques étudiant(e)s joueront le rôle des journalistes qui écouteront la discussion des groupes (deux groupes par journaliste), poseront des questions et prendront des notes pour pouvoir ensuite faire un compte rendu à la classe et tirer des conclusions sur les problèmes de l'immigration.

1. **La grand-mère:** Quand elle est arrivée en France, elle ne parlait pas un mot de français. Elle a eu beaucoup de mal à s'adapter...
2. **La jeune femme:** Elle a eu une enfance difficile. Elle sait ce que c'est que les préjugés, le racisme, le chômage, le crime. La preuve, c'est que...
3. **L'enfant:** Est-ce que lui aussi sera déchiré (*torn*) entre deux mondes? Il y a des choses qui ne changent jamais, comme... Mais il y a aussi des choses qui peuvent peut-être changer, comme... A notre avis, cet enfant...

*A Marseille. La troisième génération d'immigrés est en marche.*

---

\***Marseille,** qui compte plus de 120 000 musulmans sur un million d'habitants, et où on estime que d'ici 1995 un enfant sur cinq sera d'origine maghrébine (nord-africaine), souffre particulièrement des problèmes de l'immigration.

F. **Réflexion culturelle.** Donnez votre réaction personnelle aux observations culturelles suivantes. Qu'est-ce que ces observations révèlent? Comparez avec votre pays.

1. La population française compte 6,3% d'étrangers (immigrés n'ayant pas la nationalité française) et 3,1% d'immigrés qui ont acquis la nationalité française. 41% des étrangers viennent d'Europe (surtout Portugal et Europe de l'Est), 47% viennent d'Afrique (Algérie, Maroc, Afrique Noire) et 12% viennent d'Asie. La répartition professionnelle des étrangers est très différente de celle de la population globale; il y a parmi eux beaucoup plus d'ouvriers non qualifiés, d'artisans et de commerçants.

2. Dans un sondage réalisé en mars 2000, 41% des Français avouaient avoir une tendance au racisme et estimaient qu'il y avait «trop de personnes d'origine étrangère en France». Les reproches qu'on adresse aux étrangers: 1) ils ne s'adaptent pas aux modes de vie et aux valeurs du pays d'accueil (ceci s'applique surtout aux Arabes dont la culture, la religion et les habitudes sont les plus différentes); 2) ils viennent en France pour profiter de la protection sociale; 3) ils menacent l'avenir de l'identité française.

3. Les enfants nés en France de parents étrangers ne reçoivent pas automatiquement la nationalité française; pour devenir citoyens, ils doivent en faire la demande, avoir plus de 13 ans, et résider en France depuis au moins cinq ans.

# Lecture

## Avant de lire

## Culture et contexte

La France, avec sa vocation universaliste de défenseur des droits de l'homme, a une longue tradition de «terre d'accueil» des immigrés, mais depuis la crise économique des années 80, le pays dont la devise est «liberté, égalité, fraternité» a commencé à fermer ses portes aux immigrés. Face aux problèmes du chômage, certains accusaient les étrangers de «prendre le travail des Français». Le Front national, le parti d'extrême droite de Jean-Marie le Pen, proposait de rendre «la France aux Français». Les réformes du Code de la Nationalité de 1993 ajoutaient des mesures pour contrôler l'immigration. D'autre part, des organismes comme S.O.S.-Racisme prêchaient la tolérance avec des slogans comme «Touche pas à mon pote». Les Français restent très divisés sur le sujet de l'immigration. D'un côté, il y a ceux qui ont peur des changements dans la société, de l'autre, ceux qui pensent que l'adaptation aux nouvelles réalités est indispensable et que l'intégration des étrangers est une nécessité morale et économique.

Tahar Ben Jelloun, l'auteur du texte que vous allez lire, connaît bien la situation des immigrés en France. Né à Fès, au Maroc, en 1944, il partage sa vie entre Paris et Tanger depuis 1955. Journaliste et écrivain, il s'est fait le porte-parole des immigrés arabes. Il aime évoquer des sujets tabous et ses écrits sont très controversés, aussi bien en France que dans le monde arabe, mais depuis qu'il a reçu le prix Goncourt en 1988, pour son roman *L'enfant de sable,* il jouit d'une grande notoriété. *Le racisme expliqué à ma fille* (1998) est un petit livre très simple, destiné aux enfants. Comme il l'explique dans l'introduction du livre, «c'est en allant manifester, le 22 février 1997, avec ma fille contre un projet de loi sur l'entrée et le séjour des étrangers en France que j'ai eu l'idée d'écrire ce texte. Ma fille, dix ans, m'a posé beaucoup de questions. Elle voulait savoir pourquoi on manifestait. C'est ainsi qu'on est arrivés à parler du racisme.»

## Stratégies de lecture

- **Anticipation**

    **A.** Quand vous pensez au racisme, à quels groupes ethniques pensez-vous? Qui sont les cibles traditionnelles du racisme et quelles sont les raisons de cette discrimination? Donnez des illustrations tirées de votre expérience personnelle, de l'actualité ou de l'histoire.

    **B.** Maintenant imaginez une petite fille de 10 ans, d'origine marocaine, qui vit en France où «J'aime pas les Arabes» est une phrase qu'on voit parfois en graffiti sur les murs. Quelles sont les questions qu'elle va vouloir poser à son père? Faites une liste de trois ou quatre questions, puis trouvez dans le texte les questions qui l'organisent. Lesquelles de ces questions aviez-vous anticipées?

## *Le racisme expliqué à ma fille [extrait]*
### TAHAR BEN JELLOUN

—Dis papa, c'est quoi le racisme?
 —Le racisme est un comportement assez répandu,[a] commun à toutes les sociétés, devenu, hélas!, banal dans certains pays parce qu'il arrive qu'on ne s'en rende pas compte. Il consiste à se méfier, et même mépriser, des personnes ayant des caractéristiques physiques et culturelles différentes des nôtres. [...] C'est un comportement aussi ancien que l'être humain; il est universel. Cela touche tout le monde. 5
 —Si ça touche tout le monde, je pourrais être raciste!

---

[a] *widespread*

*Un slogan raciste?*

—D'abord, la nature spontanée des enfants n'est pas raciste. On ne naît pas raciste, on le devient. Tout dépend de l'éducation qu'on reçoit. Tout enfant ou tout adulte est capable, un jour, d'avoir un sentiment et un comportement de rejet à l'égard de quelqu'un qui ne lui a rien fait mais qui est différent de lui.

—Différent?

—Celui qu'on appelle «différent» a une autre couleur de peau que nous, parle une autre langue, cuisine autrement que nous, a d'autres coutumes, une autre religion, d'autres façons de vivre, de faire la fête, etc. Il y a la différence qui se manifeste par les apparences physiques, et puis il y a la différence du comportement, des mentalités, des croyances, etc. [...] Le raciste est celui qui pense que tout ce qui est trop différent de lui le menace dans sa tranquillité.

—C'est le raciste qui se sent menacé?

—Oui, car il a peur de celui qui ne lui ressemble pas. Le raciste est quelqu'un qui souffre d'un complexe d'infériorité ou de supériorité. L'être humain a besoin d'être rassuré. Il n'aime pas trop ce qui risque de le déranger[b] dans ses certitudes. Souvent, on a peur de ce qu'on ne connaît pas. Parfois, il n'y a rien qui justifie la peur, et pourtant on a peur.

—Papa, si le raciste est un homme qui a peur, le chef du parti qui n'aime pas les étrangers[c] doit avoir peur tout le temps. Pourtant, chaque fois qu'il apparaît à la télévision, c'est moi qui ai peur! Il hurle et tape[d] sur la table.

—Oui, mais le chef dont tu parles est un homme politique connu pour son agressivité. Il communique aux gens mal informés des affirmations fausses pour qu'ils aient peur. Il exploite la peur, parfois réelle, des gens. Par exemple, il leur dit que les immigrés viennent en France pour prendre le travail des Français, toucher des allocations familiales[e] et se faire soigner gratuitement dans les hôpitaux. Ce n'est pas vrai. Les immigrés font souvent des travaux que refusent les Français. Ils payent leurs impôts[f] et cotisent[g] pour la sécurité sociale; ils ont droit aux soins quand ils tombent malades. Si demain, par malheur, on expulsait tous les immigrés de France, l'économie de ce pays s'écroulerait.[h]

[...]

—C'est à cause du racisme qu'il y a des guerres?

—Certaines, oui. On utilise le racisme ou la religion pour pousser les gens à la haine, à se détester alors qu'ils ne se connaissent même pas. C'est

10

15

20

25

30

35

40

---

[b]*disrupt*   [c]*chef... référence à Jean-Marie Le Pen, chef du Front National*   [d]hurle... *yells and hits*   [e]*toucher... recevoir de l'argent du gouvernement*   [f]*taxes*   [g]contribuent   [h]tomberait

l'ignorance qui alimente la peur. Regarde par exemple nos voisins de l'immeuble. Ils se sont longtemps méfiés de nous, jusqu'au jour où nous les avons invités à manger un couscous. C'est à ce moment-là qu'ils se sont rendu compte que nous vivions comme eux. A leurs yeux, nous avons cessé de paraître dangereux, bien que nous soyons originaires d'un autre pays, le Maroc. Nous nous sommes parlés, nous avons ri ensemble. Cela veut dire que nous étions à l'aise entre nous, alors qu'auparavant, quand nous nous rencontrions dans l'escalier, nous nous disions à peine bonjour.

    —Donc, pour lutter contre le racisme, il faut s'inviter les uns les autres!

    —C'est une bonne idée. Apprendre à se connaître, à se parler, à rire ensemble; essayer de partager ses plaisirs, mais aussi ses peines, montrer que nous avons souvent les mêmes préoccupations, les mêmes problèmes, c'est cela qui pourrait faire reculer le racisme. Le voyage lui aussi peut être un bon moyen pour mieux connaître les autres. Connaître les autres pour mieux se connaître. Apprendre. S'éduquer. Réfléchir.

[...]

    —Tu dis que les religions sont racistes?

    —Non, ce ne sont pas les religions qui sont racistes, mais ce que les hommes en font parfois. Certains prennent appui sur[i] les livres sacrés pour justifier leur tendance à se dire supérieurs aux autres.

    —Mais tu m'as dit un jour que le *Coran* était contre le racisme.

    —Oui, le *Coran,* comme la *Thora* ou la *Bible.* Toutes les religions prêchent la paix entre les hommes.

    —L'autre jour, à la télévision, quand il y a eu des attentats,[j] un journaliste a accusé l'islam. C'était un journaliste raciste, d'après toi?

    —Non, il n'est pas raciste, il est ignorant. Ce journaliste confond l'islam et la politique. Ce sont des hommes politiques qui utilisent l'islam dans leurs luttes. On les appelle des intégristes.[k]

    —Ce sont des racistes?

    —Les intégristes sont des fanatiques. Le fanatique est celui qui pense qu'il est le seul à détenir la Vérité. Les intégristes existent dans la plupart des religions. Ils sont aveugles et passionnés et veulent imposer leurs convictions à tous les autres. Au nom de leur Dieu, ils sont prêts à tuer et même à mourir. Beaucoup sont manipulés par un chef. Evidemment, ils sont racistes.

    —Dis-moi, papa, comment faire pour que les gens ne soient plus racistes?

    —Comme disait le général de Gaulle,[l] «vaste programme»! La haine est tellement plus facile à installer que l'amour. [...] D'abord, apprendre à respecter les autres. Le respect, c'est savoir écouter. Ne pas avoir de préjugés. Or le racisme se développe grâce à des idées toutes faites sur les peuples et leur culture. C'est pour ça qu'il ne faut jamais dire: «Les Arabes sont ceci ou cela»; «Les Français sont comme ci ou comme ça... », etc. Le raciste est celui qui généralise à partir d'un cas particulier. S'il est volé par un Arabe, il en concluera que tous les Arabes sont des voleurs. Respecter autrui, c'est avoir le souci de la justice. [...] La lutte contre le racisme doit être un réflexe quotidien. Il faut commencer par donner l'exemple et faire attention aux mots qu'on utilise. Les mots sont dangereux. La lutte contre le racisme commence avec le travail sur le langage. Il faut aussi agir. Ne jamais se dire: «ce n'est pas

45

50

55

60

65

70

75

80

85

90

---

[i]prennent... trouvent leurs arguments dans   [j]tentatives de tuer   [k]*fundamentalists*   [l]chef de la Résistance pendant la Deuxième Guerre mondiale, Président de la République française de 1959 à 1969

grave»!<sup>m</sup> Si on laisse faire et dire, on permet au racisme de prospérer et de se développer. En ne réagissant pas, en n'agissant pas, on rend le racisme banal et arrogant.

Sache enfin que chaque visage[n] est un miracle. Il est unique. Tu ne rencontreras jamais deux visages absolument identiques. Qu'importe la beauté ou la laideur. Ce sont des choses relatives. Chaque visage est le symbole de la vie. Toute vie mérite le respect. Personne n'a le droit d'humilier une autre personne. Chacun a droit à sa dignité. En respectant un être, on rend hommage, à travers lui, à la vie dans tout ce qu'elle a de beau, de merveilleux, de différent et d'inattendu. On témoigne du respect pour soi-même en traitant les autres dignement.[o]

*Le racisme expliqué à ma fille*, pp. 7–12, 15–19, 28–35, 59–61.

<sup>m</sup>important    <sup>n</sup>*face*    <sup>o</sup>avec dignité

## • *Avez-vous compris?*

1. «C'est quoi le racisme?» Résumez en vos propres termes la définition que donne Tahar Ben Jelloun.
2. Qui est capable de racisme?
3. Quelles sont les caractéristiques de quelqu'un de «différent»?
4. Expliquez le rapport entre le racisme et la peur.
5. Comment est-ce que certaines personnes exploitent la peur des autres?
6. Pourquoi est-ce que les immigrés sont nécessaires à l'économie des pays développés?
7. Comment peut-on éliminer la méfiance? Résumez l'expérience personnelle de la famille Ben Jelloun.
8. Quel est le rôle de la religion dans le racisme?
9. Que faut-il faire pour que les gens ne soient plus racistes? Quelle attitude faut-il avoir? Par quoi faut-il commencer? Que faut-il faire aussi?
10. Quel conseil final l'auteur donne-t-il à sa fille?

## • *Et vous?*

**A.** Selon Tahar Ben Jelloun, «on ne naît pas raciste, on le devient», et «tout enfant ou tout adulte est capable» de devenir raciste. A votre avis, comment «devient-on» raciste? Quelles sont les choses qu'on dit, qu'on voit ou qu'on fait dans la famille, à l'école, dans les médias et dans la société en général, qui mènent, consciemment ou inconsciemment, au racisme?

**B.** «Le raciste se sent menacé.» Etes-vous d'accord? Pensez à la situation de votre propre pays: quels sont les sentiments qui motivent la discrimination, d'après ce que vous avez observé? Donnez des exemples.

*La rencontre de deux mondes différents: une jeune famille africaine dans une rue parisienne*

**C.** Le parti politique de Jean-Marie Le Pen est extrémiste. Aux Etats-Unis, quels partis politiques ou groupes sont comparables au Front National? Quelles sortes de slogans ont-ils? Quelles actions proposent-ils? Discutez leur influence et votre réaction.

**D.** Tahar Ben Jelloun propose le voyage comme un bon moyen de mieux connaître les autres et donc d'éliminer le racisme. Etes-vous d'accord? Est-ce qu'un voyage que vous avez fait vous a fait changer d'opinion sur des choses ou des gens? Racontez!

**E.** On utilise souvent des stéréotypes pour catégoriser ceux qui sont différents. On accuse certaines personnes d'être «des ploucs» (*hicks*) ou, au contraire, «des snobs»; on pense que certaines personnes sont trop conformistes ou trop anticonformistes, etc. Quels sont les stéréotypes qui existent sur votre campus ou dans votre ville d'origine? Donnez des exemples.

**F.** Trouvez dans la conclusion du texte une citation qui vous intéresse et discutez. Pourquoi êtes-vous d'accord ou pas d'accord? Donnez des illustrations tirées de votre expérience personnelle, de l'actualité ou de l'histoire.

# *The Subjunctive*

The tenses you have studied so far—present, past, and future—belong to the *indicative mood,* or mode of expression. They are *indicative* of an objective reality. Compare the following statements.

> La situation **est** juste. (*statement of fact*)
> Je doute que la situation **soit** juste. (*judgment, opinion*)

The second sentence is a *subjective* statement of opinion, expressed in a *mood* called the *subjunctive.* This chapter presents only the most common uses of the present tense in the subjunctive, the **présent du subjonctif.**

### Observez et déduisez

Make a list of all the *verbs* or *verbal expressions* that introduce a subjunctive clause in the paragraph **Le racisme: un point de vue.** Try substituting **je sais que** or **on dit que** for each one of those verbs. Would the subjunctive still be used? Why?

---

### Le racisme: un point de vue

Raciste? Moi? Je **propose** seulement **qu'**on **établisse** des contrôles beaucoup plus stricts de l'immigration. Je **ne pense pas que** ce **soit** une bonne idée d'accueillir n'importe qui au nom de notre chère «liberté, égalité, fraternité»! **A moins qu'**ils **aient** des qualifications professionnelles et **qu'**ils **veuillent** vraiment s'intégrer dans la société, ce n'est pas l'égalité et la fraternité que ces immigrés vont trouver, mais plutôt la pauvreté et l'hostilité. **Il faut que** le gouvernement **fasse** quelque chose **avant que** les citoyens **se révoltent** car les immigrés représentent un risque économique et social. **Il est temps que** nous **prenions** des mesures contre l'immigration!

---

### Vérifiez

**Je propose que... , je ne pense pas que... ,** and **il est temps que...** introduce subjective statements; therefore, the *subjunctive* is used. **Je sais que...** and **on dit que...** indicate statements of fact; therefore, the *indicative* is used.

> Je sais qu'on **établit** des contrôles; on dit que **c'est** une bonne idée.

The subjunctive is used in subordinate or dependent clauses introduced by **que.** The main clause must

- express personal views or feelings.
- have a different subject than the subordinate clause.

> **Je** propose qu'**on** établisse des contrôles.

If the subject is the same in both clauses, the main verb is followed by an infinitive.

Je propose / J'établis des contrôles → Je propose d'**établir** des contrôles.

Here is a list of common verbs and verbal expressions followed by the subjunctive.

| | | |
|---|---|---|
| *Doubt and Opinion* | **douter*** <br> **penser/croire/trouver** (negative and interrogative forms only) | *Je doute* qu'on *prenne* des mesures. <br> *Je ne trouve pas* qu'on *prenne* assez de mesures. *Croyez-vous* que ce *soit* suffisant? |
| *Desire and Recommendation* <br><br> *Judgment* | **vouloir** <br> **proposer** <br> **suggérer** <br> **Il faut que** <br> **Il vaut mieux que** <br> **Il se peut que** (il est possible) <br> **Il est temps que** <br> **C'est dommage que** (*it's too bad*) | *Je veux* <br> *Je propose* } qu'on *fasse* quelque chose. <br><br> *Il faut* qu'on *prenne* des mesures. <br> *Il vaut mieux* qu'on le *fasse* maintenant. <br> *Il se peut* qu'il *soit* trop tard. <br> *Il est temps* qu'on *fasse* quelque chose. <br> *C'est dommage* que les gens ne com- prennent pas la situation. |
| *Emotions* | **être content(e)/triste/déçu(e)** (*disap- pointed*)/**désolé(e)/surpris(e)**, etc. <br> **avoir peur** <br> **regretter** | *Nous sommes contents* que le problème *soit* résolu. <br> *J'ai peur* qu'on ne *fasse* rien. <br> *Je regrette* que tu *sois* déçu. |

*__Douter__ is followed by **que** and a subjunctive clause whether there is a change of subject or not. **Je doute que tu puisses venir. Je doute que je puisse venir.**

Certain conjunctions also require the use of the subjunctive. Here are the most common.

| | |
|---|---|
| **avant que** (*before*) | **Je ferai mes devoirs *avant que* tu *viennes*.** |
| **pour que** ou **afin que** (*so that*) | **Je laisserai la porte ouverte *pour que* tu *puisses* entrer.** |
| **jusqu'à ce que** (*until*) | **J'attendrai *jusqu'à ce que* tu *arrives* pour faire à manger.** |
| **à moins que** (*unless*) | **Nous mangerons dehors, *à moins qu*'il *pleuve*.** |
| **bien que** ou **quoique** (*although*) | ***Bien que* nous *ayons* beaucoup de travail, nous savons aussi nous amuser!** |

If the subject is the same in both clauses,

- **avant que** + *subjunctive* → **avant de** + *infinitive*.
- **pour que** + *subjunctive* → **pour** + *infinitive*.

> Je ferai mes devoirs **avant de venir.** (NOT **avant que je vienne**)
> Je prendrai ma clé **pour pouvoir entrer.** (NOT **pour que je puisse entrer**)

Other conjunctions (**jusqu'à ce que, à moins que, bien que**) are followed by the subjunctive whether there is a change of subject or not.

> Je resterai ici **jusqu'à ce que** je finisse.
> Je ferai ça ce soir, **à moins que** je sois trop fatigué(e).

## Essayez!

Si l'on combine la phrase **tout le monde vient** avec les expressions données, est-ce que **vient** va rester à l'indicatif, se mettre au subjonctif (**vienne**) ou se mettre à l'infinitif?

MODELE: je doute → subjonctif (Je doute que tout le monde vienne.)

1. je crois
2. elle regrette
3. il se peut
4. tout le monde veut
5. restons ici jusqu'à

*(Réponses page 265)*

## Formation

To form the present tense of the subjunctive, follow these easy steps. Take the **ils** form of the present indicative; this is also the **ils** form of the present subjunctive.

ils finissent      ils doivent      ils prennent

For **je, tu, il/elle,** first drop the **-ent.**

finiss-      doiv-      prenn-

Then add the endings **-e, -es, -e.**

| | | | |
|---|---|---|---|
| je | finisse | doive | prenne |
| tu | finisses | doives | prennes |
| il/elle/on | finisse | doive | prenne |

For **nous** and **vous,** use the **imparfait** forms.

| | | | |
|---|---|---|---|
| nous | finissions | devions | prenions |
| vous | finissiez | deviez | preniez |

There are only eight common exceptions to this pattern. **Avoir** and **être** are the only two verbs that have irregular stems *and* irregular endings.

| AVOIR | ETRE |
|---|---|
| que j'aie | que je sois |
| que tu aies | que tu sois |
| qu'il ait | qu'il soit |
| que nous ayons | que nous soyons |
| que vous ayez | que vous soyez |
| qu'ils aient | qu'ils soient |

**Faire, pouvoir,** and **savoir** have irregular stems and regular endings, but the **nous** and **vous** forms are not identical to the **imparfait** forms.

| FAIRE | POUVOIR | SAVOIR |
|---|---|---|
| que je fasse | que je puisse | que je sache |
| que tu fasses | que tu puisses | que tu saches |
| qu'il fasse | qu'il puisse | qu'il sache |
| que nous **fassions** | que nous **puissions** | que nous **sachions** |
| que vous **fassiez** | que vous **puissiez** | que vous **sachiez** |
| qu'ils fassent | qu'ils puissent | qu'ils sachent |

**Aller** and **vouloir** have irregular stems and regular endings, and the **nous** and **vous** forms are identical to the **imparfait** forms.

| ALLER | VOULOIR |
|---|---|
| que j'aille | que je veuille |
| que tu ailles | que tu veuilles |
| qu'il aille | qu'il veuille |
| que nous **allions** | que nous **voulions** |
| que vous **alliez** | que vous **vouliez** |
| qu'ils aillent | qu'ils veuillent |

**Pleuvoir** has no third person plural form from which to derive a subjunctive stem. The subjunctive form must be learned as a special case.

**pleuvoir** (il pleut) → qu'il **pleuve**

# Essayez!

Donnez le subjonctif présent.

1. immigrer (qu'ils)   2. commettre (que je)   3. diminuer (qu'elle)
4. établir (que vous)   5. écrire (que nous)   6. partir (que tu)   7. devenir
(qu'il)   8. refaire (qu'on)

*(Réponses page 265)*

### • *Maintenant à vous*

**A. Une nature douteuse.** Transformez les phrases selon le modèle, en assumant l'identité d'un(e) sceptique.

MODÈLE: La diversité est une bonne chose.   (je doute) →
   Je doute que la diversité soit une bonne chose.

1. Les citoyens veulent aider les immigrés.   (je ne crois pas)
2. C'est une bonne idée d'ouvrir les frontières à tous.   (trouvez-vous)
3. Les immigrés peuvent aider l'économie.   (je ne pense pas)
4. Le gouvernement reconnaît ses responsabilités.   (pensez-vous)
5. L'immigration a ses bons côtés.   (je doute)

Avec lequel de ces doutes êtes-vous d'accord?

**B. Les partisans.** Faites des phrases, puis indiquez si, dans chacun des cas, c'est un partisan du Front National (FN) ou du mouvement S.O.S.-Racisme (SR) qui dirait cela.

_____ 1. il faut que / les pays fermeront leurs frontières
_____ 2. il vaut mieux que / les pays riches ouvriront leurs portes
_____ 3. il se peut que / les immigrés sont utiles
_____ 4. il est temps que / les étrangers repartiront chez eux
_____ 5. c'est dommage que / les gens ont des préjugés

**C. La société de demain.** Faites des phrases, puis indiquez si, dans chacun des cas, c'est quelqu'un d'optimiste (O) ou de pessimiste (P) qui dirait cela.

_____ 1. je crois / le crime diminuera
_____ 2. nous ferons tout pour / la justice triomphera
_____ 3. nous persévérerons jusqu'à / le gouvernement établira l'égalité
_____ 4. l'égalité n'existera pas, bien que / tout le monde la veut
_____ 5. les préjugés continueront, à moins que / les gens iront vivre dans un monde utopique

**D. Et vous, demain?** Vos parents (ou quelqu'un qui vous connaît bien) imaginent votre avenir professionnel et personnel. En groupes de deux, faites des suppositions (réelles ou fantaisistes) en utilisant les expressions suivantes.

1. Ils pensent que...   2. Ils doutent que...   3. Ils sont contents que...
4. Ils ont peur que...   5. Ils veulent que...   6. ?

**E. Je propose que...** En groupes de deux, étudiez les problèmes suivants. Pour chacun, proposez trois ou quatre solutions (au subjonctif!). Comparez-les ensuite avec celles des autres groupes.

1. Certains étudiants étrangers que vous connaissez ont du mal à s'intégrer dans la communauté estudiantine.
2. Il y a sur votre campus un club qui persécute les minorités.
3. Vous avez un professeur qui fait souvent des commentaires racistes ou sexistes en classe.
4. Votre école veut devenir plus «internationale».

*A la terrasse d'un café: de quoi parlent-ils? (Paris, France)*

F. **Des slogans.** En utilisant les expressions suggérées, exprimez votre réaction aux slogans suivants qu'on entend actuellement en France.

1. «Deux millions de chômeurs = deux millions d'immigrés en trop.» (Les Français qui disent ça ont peur que... Ils veulent que... )
2. «La France, c'est comme une mobylette (*moped*); pour que ça marche il lui faut du mélange (*mixture; for a moped, gas and oil*)». (Les Français qui disent ça ne pensent pas que... Selon ce slogan, il vaut mieux que... )

G. **Des phrases qui font réfléchir.** En groupes de deux, ou sous forme de débat, exprimez votre opinion et essayez de défendre votre point de vue sur les phrases données, en suivant ces suggestions.

---

### *Suggestions pour développer un argument*

(1) Commencez par expliquer le concept en question.
(2) Exprimez votre opinion.
(3) Contemplez le point de vue opposé.
(4) Pour appuyer (*support*) votre opinion, donnez des exemples pris dans l'actualité, l'histoire, la littérature ou votre expérience personnelle.
(5) Concluez.

---

1. Certaines cultures s'assimilent beaucoup plus facilement que d'autres dans un pays d'immigration.
2. Les immigrés ont l'obligation d'adopter le plus vite possible les valeurs, la langue et les coutumes du pays d'immigration.

3. Une démocratie a le devoir d'accueillir les étrangers.
4. Il faut déporter les immigrés qui vivent aux dépens du gouvernement.
5. La diversité fait la force d'un pays.
6. La peine de mort fait baisser le taux de criminalité.

**H. Jeu de rôles.** En groupes de deux, jouez la situation suivante.

Etudiant(e) A: Vous pensez que le racisme a pratiquement disparu aux Etats-Unis. Contrastez, avec autant d'exemples que possible, le passé et le présent. Accentuez les changements d'attitudes et les lois qui encouragent l'intégration dans la société actuelle.

Etudiant(e) B: Vous pensez que le racisme est toujours un gros problème aux Etats-Unis. Les ghettos sont toujours une réalité, et dans beaucoup de régions, villes ou couches sociales, les attitudes n'ont pas vraiment changé. Donnez autant d'exemples que possible.

Qui aura les arguments les plus convaincants? Soyez prêts à faire un compte rendu sur deux arguments de votre partenaire, et à expliquer pourquoi ou comment vous les réfutez.

# Par écrit

## Avant d'écrire

**Organizing an Argumentative Essay.** You have just seen (Activity G) five general steps for constructing an oral argument. In writing, you will need to make the distinction between **le pour et le contre** more clearly; they will become two distinct parts of your essay. Consider the topic **Tous les hommes sont égaux.**

1. What can you think of in favor of the proposition? List as many ideas as possible, as well as examples to support them.
2. Make a similar list to prove the opposite point.
3. Analyze your two lists. Keep the most pertinent ideas and examples, and delete the others. Next, organize your ideas in order of importance.
4. As you develop your arguments for and against, anticipate possible objections to the points you wish to make. Try to imagine the questions that a good reader might ask. Raise them yourself, and be prepared to demonstrate, in a step-by-step fashion, how you arrived at your opinion. Inexperienced writers often make unsupported assertions in their essays.

For this writing assignment, you will not be asked to turn in a polished essay but simply a detailed outline showing how you would develop arguments for and against this proposition. For each part, define (in sentence form) your main ideas. Under each main idea, outline supporting ideas and examples.

## • *Sujet de rédaction*

**Tous les hommes sont égaux.** Que pensez-vous de cette phrase? Dans quel sens les êtres humains peuvent-ils être considérés comme égaux, et dans quel sens l'inégalité est-elle inhérente à la condition humaine? Faites un plan très détaillé selon le format suivant.

1. Introduction (idée générale)
2. Arguments pour (l'idée que tous les hommes sont égaux)
3. Arguments contre
4. Conclusion personnelle: pour? contre? entre les deux?

 **Ensuite.** *Explorez en profondeur les thèmes et les structures qui se trouvent dans ce chapitre sur* ***www.mhhe.com/ensuite.***

---

**Réponses: Essayez!,** page 260: 1. Indicatif (Je crois que tout le monde vient.) (**croire** n'est pas négatif ou interrogatif) 2. Subjonctif (Elle regrette que tout le monde vienne.) 3. Subjonctif (Il se peut que tout le monde vienne.) 4. Même sujet → infinitif (Tout le monde veut venir.) 5. Subjonctif (Restons ici jusqu'à ce que tout le monde vienne.)

**Réponses: Essayez!,** page 261: 1. qu'ils immigrent 2. que je commette 3. qu'elle diminue 4. que vous établissiez 5. que nous écrivions 6. que tu partes 7. qu'il devienne 8. qu'on refasse

---

# La santé

## En bref

**Thème 6** focuses on health and medicine. You will read articles on stress and how to reduce it in your life, a fictional excerpt about a stressful family situation, and a satiric scene from a play about charlatanism in medicine.

### Functions

- Describing and comparing
- Hypothesizing
- Expressing opinions
- Using extended discourse

### Structures

- The comparative and superlative of adjectives, adverbs, and nouns
- The present and past conditional
- Using **si** clauses
- Problem verbs
- The past subjunctive

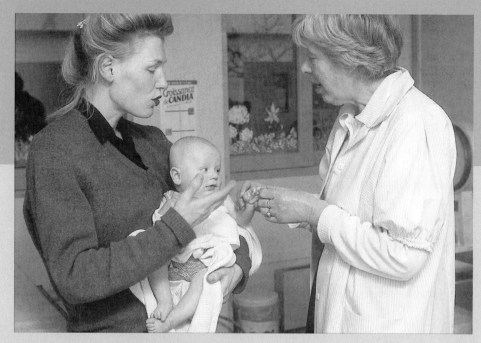

*Chez le médecin.*

## Anticipation

1. Selon un sondage récent, si vous demandez aux Français quelles sont les principales composantes du bonheur, 57% d'entre eux citent d'abord la santé; puis viennent l'amour (55%) et la famille (51%). Cette trilogie du bonheur correspond-elle à la vôtre? Quelles sont les trois premières composantes de votre bonheur? Pourquoi?

2. Quand vous pensez aux «maladies» de notre époque, physiques, affectives ou autres, quelles sont les maladies qui vous viennent à l'esprit? Pourquoi?

3. Si vous pouviez changer le monde moderne, qu'est-ce que vous feriez pour améliorer la santé physique et mentale a) des enfants? b) des étudiants? c) des professionnels surmenés? d) des personnes âgées? e) des habitants des pays sous-développés? f) de l'humanité en général? Faites une liste de propositions pour chaque catégorie.

## CHAPITRE 16

*Quels sont les bienfaits de l'exercice physique?*

# En bonne forme

## Lecture
• Geneviève Doucet: «Le stress»

## Structures
• Comparing Adjectives, Adverbs, and Nouns

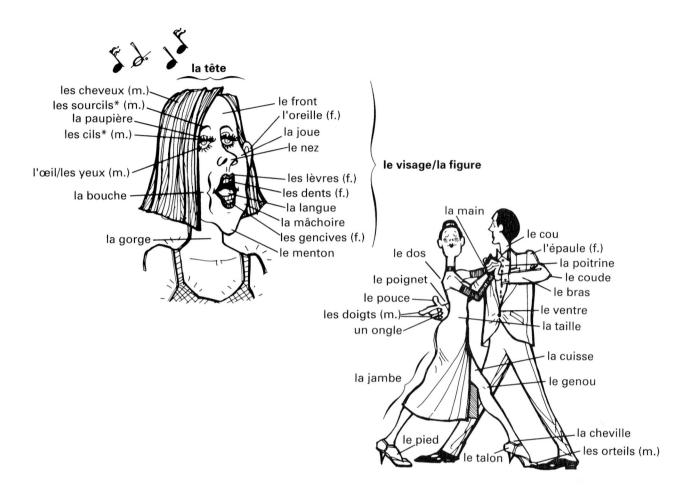

la tête

les cheveux (m.)
les sourcils* (m.)
la paupière
les cils* (m.)
l'œil/les yeux (m.)
la bouche
la gorge

le front
l'oreille (f.)
la joue
le nez
les lèvres (f.)
les dents (f.)
la langue
la mâchoire
les gencives (f.)
le menton

le visage/la figure

la main
le dos
le poignet
le pouce
les doigts (m.)
un ongle
la jambe
le pied
le talon

le cou
l'épaule (f.)
la poitrine
le coude
le bras
le ventre
la taille
la cuisse
le genou
la cheville
les orteils (m.)

## Le corps humain

Sous la **peau** (*skin*), il y a les **os*** [m.] (*bones*), les **muscles** [m.], les **ligaments** [m.] et les **nerfs*** [m.] (*nerves*). Le **sang** coule dans les **artères** [f.] et les **veines** [f.]. Le **cœur** (*heart*), le **cerveau** (*brain*), les **poumons** [m.] (*lungs*), le **foie** (*liver*), l'**estomac*** [m.] et les **reins** [m.] (*kidneys*) sont les **organes** principaux.

## La forme

**Comment vous sentez-vous** (*How do you feel*) aujourd'hui? Etes-vous **en bonne forme** ou **avez-vous mal** (*do you ache*) **quelque part** (*somewhere*)? Quand on est trop stressé, on ne **se sent** pas trop bien et on peut avoir mal à la tête ou au

---

*****Notes de prononciation:** the **l** is pronounced in **cils** but not in **sourcils;** the **s** is pronounced in the singular **un os,** but not in the plural **des os;** the **f** is not pronounced in **nerf;** and the **c** is not pronounced in **estomac.**

dos. Pour éviter le stress, il faut savoir **se détendre** (*to relax*) et **prendre le temps** de **respirer** (*to breathe*)... L'**exercice** [m.] **physique** (le sport, la danse, la marche) est une autre forme de **relaxation** [f.].

## • *Parlons-en*

**A. Des devinettes.** Devinez qui nous sommes!

MODÈLE: C'est moi qui suis le moteur central de la circulation du sang; c'est aussi moi qui fais naître l'amour. Qui suis-je? → Le cœur.

1. C'est moi qui permets de voir; quelquefois, je porte des lunettes. Qui suis-je?
2. Nous sommes deux, nous aimons marcher, à condition d'avoir des chaussures confortables. Qui sommes-nous?
3. Nous servons à manger et à sourire et nous aimons qu'on nous brosse avec du dentifrice (comme Colgate). Qui sommes-nous?
4. Les Français parlent beaucoup de moi: quand ils ont trop bu ou mangé trop de bonnes choses, ils m'accusent de leur causer des crises! Qui suis-je?
5. J'ai une multitude de noms: le fémur, le tibia, le radius, etc. Je peux être petit ou grand, mais je suis toujours dur. Qui suis-je?
6. Nous pouvons être longs ou courts, raides ou bouclés, clairs ou foncés, et parfois nous disparaissons avec l'âge. Qui sommes-nous?

Maintenant, en groupes de deux, créez quatre devinettes sur d'autres parties du corps. Est-ce que la classe peut deviner de quoi vous parlez?

**B. Combien en a-t-on?** Faites une liste aussi complète que possible des parties du corps associées aux nombres suivants.

MODÈLE: On en a 10. → Les doigts, les orteils, les ongles

1. On en a un (masculin).
2. On en a une (féminin).
3. On en a deux.
4. On en a beaucoup!

**C. Chassez l'intrus.** Dans chaque liste, trouvez l'intrus, expliquez pourquoi c'est un intrus et remplacez-le par un terme plus approprié.

1. la joue, le menton, l'épaule, le front
2. les gencives, les cils, les sourcils, les paupières
3. le cœur, le cerveau, les reins, les nerfs
4. la cheville, la cuisse, le poignet, le genou
5. la langue, le coude, la mâchoire, les lèvres

Maintenant à vous de créer une autre liste avec un intrus!

**D. Comment vous sentez-vous?** Dans les situations suivantes, est-ce que vous vous sentez bien? Si ce n'est pas le cas, indiquez où vous avez mal. Donnez des détails sur ce qui vous est arrivé la dernière fois que vous vous êtes trouvé(e) dans chacune de ces situations.

1. Vous avez trop marché.
2. Vous êtes très, très fatigué(e).
3. Vous avez trop mangé.
4. Vous dormez jusqu'à midi.

5. Vous faites de l'exercice physique après une longue période d'inactivité.
6. Un professeur parle très vite et vous essayez de prendre le plus de notes possible pendant une heure.

Maintenant donnez d'autres exemples de situations où vous vous sentez bien, et des situations où vous n'êtes pas en forme.

**E. Réflexion culturelle.** Donnez votre réaction personnelle aux observations culturelles suivantes. Qu'est-ce que ces observations révèlent sur les Français? Comparez avec votre pays.

1. Les femmes françaises détiennent le record du monde de longévité par rapport aux hommes: leur espérance de vie est de 82 ans, alors que celle des hommes est de 74 ans—une différence, donc, de 8 ans. Aux Etats-Unis, cette différence est de 5 ans (74 ans pour les hommes, 79 ans pour les femmes). En fait, les Françaises vivent plus longtemps que toutes les femmes au monde, sauf les Japonaises qui ont une espérance de vie de 83 ans. Outre les raisons biologiques (deux chromosomes X dans les gènes des femmes = plus d'immunité) et universelles (les femmes meurent moins souvent d'accidents ou de maladies liés à l'alcool, au tabac, au sport, et autres comportements à risque; les femmes ont aussi tendance à consulter plus tôt et plus souvent les médecins), comment expliquer cette longévité des Françaises? Imaginez!
2. 72% des Français et 64% des Françaises déclarent pratiquer au moins un sport à titre régulier ou occasionnel. Le jogging, l'aérobic et le body-building, qui avaient marqué le culte de la performance pendant les années 80, semblent avoir perdu leur popularité en France. Les sports individuels les plus pratiqués: la marche (la randonnée), le vélo, la gymnastique et les sports de glisse (roller, skateboard, snowboard). Parmi les sports d'équipes, le foot et le tennis occupent les deux premières places.
3. Les Français pensent qu'il n'est pas bon de se laver les cheveux tous les jours. Seulement 26% des hommes et 9% des femmes déclarent se laver les cheveux tous les jours. ⅓ des Français se lavent les cheveux deux fois par semaine, ¼ trois fois par semaine et ¼ une fois par semaine.

# Lecture

## Avant de lire

## Culture et contexte

Le stress. Ce mot est devenu synonyme de la vie moderne. Certains disent que c'est «le mal du siècle»; l'article que vous allez lire rejette cette appellation comme étant trop fataliste. Mais personne ne peut le nier: le stress est devenu un véritable fléau (*plague*). Dans une société où il y a toujours plus de progrès—plus d'information, plus de consommation, plus d'opportunités—il y a aussi plus de risques, plus de soucis, plus d'obligations de performance, plus de frustrations, plus de stress. Et bien que la vie soit moins rapide en France qu'en Amérique du Nord, les Français sont parmi les premiers au monde à consommer des somnifères (environ 15% des Français en consomment au moins occasionnellement) et des antidépresseurs (9% des hommes, 17% des femmes). Les Français recourent aussi de plus en plus aux «psys»: psychologues, psychiatres, psychanalystes et autres psychothérapeutes. La presse française abonde donc en articles sur le stress. Celui-ci est extrait du magazine *Madame Figaro*.

## Stratégies de lecture

- **Anticipation.** Dans quelles circonstances vous sentez-vous stressé(e)? Quelles sont les causes du stress dans votre vie? Et quels en sont les effets: la fatigue, l'insomnie, la dépression? Autre chose? Que faites-vous pour essayer de combattre le stress?

- **La structure du texte.** Avant de lire l'article, lisez les sous-titres en caractères gras. D'après ces sous-titres, faites une liste des idées générales que vous anticipez dans l'article, puis parcourez rapidement le texte pour voir si vous avez raison.

- **Des repères de style.** Dans de longs paragraphes comme celui qui s'intitule «un mal universel», une stratégie qui aide à mieux comprendre le texte est d'y trouver des repères, ou des signes, qui indiquent les changements d'idées. Prenez les lignes 14 à 28: quelles sont les quatre questions qui organisent les idées de cette partie du texte? Maintenant regardez le reste de cette section: quelles sont les idées principales qui l'organisent?

*La plus importante de nos maladies de société*

## *Le stress*

### GENEVIEVE DOUCET

*Le stress est à la base de 80% de nos maladies de société. Travail, soucis, bruit, transports: tout est cause de stress. Mais ne dites surtout pas que c'est le mal du siècle. Sachez identifier votre stress. Et n'en faites pas une maladie!*

Stress: un mot intraduisible et pourtant compris de chacun. «Je suis stressé», cela signifie: je suis bousculé,[a] malmené, agressé intérieurement. Tout peut être       5
cause de stress, le bruit d'une perceuse[b] comme la peur du lendemain, puisqu'en fait, le stress, c'est tout ce que nous devons «encaisser»[c] dans une journée... ou dans une vie, tout ce qui nous met en déséquilibre avec nous-mêmes. Une maladie? Non. Mais un danger car, au bout du stress, nous craquons.

---

[a] *pushed around*   [b] *drill*   [c] tolérer

## Un mal universel

Mal moderne? Sûrement pas. On pense que l'homme des cavernes[d] qui par- 10
tait à la chasse, sans certitude d'avoir à manger le soir, était aussi stressé que
celui qui se jette, le matin, sur la rubrique[e] «offres d'emplois» de son quotidien.[f] Mal des «cadres[g]»? Rien de moins sûr non plus: les spécialistes actuels
du stress affirment qu'il touche tous les milieux sociaux. Un agriculteur
endetté[h] est aussi stressé qu'un cadre surmené.[i] Mal des hommes plus que 15
des femmes? Encore une erreur colportée[j] au fil des[k] années: les femmes
n'échappent pas au stress. Celles qui travaillent encore moins que les autres
puisque les stress professionnels viennent dans ce cas s'ajouter à ceux de la vie
du foyer,[l] repas, horaires, enfants, etc. En fait, disent les médecins, aucune
femme n'est épargnée.[m] Car c'est presque toujours à la femme qu'incombent[n] 20
la gestion du temps familial et celle des dépenses quotidiennes (or, il n'y a rien
de plus stressant, dit-on, même si elle n'est pas mortelle,[o] qu'une préoccupation d'argent constante... ). Le stress est universel? Il fait partie de la vie. Il
nous arrive à tous mille choses, bonnes ou mauvaises. Il ne se passe pas une
journée sans que nous ayons à subir[p] toutes sortes de mini-événements qui 25
nous énervent, nous choquent, nous freinent, nous fatiguent. Notre organisme
les reçoit comme il peut. Quelquefois bien, quelquefois mal. Quand, pour
une raison ou pour une autre, nous n'arrivons plus à bien vivre ce qui nous
arrive, les plombs sautent.[q] C'est à ce moment que nous nous disons «stressés»,
que nous nous sentons menacés. On ne peut plus supporter les cris des en- 30
fants, le bruit des voisins, l'humeur[r] du compagnon, les caprices du patron.
Les nerfs «lâchent[s]». Et l'on ne peut nier[t] que, à ce sujet, le mode de vie actuel
ne nous ménage pas. La multiplication des contraintes,[u] la rétraction du temps,
la nécessité d'être toujours plus rapide, plus performant (professionnellement,
sentimentalement et même sexuellement!) nous mettent à rude épreuve.[v] Sont 35
aujourd'hui reconnus comme facteurs de troubles dûs au[w] stress: à 49% les
conditions de travail et d'habitat; à 37% les difficultés de transport (encom-
brements[x] trajets domicile-travail[y]); à 33%... la télévision et, de manière plus
générale, la vision dramatique que les médias renvoient du monde et des
événements quotidiens; enfin, à 30%, une certaine «incohérence culturelle», 40
qui nous plonge dans une sorte d'état anxieux chronique. Les médecins disent
alors que nous «décompensons». Et c'est en général à cette occasion qu'ils
nous voient arriver dans leur cabinet, souffrant de maux divers. Car, si le
stress—c'est vrai—fait partie de la vie, l'excès de stress nous rend presque à
coup sûr[z] malades. Parce que notre corps ne va plus pouvoir répondre de 45
façon satisfaisante aux informations qu'il reçoit. C'est une question d'hormones.
La plupart du temps, l'équilibre émotion-réaction est maintenu. Le «coup»
de colère, le «coup» de cafard[aa] sont généralement surmontés. Mais quand les
émotions ou les agressions sont trop fortes, trop répétitives, nous n'avons plus
le temps de récupérer. Les sécrétions hormonales s'emballent,[bb] et—sans que 50
nous en soyons toujours conscients—voilà la tension[cc] qui monte, la migraine
qui s'installe, les brûlures d'estomac qui nous narguent.[dd] «Docteur, je ne
digère plus rien.» En fait, ce sont les stress qui ne passent plus.

---

[d]mot ap.  [e]partie du journal  [f]journal  [g]*white-collar workers*  [h]mot ap.  [i]*overworked*  [j]passée  [k]au...
pendant les  [l]maison  [m]exempte  [n]viennent  [o]mot ap.  [p]supporter  [q]les... *the fuses blow*  [r]tempérament
[s]*give out*  [t]*deny*  [u]mot ap.  [v]*test*  [w]dûs... causés par  [x]congestion  [y]trajets... *commuter routes*  [z]à... sûrement
[aa]tristesse, «blues»  [bb]*are carried away*  [cc]*blood pressure*  [dd]nous... *scoff at us*

La maladie du stress, c'est cela: un encombrement d'émotions, un trop-plein de préoccupations, avoir la tête et le cœur malmenés. Un cri du corps, en somme, qui exprime, comme il peut, son «ras-le-bol[ee]». 55

*On ne doit pas baisser les bras devant le stress. Il existe des médicaments, des techniques, des gestes anti-stress. Et aussi un mode d'emploi intérieur de retour au calme. Là encore, à chacun de choisir dans le lot. Selon son tempérament et ses goûts.* 60

## Tranquillisants

Ils ont mauvaise réputation car on en consomme trop. Cinq à huit millions de femmes en prennent régulièrement. Sans doute parce qu'il y a abus de pre-scriptions. Les tranquillisants sont en effet pour le médecin une solution de facilité. Cela dit, ils peuvent momentanément[ff] être d'un bon secours.[gg] Mieux vaut être «tranquillisé» par un médicament léger (les benzodiazépines sont très bien tolérés) que vivre dans le stress. Ne jamais mélanger à l'alcool, éviter de cumuler avec[hh] un somnifère.[ii] Attention également aux tendances dépres-sives: les tranquillisants les accroissent.[jj] Sur ordonnance.[kk] 65

## Bêta-bloquants

Ce sont des substances qui «bloquent» les récepteurs bêta des catécholamines, les hormones du stress, celles qui justement engendrent les troubles physiolo-giques (sueurs,[ll] tachycardie[mm]). D'où la diminution des décharges[nn] émotives[oo] et de l'anxiété. On en donne aux hommes politiques avant une épreuve particulière (une émission de TV, par exemple). Effet anti-stress remar-quable: moins de tremblements, moins de tensions musculaires, meilleure maîtrise[pp] de soi. Recommandables seulement en prescription ponctuelle,[qq] et à petites doses. Sur ordonnance. 70 75

## Vitamines et oligo-éléments

Certains médecins en sont des partisans convaincus. Leurs arguments: l'organisme humain ne sait plus fabriquer toutes les vitamines dont il a besoin (la vitamine C en particulier). De plus, notre alimentation est défectueuse[rr] en oligo-éléments. D'où la nécessité d'un apport[ss] supplémentaire sous forme de médicaments. Nécessité encore accrue[tt] lorsque nous sommes fatigués ou stressés. En effet, le stress valorise la libération dans l'organisme de substances appelées radicaux libres, qui—s'ils sont en trop grand nombre—ont la fâcheuse propriété de perturber[uu] notre production d'oxygène. Or, de récentes études semblent démontrer que certaines vitamines (C et E notamment) sont capa-bles de piéger[vv] ces radicaux libres et de les rendre inoffensifs. Apports sou-haitables: vitamine C, vitamine E, vitamines du groupe B (B1, B6, B9). Pour les oligo-éléments: zinc, manganèse, magnésium, sélénium. De nombreux laboratoires les commercialisent. Un conseil: bien que ces médicaments soient 80 85

---

[ee]limite  [ff]mot ap.  [gg]bon... aide  [hh]cumuler... prendre en même temps qu'  [ii]comprimé pour dormir  [jj]ren-dent plus sérieuses  [kk]*prescription*  [ll]*sweats*  [mm]*irregular heartbeat*  [nn]mot ap.: (dé = *dis*)  [oo]considérez: émo-tion  [pp]contrôle  [qq]mot ap.  [rr]mot ap.  [ss]contribution  [tt]augmentée  [uu]mot ap.  [vv]*trap*

en vente libre,[ww] éviter l'auto-médication. Seul un traitement approprié peut     90
se révéler utile et sans inconvénients secondaires.

## Qui a «inventé» le stress?

Le mot *stress* ne date pas d'hier. On le doit à des ingénieurs anglo-saxons qui,
au début du siècle, travaillaient sur la capacité de résistance des métaux. Ils
l'employèrent pour désigner le niveau de contraintes—de «stress»—que les
métaux pouvaient supporter. Et c'est en 1936 qu'un physiologiste canadien,     95
le Dr Hans Selye, fit entrer le mot dans le langage médical: il étudiait, lui,
la capacité de l'homme à résister aux chocs et aux agressions. Il est reconnu
aujourd'hui comme le plus grand spécialiste en ce domaine, et tout le monde
s'accorde sur la définition qu'il a donnée du stress: «Une réponse non spécifique de l'organisme à une demande qui lui est faite.» En un mot, une     100
inadaptation.

_____

[ww]en... *over the counter*

## • *Avez-vous compris?*

**A.** Donnez trois causes du stress et trois «remèdes», selon l'article.

**B.** Choisissez la meilleure réponse.

1. L'introduction de l'article affirme que seulement ____ des maladies de
   société ne sont pas liées au stress.
   a. 80%
   b. 20%
   c. 50%
2. Le stress est un mal ____.
   a. découvert récemment
   b. limité aux professionnels
   c. qui existe depuis longtemps
3. Le stress affecte principalement ____.
   a. les cadres
   b. les femmes plus que les hommes
   c. les membres de tous les milieux sociaux
4. La femme qui travaille hors de la maison est ____ stressée que celle qui
   travaille seulement au foyer.
   a. moins
   b. aussi
   c. plus
5. Quand nous ne pouvons plus ____ les événements de la vie, nous nous
   considérons «stressés».
   a. supporter
   b. perturber
   c. malmener

6. La télévision et les médias sont des facteurs de stress _____ importants que les difficultés de transport.
   a. plus
   b. aussi
   c. moins

7. Les médecins aiment prescrire des tranquillisants parce que ces médicaments _____.
   a. n'ont aucun mauvais effet
   b. guérissent (*cure*) le stress de façon permanente
   c. sont une solution facile

8. Il est important de ne jamais prendre de tranquillisants avec _____.
   a. de l'alcool
   b. des somnifères
   c. a et b

9. L'article affirme que les/des _____ prennent des bêta-bloquants.
   a. millions de femmes
   b. gens qui ont des troubles psychologiques
   c. politiciens

10. Certains médecins constatent que la vitamine _____ peut aider dans la lutte contre le stress.
    a. A
    b. K
    c. C

11. _____ a/ont donné au mot «stress» un sens médical.
    a. Des ingénieurs
    b. Le Dr Hans Selye
    c. Des Anglo-Saxons

**C.** L'article compare le stress des hommes des cavernes avec celui du chômeur moderne, et celui du cadre avec celui de l'agriculteur endetté. Faites une liste des causes probables du stress de chacun.

**D.** Comparez les avantages et les inconvénients des tranquillisants, des bêta-bloquants et des vitamines.

## • *Et vous?*

**A.** Vous connaissez sûrement quelqu'un qui est stressé. Quels sont les effets de son état sur sa famille et ses amis?

**B.** Dans le milieu universitaire, le stress est très souvent mentionné comme problème sérieux. Quelles sont les causes du stress pour l'étudiant? Et pour le professeur?

**C.** A votre avis, quels sont les dangers du stress?

**D.** La sensibilité au bruit affecte les gens d'une manière très variable. Quels sons vous agressent le plus? Quels sons vous mettent de bonne humeur?

**E.** Travaillez en groupes de deux. L'article suggère que la femme qui travaille hors de la maison est plus stressée que celle qui reste à la maison. Un(e) partenaire va être «pour» cette idée et l'autre «contre». Après une courte discussion, présentez vos idées à la classe.

**F.** Circulez dans la classe pour faire un sondage. Déterminez les faits suivants concernant vos camarades de classe: (1) dans quelles situations ils se sentent stressés, (2) leurs symptômes de stress, (3) ce qu'ils font pour se soulager, (4) la personne de leur connaissance la plus stressée.

## Structures

# Comparing Adjectives, Adverbs, and Nouns

### Observez et déduisez

Read through **Réflexions d'une personne stressée** and answer the following questions.

1. With adjectives such as **pressé, occupé,** and **calme,** how do you express the comparative of inferiority (*less . . .*)? the comparative of equality (*as . . . as*)? the comparative of superiority (*more . . .*)?
2. What is the comparative of superiority of **bon**? of **bien**?
3. With a noun such as **choses,** how do you express the comparative of equality (*as many . . .*)? Can you guess how to say *more things* and *fewer things*?

---

### Réflexions d'une personne stressée

Il semble que la vie va **de plus en plus** vite, vous ne trouvez pas? On dit que «**plus** ça change, **plus** c'est la même chose», mais ce n'est pas vrai. Avant, je me sentais **mieux** dans ma peau, j'étais **plus** calme, **moins** pressé, et pourtant j'étais **aussi** occupé, je faisais **autant** de choses, sinon **plus.** Maintenant, je suis toujours fatigué: je cours **de plus en plus,** je dors **de moins en moins,** la **moindre** chose m'irrite et je n'arrive même plus à me détendre sans me sentir coupable. Et à quoi ça sert, cette course constante contre la montre? Est-ce que la vie sera **meilleure** demain?

---

**Réponses:** 1. moins pressé, aussi occupé, plus calme 2. meilleur(e), mieux 3. autant de choses; plus de choses, moins de choses

Comparative and superlative forms in French are very regular. You can make comparisons using the following patterns.

## Comparing Adjectives and Adverbs

The comparative of inferiority: **moins... que**
(*less . . . than*)

> J'étais **moins** pressé **que** maintenant
> et je me fatiguais **moins** facilement.

The comparative of equality: **aussi... que**
(*as . . . as*)

> J'étais **aussi** occupé **que** maintenant
> mais je ne me fatiguais pas **aussi** vite.

The comparative of superiority: **plus... que**
(*more . . . than*)

> J'étais **plus** calme **que** maintenant;
> aujourd'hui, la vie va **plus** vite.

The superlative:

To express *the most . . .* and *the least . . .* ,
add a definite article to the comparative
expression. The preposition **de** is used after
the superlative as the equivalent of *in* or *of.*

> Julie est la plus jeune de la
> famille.

*Julie is the youngest in the family.*

With adverbs, the article is always **le.**

> Elle parle le plus vite.

*She speaks the fastest.*

With adjectives, there is agreement of the article.

> C'est elle qui est **la moins** fati-
> guée **de** tous.

*She is the least tired of all.*

> Nous sommes **les plus** stressés!

*We are the most stressed!*

A possessive adjective may replace the article.

> **Mon** plus grand problème, c'est
> le manque de temps.

*My greatest problem is a lack of
time.*

In the *more/most* category (comparative and superlative of superiority), the following adjectives and adverbs have irregular forms.

| ADJECTIVES/ADVERBS | COMPARATIVE | SUPERLATIVE |
|---|---|---|
| **bon** → **meilleur** (*good* → *better/best*) | Est-ce que la vie sera **meilleure** demain? | **Mes meilleurs** amis viennent souvent me voir. |
| **bien** → **mieux** (*well* → *better/best*) | Je travaille **mieux** le soir que le matin. | Et vous, quand travaillez-vous **le mieux**? |
| **beaucoup** → **plus/ davantage** (*much* → *more/most*) | Le slogan des professeurs: étudiez **davantage**! | La question des étudiants: qui travaille **le plus,** les persécuteurs ou les persécutés? |
| **mauvais** → **plus mauvais/ pire** (*bad* → *worse/worst*) | Le stress est pire (**plus mauvais**) que la fatigue. | C'est **le plus mauvais** des résultats. C'est **la pire** des choses! |
| **petit** → **plus petit** (*size: small* → *smaller/ smallest*) | Elle est **plus petite** que sa sœur. | C'est **la plus petite** de la famille. |
| **petit** → **(le/la) moindre** (*abstract sense: the least*) | | **Les moindres** choses m'irritent. *The least (little) things bother me.* C'est **le moindre** de mes soucis. *It's the least of my worries.* |

**Notez bien: mieux** is an adverb, and **meilleur** is an adjective. However, when the verb is **être,** it is quite common and acceptable to use **mieux** instead of **meilleur.**

> Cette solution est **meilleure** que les autres. / Cette solution est **mieux** que les autres.

If you want to say *much better,* use **bien** with **meilleur.**

> Ce fromage est **bien meilleur** que l'autre.

With **mieux,** use **beaucoup** or **bien.**

> Je me sens **beaucoup mieux** aujourd'hui. / Je me sens **bien mieux.**

## Comparing Nouns

COMPARATIVE

- **moins de** (*fewer*)... **que**
  > Il a **moins de** problèmes **que** nous.
- **plus de** (*more*)... **que**
  > On a **plus de** travail **que** lui.
- **autant de** (*as much, as many as*)... **que**
  > Il n'a pas **autant de** responsabilités **que** nous.

SUPERLATIVE

- **le moins de** (*the fewest*)... **de**
  > Il a **le moins de** problèmes **de** tous.
- **le plus de** (*the most*)... **de**
  > C'est elle qui a **le plus de** travail **de** tous.

## Comparative Expressions

- **de plus en plus** (*more and more*)

    Je cours **de plus en plus.**

- **de moins en moins** (*less and less*)

    Je dors **de moins en moins.**

- **plus ou moins** (*more or less*)

    Je dors **plus ou moins** bien.

- **Plus... plus...** (*The more . . . the more . . .*)

    **Plus** ça change, **plus** c'est la même chose.

- **Plus... mieux...** (*The more . . . the better . . .*)

    **Plus** on apprend, **mieux** c'est.

- **Moins... plus...** (*The less . . . the more . . .*)

    **Moins** on mange, **plus** on maigrit.

- **le plus / le moins possible** (*the most / the least possible*)

    Certaines personnes se fatiguent **le moins possible.**

- **de mieux en mieux** (*better and better*)

    Il a été très malade, mais il va **de mieux en mieux.**

- **de pire en pire** (*worse and worse*)

    Il est très malade; il va **de pire en pire.**

## Essayez!

**A.** Plus (+), moins (−) ou aussi/autant (=)? Complétez selon le modèle.

MODELE: Le stress mental est _____ le stress physique.   (mauvais/+) → pire (plus mauvais) que

1. Ce cours est _____ l'autre.  (bon/−)   2. J'apprends _____ choses cette année.  (+)   3. J'étudie _____ avant.  (bien/+)   4. J'ai _____ amis _____ au lycée.  (=)   5. Je suis _____ heureux.  (=)

**B.** Complétez avec un superlatif, selon le modèle.

MODELE: l'examen / tous (facile/+) → C'est l'examen le plus facile de tous.

1. l'étudiant / la classe (bon/+)   2. le professeur / l'université (connu/+)   3. les questions / toutes (difficiles/−)

*(Réponses page 284)*

## • *Maintenant à vous*

**A. Ce qui m'énerve le plus.**  Comparez les facteurs d'irritation suivants avec un comparatif, puis un superlatif, selon le modèle.

MODELE: (Quand j'essaie de dormir) les cris des enfants / le bruit des voisins / le bruit d'une perceuse →
Les cris des enfants m'énervent plus que le bruit des voisins, mais ce qui m'énerve le plus, c'est le bruit d'une perceuse.

1. (Quand j'essaie d'étudier) la musique de rock / la télévision / le téléphone
2. (Quand je passe un examen) le bruit dans le couloir / le manque de temps / le manque d'inspiration
3. (Quand j'attends l'autobus) le froid / la pluie / le vent

4. (Quand je suis en voiture) les travaux sur la route / les embouteillages / un passager qui fait constamment des remarques sur ma façon de conduire
5. (Quand je vais dans les magasins) la foule / les vendeurs trop occupés / la queue (*line*) à la caisse
6. (Quand je suis stressé[e])?

**B. L'avis du docteur Dupont.** Complétez par la forme appropriée de **meilleur** ou **mieux**.

1. Les soins médicaux sont _____ aujourd'hui qu'autrefois.  2. Il vaut _____ éviter les tranquillisants.  3. Vous feriez _____ de prendre de la vitamine C.
4. La vitamine C est la _____ des vitamines pour lutter contre le stress.
5. C'est _____ de se passer de (*do without*) médicaments, si on peut.

Résumez les conseils du docteur Dupont en ce qui concerne les médicaments.

**C. La vie moderne.** En groupes de deux, énoncez d'abord une opinion selon les indications données, puis réagissez de façon personnelle. Alternez les rôles toutes les deux phrases.

MODELE: les femmes / les hommes / stressé / moins →
ETUDIANT(E) A:  Les femmes sont moins stressées que les hommes.
ETUDIANT(E) B:  Ah, mais pas du tout! Les femmes sont même plus stressées que les hommes parce que... (*ou:* Je dirais que les femmes sont aussi stressées que les hommes, parce que... )

1. l'homme moderne / l'homme des cavernes / stressé / plus
2. les vieux / les jeunes / vulnérable au stress / aussi
3. la vie à la campagne / la vie en ville / bon pour la santé / plus
4. les conditions de travail / les conditions d'habitat / stressant / moins

**D. Astérix et Obélix.** Complétez les comparaisons entre ces deux «héros gaulois» chers aux amateurs de bandes dessinées (*cartoons*), en vous inspirant des illustrations.

1. Astérix est ___ qu'Obélix. (petit)
2. Obélix est ___ des deux. (gros)
3. Astérix est ___ physiquement, mais il est ___ qu'Obélix. (fort / intelligent)
4. Astérix a les cheveux ___ qu'Obélix. (long)
5. Obélix mange ___ qu'Astérix. (beaucoup)
6. Obélix est ___ des deux. (comique)

*Obélix*

Trouvez deux autres comparaisons à faire entre Astérix et son ami Obélix.

A votre avis, qui serait le plus vulnérable au stress: Astérix, qui, à cause de son intelligence, est chargé de toutes sortes de missions dangereuses, ou Obélix, qui accompagne son ami partout parce qu'il adore se battre (*to fight*)—et manger? Justifiez votre opinion.

*Astérix*

**E. Des emplois du temps chargés?** (*Busy schedules?*) Individuellement d'abord, calculez le temps que vous consacrez aux activités suivantes pendant une semaine typique à l'université. Puis mettez-vous en groupes de trois et faites des comparaisons basées sur ces catégories. Utilisez d'abord des comparatifs, puis des superlatifs.

MODELE: Tu as autant de cours que moi, mais c'est (Marie) qui a le plus de cours.

Nombre de cours \_\_\_\_
Heures passées à la bibliothèque \_\_\_\_
Heures passées à faire des devoirs à la maison \_\_\_\_
Nombre d'examens \_\_\_\_
Nombre d'activités non-académiques \_\_\_\_

**F. Qu'en pensez-vous?** Réagissez aux clichés suivants.

1. Plus on est riche, plus on est heureux.  2. Les blondes s'amusent davantage.  3. Plus ça change, plus c'est la même chose.  4. Plus c'est grand, mieux c'est.  5. Les gens les plus occupés accomplissent le plus de choses.

**G. Voilà ce qui arrive.** Complétez les phrases suivantes de manière personnelle.

1. Plus j'étudie,...  2. Plus on vieillit,...  3. Moins on fait d'exercice physique,...  4. Quelque chose que j'aime de plus en plus, c'est...  5. Ce que je fais le moins possible, c'est...  6. Je comprends de mieux en mieux pourquoi...

**H. Voyons...** En groupes de deux, élaborez le plus possible sur deux ou trois des comparaisons suivantes, au choix.

1. deux de vos ami(e)s les plus proches
2. deux de vos professeurs favoris
3. deux villes que vous connaissez
4. deux films que vous avez vus récemment
5. deux incidents où vous vous êtes senti(e) stressé(e)
6. votre vie il y a cinq ans, aujourd'hui et dans cinq ans

**I. Jeu de rôles: le stress et les générations.** En groupes de deux, jouez la situation suivante.

Etudiant(e) A: vous êtes le petit-fils ou la petite-fille et vous pensez que les jeunes d'aujourd'hui doivent faire face à beaucoup plus de pressions qu'avant, et que la vie actuelle est plus difficile qu'il y a cinquante ans.

Etudiant(e) B: vous êtes le grand-père ou la grand-mère et vous pensez que la vie moderne, avec tous les progrès matériels et technologiques, est beaucoup plus facile qu'autrefois. Le problème, c'est que les jeunes d'aujourd'hui ont moins de patience et moins de tolérance parce qu'ils sont plus égoïstes et plus gâtés!

Discutez, défendez votre point de vue, donnez des exemples, posez des questions et voyez qui saura être le plus convaincant.

# Par écrit

## Avant d'écrire

**Paragraphs (2).** You have already done some work with topic sentences. In your readings, you may have noticed that topic sentences appear in different places, not always at the beginning of a paragraph. It may be useful, as you write, to think about several patterns of paragraph organization and the merits and disadvantages of each. Of the many ways to organize a paragraph, the following three are among the most common.

1. *Topic sentence first.* In a standard paragraph, writers make the most important point near the beginning of the paragraph. They then expand or limit (define) it.

2. *Topic sentence in the middle.* This kind of paragraph delays the topic sentence. It usually begins by suggesting a viewpoint opposed to the topic sentence, and then "swerves" into the topic, which is usually a fact that is surprising in relation to the opening sentences. For example, the opening sentence might be **La plupart des gens pensent que le stress est une maladie des cadres.** This sentence is followed by supporting statements, and then the topic sentence appears: **Les femmes au foyer, cependant, sont les vraies victimes du stress.** This kind of paragraph makes a strong impression on the reader because the topic sentence stands out as a surprise.

3. *Topic sentence at the end.* In this type of paragraph, ideas build to a climax at or near the end. The paragraph moves through supporting points and examples and arrives at a statement that brings things together only at the end. For example, **L'homme d'aujourd'hui qui se jette le matin sur la rubrique «offres d'emploi» de son journal quotidien est certainement stressé. Mais l'homme des cavernes qui partait à la chasse sans certitude d'avoir à manger le soir était également stressé.** *Le terme «stress» est assez récent, mais le stress lui-même est loin d'être un mal moderne.* This kind of development is especially dramatic and effective, because readers tend to remember most vividly the last points made.

### PREWRITING TASK

Now, with a partner, choose one of the topics of comparison given in activity H. Make a list of major and supporting points to be made. Next, think about which of the three kinds of paragraphs would best enable you to make the point you wish to make. Organize your list accordingly, and justify your paragraph development.

Prepare the following writing assignment by following the same steps.

## • *Sujet de rédaction*

**La vie à l'université vs. la vie au lycée.** Un jour où vous vous sentez particulièrement stressé(e), vous commencez à comparer mentalement votre vie à l'université et au lycée. Inspiré(e) par toutes sortes de pensées profondes, vous ouvrez votre journal, et vous écrivez deux ou trois paragraphes sur les différences et les similitudes entre vos expériences au lycée et à l'université: la vie académique, la vie sociale et le niveau de stress, bien sûr.

 **Ensuite.** *Explorez en profondeur les thèmes et les structures qui se trouvent dans ce chapitre sur* ***www.mhhe.com/ensuite.***

---

**Réponses: Essayez!,** page 280: A. 1. moins bon que 2. plus de 3. mieux qu' 4. autant d', qu' 5. aussi B. 1. C'est le meilleur étudiant de la classe. 2. C'est le professeur le plus connu de l'université. 3. Ce sont les questions les moins difficiles de toutes.

---

*Que ressentent-elles?*

# Sentiments et émotions

## CHAPITRE 17

## Lecture
- Gabrielle Roy: *Petite Misère* [extrait]

## Structures
- Making Hypotheses
- More About the Subjunctive

## La vie affective et psychique

Quel est le contraire de l'**amour** [m.]? La **haine** (*hate*) ou l'**indifférence** [f.]? Le contraire du **bonheur** (*happiness*) ou de la **joie** est plus facile à définir: c'est le **malheur,** le **chagrin** (*sorrow*) ou la **tristesse** (*sadness*).

Les **épreuves** [f.] (*trials*) de la vie peuvent nous rendre **amers** (*bitter*) ou au contraire, plus **compréhensifs** (*understanding*), plus **sensibles** (*sensitive*) aux **douleurs** [f.] (*pains*) des autres.

Quand on a le **cafard** (*blues*), on est **déprimé** (*depressed*), ou même **angoissé;** l'**angoisse** [f.] (*anxiety*) est plus forte que l'**inquiétude** [f.] ou le **souci** (*worry*). Quand êtes-vous **inquiet** (**inquiète**) ou **soucieux** (**soucieuse**)? Et quand **vous mettez-vous en colère?** Est-ce que **vous vous fâchez** facilement (**se mettre en colère/se fâcher** = *to get mad*)? Sous le coup de la **colère,** nous faisons souvent des choses que nous **regrettons** plus tard, et nous espérons que les autres vont nous **pardonner** (*forgive*), au lieu de nous **garder rancune** (*to hold a grudge*). La **rancune** est une émotion **destructrice,** ainsi que la **jalousie,** mais parfois on **ne peut pas s'empêcher de** (*can't help but*) **ressentir** (*feel*) ces émotions. Le **défi** (*challenge*), c'est de penser avant d'**agir** (*acting*) **au lieu de** (*instead of*) **réagir** (*reacting*) impulsivement.

Le **manque** (*lack*) de **confiance** [f.] **en soi** (*self-confidence*) est une autre émotion naturelle; si ça devient un **complexe d'infériorité,** c'est plus **grave.** Quand on est **complexé,** on se laisse **intimider** facilement.

Le stress et l'angoisse peuvent mener à la **dépression nerveuse** (*nervous breakdown*) ou à d'autres **maladies mentales,** comme la **folie** (*madness*). Les **psychiatres** et les **psychologues** traitent les **troubles** (*disorders*) **mentaux.** Parfois il suffit d'**analyser** ou d'**extérioriser** une émotion pour la comprendre ou la **contrôler.** Il paraît que les **extravertis** sont plus **équilibrés** (*balanced*) que les **introvertis.** Est-ce vrai?

La **joie** et le **bonheur** sont ce que nous **recherchons** (**rechercher** = *to seek*) tous. Neuf Français sur dix se considèrent heureux, et définissent le bonheur comme «une collection d'expériences». Certains se contentent des «**plaisirs** [m.] minuscules», c'est-à-dire les petites joies de la vie, comme une **journée ensoleillée** (*a sunny day*) ou le **rire** (*laughter*) d'un enfant. D'autres recherchent les «plaisirs majuscules», comme la **réussite** professionnelle, personnelle, familiale et sociale. Tous reconnaissent que «l'argent ne fait pas le bonheur», et que le bonheur **dépend de** (**dépendre de** = *to depend on*) ce que l'on *est* **plutôt que** (*rather than*) de ce que l'on *fait*. Les gens qui savent dire «**C'est pas grave!**» quand ils trouvent une **montagne** sur leur **chemin** (*path*) ont plus de chances d'être heureux.

## • *Parlons-en*

**A. Le mot juste.** Voici la définition, à vous de trouver le mot juste.

1. C'est un synonyme de «soucieux».
2. C'est un synonyme de «se mettre en colère».
3. C'est le contraire du malheur.
4. C'est un mot pour désigner une expérience difficile de la vie.
5. C'est un verbe qui indique qu'on ne peut pas contrôler ce qu'on fait ou ressent. Par exemple, des fois, on ne peut pas _____ de pleurer.
6. C'est une personne qui a du mal à extérioriser ses émotions.

**B. La définition.** Voici le mot juste, à vous de donner la définition.

1. un psychiatre
2. amer
3. pardonner
4. une montagne
5. la confiance en soi
6. la joie
7. la haine
8. les troubles mentaux
9. ?
10. ?

**C. Les épreuves de la vie.** Avec un(e) partenaire, faites une liste d'expériences que vous considérez comme des épreuves dans votre vie, puis comparez votre façon de réagir à ces épreuves. Réagissiez-vous de la même façon quand vous étiez enfant? Donnez des exemples.

**D. Le profil psychologique.** En groupes de deux, dressez chacun(e) le profil psychologique de quelqu'un que vous connaissez bien. Cela peut être vous-même, un(e) membre de votre famille, un ami (une amie) ou un personnage de livre ou de film. Soyez prêts à partager avec la classe les points communs que vous avez trouvés dans vos profils.

**E. Le bonheur et vous.** Comment définissez-vous le bonheur? Est-ce «une collection d'expériences»? Quel genre d'expériences? Y a-t-il plus de «plaisirs minuscules» ou de «plaisirs majuscules» dans votre bonheur? En groupes de deux, donnez des exemples d'expériences heureuses que vous avez eues, puis formulez votre propre définition du bonheur.

**F. Le chemin de la vie.** Les montagnes sur le chemin de la vie sont-elles nécessaires au bonheur? Discutez et présentez votre point de vue.

*La famille Groseille dans le film «La vie est un long fleuve tranquille»*

**G. Voici la famille Groseille.** Vous les connaissez, car vous êtes leurs voisins. En groupes de deux, vous parlez de cette famille qui vous semble étrange depuis un certain temps, et vous exprimez vos sentiments sur leur apparence et leur comportement. Vous vous demandez si ces personnes sont en bonne santé. Ensemble, vous essayez de définir les problèmes de chacun; vous dressez un portrait des parents et des cinq enfants, avec quelques hypothèses personnelles sur les causes de leurs conditions. Préparez un scénario original, que vous jouerez ensuite devant la classe.

# Lecture

## Avant de lire

### Culture et contexte

Le texte que vous allez lire dans ce chapitre est tiré de *Petite Misère,* une nouvelle écrite en 1955 par Gabrielle Roy, un des plus grands écrivains canadiens du XX$^e$ siècle (1909–1983). Née au Manitoba dans une petite communauté francophone, Gabrielle Roy a connu la difficulté d'appartenir à une minorité souvent traitée en inférieure. Ce sentiment d'injustice et d'aliénation qui habite les Canadiens-Français déterminés à préserver leur patrimoine culturel dans un monde anglophone est donc un cri du cœur chez Roy. Ses nouvelles et ses romans présentent souvent des personnages envahis par l'angoisse de ne pas avoir de patrie, et sous l'apparence d'une vie calme et routinière, se cachent des drames émotionnels. Dans *Petite Misère,* Gabrielle Roy présente les «misères» émotionnelles d'une petite fille, causées par l'attitude de son père face à la vie.

*Gabrielle Roy*

## Stratégies de lecture

- **Anticipation**

  **A.** Certaines personnes ont du mal à exprimer leurs sentiments. Parfois c'est la culture qui enseigne la réserve. Quelles sont différentes façons de montrer son affection sans l'exprimer ouvertement? Donnez des exemples tirés de vos observations personnelles, surtout dans le contexte de la famille.

  **B.** Pensez-vous qu'il existe des êtres prédisposés au malheur et d'autres au bonheur? Connaissez-vous des personnes fondamentalement pessimistes ou optimistes? Donnez des exemples et essayez de définir les caractéristiques de ces personnes.

- **La caractérisation.** Un drame psychologique est plus facile à comprendre si l'on analyse d'abord les caractéristiques des personnages de ce drame. Lisez les deux premiers paragraphes du texte (lignes 1–18) et faites deux colonnes où vous écrivez les adjectifs ou les noms qui se rapportent à Petite Misère et à son père. D'après ces caractérisations, quel genre de réaction anticipez-vous, de la part de Petite Misère et de la part de son père, après «l'éclat de colère»?

 *Petite Misère [extrait]*

GABRIELLE ROY

Mon père, parce que j'étais frêle de santé, ou que lui-même alors âgé et malade avait trop de pitié pour la vie, mon père peu après que je vins au monde me baptisa: Petite Misère. Même quand il me donnait le nom avec douceur, en caressant mes cheveux, j'en étais irritée et malheureuse, comme d'une prédisposition à cause de lui à souffrir. Je me redressais[a] et intérieure-    5 ment me disais: «Ah non! je ne suis pas misère. Jamais je ne serai comme toi!»

---
[a]rebellais

Mais, un jour, il me jeta le mot détestable avec colère. Je ne sais même plus ce qui avait pu mériter pareil éclat:[b] bien peu de choses sans doute; mon père traversait de longues périodes d'humeur sombre où il était sans patience et comme accablé de regrets; peut-être aussi de responsabilités trop lourdes. Alors, parfois, un éclat de rire le rejoignant, l'atteignant en plein dans ses pensées moroses, provoquait chez lui un accès de détresse. J'ai compris plus tard que craignant sans cesse pour nous le moindre et le pire des malheurs, il aurait voulu tôt nous mettre en garde contre une trop grande aspiration au bonheur.

Son visage agité, ce jour-là, m'avait paru terrifiant. Il me menaçait de sa main levée; mais, incapable de se décider à me frapper, il me jeta comme un reproche éternel:

—Ah! pourquoi ai-je eu des enfants, moi!

Les parents peuvent croire que de telles paroles, bien au-delà de l'entende-ment[c] des enfants, ne leur font pas de mal; mais parce qu'elles ne sont qu'à moitié intelligibles pour eux, les enfants les creusent[d] et s'en font un tourment.

Je m'enfuis, je courus à mon grenier[e] où, face par terre, je grattai le plancher rugueux de mes ongles,[f] je cherchai à y entrer pour mourir. Le visage collé au plancher, j'ai essayé de m'empêcher de respirer. Je croyais que l'on peut à son gré[g] s'arrêter de respirer et, ainsi, quitter le mal, quand on le veut, parce que c'est le mal...

Les heures passèrent, et je me retournai sur le dos, ma position étant vrai-ment trop incommode.

. . .

J'entendis des pas résonner le long du corridor, à l'étage, sous mon grenier. Puis la porte au bas de l'escalier s'ouvrit. Une voix, celle de ma mère, annonça:

—La table est mise, le souper prêt. Assez boudé.[h] Viens manger.

J'avais faim malgré tout, et cela même, la honte en plein chagrin d'être tentée par la nourriture, me fit nier[i] la chose et affirmer que je ne pouvais manger, que jamais plus je ne pourrais manger.

Au bas de l'escalier, ma mère dit:

—Eh bien, boude, si tu veux bouder... mais après, tu ne trouveras plus rien à manger.

. . .

Alors il y eut un silence.

. . .

J'entendais encore aux étages certains bruits qui me renseignaient sur les allées et venues dans la maison. Des portes claquèrent.[j] Sur la galerie puis sur notre petit trottoir de ciment j'entendis le bruit des pas de ma mère dans ses souliers neufs. C'est vrai, elle devait ce soir aller jouer aux cartes chez des amis. Elle se hâtait, ses pas semblaient courir... et je fus malheureuse que d'un cœur si libre elle partît pour aller se livrer à quelque chose d'aussi futile, ce soir, que de jouer aux cartes.

---

[b]mériter... causer cette fureur   [c]au-delà... dépassant la compréhension   [d]analysent   [e]*attic*   [f]grattai... *scratched the rough floor with my nails*   [g]à... si on veut   [h]*pouting*   [i]dire non à   [j]*se fermèrent avec bruit*

La nuit me parut monter vers moi des étages obscurs. La grande maison était à présent tout à fait silencieuse... peut-être vide... Et mon chagrin fut intolérable, de tous abandonné sauf de moi, sauf de ma seule attention bien 50 trop jeune, bien trop faible pour le comprendre; et sans plus en connaître la cause, je pleurai davantage le chagrin lui-même qui n'est peut-être qu'un enfant seul.

Alors, mon oreille proche du plancher entendit le pas traînant,[k] le pas accablé de mon père. 55

Il entrouvrit doucement la porte au bas de l'escalier. Il resta là, sans parler, longtemps. Peut-être pensait-il que je ne le savais pas debout, un pied levé vers la première marche. Mais j'entendais sa respiration... et lui peut-être la mienne, tant le silence entre nous était poignant.

Enfin, il appela: 60
—Petite! Misère!

Oh! que j'avais la gorge serrée[l]! Jamais après, je n'y ai eu un tel nœud[m] la serrant à m'étouffer. Et il est bon peut-être qu'on ait eu très jeune un atroce chagrin, car après il ne peut guère plus nous étonner.

. . .

Puis, comme je ne répondais encore pas, mon père me dit: 65
—Tu dois avoir faim.

Et plus tard, après un autre silence, il me dit si tristement qu'aujourd'hui encore, trouvant son chemin entre des souvenirs touffus[n] comme une forêt, l'inflexion exacte de la voix de mon père me revient:

—J'ai fait une tarte à la rhubarbe... Elle est encore chaude... Veux-tu en 70 manger?...

Moi, je ne sais plus! Depuis ce temps, la tarte à la rhubarbe ne m'a jamais tentée; mais, avant ce jour, il paraît que j'en raffolais,[o] bien que je fusse malade chaque fois que j'en mangeais. Aussi ma mère n'en faisait plus que très rarement et si, par exception, elle en servait une, alors elle me défendait d'en 75 prendre plus qu'une toute petite pointe. Ainsi, donc, mon père avait profité de l'absence de ma mère ce soir... et je l'imaginai roulant ses manches, cherchant la farine, le saindoux[p]—jamais pourtant il ne trouvait les choses dans la maison—allumant le four, surveillant la tarte qui cuisait!... Comment aurais-je pu répondre! 80

. . .

J'entendis mon père pousser un soupir. Il referma la porte si lentement que c'est à peine si j'entendis le très léger déclic[q] de la serrure.[r] Il s'en alla.

Ce long pas découragé!

J'attendis quelques minutes pourtant, longtemps à ce qu'il me sembla. Puis j'ai étiré ma robe chiffonnée.[s] Je me suis donné des tapes aux joues pour 85 effacer la trace des larmes;[t] et, avec le bas de ma robe, j'ai tâché de réparer les barbouillages[u] ainsi faits sur mon visage.

Je suis descendue, m'arrêtant à chaque marche.

La table de notre grande cuisine était mise comme pour une fête... une bien triste fête, car, sur la nappe blanche, il n'y avait, au centre, que la tarte et, 90 loin l'une de l'autre, à chaque bout, nos deux assiettes.

---

[k]pas... *dragging footsteps*   [l]*tight*   [m]*knot*   [n]épais, nombreux   [o]j'en... je l'aimais beaucoup   [p]*lard*   [q]bruit
[r]mécanisme de la porte   [s]*wrinkled*   [t]*tears*   [u]traces

Nous avons pris place, sans nous regarder encore, mon père et moi, à cette longue table.

Mon père poussa alors vers moi la tarte qu'il avait taillée d'avance en si gros morceaux que brusquement je fondis en larmes.ᵛ Mais en même temps, j'avais commencé de goûter à la tarte. 95

Souvent, aux étapes de ses rudes voyages en pays de colonisation, lorsqu'il allait établir des immigrants, mon père avait fricotéʷ lui-même ses repas sur de petits feux de braises en plein air, dans les Prairies, et il avait gardé de ce temps-là, sans doute accompagnée du regret des espaces et de la pureté, l'illu- 100 sion d'être habile à la cuisine. Mais ma mère disait que les tartes de mon père étaient de plomb.ˣ

Et c'était bien en effet une nourriture de plomb que je cherchais à avaler.

Nos yeux se rencontrèrent. Je vis que la bouchéeʸ que mon père avait prise ne passait pas non plus. 105

Et comment alors, à travers mon pauvre chagrin d'enfant, ai-je si bien pressenti celui combien plus lourd de mon père, le poids de la vie: cette indigeste nourriture que ce soir, comme si c'était pour toujours, mon père m'offrait!

Cette nuit, je fus bien malade d'une sérieuse indigestion. Ma mère, ne 110 comprenant pas du tout ce qui s'était passé entre le vieil homme et sa Petite Misère, accabla mon père de reproches:

—Lui faire manger de la tarte à dix heures du soir! Es-tu fou?

Lui, avec un sourire triste, sans se disculper, pencha la tête; et, plus tard, quand il vint m'apporter un remède, il y avait sur son visage une telle 115 douleur que, parfois, je l'imagine immortelle. 🔥

---

ᵛfondis... commençai à pleurer    ʷpréparé    ˣ*lead*    ʸmorceau

## • *Avez-vous compris?*

**A.** Indiquez si chaque trait de caractère correspond logiquement à Petite Misère, à son père ou aux deux.

| TRAITS DE CARACTERE | PETITE MISERE | SON PERE |
|---|---|---|
| très sensible | | |
| d'humeur morose | | |
| plein(e) de ressentiment | | |
| d'humeur gaie | | |
| tendre mais maladroit(e) | | |
| plein(e) de pitié pour lui/elle-même | | |
| têtu(e) | | |
| frêle de santé | | |
| boudeur (boudeuse) | | |

**B.** Relisez brièvement le passage et complétez chaque phrase pour résumer la situation de Petite Misère.

1. Quand Petite Misère était bébé, sa santé était _____.
2. A la naissance de Petite Misère, la santé de son père était _____.
3. Quand la fillette s'entendait appeler Petite Misère, elle était _____.
4. Le père était souvent _____.
5. Un jour, après un incident oublié, il l'a appelée _____ avec colère, et il s'est demandé «Pourquoi _____?»
6. Tourmentée par les paroles de son père, Petite Misère a couru se réfugier dans _____.
7. Dans ce refuge, elle a voulu _____.
8. Elle croyait qu'il suffisait de s'arrêter de _____ pour quitter le mal.
9. Plus tard, quand sa mère lui a offert à manger, _____.
10. Après le départ de sa mère, son père a fait _____.
11. Après l'avoir mangée, Petite Misère _____.
12. De retour, la mère n'a pas compris pourquoi son mari _____.
13. A la fin du récit, quand son père est venu la voir, Petite Misère a vu une grande _____ sur son visage.

**C.** Comment Petite Misère décrit-elle son père? Comprend-elle les causes de ses humeurs?

## • *Et vous?*

**A.** Comment voyez-vous Petite Misère? Est-ce une enfant persécutée et privée d'amour ou une enfant égoïste et pleine de pitié pour elle-même?

**B.** Comment voyez-vous le père de Petite Misère? Est-il cruel? Ou est-ce simplement une personne malheureuse qui ne sait pas exprimer ses vrais sentiments? Voyez-vous des traces de tendresse et de compréhension dans ses actes?

**C.** La mère dit «Assez boudé. Viens manger.» Quel est l'effet de ce verbe (**bouder**) sur Petite Misère? Quelle serait votre réaction si un ami (une amie) vous disait «Ne boude plus!»?

**D.** Il existe beaucoup de mythes concernant «la famille normale» et «l'enfance idéale». Dans cette nouvelle, vous voyez une autre sorte d'enfance. Pensez-vous que Petite Misère soit particulièrement prédisposée à des troubles émotionnels? Expliquez votre opinion.

**E.** Vous avez déjà analysé la description que Petite Misère fait de son père et de son attitude envers la vie. Croyez-vous que les jeunes enfants puissent comprendre la vie émotionnelle de leurs parents? Expliquez.

**F.** D'après vous, y a-t-il un vrai danger à donner un sobriquet comme «Petite Misère» à un enfant? Discutez.

*Si vous pouviez redevenir enfant, que voudriez-vous faire?*

**G.** Avec un(e) partenaire, jouez la scène suivante.

Etudiant(e) A: Imaginez que vous êtes Petite Misère. Vous êtes en train de parler avec un ami (une amie), et vous lui décrivez vos parents et vos rapports avec eux. Vous exprimez votre désir de partir pour commencer une nouvelle vie.

Etudiant(e) B: Ecoutez l'histoire de votre ami(e), et puis essayez de le (la) convaincre de rester à la maison au lieu de fuir. Donnez plusieurs raisons.

## Structures

# Making Hypotheses

When you set up conditions or circumstances other than what is real or current and imagine the consequences of such conditions, you are making hypotheses. A hypothesis often contains a clause beginning with **si** (*if*).

### Observez et déduisez

In the following text, there are two types of conditions. One is very likely to happen, and the other is much less likely. Find an example of the first type (there is only one). Which tense is used after **si** to express such a condition? Which tense is used in the main clause to express the expected result? Now find examples of conditions less likely to happen. Identify the tenses used for the conditions and the consequences.

### Les pensées de Petite Misère

Pourquoi donc m'a-t-il baptisée Petite Misère? Il se peut qu'il m'**ait prédisposée** à la misère avec un nom comme ça. **Si j'étais** dans une autre famille, une famille où on ne m'**appellerait** pas Petite Misère, est-ce que je **serais** plus heureuse? **Si j'avais** un papa plus jeune et plus gai, est-ce que j'**aurais** besoin de me cacher dans le grenier pour pleurer? Il parle si peu. **Si c'était** plus facile de parler avec lui, je lui **demanderais** pourquoi il est toujours si triste. **Si j'ai** assez de courage, ce soir, je le lui **demanderai.** Est-ce qu'il regrette vraiment que je **sois née**?

## Vérifiez

| | CONDITIONS | CONSEQUENCES |
|---|---|---|
| *Likely to happen* | **si + présent**<br>Si j'ai assez de courage,<br>Si je pleure,<br><br>Si tu as faim,<br>Si tu as quelque chose à dire, | **futur**<br>je lui demanderai.<br>mes parents auront pitié de moi.<br>**impératif**<br>descends!<br>dis-le! |
| *Less likely to happen* | **si + imparfait**<br>Si j'étais dans une autre famille,<br>*If I were in another family,*<br>S'il\* m'expliquait la situation,<br>*If he explained the situation to me,* | **conditionnel (présent)**<br>est-ce que je serais plus heureuse?<br>*would I be happier?*<br>est-ce que je comprendrais?<br>*would I understand?* |

\*Note that **si + il(s) = s'il(s),** but **si + elle(s) = si elle(s).**

Remember that verbs in the future or the conditional are *not* used in a **si** clause. This is different from English usage, where the conditional mode may be used after *if.* Do not confuse the conditional *would* with the *would* that expresses a repeated action in the past. If *would* means *used to,* the imperfect tense is used in French.

Quand nous étions en vacances,     *When we were on vacation, we*
nous **dormions** jusqu'à midi.     ***would** sleep until noon.*

## Forms

The **conditionnel présent** is one of two tenses of the *conditional mood.** The conditional and the future are very similar in form. To form the present tense of the conditional, add the endings of the **imparfait** to the future stem. There are *no* exceptions.

|  | AIMER | AVOIR | ETRE |
|---|---|---|---|
| (future stem → ) | **aimer-** | **aur-** | **ser-** |
| je/j' | aimer**ais** | aur**ais** | ser**ais** |
| tu | aimer**ais** | aur**ais** | ser**ais** |
| il/elle/on | aimer**ait** | aur**ait** | ser**ait** |
| nous | aimer**ions** | aur**ions** | ser**ions** |
| vous | aimer**iez** | aur**iez** | ser**iez** |
| ils/elles | aimer**aient** | aur**aient** | ser**aient** |

## Essayez!

Complétez.

1. Si j'ai le temps, je ___ des courses. (faire)   2. Si tu ___, viens avec moi!  (pouvoir)   3. Si les magasins étaient ouverts plus tard, on n'___ pas besoin de se dépêcher.  (avoir)   4. S'il ___ beau, on pourrait manger dehors.   (faire)

*(Réponses page 302)*

## • *Maintenant à vous*

**A. Si demain...** Que ferez-vous si demain les situations suivantes se présentent? Complétez de façon personnelle.

1. Si vous ne vous sentez pas bien (mais que vous avez un examen important à passer),...   2. Si vous vous réveillez avec un cafard épouvantable,...
3. Si un ami (une amie), sous le coup de la dépression, décide d'abandonner ses études en plein milieu de l'année,...   4. Si vous découvrez que vous avez seulement 20 dollars pour survivre jusqu'à la fin du mois,...   5. ?

**B. Des inquiétudes.** Vous pensez à votre vie après l'université: si les situations suivantes se présentaient, qu'est-ce que vous feriez? Répondez de façon personnelle.

1. Si vous ne trouviez pas de travail dans votre domaine de spécialisation...
2. Si votre travail payait bien mais ne vous plaisait pas...   3. Si votre travail vous plaisait beaucoup mais ne payait pas bien du tout...   4. Si vous étiez marié(e) et que votre mari/femme ne pouvait pas trouver de travail dans la même ville que vous...   5. Si vous deviez choisir entre un poste temporaire très intéressant et un poste permanent moins intéressant...

---

*The **conditionnel passé** is presented in **Chapitre 18**.

**C. Des hypothèses.** Utilisez les éléments donnés pour poser des questions à un(e) de vos camarades de classe. Votre camarade donnera sa réponse, puis vous posera la même question.

MODÈLE: avoir 500 dollars à dépenser / que / acheter →
    —Si tu avais 500 dollars à dépenser, qu'est-ce que tu achèterais?
    —J'achèterais un appareil photo numérique. Et toi? Qu'est-ce que tu achèterais?

1. pouvoir voyager n'importe où (*anywhere*) / où / aller
2. aller en France / que / vouloir visiter
3. commencer à étudier une autre langue / laquelle / choisir
4. avoir des pouvoirs magiques / que / changer

**D. Des situations improbables, mais... on ne sait jamais!** Si les conditions suivantes se présentaient, que feriez-vous? En groupes de deux, discutez deux situations au choix, en élaborant le plus possible.

1. S'il y avait le feu à votre maison ou à votre appartement et que vous n'aviez que quelques minutes pour prendre quelques objets, qu'est-ce que vous emporteriez? Pourquoi?
2. Si vous faisiez partie d'un groupe expérimental d'astronautes et qu'on vous envoyait vivre sur la lune pendant plusieurs mois, qu'est-ce qui vous manquerait le plus quand vous penseriez à la terre? Qu'est-ce que vous feriez pour combler votre solitude?
3. Si vous pouviez devenir invisible, que feriez-vous? Où iriez-vous?
4. Si vous pouviez changer d'identité, qui seriez-vous? Pourquoi?
5. Si vous pouviez vivre à une autre époque, quelle époque choisiriez-vous? Pourquoi?

**E. Une journée parfaite.** Si vous pouviez vivre une journée parfaite, que feriez-vous du matin jusqu'au soir? Considérez

- l'endroit où vous seriez et le temps qu'il ferait
- l'heure à laquelle vous vous lèveriez (et coucheriez)
- ce que vous mangeriez
- les personnes qui seraient avec vous
- vos activités
- les objets qui feraient partie de cette journée parfaite

Rêvez sans réserve!

**F. Le chemin de la vie.** Vous avez déjà discuté, dans **Parlons-en** (activité F), le rôle des montagnes sur le chemin de la vie. Maintenant imaginez un chemin sans montagnes, une vie sans opposition, un monde sans le mal—serait-ce un monde plus heureux? Envisagez comment serait ce monde, et donnez le plus de détails possible.

- sur le plan personnel
- sur le plan familial
- dans le contexte scolaire
- dans le contexte professionnel
- pour le monde en général

# More About the Subjunctive

## Rappelez-vous

You studied the more common uses of the subjunctive in **Chapitre 15.** Do you remember how to conjugate verbs in the **présent du subjonctif**? Do you remember which verbal expressions and conjunctions require the use of the subjunctive?

## Essayez!

Complétez.

1. Il ne faut pas que je ___ (être) malade cette semaine, car j'ai plusieurs examens à passer.   2. Je propose qu'on ___ (avoir) des sessions d'étude et que nous ___ (faire) nos devoirs ensemble.   3. Nous étudierons jusqu'à ce que nous ___ (savoir) tout!   4. Il est temps que nous ___ (commencer) pour que nous ___ (pouvoir) finir plus tôt.   5. Vous doutez qu'on ___ (réussir)?

*(Réponses page 302)*

## The Past Subjunctive

### Observez et déduisez

Is the past subjunctive used to express an action that took place *at the same time as* / *after* / *before* that of the main clause?

> Il se peut qu'il m'**ait prédisposée** à la misère.
> Est-ce qu'il regrette vraiment que je **sois née**?

### Vérifiez

The same verbs and expressions that must be followed by the present subjunctive require the past subjunctive. How do you decide whether to use the present or the past subjunctive?

- If the action of the subordinate clause takes place *at the same time as* or *after* the action of the main clause, use the *present* subjunctive.

  Je doute qu'il **vienne** (*is coming*) maintenant.
  Je doute qu'il **vienne** (*will come*) demain.

- If the action of the subordinate clause took place *before* the action of the main clause, use the *past* subjunctive.

> Je doute qu'il **soit venu** (*came*) hier.
> C'est dommage qu'il **ait oublié** (*forgot*)...

## Forms

As you have observed, the past subjunctive is a compound tense formed with (1) the present subjunctive of the auxiliary verb **avoir** or **être** and (2) the past participle of the main verb.

|  | PARLER | PARTIR | SE FACHER |
|---|---|---|---|
| ...que je/j' | aie parlé | sois parti(e) | me sois fâché(e) |
| tu | aies parlé | sois parti(e) | te sois fâché(e) |
| il/elle/on | ait parlé | soit parti(e) | se soit fâché(e) |
| nous | ayons parlé | soyons parti(e)s | nous soyons fâché(e)s |
| vous | ayez parlé | soyez parti(e)(s) | vous soyez fâché(e)(s) |
| ils/elles | aient parlé | soient parti(e)s | se soient fâché(e)s |

## Essayez!

Because it is the *relationship* between the dependent clause and the main clause that determines whether to use the present or the past subjunctive, it may be helpful to analyze the following examples. For each sentence, check the box *same time, after,* or *before* to identify when the action of the dependent clause took place in relation to the action of the main clause. Afterward, translate the sentences.

|  | SAME TIME | AFTER | BEFORE |
|---|---|---|---|
| *(1) I doubted he would call.* |  |  |  |
| *(2) I doubted he had called.* |  |  |  |
| *(3) I'm afraid she's sick.* |  |  |  |
| *(4) I was glad you were feeling better.* |  |  |  |
| *(5) I don't think he saw a psychiatrist.* |  |  |  |

*(Réponses page 302)*

**G. Les enfants d'autrefois.** Il y a 50 ans, ou 100 ans, était-ce plus facile d'être un enfant? Exprimez des opinions, selon les indications données.

MODELE: Il se peut / les enfants d'autrefois / être plus heureux →
Il se peut que les enfants d'autrefois aient été plus heureux.

1. Il se peut / ils / avoir moins de stress
2. Il se peut / la vie / être plus simple
3. Je doute / ils / se faire autant de soucis
4. Mais je ne crois pas / l'enfance / changer beaucoup

Et vous, qu'en pensez-vous? L'enfance a-t-elle changé? Comment? Donnez votre opinion.

**H. Les parents d'autrefois.** En petits groupes, discutez votre opinion sur les parents d'autrefois en vous aidant des expressions données.

| | |
|---|---|
| Il se peut que... | être de meilleurs parents |
| Je doute que... | communiquer davantage |
| Je crois que... | passer plus de temps avec leurs |
| Je ne crois pas que... | enfants |
| J'ai bien peur que... | être plus stricts |
| Bien que... | donner plus (moins) de respon- |
| A moins que... | sabilités à leurs enfants |
| | avoir moins (plus) d'aide de la |
| | société |
| | ? |

**I. C'est dommage.** Certaines choses se passent qu'on regrette plus tard. En groupes de deux, parlez d'événements regrettables dans...

1. l'histoire de la civilisation occidentale
2. l'histoire de votre pays
3. l'actualité récente

Commencez vos phrases par «C'est dommage que... » et expliquez votre point de vue. Comparez ensuite vos réponses avec celles des autres groupes.

**J. Jeu de rôles.** Vous parlez du monde idéal. L'un(e) de vous pense que ce serait un monde sans haine, sans chagrin, sans maladies, sans mal. L'autre pense, au contraire, qu'il est nécessaire de traverser des épreuves pour comprendre la joie, et qu'un monde sans mal et sans chagrin ne serait pas un monde sans problèmes. Définissez et discutez votre point de vue. Qui saura être le plus convaincant?

## Par écrit

### Avant d'écrire

**Paragraph Continuity.** To maintain continuity and fluidity among the sentences in a paragraph—that is, to ensure the coherence of the paragraph—the key is to keep the preceding sentence in mind when you write a new sentence. Each sentence should appear to grow naturally out of the one before. There are several ways to do this, according to the point you wish to make. For example, you can respond to the topic sentence **Petite Misère se croit victime d'un père cruel** in one or more of the following ways.

1. Provide an example. (**Il l'appelle Petite Misère et dit qu'il regrette d'avoir eu des enfants.**)
2. Contradict it or object to it. (**Les actions du père, cependant, font preuve de beaucoup de tendresse.**)
3. Speculate about what it means by asking a rhetorical question. (**Mais pourquoi se croit-elle victime?**)
4. Make a transition to what will follow. (**C'est peut-être vrai qu'il est dur avec elle, mais l'imagination de la petite fille n'exagère-t-elle pas les choses?**)

Before you write your essay on the following topic, write a general, one-sentence answer to the first question in **Sujet de rédaction.** Then write three or four numbered sentences, each of which could be the next sentence in the paragraph. (You are trying to create alternative follow-up sentences, as just described.) You may wish to use one of these three or four sentences as the basis for your essay.

## • *Sujet de rédaction*

Si vous appreniez que vous n'aviez plus qu'un an à vivre, qu'est-ce que vous feriez? Quels seraient vos sentiments immédiats? Comment réagiriez-vous? Et puis après, quelles décisions prendriez-vous? Est-ce que vous continueriez vos études, ou bien est-ce que vous arrêteriez tout pour faire un grand voyage, par exemple, ou retourner chez vous, ou aller vivre ailleurs? Est-ce que votre perspective de la vie serait la même? Est-ce que vos valeurs et vos relations avec les gens que vous aimez seraient affectées? Si vous appreniez que vous n'aviez plus qu'un an à vivre, qu'est-ce qui changerait et qu'est-ce qui ne changerait pas pour vous?

 **Ensuite.** *Explorez en profondeur les thèmes et les structures qui se trouvent dans ce chapitre sur* **www.mhhe.com/ensuite.**

---

**Réponses: Essayez!,** page 296: 1. ferai  2. peux  3. aurait  4. faisait

**Réponses: Essayez!,** page 298: 1. sois  2. ait / fassions  3. sachions  4. commencions / puissions  5. réussisse

**Réponses: Essayez!,** page 299: 1. (after) Je doutais qu'il téléphone.  2. (before) Je doutais qu'il ait téléphoné.  3. (same time) J'ai peur qu'elle soit malade.  4. (same time) J'étais contente(e) que tu te sentes mieux.  5. (before) Je ne pense pas qu'il ait vu un psychiatre.

---

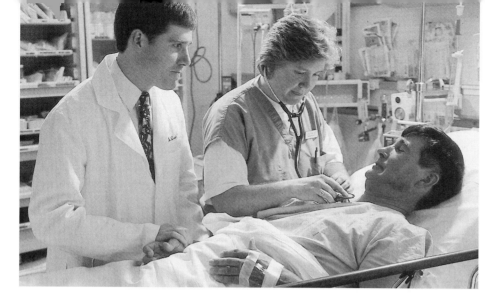

*Comment vous sentez-vous?*

# Le triomphe
# de la médecine

## CHAPITRE 18

## Lecture
- Jules Romains: *Knock ou Le Triomphe de la médecine* [extrait]

## Structures
- More Hypotheses: The Past Conditional
- Difficulties with **pouvoir, vouloir,** and **devoir**

## Les maladies physiques

Malheureusement, il n'est pas possible d'être toujours **en bonne santé...** Quand on **attrape** (attraper = *to catch*) un **rhume** (*cold*), on a généralement **mal à la tête** et **à la gorge,** on **a le nez qui coule** (*has a runny nose*)—il faut donc **se moucher** (*to blow one's nose*)—, on **éternue** (*sneezes*) et on **tousse** (*coughs*). Quand on a la **grippe** (*flu*), on a aussi **de la fièvre** (*fever*). Avec la **bronchite,** on tousse beaucoup. La **nausée** et la **diarrhée** sont des **symptômes** [m.] de la **grippe intestinale** (*stomach flu*). Des **boutons** [m.] (*pimples, rash*) peuvent indiquer une **allergie.** D'autres **maladies** [f.] dont on parle beaucoup sont l'**arthrite** [f.], le **cancer** et le **Sida** (syndrome immuno-déficitaire acquis—*AIDS*). Les **crises** [f.] **cardiaques** (*heart attacks*) et les **attaques** [f.] **cérébrales** ou les **hémorragies cérébrales** (*strokes*) sont souvent **fatales.** Quand on est **malade,** on **prend rendez-vous** chez le **médecin,** un **généraliste** ou un **spécialiste.** Quels **remèdes** prescrit-il? Parfois un **comprimé** (*tablet*) d'**aspirine** suffit, mais il faut souvent d'autres **médicaments** [m.] (*medicine, medication*): un **antibiotique,** du **sirop,** des **pilules** [f.] (*pills*) ou des **piqûres** [f.] (*shots*), pour **soulager** (*to relieve*) la douleur et **guérir** (*to heal, to cure*). L'important, c'est de **se soigner** (*to take care of oneself*)!

## Les accidents

Quand on **se cogne** (*bumps, hits oneself*), on a un **bleu** (*bruise*). Quand on **se coupe,** la **blessure** (*wound*) **saigne** (*bleeds*) et laisse parfois une **cicatrice** (*scar*).

Quels accidents avez-vous eus? Est-ce que vous vous êtes déjà **foulé** la cheville (**se fouler** = *to sprain*)? Vous êtes-vous **cassé** la jambe? Si oui, on vous a fait une **radio** (*x-ray*), on a mis votre jambe dans le **plâtre** (*cast*) et vous avez dû marcher avec des **béquilles** [f.] (*crutches*), n'est-ce pas? Dans le cas d'un accident grave, une **ambulance** transporte les **blessés** à l'**hôpital** [m.]. Dans la **salle d'opération** (*operating room*), les **infirmières** et les **infirmiers** (*nurses*) assistent le **chirurgien** (la **chirurgienne**) (*surgeon*).

## Les soins dentaires

Pour avoir un beau sourire, il faut **se brosser les dents** [f.] régulièrement, avec un bon **dentifrice** (*toothpaste*)—n'oublions pas le **fil dentaire** (*dental floss*)! Si le **dentiste** trouve une **carie** (*cavity*), il doit faire un **plombage** (*filling*) ou mettre une **couronne** (*cap*). Parfois il faut même **arracher** (*pull*) la dent.

- *Parlons-en*

**A. Le mot juste.** Voici la définition, à vous de trouver le mot juste.

1. C'est ce qu'on fait (avec un mouchoir ou un kleenex) quand on a le nez qui coule.

2. Quand quelqu'un fait cela, on lui dit «A vos souhaits!» (*Bless you!*).

3. On a ce symptôme quand on a une température de 39 degrés ou plus.

4. C'est une maladie qui cause une inflammation des articulations (des mains, par exemple).

5. C'est un arrêt du cœur qui peut causer une mort instantanée.

6. C'est ce qu'on fait quand on fait le nécessaire pour pouvoir guérir.

7. C'est ce que l'infirmière vous fait quand vous avez besoin d'une injection.

8. C'est un médecin qui se spécialise dans les opérations.

**B. La définition.** Voici le mot juste, à vous de donner la définition.

1. le Sida
2. une pilule
3. la grippe intestinale
4. des boutons
5. soulager
6. saigner
7. un bleu
8. une carie
9. ?
10. ?

**C. Des maladies.** De quelles maladies avez-vous déjà souffert? Quels étaient les symptômes? Comment vous a-t-on soigné(e)?

**D. Des accidents.** Les accidents arrivent dans toutes sortes de circonstances: en voiture, en faisant du sport ou, tout bêtement, en descendant un escalier! Avez-vous déjà eu des accidents, petits ou graves? Racontez, en donnant tous les détails: où ça s'est passé, quand, comment, le type de blessure, ce que vous avez dû faire, etc.

**E. Des conseils.** Imaginez-vous à la place des personnes suivantes. Quels conseils allez-vous donner selon les circonstances? Que dirait...

1. une maman à son enfant de 5 ans qui a attrapé un rhume?
2. un médecin à quelqu'un qui a la grippe?
3. un dentiste à quelqu'un qui ne semble pas avoir une bonne hygiène dentaire?

**F. Réflexion culturelle.** Donnez votre réaction personnelle aux observations culturelles suivantes. Qu'est-ce que ces observations révèlent sur les Français? Comparez avec votre pays.

1. Les Français consacrent en moyenne 12% de leur budget aux dépenses de santé (contre 5% en 1960). La Sécurité sociale finance environ 75% des frais de santé. Les assurances privées, qui complètent les remboursements de la Sécurité sociale, couvrent environ 10% du financement; le reste est assumé par l'individu.

2. Les Français sont les plus gros acheteurs de médicaments d'Europe. Cette surconsommation peut s'expliquer par la densité élevée de médecins sur le territoire français, les prix modérés des médicaments (par rapport aux autres pays développés) et la tendance des Français à l'automédication—avec l'aide des pharmaciens qui jouent un rôle beaucoup plus important en France qu'en Amérique du Nord. Le pharmacien du coin est un conseiller de santé que l'on n'hésite pas à consulter pour les «petits» ennuis de santé. Les consultations de médecins ont plus que doublé dans les trente dernières années: les Français consultent un médecin en moyenne sept consultations par an (quatre chez un généraliste, trois chez un spécialiste).

3. Un phénomène bien français est le tourisme de santé, dans des stations thermales. Il y a des cures (des stages de thérapie) postnatales, des cures antistress, des cures antitabac, des cures pour les rhumatismes, des cures de thalassothérapie, etc. Très souvent, ces cures font partie du traitement prescrit par le médecin et sont remboursées par la Sécurité sociale.

## Lecture

## *Avant de lire*

## Culture et contexte

Comme nous venons de le voir dans **Réflexion culturelle,** les Français ont tendance à consulter leur médecin un peu plus souvent et plus facilement que dans la plupart des pays développés. Les médecins de famille se déplacent encore à domicile en cas de nécessité. De nos jours, une consultation coûte environ 20 euros, payés directement au médecin qui remet au patient une «feuille de maladie» et une ordonnance (*prescription*). Le patient doit envoyer ces feuilles à son centre de Sécurité sociale, qui rembourse environ 18 euros pour la consultation, et une partie du montant des soins.

Ce système de protection sociale date de 1945 et n'existait donc pas en 1923, quand Jules Romains a écrit sa fameuse comédie, *Knock ou le Triomphe de la médecine,* mais déjà l'idée de consultations gratuites faisait son apparition. Ici, nous voyons un charlatan, Knock, qui est décidé à faire fortune au plus vite dans l'exercice de la médecine. Il achète le cabinet du Dr Parpalaid, ancien médecin de la petite ville de Saint-Maurice, et utilise diverses stratégies pour attirer et tromper les gens de la ville. Sa première stratégie est de proposer une consultation gratuite un matin par semaine. Evidemment, puisque c'est gratuit, les gens se précipitent. Knock va ensuite les persuader qu'ils sont malades, et petit à petit, il va contrôler tout le village.

Cette farce satirique est en fait une allégorie de la situation des années 20 et 30 en Allemagne et en Italie. Habile philosophe et écrivain engagé, Jules Romains (1885–1972) essayait de mettre l'Europe en garde contre les charlatans extrémistes...

*Jules Romains*

# Stratégies de lecture

- **Anticipation.** Comment se passe une consultation typique chez votre médecin? Etes-vous nerveux (nerveuse) quand vous allez chez le médecin? Avez-vous tendance à imaginer le pire? Expliquez.

- **Prédictions.** Maintenant, imaginez une des consultations gratuites du «Dr» Knock: comment va-t-il s'y prendre pour persuader une dame âgée, très fière et très noble, qu'elle souffre d'une maladie cachée? Imaginez deux ou trois scénarios, puis parcourez rapidement le texte pour voir lequel de vos scénarios est le plus proche de celui de Knock.

## Knock ou Le Triomphe de la médecine [extrait]
### JULES ROMAINS

#### Scène V
#### Knock, la dame en violet

*Elle a soixante ans; toutes les pièces de son costume sont de la même nuance de violet; elle s'appuie assez royalement sur une sorte d'alpenstock.[a]*

**LA DAME EN VIOLET, avec emphase.**
Vous devez bien être étonné, docteur, de me voir ici. 5

**KNOCK**
Un peu étonné, madame.

**LA DAME**
Qu'une dame Pons, née demoiselle Lempoumas, vienne à une consultation gratuite, c'est en effet assez extraordinaire. 10

**KNOCK**
C'est surtout flatteur pour moi.

**LA DAME**
Vous vous dites peut-être que c'est là un des jolis résultats du gâchis[b] actuel, qu'une demoiselle Lempoumas, dont la famille remonte sans interrup- 15 tion jusqu'au XIIIe siècle et a possédé jadis[c] la moitié du pays, et qui a des alliances avec toute la noblesse et la haute bourgeoisie du département, en soit réduite à faire la queue, avec les pauvres et pauvresses de Saint-Maurice? Avouez, docteur, qu'on a vu mieux.

**KNOCK la fait asseoir.** 20
Hélas oui, madame.

[...]

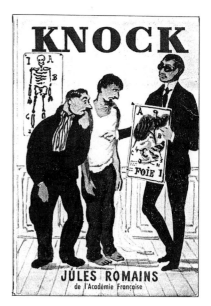

---

[a]canne pour les excursions en montagne   [b]situation confuse   [c]autrefois

Lecture **307**

#### LA DAME

Mais vous attendez, sans doute, que je vous explique pourquoi j'ai fait la queue à votre consultation gratuite?

#### KNOCK                                                                    25

Quelle que soit votre raison, madame, elle est certainement excellente.

#### LA DAME

Voilà! J'ai voulu donner l'exemple. Je trouve que vous avez eu là, docteur, une belle et noble inspiration. Mais, je connais mes gens. J'ai pensé: «Ils n'en ont pas l'habitude, ils n'iront pas. Et ce monsieur en sera pour sa générosité.»   30
Et je me suis dit: «S'ils voient qu'une dame Pons, demoiselle Lempoumas, n'hésite pas à inaugurer les consultations gratuites, ils n'auront plus honte de s'y montrer.» Car mes moindres gestes sont observés et commentés. C'est bien naturel.

#### KNOCK                                                                    35

Votre démarche est très louable,[d] madame. Je vous en remercie.

#### LA DAME se lève, faisant mine[e] de se retirer.

Je suis enchantée, docteur, d'avoir fait votre connaissance. Je reste chez moi toutes les après-midi. Il vient quelques personnes. Nous faisons salon autour d'une vieille théière[f] Louis XV que j'ai héritée de mon aïeule.[g] Il y   40
aura toujours une tasse de côté pour vous. (*Knock s'incline. Elle avance encore vers la porte.*) Vous savez que je suis réellement très, très tourmentée avec mes locataires et mes titres. Je passe des nuits sans dormir. C'est horriblement fatigant. Vous ne connaîtriez pas, docteur, un secret pour faire dormir?

#### KNOCK                                                                    45

Il y a longtemps que vous souffrez d'insomnie?

#### LA DAME

Très, très longtemps.

#### KNOCK

Vous en aviez parlé au docteur Parpalaid?                                     50

#### LA DAME

Oui, plusieurs fois.

#### KNOCK

Que vous a-t-il dit?

#### LA DAME                                                                   55

De lire chaque soir trois pages du Code civil. C'était une plaisanterie. Le docteur n'a jamais pris la chose au sérieux.

#### KNOCK

Peut-être a-t-il eu tort. Car il y a des cas d'insomnie dont la signification est d'une exceptionnelle gravité.                                              60

#### LA DAME

Vraiment?

---

[d]admirable   [e]faisant... *pretending*   [f]considérez: thé   [g]grand-mère

**KNOCK**

L'insomnie peut être due à un trouble essentiel de la circulation intracérébrale, particulièrement à une altération des vaisseaux[h] dite «en tuyau de pipe[i]».   65
Vous avez peut-être, madame, les artères du cerveau en tuyau de pipe.

**LA DAME**

Ciel! En tuyau de pipe! L'usage du tabac, docteur, y serait-il pour quelque chose? Je prise[j] un peu.

**KNOCK**   70

C'est un point qu'il faudrait examiner. L'insomnie peut encore provenir[k] d'une attaque profonde et continue de la substance grise[l] par la névroglie.

**LA DAME**

Ce doit être affreux. Expliquez-moi cela, docteur.

**KNOCK, très posément.**   75

Représentez-vous un crabe, ou un poulpe,[m] ou une gigantesque araignée[n] en train de vous grignoter,[o] de vous suçoter[p] et de vous déchiqueter[q] doucement la cervelle.[r]

**LA DAME**

Oh! *(Elle s'effondre[s] dans un fauteuil.)* Il y a de quoi s'évanouir d'horreur.   80
Voilà certainement ce que je dois avoir. Je le sens bien. Je vous en prie, docteur, tuez-moi tout de suite. Une piqûre, une piqûre! Ou plutôt ne m'abandonnez pas. Je me sens glisser[t] au dernier degré de l'épouvante.[u] *(Un silence.)* Ce doit être absolument incurable? et mortel?

**KNOCK**   85

Non.

**LA DAME**

Il y a un espoir de guérison[v]?

**KNOCK**

Oui, à la longue.[w]   90

**LA DAME**

Ne me trompez pas, docteur. Je veux savoir la vérité.

**KNOCK**

Tout dépend de la régularité et de la durée du traitement.

**LA DAME**   95

Mais de quoi peut-on guérir? De la chose en tuyau de pipe, ou de l'araignée? Car je sens bien que, dans mon cas, c'est plutôt l'araignée.

**KNOCK**

On peut guérir de l'un et de l'autre. Je n'oserais peut-être pas donner cet espoir à un malade ordinaire, qui n'aurait ni le temps ni les moyens de se   100
soigner, suivant les méthodes les plus modernes. Avec vous, c'est différent.

---

[h]*(blood) vessels*   [i]*en... like a pipe stem*   [j]*use snuff*   [k]considérez: venir   [l]substance... le cerveau   [m]*octopus*
[n]*spider*   [o]*nibble*   [p]*suck away at*   [q]mettre en pièces   [r]le cerveau   [s]*slumps*   [t]*slide*   [u]terreur   [v]*cure*
[w]à... après beaucoup de temps

**LA DAME se lève.**

Oh! Je serai une malade très docile, docteur, soumise[x] comme un petit chien. Je passerai partout où il le faudra, surtout si ce n'est pas trop douloureux.[y]　105

**KNOCK**

Aucunement douloureux, puisque c'est à la radioactivité que l'on fait appel. La seule difficulté, c'est d'avoir la patience de poursuivre[z] bien sagement[aa] la cure pendant deux ou trois années, et aussi d'avoir sous la main un médecin qui s'astreigne[bb] à une surveillance incessante du processus de guérison, à un calcul minutieux des doses radioactives—et à des visites presque quotidiennes.　110

**LA DAME**

Oh! moi, je ne manquerai pas de patience. Mais c'est vous, docteur, qui n'allez pas vouloir vous occuper de moi autant qu'il faudrait.　115

**KNOCK**

Vouloir, vouloir! Je ne demanderais pas mieux. Il s'agit de pouvoir. Vous demeurez loin?

**LA DAME**

Mais non, à deux pas. La maison qui est en face du poids public.[cc]　120

**KNOCK**

J'essayerai de faire un bond[dd] tous les matins jusque chez vous. Sauf le dimanche. Et le lundi à cause de ma consultation.

**LA DAME**

Mais ce ne sera pas trop d'intervalle, deux jours d'affilée[ee]? Je resterai pour　125 ainsi dire sans soins du samedi au mardi?

**KNOCK**

Je vous laisserai des instructions détaillées. Et puis, quand je trouverai une minute, je passerai le dimanche matin ou le lundi après-midi.

**LA DAME**　130

Ah! tant mieux! tant mieux! *(Elle se relève.)* Et qu'est-ce qu'il faut que je fasse tout de suite?

**KNOCK**

Rentrez chez vous. Gardez la chambre. J'irai vous voir demain matin et je vous examinerai plus à fond.　135

**LA DAME**

Je n'ai pas de médicaments à prendre aujourd'hui?

**KNOCK, debout.**

Heu... si. *(Il bâcle[ff] une ordonnance.)* Passez chez M. Mousquet[gg] et priez-le d'exécuter aussitôt cette première petite ordonnance.　140

---

[x]docile　[y]*painful*　[z]considérez: suivre　[aa]considérez: sage　[bb]*ties himself down*　[cc]poids... *public scales*　[dd]visite
[ee]sans interruption　[ff]écrit vite　[gg]le pharmacien

## • *Avez-vous compris?*

**A.** Les phrases suivantes sont-elles vraies ou fausses? Si elles sont fausses, corrigez-les.

1. La dame vient voir le médecin pendant la période de consultations gratuites.
2. Elle dit qu'elle est venue à la consultation gratuite pour donner l'exemple aux habitants du village.
3. Le docteur Parpalaid (prédécesseur de Knock) avait pris son insomnie au sérieux.
4. Elle imagine un crabe, un poulpe ou une araignée en train de détruire sa cervelle.
5. Knock explique que son seul espoir de guérison est de voir un médecin célèbre à Paris.
6. Knock lui prescrit des médicaments.
7. Elle accepte tout ce qu'il propose.

**B.** Pendant les premiers moments de la scène, Knock se montre très attentif à ce que dit la dame sur ses problèmes d'insomnie. Pourquoi?

**C.** Après, il suggère certaines causes possibles de son insomnie. Parlez de sa manière de les présenter à Madame Pons. Quelles sortes d'images crée-t-il? Pourquoi? Quel effet cette présentation a-t-elle sur la dame?

**D.** Analysez la façon dont Knock manipule Madame Pons psychologiquement.

## • *Et vous?*

**A.** La dame en violet explique très clairement qu'elle se considère supérieure à la grande majorité des gens du village. Faites une liste des mots et des expressions qu'elle emploie pour donner cette impression. Que pensez-vous de ce genre de personne? Connaissez-vous quelqu'un de semblable? Si oui, décrivez cette personne.

**B.** Est-ce qu'il y a un peu du «malade imaginaire» en nous tous? Expliquez.

**C.** Imaginez que vous êtes journaliste. Vous avez fait une enquête sur le Dr Knock. Maintenant, vous allez écrire un article détaillé sur ce qu'il fait à Saint-Maurice. N'hésitez pas à exprimer vos opinions.

**D.** Dans quel sens peut-on dire que Knock ressemble à un dictateur politique? Comparez-le avec Hitler ou un autre personnage politique de l'histoire ou de l'actualité.

**E.** En groupes de deux, jouez la situation suivante entre un médecin et un patient qui souffre de stress.

Etudiant(e) A: Vous êtes le médecin. Essayez de convaincre votre patient(e) que son stress a en fait des causes très profondes et très graves. Posez des questions, faites votre diagnostic (inventez une maladie avec un nom très long!) et suggérez un traitement.

Etudiant(e) B: Vous êtes le patient ou la patiente qui souffre de stress. Décrivez vos symptômes, répondez aux questions du médecin, posez une multitude de questions sur les causes et les conséquences probables de votre mal et essayez de rester calme!

## Structures

# More Hypotheses: The Past Conditional

*If things had been different, what would have happened?* This type of hypothesis no longer deals with the realm of possibilities but with the world of regrets and missed opportunities. The conditions or circumstances for such hypotheses are even further removed from reality than conditions discussed earlier. The consequences are sheer suppositions.

### Observez et déduisez

In the following text, find two examples of such hypotheses. What tenses are used to express (1) the conditions (**si...**) and (2) the consequences of those hypotheses? How is the latter tense formed?

---

#### L'indignation de la dame en violet

Qu'est-ce qui me **serait arrivé** si le doteur Knock **n'était pas venu** s'installer à Saint-Maurice! Cette gigantesque araignée **aurait continué** à me grignoter la cervelle sans que je le sache, et puis je **serais morte** d'une mort horrible et lente... moi, une dame Pons, née demoiselle Lempoumas, dont la famille remonte jusqu'au XIIIᵉ siècle... Quand même, le docteur Parpalaid **aurait dû** se rendre compte que mes insomnies avaient pour causes une chose en tuyau de pipe et une araignée! **S'il avait été** qualifié, il **aurait pu** prévoir que «trois pages du Code civil chaque soir» ne tueraient pas les araignées cérébrales!

---

## Vérifiez

When hypotheses deal with regrets and missed opportunities, the conditions are expressed in the **plus-que-parfait;** their consequences are expressed in the **conditionnel passé.**

Si le Dr Knock **n'était pas venu,** qu'est-ce qui me **serait arrivé**? *If Dr. Knock hadn't come, what would have happened to me?*

S'il **avait été** qualifié, il **aurait pu** prévoir... *If he had been qualified, he could have foreseen . . .*

The past tense of the conditional is a compound tense formed with (1) the present conditional of the auxiliary verb **avoir** or **être** and (2) the past participle of the main verb.

| FORMS OF THE PAST CONDITIONAL | | | |
|---|---|---|---|
| je | serais mort(e) | nous | aurions souffert |
| tu | aurais souffert | vous | seriez mort(e)(s) |
| il/elle/on | serait mort(e) | ils/elles | auraient souffert |

Your repertoire of hypothetical sentences is now as follows.

| SI CLAUSE | MAIN CLAUSE |
|---|---|
| présent | **futur** **impératif** |
| imparfait | **conditionnel présent** |
| plus-que-parfait | **conditionnel passé** |

# Essayez!

Complétez.

1. Si je/j' _____ (savoir), je ne serais pas venu(e)!  2. Si on pouvait, on _____ (partir).  3. Si je m'étais levé(e) plus tôt, je/j' _____ (avoir) le temps de manger ce matin.

*(Réponses page 319)*

## • *Maintenant à vous*

**A. Si j'avais été conscient(e)...** Vous vous êtes cassé la jambe en faisant du ski. Comme vous aviez perdu connaissance, vous n'avez pas vu ce qui s'est passé après l'accident. Dites ce qui se serait passé **si** vous aviez été conscient(e).

MODÈLE: entendre l'ambulance →
   j'aurais entendu l'ambulance.

1. crier «au secours»   2. voir arriver les secouristes (*rescuers*)   3. devoir expliquer trente-six fois ce qui s'était passé   4. s'inquiéter dans l'ambulance   5. imaginer le pire   6. ?

**B. Et après?** Si vraiment vous vous étiez cassé la jambe, et si la fracture avait été grave, qu'est-ce qui se serait passé après votre arrivée à l'hôpital?

MODÈLE: On m'admet à l'hôpital. →
   On m'aurait admis(e) à l'hôpital.

1. On me transporte dans la salle des urgences.   2. Un docteur m'examine.
3. On prend plusieurs radios.   4. On me fait une piqûre pour m'endormir.
5. On m'opère.   6. On me met un plâtre.   7. Plus tard, je marche avec des béquilles.   8. ?

**C. Des regrets.** M. Malchance (vous le connaissez?) examine sa vie avec quelques regrets. Formez des phrases selon le modèle.

MODÈLE: faire plus attention / être en meilleure santé →
   Si j'avais fait plus attention, j'aurais été en meilleure santé.

1. se brosser les dents plus régulièrement / avoir moins de caries   2. suivre un régime / ne pas devenir si gros   3. faire plus de sport / se sentir mieux
4. être moins inquiet / être plus heureux   5. ?

**D. Et vous?** En groupes de deux, discutez les hypothèses suivantes. Prenez note des réponses que vous avez en commun, pour en faire ensuite part au reste de la classe. Qu'est-ce que vous auriez fait différemment...

1. si la situation économique de votre famille avait été différente?
2. si vous aviez été enfant unique, ou au contraire, si vous aviez eu plus de frères et sœurs?
3. si, quand vous étiez au lycée, vous aviez su ce que vous savez maintenant?

**E. Des hypothèses historiques.** Changez de partenaire et trouvez ensemble quatre personnages de l'histoire ou de l'actualité politique, dont vous pourrez dire: «Si j'avais été à sa place dans telle ou telle situation, j'aurais fait comme lui/elle parce que... », ou «Je n'aurais pas fait la même chose parce que... » Après votre discussion, soyez prêts à présenter vos hypothèses et vos conclusions à la classe. Le groupe choisira par un vote les réponses les plus originales.

# Difficulties with pouvoir, vouloir, and devoir

## Pouvoir

The meaning of **pouvoir** is fairly constant. It expresses the ability to do something.

| | |
|---|---|
| Tu **peux** partir. | *You can (may) leave.* |
| Tu **pourras** partir. | *You will be able to leave.* |

Difficulties arise, however, when English speakers try to translate *could*. Depending on the context, four tenses are possible in French. Compare the following cases.

| | |
|---|---|
| Nous étions toujours trop occupés; nous ne **pouvions** jamais parler. | *We were always too busy; we could never talk.* |

In this context, *could* refers to *past circumstances* and is expressed in the **imparfait.**

| | |
|---|---|
| Nous **n'avons pas pu** parler hier soir; nous n'avons pas eu le temps. | *We couldn't talk last night; we didn't have time.* |

When *could* refers to a *single past success or failure to do something*, the **passé composé** is used in French. In this case, **j'ai pu = j'ai réussi; je n'ai pas pu = je n'ai pas réussi (à faire quelque chose).**

| | |
|---|---|
| Si tu venais, on **pourrait** parler. | *If you came, we could talk.* |
| Si tu étais venu(e), on **aurait pu** parler. | *If you had come, we could have talked.* |

In the case of hypotheses, *could* corresponds to the **conditionnel présent,** and *could have* corresponds to the **conditionnel passé.** Note that with *could have* the second verb is a past participle in English (*we could have **talked***) but an infinitive in French (**on aurait pu *parler***).

## Vouloir

Remember that the present tense of **vouloir (je veux)** is considered too blunt to express polite requests. The conditional form (**je voudrais**) is preferable.

| | |
|---|---|
| Je voudrais un bonbon. | *I would like a candy.* |

In a past context, because **vouloir** usually expresses a state of mind, the **imparfait** is most common.

| | |
|---|---|
| Je **voulais** partir. | *I wanted to leave.* |

In the **passé composé, vouloir** takes on different meanings.

> J'ai **voulu** partir.      *I tried to leave.*
> Je **n'ai pas voulu** partir.      *I refused to leave.*

**Vouloir bien** means *to be willing.*

> Je **veux bien** le faire.      *I'm willing to do it.*

In the conditional, **bien** reinforces **vouloir;** this is a very common usage.

> Je **voudrais bien** partir.      *I would (really) like to leave.*

## Devoir

When followed by a number or a noun, **devoir** means *to owe.*

> Je vous dois des excuses.      *I owe you an apology.*
> Il me devait dix dollars.      *He owed me ten dollars.*

When followed by an infinitive, **devoir** has special meanings that must be learned for each tense.

| TENSE | MEANING |
|---|---|
| **présent (indicatif)**<br><br>Il **doit** partir.<br><br>Il **doit** être malade. | → obligation or probability<br><br>*He **must** leave. (or) He is **supposed to leave.**<br>He **must** be sick.* |
| **passé composé**<br><br>Il **a dû** partir. | → obligation or probability<br><br>*He **had to leave.** (or) He **must have** left.* |
| **imparfait**<br><br>Il **devait** partir aujourd'hui. | → supposition or obligation<br><br>*He **was supposed to** leave today.* |
| **conditionnel présent**<br><br>Il **devrait** partir. | → suggested obligation or advice<br><br>*He **should (ought to)** leave.* |
| ***conditionnel passé***<br><br>Il **aurait dû** partir. | → unfulfilled obligation or reproach<br><br>*He **should have** left.* |

For tenses not mentioned in this chart, such as the future or the **plus-que-parfait,** the meaning is always that of an obligation (*to have to*).

Il **avait dû** partir sans nous.     He **had had** to leave without us.

# Essayez!

Traduisez.

1. My friends were supposed to come; they must have forgotten.
2. I wanted to go out, but I had to stay home to do my homework.
3. I should have listened in class; I could have answered the question.
4. I should study more . . .

*(Réponses page 319)*

## • *Maintenant à vous*

**F. Reproches à un malade têtu.** Complétez les phrases suivantes en mettant le verbe indiqué au temps correct. Pensez bien au sens avant de répondre.

1. Si tu _____ (vouloir) guérir plus vite, tu serais allé voir un médecin.
2. Mais je _____ (ne pas pouvoir)! Mon médecin était en vacances.
3. Tu _____ (pouvoir) en voir un autre; ton médecin n'est pas le seul au monde.   4. Peut-être que je/j' _____ (devoir) le faire, en effet, mais ça ne sert à rien de me faire des reproches, puisque je vais mieux.

**G. Chez le dentiste.** Remplacez les propositions indiquées par des propositions contenant le verbe **devoir.**

MODELE:  **Il faut que j'aille chez le dentiste.** →
         Je dois aller chez le dentiste.

1. J'ai mal aux dents; **j'ai sans doute une carie.**   2. J'avais déjà pris un rendez-vous chez le dentiste, **mais j'ai été obligé(e) de l'annuler.**   3. J'avais oublié que **j'avais autre chose à faire ce jour-là.**   4. D'habitude je n'ai jamais mal aux dents; **j'ai sans doute mangé trop de chocolat ces derniers temps.**   5. J'espère que **je ne serai pas obligé(e) d'attendre trop longtemps.**

**H. Des conseils.** Mettez-vous en groupes de deux, et avec le conditionnel présent de **devoir,** donnez des conseils qui s'appliquent aux problèmes de votre pauvre camarade de classe. Inversez les rôles après chaque phrase.

MODELE:  «Personne ne m'aime.» →
         Tu devrais penser un peu moins à toi-même, t'ouvrir davantage, etc.

1. «Je suis toujours fatigué(e).»   2. «J'ai un rhume depuis une quinzaine de jours.»   3. «Je viens de me cogner la tête; regarde un peu cette bosse (*bump*).»
4. «Je souffre d'insomnie.»

Maintenant, inventez chacun(e) un autre problème. N'ayez pas peur d'être fantaisistes!

**I. Des reproches.** Toujours avec votre pauvre camarade de classe, mais cette fois-ci en utilisant le conditionnel passé du verbe **devoir,** formulez des reproches qui s'appliquent aux situations suivantes. Continuez à inverser les rôles toutes les deux phrases.

MODELE: «J'ai attrapé un rhume en faisant du jogging.» →
Tu aurais dû mieux te couvrir, etc.

1. «Je me suis brûlé(e) en sortant le plat du four.»
2. «J'ai failli m'évanouir en voyant mon ancien petit ami (ancienne petite amie) avec quelqu'un d'autre.»
3. «J'avais un cafard horrible, alors j'ai pris des somnifères.»
4. «J'avais oublié ma clé, alors j'ai passé la nuit dehors.»

Maintenant, inventez chacun(e) un autre problème—quelque chose que vous avez fait et que vous n'auriez peut-être pas dû faire, ou le contraire.

**J. Jeu de rôles: le triomphe de la médecine?** En groupes de deux, jouez la situation suivante.

Etudiant(e) A: Vous pensez que les progrès de la médecine ne sont pas toujours pour le bien de l'humanité. Est-il bon, par exemple, de préserver la vie d'un nouveau-né qui n'a aucune chance de vivre une vie normale, ou de prolonger la vie de gens âgés qui, eux-mêmes, préféreraient mourir? Les médecins ne devraient-ils pas laisser la nature suivre son cours?

Etudiant(e) B: Vous pensez que les médecins ont l'obligation morale de faire tout ce qu'ils peuvent pour préserver et prolonger la vie, quelle que soit la qualité de cette vie. Où serait l'humanité aujourd'hui si la médecine n'avait pas fait tous les progrès des dernières années?

Discutez, faites des hypothèses, développez vos arguments. Qui saura être le plus convaincant?

## Par écrit

### Avant d'écrire

**Transitions Between Paragraphs.** Linking paragraphs is just as important as linking sentences. Here are three ways to make the transition to a new paragraph.

1. Use a transitional word or phrase: **mais, cependant, d'autre part,** etc. (see **Structures** in **Chapitre 12**).

2. Answer a question raised at the end of the preceding paragraph.

Last sentence of paragraph 1: **Mais pourquoi n'y avais-je pas pensé?**

First sentence of paragraph 2: **Mon ignorance venait en partie de mon manque d'expérience.**

3. Repeat a key word or recall a key idea from the preceding paragraph.

Last sentence of paragraph 1: **Il fallait que je considère toutes les possibilités.**

First sentence of paragraph 2: **Une de ces possibilités était bien sûr de ne rien faire.**

As you do the following writing assignment, continue to work on coherence and unity (see **Avant d'écrire, Chapitres 12, 16,** and **17**).

## • *Sujet de rédaction*

Racontez une mésaventure (*mishap*) que vous avez eue, et expliquez ce que vous auriez pu (ou dû) faire pour éviter certaines difficultés. Si cette même situation se représentait aujourd'hui, que feriez-vous?

 **Ensuite.** *Explorez en profondeur les thèmes et les structures qui se trouvent dans ce chapitre sur* **www.mhhe.com/ensuite.**

---

**Réponses: Essayez!,** page 313: 1. j'avais su (**plus-que-parfait**) 2. on partirait (**conditionnel présent**) 3. j'aurais eu (**conditionnel passé**)

**Réponses: Essayez!,** page 317: 1. Mes amis devaient venir; ils ont dû oublier. 2. Je voulais sortir, mais j'ai dû rester à la maison pour faire mes devoirs. 3. J'aurais dû écouter en classe; j'aurais pu répondre à la question. 4. Je devrais étudier davantage...

---

# Appendix 1

## Verb Conjugations

NOTE: Examples of English equivalents are given for the regular verb forms in this appendix. They can be misleading if taken out of context. Remember, for example, that the English auxiliary verb *would* can be expressed by the French **imparfait** or the **conditionnel.** Consult the relevant grammar sections.

The left-hand column of each chart contains the infinitive, participles, and (in parentheses) the auxiliary verb necessary to form the perfect tenses. Complete conjugations (including compound tenses) are modeled for regular verbs, verbs conjugated with **être,** and pronominal verbs (Sections I, II, III, and IV). Irregular verb conjugations (Section V) do not include compound tenses, since these can be generated from the models given in the previous sections and the past participle listed with each irregular verb.

# I. Verbes réguliers: temps simples

## 1er groupe — parler

**Infinitif et participes**
**parler** (to speak)
parlé *spoken*
parlant *speaking*
ayant parlé *having spoken*
(avoir)

### Indicatif

| PRÉSENT | IMPARFAIT | FUTUR SIMPLE |
|---|---|---|
| je parle | je parlais | je parlerai |
| tu parles | tu parlais | tu parleras |
| il parle | il parlait | il parlera |
| nous parlons | nous parlions | nous parlerons |
| vous parlez | vous parliez | vous parlerez |
| ils parlent | ils parlaient | ils parleront |

*(I speak / do speak / am speaking / have been speaking; you speak; etc.)* — *(I spoke / was speaking / used to speak / would speak / had been speaking; you spoke; etc.)* — *(I will / shall speak; you will / shall speak; etc.)*

**Passé simple**

| je parlai | nous parlâmes |
|---|---|
| tu parlas | vous parlâtes |
| il parla | ils parlèrent |

*(I spoke / have spoken / did speak; you spoke; etc.)*

### Conditionnel

PRÉSENT

| je parlerais | nous parlerions |
|---|---|
| tu parlerais | vous parleriez |
| il parlerait | ils parleraient |

*(I would speak; you would speak; etc.)*

### Subjonctif

PRÉSENT

| que je parle | que nous parlions |
|---|---|
| que tu parles | que vous parliez |
| qu' il parle | qu' ils parlent |

*([that] I speak / do speak / will speak / would speak / [for] me to speak; [that] you speak; etc.)*

### Impératif

parle *speak*
parlons *let's speak*
parlez *speak*

---

## 2e groupe — finir

**Infinitif et participes**
**finir** (to finish)
fini
finissant
ayant fini
(avoir)

### Indicatif

| PRÉSENT | IMPARFAIT | FUTUR SIMPLE |
|---|---|---|
| je finis | je finissais | je finirai |
| tu finis | tu finissais | tu finiras |
| il finit | il finissait | il finira |
| nous finissons | nous finissions | nous finirons |
| vous finissez | vous finissiez | vous finirez |
| il finissent | ils finissaient | ils finiront |

### Conditionnel

PRÉSENT

| je finirais | nous finirions |
|---|---|
| tu finirais | vous finiriez |
| il finirait | ils finiraient |

### Impératif

finis
finissons
finissez

### Subjonctif

PRÉSENT

| que je finisse | que nous finissions |
|---|---|
| que tu finisses | que vous finissiez |
| qu' il finisse | qu' ils finissent |

### Passé simple

| je finis | nous finîmes |
|---|---|
| tu finis | vous finîtes |
| il finit | ils finirent |

---

## 3e groupe — rendre

**Infinitif et participes**
**rendre** (to return, give back)
rendu
rendant
ayant rendu
(avoir)

### Indicatif

| PRÉSENT | IMPARFAIT | FUTUR SIMPLE |
|---|---|---|
| je rends | je rendais | je rendrai |
| tu rends | tu rendais | tu rendras |
| il rend | il rendait | il rendra |
| nous rendons | nous rendions | nous rendrons |
| vous rendez | vous rendiez | vous rendrez |
| ils rendent | ils rendaient | ils rendront |

### Conditionnel

PRÉSENT

| je rendrais | nous rendrions |
|---|---|
| tu rendrais | vous rendriez |
| il rendrait | ils rendraient |

### Impératif

rends
rendons
rendez

### Subjonctif

PRÉSENT

| que je rende | que nous rendions |
|---|---|
| que tu rendes | que vous rendiez |
| qu' il rende | qu' ils rendent |

### Passé simple

| je rendis | nous rendîmes |
|---|---|
| tu rendis | vous rendîtes |
| il rendit | ils rendirent |

# II. Verbes conjugués avec *avoir* aux temps composés

## Indicatif

| PASSÉ COMPOSÉ | | PLUS-QUE-PARFAIT | | FUTUR ANTÉRIEUR | |
|---|---|---|---|---|---|
| j' ai | | j' avais | | j' aurai | |
| tu as | parlé | tu avais | parlé | tu auras | parlé |
| il a | fini | il avait | fini | il aura | fini |
| nous avons | rendu | nous avions | rendu | nous aurons | rendu |
| vous avez | | vous aviez | | vous aurez | |
| ils ont | | ils avaient | | ils auront | |

*(I spoke / did speak / have spoken; you spoke; etc.)*    *(I had spoken; you had spoken; etc.)*    *(I shall/will have spoken; you shall/will have spoken; etc.)*

## Conditionnel

| PASSÉ | |
|---|---|
| j' aurais | |
| tu aurais | parlé |
| il aurait | fini |
| nous aurions | rendu |
| vous auriez | |
| ils auraient | |

*(I would have spoken; you would have spoken; etc.)*

## Subjonctif

| PASSÉ | | |
|---|---|---|
| que | j' aie | |
| que | tu aies | |
| qu' | il ait | parlé |
| que nous ayons | | fini |
| que vous ayez | | rendu |
| qu' | ils aient | |

*([that] I spoke / did speak / have spoken; [that] you spoke; etc.)*

---

# III. Verbes conjugués avec *être* aux temps composés

## Indicatif

| PASSÉ COMPOSÉ | PLUS-QUE-PARFAIT | FUTUR ANTÉRIEUR |
|---|---|---|
| suis entré(e) | étais entré(e) | serai entré(e) |
| es entré(e) | étais entré(e) | seras entré(e) |
| est entré(e) | était entré(e) | sera entré(e) |
| sommes entré(e)s | étions entré(e)s | serons entré(e)s |
| êtes entré(e)(s) | étiez entré(e)(s) | serez entré(e)(s) |
| sont entré(e)s | étaient entré(e)s | seront entré(e)s |

## Conditionnel

| PASSÉ |
|---|
| serais entré(e) |
| serais entré(e) |
| serait entré(e) |
| serions entré(e)s |
| seriez entré(e)(s) |
| seraient entré(e)s |

## Subjonctif

| PASSÉ |
|---|
| sois entré(e) |
| sois entré(e) |
| soit entré(e) |
| soyons entré(e)s |
| soyez entré(e)(s) |
| soient entré(e)s |

# IV. Verbes pronominaux aux temps simples et aux temps composés

| Infinitif et participes | Indicatif | Conditionnel | Impératif | Subjonctif |
|---|---|---|---|---|
| **se laver** (*to wash oneself*) se lavant s'étant lavé(e)(s) lavé (être) | **PRÉSENT** me lave / te laves / se lave / nous lavons / vous lavez / se lavent | **PRÉSENT** me laverais / te laverais / se laverait / nous laverions / vous laveriez / se laveraient | lave-toi lavons-nous lavez-vous | **PRÉSENT** me lave / te laves / se lave / nous lavions / vous laviez / se lavent |
| | **IMPARFAIT** me lavais / te lavais / se lavait / nous lavions / vous laviez / se lavaient | | | |
| | **FUTUR SIMPLE** me laverai / te laveras / se lavera / nous laverons / vous laverez / se laveront | | | |
| | **PASSÉ COMPOSÉ** me suis lavé(e) / t'es lavé(e) / s'est lavé(e) / nous sommes lavé(e)s / vous êtes lavé(e)(s) / se sont lavé(e)s | **PASSÉ** me serais lavé(e) / te serais lavé(e) / se serait lavé(e) / nous serions lavé(e)s / vous seriez lavé(e)(s) / se seraient lavé(e)s | | **PASSÉ** me sois lavé(e) / te sois lavé(e) / se soit lavé(e) / nous soyons lavé(e) / vous soyez lavé(e)(s) / se soient lavé(e)s |
| | **PLUS-QUE-PARFAIT** m'étais lavé(e) / t'étais lavé(e) / s'était lavé(e) / nous étions lavé(e)s / vous étiez lavé(e)(s) / s'étaient lavé(e)s | | | |
| | **FUTUR ANTÉRIEUR** me serai lavé(e) / te seras lavé(e) / se sera lavé(e) / nous serons lavé(e)s / vous serez lavé(e)(s) / se seront lavé(e)s | | | |

**Passé simple**

me lavai
te lavas
se lava
nous lavâmes
vous lavâtes
se lavèrent

# V. Verbes irréguliers

| | | | | | | | |
|---|---|---|---|---|---|---|---|
| accueillir | conduire | cueillir | être | mettre | pleuvoir | rire | valoir |
| aller | connaître | devoir | faire | mourir | pouvoir | savoir | venir |
| s'asseoir | conquérir | dire | falloir | ouvrir | prendre | suivre | vivre |
| avoir | courir | dormir | fuir | partir | recevoir | tenir | voir |
| battre | craindre | écrire | lire | plaire | résoudre | vaincre | vouloir |
| boire | croire | envoyer | | | | | |

| Infinitif et participes | Indicatif<br>PRÉSENT | IMPARFAIT | FUTUR SIMPLE | Conditionnel<br>PRÉSENT | Impératif<br>PRÉSENT | Subjonctif<br>PRÉSENT | Passé simple |
|---|---|---|---|---|---|---|---|
| **accueillir**<br>(*to welcome*)<br>accueilli<br>accueillant<br>(avoir) | accueille<br>accueilles<br>accueille<br>accueillons<br>accueillez<br>accueillent | accueillais<br>accueillais<br>accueillait<br>accueillions<br>accueilliez<br>accueillaient | accueillerai<br>accueilleras<br>accueillera<br>accueillerons<br>accueillerez<br>accueilleront | accueillerais<br>accueillerais<br>accueillerait<br>accueillerions<br>accueilleriez<br>accueilleraient | <br>accueille<br><br>accueillons<br>accueillez | accueille<br>accueilles<br>accueille<br>accueillions<br>accueilliez<br>accueillent | accueillis<br>accueillis<br>accueillit<br>accueillîmes<br>accueillîtes<br>accueillirent |
| **aller**<br>(*to go*)<br>allé<br>allant<br>(être) | vais<br>vas<br>va<br>allons<br>allez<br>vont | allais<br>allais<br>allait<br>allions<br>alliez<br>allaient | irai<br>iras<br>ira<br>irons<br>irez<br>iront | irais<br>irais<br>irait<br>irions<br>iriez<br>iraient | <br>va<br><br>allons<br>allez | aille<br>ailles<br>aille<br>allions<br>alliez<br>aillent | allai<br>allas<br>alla<br>allâmes<br>allâtes<br>allèrent |
| **s'asseoir***<br>(*to sit down*)<br>assis<br>asseyant<br>(être) | m'assieds<br>t'assieds<br>s'assied<br>nous asseyons<br>vous asseyez<br>s'asseyent | m'asseyais<br>t'asseyais<br>s'asseyait<br>nous asseyions<br>vous asseyiez<br>s'asseyaient | m'assiérai<br>t'assiéras<br>s'assiéra<br>nous assiérons<br>vous assiérez<br>s'assiéront | m'assiérais<br>t'assiérais<br>s'assiérait<br>nous assiérions<br>vous assiériez<br>s'assiéraient | <br>assieds-toi<br><br>asseyons-nous<br>asseyez-vous | m'asseye<br>t'asseyes<br>s'asseye<br>nous asseyions<br>vous asseyiez<br>s'asseyent | m'assis<br>t'assis<br>s'assit<br>nous assîmes<br>vous assîtes<br>s'assirent |
| **avoir**<br>(*to have*)<br>eu<br>ayant<br>(avoir) | ai<br>as<br>a<br>avons<br>avez<br>ont | avais<br>avais<br>avait<br>avions<br>aviez<br>avaient | aurai<br>auras<br>aura<br>aurons<br>aurez<br>auront | aurais<br>aurais<br>aurait<br>aurions<br>auriez<br>auraient | <br>aie<br><br>ayons<br>ayez | aie<br>aies<br>ait<br>ayons<br>ayez<br>aient | eus<br>eus<br>eut<br>eûmes<br>eûtes<br>eurent |
| **battre**<br>(*to beat*)<br>battu<br>battant<br>(avoir) | bats<br>bats<br>bat<br>battons<br>battez<br>battent | battais<br>battais<br>battait<br>battions<br>battiez<br>battaient | battrai<br>battras<br>battra<br>battrons<br>battrez<br>battront | battrais<br>battrais<br>battrait<br>battrions<br>battriez<br>battraient | <br>bats<br><br>battons<br>battez | batte<br>battes<br>batte<br>battions<br>battiez<br>battent | battis<br>battis<br>battit<br>battîmes<br>battîtes<br>battirent |
| **boire**<br>(*to drink*)<br>bu<br>buvant<br>(avoir) | bois<br>bois<br>boit<br>buvons<br>buvez<br>boivent | buvais<br>buvais<br>buvait<br>buvions<br>buviez<br>buvaient | boirai<br>boiras<br>boira<br>boirons<br>boirez<br>boiront | boirais<br>boirais<br>boirait<br>boirions<br>boiriez<br>boiraient | <br>bois<br><br>buvons<br>buvez | boive<br>boives<br>boive<br>buvions<br>buviez<br>boivent | bus<br>bus<br>but<br>bûmes<br>bûtes<br>burent |

*Alternate conjugation of s'asseoir in the present tense: assois, assois, assoit, assoyons, assoyez, assoient.

| Infinitif et participes | Indicatif PRÉSENT | IMPARFAIT | FUTUR SIMPLE | Conditionnel PRÉSENT | Impératif | Subjonctif PRÉSENT | Passé simple |
|---|---|---|---|---|---|---|---|
| **conduire** (to drive; to lead) conduit conduisant (avoir) | conduis conduis conduit conduisons conduisez conduisent | conduisais conduisais conduisait conduisions conduisiez conduisaient | conduirai conduiras conduira conduirons conduirez conduiront | conduirais conduirais conduirait conduirions conduiriez conduiraient | conduis conduisons conduisez | conduise conduises conduise conduisions conduisiez conduisent | conduisis conduisis conduisit conduisîmes conduisîtes conduisirent |
| **connaître** (to be acquainted) connu connaissant (avoir) | connais connais connaît connaissons connaissez connaissent | connaissais connaissais connaissait connaissions connaissiez connaissaient | connaîtrai connaîtras connaîtra connaîtrons connaîtrez connaîtront | connaîtrais connaîtrais connaîtrait connaîtrions connaîtriez connaîtraient | connais connaissons connaissez | connaisse connaisses connaisse connaissions connaissiez connaissent | connus connus connut connûmes connûtes connurent |
| **conquérir** (to conquer) conquis conquérant (avoir) | conquiers conquiers conquiert conquérons conquérez conquièrent | conquérais conquérais conquérait conquérions conquériez conquéraient | conquerrai conquerras conquerra conquerrons conquerrez conquerront | conquerrais conquerrais conquerrait conquerrions conquerriez conquerraient | conquiers conquérons conquérez | conquière conquières conquière conquérions conquériez conquièrent | conquis conquis conquit conquîmes conquîtes conquirent |
| **courir** (to run) couru courant (avoir) | cours cours court courons courez courent | courais courais courait courions couriez couraient | courrai courras courra courrons courrez courront | courrais courrais courrait courrions courriez courraient | cours courons courez | coure coures coure courions couriez courent | courus courus courut courûmes courûtes coururent |
| **craindre** (to fear) craint craignant (avoir) | crains crains craint craignons craignez craignent | craignais craignais craignait craignions craigniez craignaient | craindrai craindras craindra craindrons craindrez craindront | craindrais craindrais craindrait craindrions craindriez craindraient | crains craignons craignez | craigne craignes craigne craignions craigniez craignent | craignis craignis craignit craignîmes craignîtes craignirent |
| **croire** (to believe) cru croyant (avoir) | crois crois croit croyons croyez croient | croyais croyais croyait croyions croyiez croyaient | croirai croiras croira croirons croirez croiront | croirais croirais croirait croirions croiriez croiraient | crois croyons croyez | croie croies croie croyions croyiez croient | crus crus crut crûmes crûtes crurent |
| **cueillir** (to pick) cueilli cueillant (avoir) | cueille cueilles cueille cueillons cueillez cueillent | cueillais cueillais cueillait cueillions cueilliez cueillaient | cueillerai cueilleras cueillera cueillerons cueillerez cueilleront | cueillerais cueillerais cueillerait cueillerions cueilleriez cueilleraient | cueille cueillons cueillez | cueille cueilles cueille cueillions cueilliez cueillent | cueillis cueillis cueillit cueillîmes cueillîtes cueillirent |

| Infinitive | Present | Imperfect | Future | Conditional | Imperative | Subjunctive | Passé simple |
|---|---|---|---|---|---|---|---|
| **devoir** (to have to; to owe) dû devant (avoir) | dois dois doit devons devez doivent | devais devais devait devions deviez devaient | devrai devras devra devrons devrez devront | devrais devrais devrait devrions devriez devraient | dois devons devez | doive doives doive devions deviez doivent | dus dus dut dûmes dûtes durent |
| **dire** (to say, tell) dit disant (avoir) | dis dis dit disons dites disent | disais disais disait disions disiez disaient | dirai diras dira dirons direz diront | dirais dirais dirait dirions diriez diraient | dis disons dites | dise dises dise disions disiez disent | dis dis dit dîmes dîtes dirent |
| **dormir** (to sleep) dormi dormant (avoir) | dors dors dort dormons dormez dorment | dormais dormais dormait dormions dormiez dormaient | dormirai dormiras dormira dormirons dormirez dormiront | dormirais dormirais dormirait dormirions dormiriez dormiraient | dors dormons dormez | dorme dormes dorme dormions dormiez dorment | dormis dormis dormit dormîmes dormîtes dormirent |
| **écrire** (to write) écrit écrivant (avoir) | écris écris écrit écrivons écrivez écrivent | écrivais écrivais écrivait écrivions écriviez écrivaient | écrirai écriras écrira écrirons écrirez écriront | écrirais écrirais écrirait écririons écririez écriraient | écris écrivons écrivez | écrive écrives écrive écrivions écriviez écrivent | écrivis écrivis écrivit écrivîmes écrivîtes écrivirent |
| **envoyer** (to send) envoyé envoyant (avoir) | envoie envoies envoie envoyons envoyez envoient | envoyais envoyais envoyait envoyions envoyiez envoyaient | enverrai enverras enverra enverrons enverrez enverront | enverrais enverrais enverrait enverrions enverriez enverraient | envoie envoyons envoyez | envoie envoies envoie envoyions envoyiez envoient | envoyai envoyas envoya envoyâmes envoyâtes envoyèrent |
| **être** (to be) été étant (avoir) | suis es est sommes êtes sont | étais étais était étions étiez étaient | serai seras sera serons serez seront | serais serais serait serions seriez seraient | sois soyons soyez | sois sois soit soyons soyez soient | fus fus fut fûmes fûtes furent |
| **faire** (to do, make) fait faisant (avoir) | fais fais fait faisons faites font | faisais faisais faisait faisions faisiez faisaient | ferai feras fera ferons ferez feront | ferais ferais ferait ferions feriez feraient | fais faisons faites | fasse fasses fasse fassions fassiez fassent | fis fis fit fîmes fîtes firent |
| **falloir** (to be necessary) fallu (avoir) | il faut | il fallait | il faudra | il faudrait | | il faille | il fallut |

| Infinitif et participes | Indicatif PRÉSENT | IMPARFAIT | FUTUR SIMPLE | Conditionnel PRÉSENT | Impératif | Subjonctif PRÉSENT | Passé simple |
|---|---|---|---|---|---|---|---|
| **fuir** (to flee) | fuis | fuyais | fuirai | fuirais | | fuie | fuis |
| | fuis | fuyais | fuiras | fuirais | fuis | fuies | fuis |
| fui | fuit | fuyait | fuira | fuirait | | fuie | fuit |
| fuyant | fuyons | fuyions | fuirons | fuirions | fuyons | fuyions | fuîmes |
| (avoir) | fuyez | fuyiez | fuirez | fuiriez | fuyez | fuyiez | fuîtes |
| | fuient | fuyaient | fuiront | fuiraient | | fuient | fuirent |
| **lire** (to read) | lis | lisais | lirai | lirais | | lise | lus |
| | lis | lisais | liras | lirais | lis | lises | lus |
| lu | lit | lisait | lira | lirait | | lise | lut |
| lisant | lisons | lisions | lirons | lirions | lisons | lisions | lûmes |
| (avoir) | lisez | lisiez | lirez | liriez | lisez | lisiez | lûtes |
| | lisent | lisaient | liront | liraient | | lisent | lurent |
| **mettre** (to put) | mets | mettais | mettrai | mettrais | | mette | mis |
| | mets | mettais | mettras | mettrais | mets | mettes | mis |
| mis | met | mettait | mettra | mettrait | | mette | mit |
| mettant | mettons | mettions | mettrons | mettrions | mettons | mettions | mîmes |
| (avoir) | mettez | mettiez | mettrez | mettriez | mettez | mettiez | mîtes |
| | mettent | mettaient | mettront | mettraient | | mettent | mirent |
| **mourir** (to die) | meurs | mourais | mourrai | mourrais | | meure | mourus |
| | meurs | mourais | mourras | mourrais | meurs | meures | mourus |
| mort | meurt | mourait | mourra | mourrait | | meure | mourut |
| mourant | mourons | mourions | mourrons | mourrions | mourons | mourions | mourûmes |
| (être) | mourez | mouriez | mourrez | mourriez | mourez | mouriez | mourûtes |
| | meurent | mouraient | mourront | mourraient | | meurent | moururent |
| **ouvrir** (to open) | ouvre | ouvrais | ouvrirai | ouvrirais | | ouvre | ouvris |
| | ouvres | ouvrais | ouvriras | ouvrirais | ouvre | ouvres | ouvris |
| ouvert | ouvre | ouvrait | ouvrira | ouvrirait | | ouvre | ouvrit |
| ouvrant | ouvrons | ouvrions | ouvrirons | ouvririons | ouvrons | ouvrions | ouvrîmes |
| (avoir) | ouvrez | ouvriez | ouvrirez | ouvririez | ouvrez | ouvriez | ouvrîtes |
| | ouvrent | ouvraient | ouvriront | ouvriraient | | ouvrent | ouvrirent |
| **partir** (to leave) | pars | partais | partirai | partirais | | parte | partis |
| | pars | partais | partiras | partirais | pars | partes | partis |
| parti | part | partait | partira | partirait | | parte | partit |
| partant | partons | partions | partirons | partirions | partons | partions | partîmes |
| (être) | partez | partiez | partirez | partiriez | partez | partiez | partîtes |
| | partent | partaient | partiront | partiraient | | partent | partirent |
| **plaire** (to please) | plais | plaisais | plairai | plairais | | plaise | plus |
| | plais | plaisais | plairas | plairais | plais | plaises | plus |
| plu | plaît | plaisait | plaira | plairait | | plaise | plut |
| plaisant | plaisons | plaisions | plairons | plairions | plaisons | plaisions | plûmes |
| (avoir) | plaisez | plaisiez | plairez | plairiez | plaisez | plaisiez | plûtes |
| | plaisent | plaisaient | plairont | plairaient | | plaisent | plurent |

| Infinitive / Participles | il pleut | il pleuvait | il pleuvra | il pleuvrait | | il pleuve | il plut |
|---|---|---|---|---|---|---|---|
| **pleuvoir** (to rain) | | | | | | | |
| plu | | | | | | | |
| pleuvant | | | | | | | |
| (avoir) | il pleut | il pleuvait | il pleuvra | il pleuvrait | | il pleuve | il plut |
| **pouvoir** (to be able) | peux, puis | pouvais | pourrai | pourrais | | puisse | pus |
| | peux | pouvais | pourras | pourrais | | puisses | pus |
| pu | peut | pouvait | pourra | pourrait | | puisse | put |
| pouvant | pouvons | pouvions | pourrons | pourrions | | puissions | pûmes |
| (avoir) | pouvez | pouviez | pourrez | pourriez | | puissiez | pûtes |
| | peuvent | pouvaient | pourront | pourraient | | puissent | purent |
| **prendre** (to take) | prends | prenais | prendrai | prendrais | | prenne | pris |
| | prends | prenais | prendras | prendrais | | prennes | pris |
| | prend | prenait | prendra | prendrait | prends | prenne | prit |
| pris | prenons | prenions | prendrons | prendrions | prenons | prenions | prîmes |
| prenant | prenez | preniez | prendrez | prendriez | prenez | preniez | prîtes |
| (avoir) | prennent | prenaient | prendront | prendraient | | prennent | prirent |
| **recevoir** (to receive) | reçois | recevais | recevrai | recevrais | | reçoive | reçus |
| | reçois | recevais | recevras | recevrais | reçois | reçoives | reçus |
| | reçoit | recevait | recevra | recevrait | | reçoive | reçut |
| reçu | recevons | recevions | recevrons | recevrions | recevons | recevions | reçûmes |
| recevant | recevez | receviez | recevrez | recevriez | recevez | receviez | reçûtes |
| (avoir) | reçoivent | recevaient | recevront | recevraient | | reçoivent | reçurent |
| **résoudre** (to resolve; to solve) | résous | résolvais | résoudrai | résoudrais | | résolve | résolus |
| | résous | résolvais | résoudras | résoudrais | résous | résolves | résolus |
| | résout | résolvait | résoudra | résoudrait | | résolve | résolut |
| résolu | résolvons | résolvions | résoudrons | résoudrions | résolvons | résolvions | résolûmes |
| résolvant | résolvez | résolviez | résoudrez | résoudriez | résolvez | résolviez | résolûtes |
| (avoir) | résolvent | résolvaient | résoudront | résoudraient | | résolvent | résolurent |
| **rire** (to laugh) | ris | riais | rirai | rirais | | rie | ris |
| | ris | riais | riras | rirais | ris | ries | ris |
| | rit | riait | rira | rirait | | rie | rit |
| ri | rions | riions | rirons | ririons | rions | riions | rîmes |
| riant | riez | riiez | rirez | ririez | riez | riiez | rîtes |
| (avoir) | rient | riaient | riront | riraient | | rient | rirent |
| **savoir** (to know) | sais | savais | saurai | saurais | | sache | sus |
| | sais | savais | sauras | saurais | | saches | sus |
| | sait | savait | saura | saurait | sache | sache | sut |
| su | savons | savions | saurons | saurions | sachons | sachions | sûmes |
| sachant | savez | saviez | saurez | sauriez | sachez | sachiez | sûtes |
| (avoir) | savent | savaient | sauront | sauraient | | sachent | surent |
| **suivre** (to follow) | suis | suivais | suivrai | suivrais | | suive | suivis |
| | suis | suivais | suivras | suivrais | suis | suives | suivis |
| | suit | suivait | suivra | suivrait | | suive | suivit |
| suivi | suivons | suivions | suivrons | suivrions | suivons | suivions | suivîmes |
| suivant | suivez | suiviez | suivrez | suivriez | suivez | suiviez | suivîtes |
| (avoir) | suivent | suivaient | suivront | suivraient | | suivent | suivirent |

| Infinitif et participes | Indicatif PRÉSENT | IMPARFAIT | FUTUR SIMPLE | Conditionnel PRÉSENT | Impératif | Subjonctif PRÉSENT | Passé simple |
|---|---|---|---|---|---|---|---|
| **tenir** (*to hold, keep*) tenu tenant (avoir) | tiens tiens tient tenons tenez tiennent | tenais tenais tenait tenions teniez tenaient | tiendrai tiendras tiendra tiendrons tiendrez tiendront | tiendrais tiendrais tiendrait tiendrions tiendriez tiendraient | tiens tenons tenez | tienne tiennes tienne tenions teniez tiennent | tins tins tint tînmes tîntes tinrent |
| **vaincre** (*to beat*) vaincu vainquant (avoir) | vaincs vaincs vainc vainquons vainquez vainquent | vainquais vainquais vainquait vainquions vainquiez vainquaient | vaincrai vaincras vaincra vaincrons vaincrez vaincront | vaincrais vaincrais vaincrait vaincrions vaincriez vaincraient | vaincs vainquons vainquez | vainque vainques vainque vainquions vainquiez vainquent | vainquis vainquis vainquit vainquîmes vainquîtes vainquirent |
| **valoir** (*to be worth*) valu valant (avoir) | vaux vaux vaut valons valez valent | valais valais valait valions valiez valaient | vaudrai vaudras vaudra vaudrons vaudrez vaudront | vaudrais vaudrais vaudrait vaudrions vaudriez vaudraient | | vaille vailles vaille valions valiez vaillent | valus valus valut valûmes valûtes valurent |
| **venir** (*to come*) venu venant (être) | viens viens vient venons venez viennent | venais venais venait venions veniez venaient | viendrai viendras viendra viendrons viendrez viendront | viendrais viendrais viendrait viendrions viendriez viendraient | viens venons venez | vienne viennes vienne venions veniez viennent | vins vins vint vînmes vîntes vinrent |
| **vivre** (*to live*) vécu vivant (avoir) | vis vis vit vivons vivez vivent | vivais vivais vivait vivions viviez vivaient | vivrai vivras vivra vivrons vivrez vivront | vivrais vivrais vivrait vivrions viviez vivraient | vis vivons vivez | vive vives vive vivions viviez vivent | vécus vécus vécut vécûmes vécûtes vécurent |
| **voir** (*to see*) vu voyant (avoir) | vois vois voit voyons voyez voient | voyais voyais voyait voyions voyiez voyaient | verrai verras verra verrons verrez verront | verrais verrais verrait verrions verriez verraient | vois voyons voyez | voie voies voie voyions voyiez voient | vis vis vit vîmes vîtes virent |
| **vouloir** (*to wish, want*) voulu voulant (avoir) | veux veux veut voulons voulez veulent | voulais voulais voulait voulions vouliez voulaient | voudrai voudras voudra voudrons voudrez voudront | voudrais voudrais voudrait voudrions voudriez voudraient | veuillez | veuille veuilles veuille voulions vouliez veuillent | voulus voulus voulut voulûmes voulûtes voulurent |

# Appendix 2

## Forms of the *passé simple*

The **passé simple** is used to refer to a completed action in the past. It is frequently used in literary works and journalistic prose instead of the **passé composé.** You do not need to use the **passé simple,** but you should learn to recognize it. Many of the forms are presented here. Pay particular attention to the highly irregular forms in Section C.

### A. Regular Verbs

|  | **-er** | **-ir** | **-re** |
|---|---|---|---|
|  | *parler* | *finir* | *attendre* |
| je | parl**ai** | fin**is** | attend**is** |
| tu | parl**as** | fin**is** | attend**is** |
| il/elle/on | parl**a** | fin**it** | attend**it** |
| nous | parl**âmes** | fin**îmes** | attend**îmes** |
| vous | parl**âtes** | fin**îtes** | attend**îtes** |
| **ils/elles** | **parl**èrent | fin**irent** | attend**irent** |

### B. Irregular Verbs That Follow a Pattern

Most irregular verbs follow a regular pattern in the **passé simple.** The past participle is used as the stem, and the following endings are added: **-s, -s, -t, -^mes, -^tes, -rent.**

| INFINITIVE | PAST PARTICIPLE | PASSÉ SIMPLE |
|---|---|---|
| avoir | eu | j'eus |
| croire | cru | tu crus |
| lire | lu | il lut |
| prendre | pris | nous prîmes |
| sortir | sorti | vous sortîtes |
| vouloir | voulu | ils voulurent |

## C. Other Irregular Verbs

A few irregular verbs are irregular in the **passé simple,** too. The endings are the same, but the stem is *not* found in their past participles. The third person singular forms of the more common of these verbs are listed below.

| INFINITIVE | PASSÉ SIMPLE | INFINITIVE | PASSÉ SIMPLE |
|---|---|---|---|
| (se) battre | (se) battit | naître | naquit |
| conduire | conduisit | ouvrir | ouvrit |
| écrire | écrivit | tenir | tint |
| être | fut | venir | vint |
| aire | fit | vivre | vécut |
| mourir | mourut | voir | vit |

# Vocabulaire

## français-anglais

This vocabulary contains French words and expressions used in this book, with their contextual meanings. The gender of nouns is indicated by **le** or **la;** the abbreviation *m.* or *f.* is provided when the gender is not otherwise clear. Both masculine and feminine forms of adjectives are shown.

Conjugated verb forms, present participles, and regular past participles are not included. Most exact cognates, including feminine nouns ending in **-ion** and masculine nouns used with the same meaning in English (**le caviar, le parking**) do not appear here.

| | | | | | |
|---|---|---|---|---|---|
| *A.* | archaic | *inf.* | infinitive | *pl.* | plural |
| *ab.* | abbreviation | *interj.* | interjection | *p.p.* | past participle |
| *adj.* | adjective | *intr.* | intransitive | *pref.* | prefix |
| *adv.* | adverb | *inv.* | invariant | *prep.* | preposition |
| *conj.* | conjunction | *irreg.* | irregular | *pron.* | pronoun |
| *f.* | feminine | *m.* | masculine | *s.* | singular |
| *fam.* | familiar | *n.* | noun | *trans.* | transitive |
| *Gram.* | grammar term | *pej.* | pejorative | * | aspirated *h* |

### A

**l'abandon** *m.* forsaking, abandonment
**abandonné(e)** *adj.* abandoned, deserted
**abandonner** to give up; to abandon; to desert
**abasourdi(e)** *adj.* dumbfounded
**abîmer** to ruin; **s'abîmer** to get ruined, wrecked
**abolir** to abolish
**abondamment** *adv.* abundantly
**abonné(e): être abonné(e) à** to subscribe
**abonner** to use regularly
**abord: d'abord** *adv.* first, at first
**aborder** to take up, tackle
**l'abricot** *m.* apricot
**l'absence** *f.* absence; lack
**absolu(e)** *adj.* absolute

**absolument** *adv.* absolutely
**abonder** to abound
**absorbant(e)** *adj.* absorbing; consuming
**absorber** to absorb
**l'abus** *m.* abuse; misuse
**abuser de** to misuse, abuse
**académique** *adj.* academic
**accablé(e)** *adj.* overwhelmed, overcome; tired out
**accabler** to overwhelm, besiege
**accéder (j'accède)** to accede; to gain access
**l'accélérateur** *m.* accelerator
**accélérer (j'accélère)** to accelerate
**l'accent** *m.* accent; **prendre l'accent** to take on, assume the accent
**accepté(e)** *adj.* accepted
**accepter** to accept

**l'accès** *m.* attack, bout, fit; access
**l'accessoire** *m.* accessory
**l'accident** *m.* accident; **avoir un accident** to have an accident
**l'accidenté(e)** victim of an accident
**accompagné(e) de** *adj.* accompanied by
**accompagner** to accompany
**accomplir** to accomplish, fulfill, carry out
**l'accord** *m.* agreement; **d'accord** all right, O.K.; **être d'accord** to agree, be in agreement; **se mettre d'accord** to reconcile, come to an agreement
**accorder** to grant, award; **s'accorder sur** to be in agreement
**l'accro** *m. fam.* addict
**accrochant(e)** *adj.* gripping, fascinating
**accroché(e) à** *adj.* hooked to, caught on to

**accrocher** to hang up; **s'accrocher** to get caught

**accroître** ( *p.p.* **accru**) *irreg.* to increase, add to

**accru(e)** *adj.* increased

**l'accueil** *m.* greeting, welcome; **l'hôtesse** *(f.)* **d'accueil** hostess, greeter

**accueillir** ( *p.p.* **accueilli**) *irreg.* to welcome; to greet

**accuser de** to accuse of

**l'achat** *m.* purchase; **faire des achats** to go shopping; **le pouvoir d'achat** purchasing power

**acheter (j'achète)** to buy

**l'acheteur (-euse)** buyer

**acidulé(e)** *adj.* fluorescent

**l'acier** *m.* steel; **d'acier** steely

**l'acompte** *m.* deposit, down payment

**acquérir (acquiet)** to acquire

**acquis(e)** *adj.* acquired; **le syndrome immuno-déficitaire acquis (SIDA)** AIDS

**l'acrylique** *n. m., adj.* acrylic

**l'acte** *m.* act

**l'acteur (-trice)** actor (actress)

**actif (-ive)** *adj.* active; working; *n. m. pl.* people in the workforce

**l'activité** *f.* activity

**actualiser** to update

**l'actualité** *f.* present-day; *pl.* current events

**actuel(le)** *adj.* present, current

**actuellement** *adv.* now, at the present time

**adapter** to adapt; **s'adapter à** to adapt oneself to; to get accustomed to

**l'addition** *f.* bill *(in a restaurant);* addition

**additionner** to add up; to add to

**l'adepte** *m., f.* follower

**l'adjectif** *m.* adjective

**admettre** (*like* **mettre**) to admit

**l'administrateur (-trice)** administrator

**administratif (-ive)** *adj.* administrative

**admirer** to admire

**l'adolescent(e)** *n., adj.* adolescent, teenager

**adopté(e)** *adj.* adopted

**adopter** to adopt; to embrace

**adoptif (-ive)** *adj.* adoptive

**adorer** to adore, worship

**l'adresse** *f.* address; cleverness

**adresser** to address, speak to; **s'adresser à** to speak to, appeal to

**l'adulte** *m., f., adj.* adult

**l'adverbe** *m.* adverb

**aérien(ne)** *adj.* aerial; **la compagnie/ ligne aérienne** airline

**l'aérobic** *m.* aerobics

**l'aéroport** *m.* airport

**l'affaire** *f.* affair, business matter; *pl.* belongings; business; **le chiffre**

**d'affaires** turnover *(in commerce);* **l'homme (la femme) d'affaires** businessman (-woman)

**affecté(e)** *adj.* affected

**affecter** to affect

**affectif (-ive)** *adj.* affective, emotional

**l'affection** *f.* affection

**affectueusement** *adv.* affectionately

**affectueux (-euse)** *adj.* affectionate

**l'affiche** *f.* poster

**afficher** to display, show; **s'afficher** to be seen, be displayed

**affilée: d'affilée** *adv.* in a row; at a stretch

**l'affinité** *f.* affinity

**affirmatif (-ive)** *adj.* affirmative

**affirmer** to affirm, assert

**affligé(e)** *adj.* affected

**affluer** to flow (toward); to abound

**affrété(e)** *adj.* chartered

**affreux (-euse)** *adj.* horrible, frightful

**afin (de)** *prep.* to, in order to; **afin que** *conj.* so, so that

**africain(e)** *adj.* African

**l'Afrique** *f.* Africa

**agacer (nous agaçons)** to annoy, irritate

**l'âge** *m.* age; years; epoch; **la force de l'âge** prime of life; **le moyen âge** Middle Ages; **quel âge avez-vous?** how old are you?; **le troisième âge** senior citizens

**âgé(e)** *adj.* aged, old, elderly

**l'agence** *f.* agency; **l'agence de voyages** travel agency

**l'agencement** *m.* layout

**l'agent** *m.* agent; **l'agent de police** police officer; **l'agent immobilier** real estate agent

**agir** to act; **s'agir de** to be a question of

**agité(e)** *adj.* agitated, restless; **s'agiter** to be in movement, bustle about

**l'agneau** *m.* lamb; **la côtelette d'agneau** lamb chop

**agréable** *adj.* pleasant, nice, agreeable

**agréer** to accept, recognize

**agrémenter** to adorn with

**agressé(e)** *adj.* attacked, victimized

**agresser** to attack, assault

**agressif (-ive)** *adj.* aggressive

**l'agression** *f.* aggression; assault

**agricole** *adj.* agricultural

**l'agriculteur (-trice)** cultivator, farmer

**l'agriculture** *f.* agriculture, farming

**agrippé(e)** *adj.* clasped, grasping

**s'agripper** to hold on tightly

**ah: ah bon? ah oui?** *interj.* really?

**l'aide** *f.* help, assistance; helper, assistant; **à l'aide de** with the help of

**l'aide-mémoire** *m.* memorandum; memory aid

**aider** to help

**l'aïeul(e)** *(m. pl.* **aïeux)** ancestor

**aiguiser** to sharpen

**l'ail** *m.* garlic

**ailleurs** *adv.* elsewhere; **d'ailleurs** *adv.* moreover; anyway

**aimable** *adj.* likeable, friendly

**aimer** to like; to love

**l'aîné(e)** oldest sibling; *adj.* older

**ainsi** *conj.* thus, so, such as; **ainsi que** *conj.* as well as, in the same way as

**l'air** *m.* air; look; tune; **air conditionné(e)** *adj.* air-conditioned; **avoir l'air (de)** to seem, look (like); **en plein air** outdoors, in the open air; **l'hôtesse** *(f.)* **de l'air** flight attendant, stewardess

**l'aisance** *f.* ease, freedom

**l'aise** *f.* ease, comfort; **être à l'aise** to be at ease

**ajouter** to add

**alarmant(e)** *adj.* alarming

**l'alcool** *m.* alcohol

**alcoolisé(e)** *adj.* alcoholic

**alentour** *adv.* around

**alerte** *adj.* alert, quick

**l'algèbre** *f.* algebra

**l'Algérie** *f.* Algeria

**l'aliénation** *f.* alienation

**l'aliment** *m.* food

**alimentaire** *adj.* alimentary, food

**l'alimentation** *f.* food, feeding, nourishment; **l'alimentation générale** grocery store

**alimenter** to feed

**alléché(e)** *adj.* attracted, enticed

**l'allée** *f. (action of )* going; **les allées et venues** coming and going

**l'Allemagne** *f.* Germany

**allemand(e)** *adj.* German; *n. m.* German *(language)*

**aller** *irreg.* to go; **+** *inf.* to be going to **+** *inf.;* **aller à la chasse** to go hunting; **aller à la pêche** to go fishing; **aller à l'université** to attend college; **aller en vacances** to go on vacation; **l'aller simple** *m.* one-way ticket

**l'allergie** *f.* allergy

**l'aller-retour** *m.* round-trip ticket

**l'alliance** *f.* alliance, connection

**allô** *interj.* hello *(phone greeting)*

**les allocations** *f. pl.* **familiales** family allowances, child benefits

**l'allongement** *m.* lengthening, extension

**allumer** to light; to turn on; **s'allumer** to light up

**l'allusion** *f.* allusion; **faire allusion à** to allude, make allusion to

**alors** *adv.* then, in that case, therefore; **alors que** *conj.* while, whereas

**l'alpenstock** *m.* alpenstock, walking stick

**alpin(e)** *adj.* alpine; **le ski alpin** downhill skiing

**l'alpinisme** *m.* mountain climbing; **faire de l'alpinisme** to go mountain climbing

**l'altération** *f.* change *(for the worse)*, impairment

**alterner** to alternate

**altruiste** *adj.* altruistic

**amaigrissant(e)** *adj.* thinning, slimming

**amandin(e): la truite amandine** *trout prepared with almonds*

**l'amant(e)** lover

**l'amateur** *m.* amateur

**les ambages** *f. pl.* circumlocution; **parler sans ambages** to speak to the point, straight out

**l'ambiance** *f.* atmosphere, surroundings

**ambiant(e)** *adj.* ambient; surrounding; **la température ambiante** room temperature

**ambigu(ë)** *adj.* ambiguous

**ambitieux (-euse)** *adj.* ambitious

**l'ambre** *m.* amber

**l'ambulance** *f.* ambulance

**l'âme** *f.* soul

**améliorer** to improve

**aménagé(e)** *adj.* equipped, set up

**l'amende** *f.* fine

**amener** (*like* **mener**) to bring, take *(someone)*

**amer (amère)** *adj.* bitter

**américain(e)** *adj.* American

**s'américaniser** to become like the Americans *(as far as taste, habits etc. are concerned)*

**l'Amérique** *f.* America

**l'ameublement** *m. s.* furnishings

**l'ami(e)** friend; **le/la petit(e) ami(e)** boyfriend (girlfriend)

**amicalement** *adv.* in a friendly way; fondly

**l'amitié** *f.* friendship

**s'amollir** to soften

**l'amour** *m.* love *(f. in pl.)*

**amoureux (-euse)** *adj.* in love; **tomber amoureux (-euse) (de)** to fall in love (with)

**amusant(e)** *adj.* amusing, fun

**amuser** to entertain, amuse; **s'amuser** to have fun, have a good time

**l'an** *m.* year; **par an** per year, each year

**l'analyse** *f.* analysis

**analyser** to analyze

**l'ananas** *m.* pineapple

**l'anarchie** *f.* anarchy

**l'ancêtre** *m., f.* ancestor; ancestress

**ancien(ne)** *adj.* old, antique; former, ancient; *n. m. pl.* ancients

**l'ancienneté** *f.* seniority

**ancré(e)** *adj.* anchored

**l'âne** *m.* donkey, ass

**l'ange** *m.* angel

**l'Angleterre** *f.* England

**anglophone** *adj.* anglophone; *n. m., f.* anglophone

**anglo-saxon(ne)** *adj., n.* Anglo-Saxon

**l'angoisse** *f.* anguish

**angoissé(e)** *adj.* distressed

**l'animal** (*m.*) **domestique** pet

**animé(e)** *adj.* animated, motivated; **le dessin animé** *(film)* cartoon

**l'année** *f.* year; **l'année scolaire** academic year; **les années** *(f. pl.)* **cinquante** the fifties

**l'anniversaire** *m.* anniversary; birthday

**l'annonce** *f.* announcement, ad; **l'annonce classée** classified ad

**annoncer (nous annonçons)** to announce, declare

**annuel(le)** *adj.* annual, yearly

**annuler** to cancel, annul

**antérieur(e)** *adj.* anterior, previous; **le futur antérieur** *Gram.* future perfect

**l'anthologie** *f.* anthology

**l'antibiotique** *m.* antibiotic

**anticiper** to anticipate, expect

**l'antidépresseur** *m.* antidepressant *(medication)*

**l'Antillais(e)** native of the West Indies (Antilles)

**les Antilles** *f. pl.* the West Indies

**antipathique** *adj.* unlikeable

**antique** *adj.* old: antique; classical

**l'antisémitisme** *m.* antisemitism

**l'anxiété** *f.* anxiety

**anxieux (-euse)** *adj.* anxious

**août** August; **à la mi-août** in mid-August

**l'apanage** *m.* prerogative

**apercevoir** (*like* **recevoir**) to perceive, notice; **s'apercevoir de** to become aware of, notice

**aperçu(e)** *adj.* noticed

**l'apéritif** *m.* before-dinner drink, aperitif

**aplatir** to flatten

**apparaître** (*like* **connaître**) to appear

**l'appareil** *m.* apparatus, device; appliance; camera; **l'appareil ménager** appliance; **qui est à l'appareil?** who's speaking?

**l'appareil photo** *m. (still)* camera; **appareil photo numérique** digital camera

**l'apparence** *f.* appearance

**apparenté(e)** *adj.* related; **le mot apparenté** cognate

**l'apparition** *f. (first)* appearance

**l'appartement** *m.* apartment

**appartenir** (*like* **tenir**) **à** to belong to

**apparu(e)** *adj.* appeared

**l'appel** *m.* call; **faire appel à** to call on, appeal to

**appeler (j'appelle)** to call; **s'appeler** to be named, called

**l'appétit** *m.* appetite; **bon appétit!** *interj.* enjoy your meal!

**appliqué(e)** *adj.* applied

**s'appliquer (à)** to apply (to)

**l'apport** *m.* contribution

**apporter** to bring; to furnish

**apprécier** to appreciate, value

**appréhender** to seize, arrest; to dread

**apprendre** (*like* **prendre**) to learn; to teach; **apprendre à** to learn how to

**l'apprenti-chauffeur** *m.* student driver

**l'apprêt** *m.* preparation

**approcher** to approach; **s'approcher de** to approach, draw near

**approprié(e)** *adj.* appropriate, proper, suitable

**s'approprier** to appropriate

**approuver** to approve

**l'approvisionnement** *m.* supplying; provisions

**l'appui** *m.* support

**appuyer (j'appuie)** to press; to support; **s'appuyer (sur)** to lean (on); **appuyer son opinion** to stress one's opinion

**après** *prep.* after; **après avoir (être)...** after having . . . ; **après coup** after the event; **après que** *conj.* after; when; **après tout** after all, anyway; **d'après** *prep.* according to

**après-demain** *adv.* the day after tomorrow

**l'après-midi** *m.* afternoon

**l'aptitude** *f.* aptitude, fitness; **le certificat d'aptitude professionnelle (C.A.P.)** vocational diploma

**arabe** *adj.* Arabic; *n. m.* Arabic *(language)*; **l'Arabe** *m., f.* Arab

**l'Arabie Saoudite** *f.* Saudi Arabia

**l'arachide** *f.*: **la pâte d'arachide** peanut butter

**l'araignée** *f.* spider

**l'arbre** *m.* tree

**l'arc** *m.* bow *(weapon);* **le tir à l'arc** archery

**l'architecte** *m., f.* architect

**archiver** to store, archive

**l'arène** *f.* arena, ring

**l'argent** *m.* money; silver; **changer de l'argent** to change currency

**argenté(e)** *adj.* silvery; silverplated

**l'argument** *m.* argument; outline

**Aristote** Aristotle

**l'arme** *f.* weapon

**l'armoire** *f.* wardrobe; closet

**arpenter** to stride along

**arracher** to pull (off, out)

**l'arrangement** *m.* arrangement; **l'arrangement des pièces** layout *(of a dwelling)*

**arranger (nous arrangeons)** to arrange; to accommodate; *fam.* to fix

**l'arrestation** *f.* arrest

**l'arrêt** *m.* stop

**arrêter (de)** to stop; to arrest; **s'arrêter de** to stop *(oneself)*

**arrière** *adv.* back; **faire marche arrière** to back up; **la poche arrière** back pocket

**l'arrière-grand-mère** *f.* great-grandmother

**l'arrière-grand-parent** *m.* great-grandparent

**l'arrière-grand-père** *m.* great-grandfather

**l'arrivée** *f.* arrival

**arriver** to arrive, come; to happen; **arriver à** to manage to, succeed in

**l'arrondissement** *m.* district *(division of Paris)*

**l'arrosage** *m.* watering; **l'arrosage automatique** sprinkling system

**l'art** *m.* art; **l'objet** *(m.)* **d'art** piece of art

**l'artère** *f.* artery

**l'arthrite** *f.* arthritis

**l'artichaut** *m.* artichoke; **le fond d'artichaut** artichoke heart

**l'article** *m.* article

**l'articulation** *f.* joint

**articuler** to articulate

**artificiel(le)** *adj.* artificial

**l'artiste** *m., f.* artist

**artistique** *adj.* artistic

**l'as** *(m.)* **du volant** crack driver

**l'ascenseur** *m.* elevator

**l'aspect** *m.* aspect; appearance

**les asperges** *f. pl.* asparagus

**l'aspirateur** *m.* vacuum cleaner

**l'aspirine** *f.* aspirin

**assaisonner** to season

**l'assemblée** *f.* assembly

**asseoir (** *p.p.* **assis)** *irreg.* to seat; **s'asseoir** to sit down

**assez (de)** *adv.* enough; rather; quite

**l'assiette** *f.* plate

**l'assimilation** *f.* assimilation

**s'assimiler** to assimilate

**assis(e)** *adj.* seated

**l'assistance** *f.* assistance; social welfare

**assister** to help, assist; **assister à** to attend

**l'associé(e)** associate, partner; *adj.* associated

**s'associer avec** to be associated with

**assorti(e)** *adj.* assorted; matching

**assumer** to assume

**l'assurance** *f.* assurance; insurance; **l'assurance-vie** life insurance

**assurer** to insure; to assure

**asthmatique** *adj.* asthmatic

**l'astre** *m.* star; planet

**astreindre (** *like* **craindre)** to compel; to tie down; **s'astreindre à** to commit oneself to

**l'astronaute** *m., f.* astronaut

**l'atelier** *m.* workshop; *(art)* studio

**athlétique** *adj.* athletic

**l'athlétisme** *m.* athletics; track and field

**l'Atlantique** *m.* the Atlantic Ocean

**l'atmosphère** *f.* atmosphere; feeling

**atroce** *adj.* atrocious, awful

**attaché(e)** *adj.* attached, buckled

**l'attaque** *f.* attack

**attaquer** to attack

**atteindre (** *like* **craindre)** to reach; to affect

**attendre** to wait

**attendu(e)** *adj.* expected, anticipated

**l'attentat** *m. (terrorist)* attack; assassination attempt

**attentif (-ive)** *adj.* attentive

**l'attention** *f.* attention; **faire attention à** to pay attention to

**atténuer** to ease, alleviate

**atterrir** to land *(plane)*

**l'attirail** *m.* pomp, show

**attirer** to attract; to draw

**attiser** to fuel, stir up

**l'attitude** *f.* attitude

**attraper** to catch; **attraper une contravention** to get a traffic ticket

**l'aubaine** *f.* godsend

**l'aube** *f.* dawn

**l'auberge** *f.* inn; **l'auberge de jeunesse** youth hostel

**aucun(e)** *adj., pron.* none; no one, not one, not any; anyone; any

**aucunement** *adv.* not at all, not in the least

**l'audace** *f.* audacity; **avoir l'audace de** to have the audacity to

**l'auditoire** *m.* audience

**l'augmentation** *f.* increase; **l'augmentation de salaire** raise

**augmenter** to increase

**aujourd'hui** *adv.* today; nowadays

**auparavant** *adv.* previously

**auprès de** *prep.* close to; with

**aussi** *adv.* also; so; as; consequently; **aussi bien que** as well as

**aussitôt** *conj.* immediately, at once, right then; **aussitôt que** as soon as

**l'Australie** *f.* Australia

**autant** *adv.* as much, so much, as many, so many; **autant de** as many . . . as; **autant que** *conj.* as much as, as many as; **d'autant** proportionally; **d'autant mieux** all the better; **d'autant plus** especially, particularly

**l'auteur** *m.* author; perpetrator

**authentique** *adj.* authentic, genuine

**l'auto** *f.* car, auto

**l'autobus** *m.* bus

**l'autochtone** *m., f.* native

**l'auto-école** *f.* driving school

**automatique** *adj.* automatic; **la billeterie automatique** automatic ticket vendor; *n. f.* automatic *(car)*

**automatiquement** *adv.* automatically

**l'automédication** *f.* self-medication

**l'automobile** *f.* automobile, car

**l'autorisation** *f.* authorization

**l'autorité** *f.* authority

**l'autoroute** *f.* freeway

**l'auto-stop** *m.* hitchhiking; **faire de l'auto-stop** to hitchhike

**autour de** *prep.* around

**autre** *adj., pron.* other; another; *m., f.* the other; *pl.* the others, the rest; **d'autre part** on the other hand; **personne d'autre** no one else; **quelqu'un d'autre** someone else

**autrefois** *adv.* formerly, in the past

**autrement** *adv.* otherwise

**autrui** *pron.* others

**avaler** to swallow

**l'avance** *f.* advance; **à l'avance** beforehand; **d'avance** in advance, earlier; **en avance** early; **faire des avances** to make advances

**avancer (nous avançons)** to advance

**avant** *adv.* before *(in time)*; *prep.* before, in advance of; **avant de** *prep.* before; **avant que** *conj.* before

**l'avantage** *m.* advantage, benefit

**avantageux (-euse)** *adj.* advantageous

**avec** *prep.* with

**l'avènement** *m.* advent

**l'avenir** *m.* future

**l'aventure** *f.* adventure

**l'avenue** *f.* avenue

**avertir** to warn

**aveugle** *adj.* blind

**aviné(e)** *adj.* drunk *(with wine)*

**l'avion** *m.* airplane; **en avion** by plane; **prendre l'avion** to take a plane

**l'avis** *m.* opinion; **à son (mon, votre) avis** in his/her (my, your) opinion

**l'avocat(e)** lawyer

**avoir** (*p.p.* **eu**) *irreg.* to have; *n. m.* holdings, assets; **avoir (20) ans** to be (20) years old; **avoir besoin de** to need; **avoir confiance** to have confidence; **avoir de la chance** to be lucky; **avoir de la peine** to have a problem, trouble; **avoir droit à** to be entitled to; **avoir du mal à** to have a hard time; **avoir envie de** to feel like; to want to; **avoir faim** to be hungry; **avoir froid** to be cold; **avoir hâte (de)** to be in a hurry, be eager (to); **avoir honte (de)** to be ashamed (of); **avoir horreur de** to hate; **avoir l'air de** to look like; **avoir la cote** to be popular; **avoir le cafard** to be depressed, have the blues; **avoir le droit de** to have the right to; **avoir le mal de mer** to be seasick; **avoir le temps (de)** to have the time (to); **avoir l'habitude (de)** to have the custom, habit (of); **avoir l'honneur de** to have the honor of; **avoir lieu** to take place; **avoir l'intention de** to have the intention to; **avoir l'occasion de** to have the opportunity to; **avoir mal** to ache, hurt; **avoir mal à la tête (aux dents)** to have a headache (a toothache); **avoir peur (de)** to be afraid (of); **avoir pitié de** to have pity on; **avoir raison** to be right; **avoir tendance** to have a tendency to; **avoir tort** to be wrong; **avoir un accident** to have an accident; **il y a** there is, there are; ago; **on a beau...** even if one tries . . .

**avouer** to vow

**l'azur** *m.* azure, blue; **la Côte d'Azur** the French Riviera

## B

**le Baassi Salté** couscous as prepared in Senegal

**le baccalauréat (le bac)** baccalaureate; secondary school degree

**bâcler** to hurry over; to botch

**badiner** to exchange banter

**les bagages** *m. pl.* luggage

**la bagnole** *fam.* car, jalopy

**la bague** ring *(jewelry)*

**la baguette** loaf of French bread, baguette

**baigner** to bathe; **se baigner** to bathe *(oneself )*; to go for a swim

**le bain** bath; **le maillot de bain** swimsuit, bathing suit; **la salle de bains** bathroom

**le baiser** kiss

**baisse: être** *(irreg.)* **en baisse** to be falling

**baisser** to lower; to go down

**le bal** dance

**la balade** stroll; outing; **faire une balade** to take a stroll

**le baladeur** Walkman®

**la balançoire** *(child's)* swing

**le balcon** balcony

**ballant(e)** *adj.* swinging, dangling

**la balle** ball; **jouer à la balle** to play ball

**le ballon** large *(inflated)* ball; balloon; **jouer au ballon** to play ball

**banal(e)** *adj.* commonplace, trite

**la banalité** banality

**la banane** banana

**la bande** band; group; gang; **la bande dessinée** cartoon *(strip)*

**la banlieue** suburbs; **en banlieue** in the suburbs

**la banque** bank

**le/la banquier (-ière)** banker

**baptiser** to baptize; to name

**la baraque** barrack, hut, shed; *fam.* house

**la barbaresque** Berber style

**le barbouillage** smearing; scribbling

**bariolé(e)** *adj.* gaudy, splashed with color

**la barrière** barrier; fence

**bas(se)** *adj.* low; *n. m.* stocking(s); bottom; *adv.* low, softly; **au bas de** at the bottom of; **là-bas** *adv.* over there; **parler bas** to speak softly

**basané(e)** *adj.* tanned, dark-skinned

**la base** base; basis; **à la base de** at the source of

**basé(e) (sur)** *adj.* based (on)

**baser** to base

**le basket** basketball; **faire du basket** to play basketball

**les baskets** *m. pl.* tennis shoes

**basque** *adj.* Basque, from the Basque region

**la bassine** large bowl

**le bastion** bastion, stronghold

**le bateau** boat; **en bateau** by boat, in a boat

**le bâtiment** building

**le battant** leaf; flap; door

**battre** (*p.p.* **battu**) *irreg.* to beat; **se battre** to fight

**battu(e)** *adj.* beaten; **en terre battue** clay *(court)*

**bavard(e)** *adj.* talkative

**le bavardage** talk, conversation, chat

**bavarder** to chat; to talk

**bd.** *ab.* **boulevard** *m.* boulevard

**béarnais(e)** *adj.* from the Béarn region

**beau (bel, belle, beaux, belles)** *adj.* beautiful; handsome; **faire beau** to be nice outside; **porter beau** to have a fine presence

**beaucoup** *adv.* much, many

**le beau-frère** brother-in-law

**le beau-père** father-in-law; stepfather

**la beauté** beauty

**le bébé** baby

**le bec** beak

**bégayer (je bégaie)** to stammer, stutter

**belge** *adj.* Belgian

**la belle-mère** mother-in-law; stepmother

**la belle-sœur** sister-in-law; stepsister

**bénéficier** to benefit from

**le/la benjamin(e)** youngest son, daughter

**le B.E.P.** *ab.* **brevet d'enseignement professionel** vocational diploma

**la béquille** crutch

**berbère** *adj.* Berber

**le bercail** fold, home

**la berline** sedan *(car)*

**besogner** to work hard, slave

**le besoin** need; **avoir besoin de** to need

**le bêta-bloquant** beta blocker

**bête** *adj.* silly; stupid; *n. f.* beast; animal

**la bêtise** foolishness; foolish thing; **faire une bêtise** to do something stupid

**la betterave** beet

**le beurre** butter

**beurré(e)** *adj.* buttered

**beurrer** to butter

**le bibelot** knickknack

**la Bible** Bible

**la bibliothèque** library

**biblique** *adj.* biblical

**la bicyclette** bicycle

**le bidon** can; large drum *(container)*

**bien** *adv.* well, quite; comfortable; *n. m.* good; *pl.* goods, belongings; **aimer bien** to like; **aussi bien que** as well as; **bien d'autres** many others; **bien élevé(e)** *adj.* well-behaved; **bien que** *conj.* although; **bien sûr** *interj.* of course; **eh bien** *interj.* well!; **être bien chez soi** to be comfortable at home; **merci bien** thanks a lot; **noter bien** to pay attention to; **ou bien** or else; **s'amuser bien** to have a good time; **s'entendre bien** to get along; **tout va bien** all is well

**le bien-être** well-being; welfare

**bientôt** *adv.* soon; **à bientôt!** *interj.* see you soon!

**la bière** beer

**le bifteck** steak

**le bijou** jewel

**le bilan** statement of account; schedule of assets and liabilities; **faire le bilan (de)** to take stock (of)

**bilingue** *adj.* bilingual
**la bille** marble *(for games)*
**le billet** ticket; **composter son billet** to punch one's ticket; **prendre un billet** to buy, obtain a ticket
**la billetterie automatique** automatic ticket vendor
**la biographie** biography
**la biologie** biology
**biologique** *adj.* organic, natural *(products)*
**le/la biologiste** biologist
**bis** *adv.* twice, repeat
**le bistrot** *(fam.)* café
**la blague** joke
**blâmé(e)** *adj.* blamed
**blanc (blanche)** *adj.* white
**le blé** wheat; **la farine de blé** wheat flour
**blême** *adj.* pale
**blessé(e)** *adj.* wounded, injured; *n.* wounded person
**blesser** to wound
**la blessure** wound
**bleu(e)** *adj.* blue; *n. m.* blue cheese; bruise, contusion; *pl.* workclothes; **bleu clair** light blue; **bleu marine** navy blue; **cordon bleu** blue ribbon; first-rate cook(ing); **en bleus** in work clothes
**blond(e)** *adj.* blond
**bloqué(e)** *adj.* stopped, halted; blocked
**bloquer** to block
**le blouson** *(bomber-style)* jacket
**le blue-jean** jeans
**le boa** boa; boa constrictor; **le serpent boa** boa constrictor
**le bœuf** beef; ox; **le bouillon de bœuf** beef bouillon; **le rôti de bœuf** beef roast
**bof!** *interj. and gesture of skepticism*
**boire** *( p.p.* **bu***) irreg.* to drink
**le bois** wood; forest; woodworking; **la cheminée à feu de bois** woodburning fireplace
**la boisson** drink; **la boisson gazeuse** carbonated drink; **le débit de boisson** government-licensed liquor store; pub
**la boîte** box; can; *fam.* workplace; **la boîte à gants** glove compartment; **la boîte aux lettres** mailbox; **la boîte de conserve** can *(of food)*; **la boîte de nuit** nightclub
**le bol** bowl; wide coffee cup; **en avoir ras-le-bol** *fam.* to have had it up to here
**bon(ne)** *adj.* good; charitable; right, correct; *n. f.* maid, chambermaid; **ah bon?** *interj.* really?; **bon appétit!** enjoy your meal!; **bon marché** *adj. inv.* cheap, inexpensive; **le bon train** a good pace; **de bon cœur** heartily; **de bon ton** in good taste; **de bonne humeur** in a good mood; **elle est bonne** that's a good one *(joke);* **en bonne santé** in good health; **être en bonne forme** to be physically fit
**le bonbon** piece of candy
**le bond** jump, leap; **faire un bond** to stop by, make a short visit
**le bonheur** happiness
**le bonhomme** fellow
**bonjour** *interj.* hello
**le bonnet** cap, hat
**bordé(e)** *adj.* bordered
**le bord** edge; windowsill; *(river)* bank; **à bord de** on board; **au bord de la mer** at the seashore
**la borne** road marker *(for kilometers)*
**la bosse** lump; bump
**bosser comme des forcenés** *fam.* to work like crazy, like a crazy person
**la botte** boot
**le boubous** long, full tunic worn in Africa
**la bouche** mouth
**la bouchée** mouthful
**la boucherie** butchershop
**bouclé(e)** *adj.* curly
**bouder** to pout
**boudeur (-euse)** *adj.* sulky, pouting
**la bouffe** *fam.* food
**bouger (nous bougeons)** to move
**bouillir** to boil; **faire bouillir** to boil, bring to a boil
**le bouillon** broth
**le/la boulanger (-ère)** baker
**la boulangerie** bakery
**la boule** ball; lump
**le boulet** cannonball; projectile; **le boulet-wagon** rocket-ship
**bouleverser** to upset
**boulimique** *adj.* bulimic
**le boulot** *fam.* job
**la boum** *fam.* party
**la bourgeoisie** middle-class, bourgeoisie; **la haute bourgeoisie** the upper middle class; **la petite bourgeoisie** the lower middle class
**bourguignon(ne)** *adj. from the Burgundy region*
**la bourse** scholarship; **la Bourse** Stock Exchange; **le cours de la Bourse** stock market prices; trading
**la bousculade** shoving and pushing
**bousculé(e)** *adj.* pushed, jostled
**bousculer** to push and shove
**le bout** end; **à bout d'arguments** at wit's end; **à bout de forces** exhausted; **au bout (de)** at the end (of)
**la bouteille** bottle
**la boutique** shop, store; **fermer boutique** to close the store
**le bouton** button; pimple
**boutonné(e)** *adj.* buttoned
**boutonner** to button (up)
**la boutonnière** buttonhole
**la braise** charcoal; embers; **le feu de braise** charcoal fire
**la branche** branch; sector
**branché(e)** *adj.* trendy, fashionable
**brancher** to plug in
**le bras** arm
**le brasero** brazier, charcoal-pan
**bref (brève)** *adj.* short, brief; **(en) bref** in short
**le Brésil** Brazil
**la Bretagne** Brittany
**les bretelles** *f. pl.* suspenders
**breton(ne)** *adj.* from Brittany
**le breuvage** drink; brew
**le brevet** certificate; **le brevet d'enseignement professionnel (B.E.P.)** vocational diploma
**bricoler** to putter around the house
**le brie** Brie *(cheese)*
**brièvement** *adv.* briefly
**la brièveté** brevity
**le brigand** bandit, brigand
**briguer** to seek
**brillant(e)** *adj.* brilliant; shining
**le brin** shoot, blade *(grass);* **un brin de** a bit of
**la brique** brick
**la broche** brooch
**la brochure** pamphlet; leaflet
**broder** to embroider; to create
**la bronchite** bronchitis
**bronzer** to tan
**la brosse** brush; **la brosse à dents** toothbrush
**brosser** to brush; **se brosser les dents** to brush one's teeth
**le bruit** noise
**brûler** to burn
**la brûlure** burn, scald; **la brûlure d'estomac** *fam.* heartburn
**brun(e)** *adj.* brown; dark-haired
**brusquement** *adv.* abruptly, bluntly
**bu(e)** *adj.* drunk *(refers to beverages)*
**buissonnière: faire l'école buissonnière** to play hooky
**la Bulgarie** Bulgaria
**le bureau** office; desk; **l'employé(e) de bureau** office worker
**la bureautique** office, data processing equipment
**le but** goal

**C**

**C.A.P. (Certificat d'aptitude professionnelle)** *French vocational certificate*

**ça** this, that; it; **comme ça** that way, like that

**la cabine** cabin

**le cabinet** *(doctor's)* office

**le cabriolet** cabriolet, convertible

**caché(e)** *adj.* hidden

**le cache-cache** hide-and-seek; **jouer à cache-cache** to play hide-and-seek

**cacher** to hide

**le cadavre** cadaver, corpse

**le caddy** shopping cart, basket

**le cadeau** present, gift

**le cadre** frame; setting; *(business)* executive, manager

**le cafard** cockroach, bug; the blues, depression; **avoir le cafard** to be depressed

**le café** coffee; café; **le café au lait** coffee with milk; **une (demi-) cuillerée à café** a (half) teaspoonful

**le cahier** notebook, workbook

**le caillou** pebble

**Le Caire** Cairo

**la caisse** cash register; cashier's desk; box, crate; **le ticket de caisse** receipt

**le/la caissier (-ière)** cashier

**le calcul** calculation; arithmetic; calculus

**la calculatrice** calculator

**calculer** to calculate, figure

**caler** to steady, provide stability

**la Californie** California

**calme** *adj., n. m.* calm

**calmement** *adv.* calmly

**calmer** to calm; **se calmer** to quiet down

**la calorie** calorie

**le/la camarade** friend, companion; **le/la camarade de chambre** roommate; **le/la camarade de classe** classmate, schoolmate

**le Cambodge** Cambodia

**cambré(e)** *adj.* arched; shapely

**le camembert** Camembert cheese

**la caméra** movie camera

**le caméscope** camcorder, video camera

**le camion** truck

**la camionnette** pickup truck

**le camp** vacation camp; **changer (changeons) de camp** to change sides

**la campagne** countryside, country; campaign; **à la campagne** in the country

**le camping** camping; campground; **faire du camping** to go camping

**canadien(ne)** *adj.* Canadian

**le Canada** Canada

**le canapé** sofa, couch

**le canard** duck; **le canard à l'orange** duck with orange sauce

**le caneton** *(male)* duckling

**la canne** cane, walking stick; **la canne à sucre** sugar-cane

**le canoë** canoe

**la cantine** canteen, school cafeteria

**se cantonner** to confine oneself

**le caoutchouc** rubber

**le C.A.P.** *ab.* **certificat d'aptitude professionelle** vocational diploma

**capable** *adj.* capable, able; **être capable de** to be capable of

**la capacité** ability; **la capacité de résistance** resistance

**capillaire** *adj.* capillary

**le capitaine** captain

**la capitale** capital *(city)*

**le capot** hood *(of car)*

**le caprice** whim

**capricieux (-euse)** *adj.* capricious; flighty

**car** *conj.* for, because

**la carabine** carbine

**le caractère** character; typeface, font

**la caractéristique** characteristic, trait

**la carafe** pitcher; decanter

**les Caraïbes** *f. pl.* Caribbean islands

**le caramel** caramel; **la crème caramel** caramel custard

**la caravane** *(camping)* trailer

**cardiaque** *adj.* cardiac; **la crise cardiaque** heart attack

**caresser** to caress

**la caricature** caricature

**la carie** *(dental)* cavity

**le carnet** notebook, booklet; **le carnet d'adresses** address book

**la Caroline du Nord (du Sud)** North (South) Carolina

**la carotte** carrot

**carré(e)** *adj.* square; *n. m.* square; silk scarf

**le carreau** small square; tile; **la chemise à carreaux** checkered shirt

**le carrefour** intersection, crossroad

**le carrelage** tiling; tiles

**se carrer** to loll (back), recline

**la carrière** career

**carriériste** *adj.* career-oriented

**le carrosse** coach; **rouler carrosse** *fam.* to live in great style

**le cartable** school bag

**la carte** card; map; menu; **à la carte** à la carte, off the menu; **la carte d'assistance** social services ID card; **la carte de crédit** credit card; **la carte d'embarquement** boarding pass; **la carte postale** postcard; **jouer aux cartes** to play cards

**le carton** cardboard

**le cas** case; **au cas où** just in case; **en cas de** in case of, in the event of; **en tout cas** in any case; **selon le cas** as the case may be

**la case** hut

**la caserne** barracks

**le casque** helmet

**la casquette** cap

**cassé(e)** *adj.* broken; broken-down

**casser** to break; **se casser la jambe** to break one's leg

**la casserole** pan

**la cassette** video- or audiocassette

**cataloguer** to categorize

**la catastrophe** catastrophe, disaster

**la catégorie** category, class

**catégoriser** to categorize

**la cathédrale** cathedral

**la cause** cause; **à cause de** because of

**causé(e)** *adj.* caused

**causer** to cause

**la causerie** chat, talk

**la caverne** cave, cavern

**ce (cet, cette, ces)** *pron.* this, that

**ceci** *pron.* this, that

**céder (je cède)** to give in; to give up; to give away

**le cédérom** CD-ROM

**la ceinture** belt; seat, safety belt; **la ceinture de sécurité** seat belt, safety belt

**cela** *pron.* this, that

**célèbre** *adj.* famous

**la célébrité** celebrity

**le/la célibataire** single, unmarried person; *adj.* single

**celui (ceux, celle, celles)** *pron.* the one, the ones, this one, that one, these, those

**la cendre** ash

**le cendrier** ashtray

**Cendrillon** Cinderella

**cent** one hundred

**la centaine** about one hundred

**le centimètre** centimeter

**la centrale** center; headquarters

**le centre** center; **le centre commercial** shopping center, mall; **le centre hospitalier** medical center

**centriste** *adj., n. m., f.* centrist

**cependant** *adv.* in the meantime; meanwhile; *conj.* yet, still, however, nevertheless

**les céréales** *f. pl.* cereals; grains

**cérébral(e)** *adj.* cerebral, brain

**la cerise** cherry

**certain(e)** *adj.* sure; particular; certain; **depuis un certain temps** for some time

**certainement** *adv.* certainly

**certes** *adv.* certainly

**le certificat** certificate; diploma; **le certificat d'aptitude profes-sionnelle (C.A.P.)** vocational diploma

**la certitude** certainty

**le cerveau** brain; **la fuite des cerveaux** brain drain

**la cervelle** brain

**la cesse** ceasing; **sans cesse** ceaselessly

**cesser de** to stop, cease

**chacun(e)** *pron.* each, each one, every one

**le chagrin** sorrow, sadness

**la chaîne** channel; chain; **la chaîne stéréo** stereo system; **changer de chaîne** to change the channel

**la chair** flesh; **bien en chair** plump

**la chaise** chair

**le chalet** chalet; cottage

**la chaleur** heat; warmth

**chaleureusement** *adv.* warmly

**la chambre** bedroom, chamber; **le/la camarade de chambre** roommate

**le champ** field

**le champagne** champagne; **sabler le champagne** to swig, toss off champagne

**le champignon** mushroom

**le/la champion(ne)** champion

**la chance** luck; possibility; opportunity; **avoir de la chance** to be lucky

**le change** currency exchange; **le bureau de change** foreign currency exchange office

**le changement** change

**changer (nous changeons) (de)** to change; **changer de camp** to change sides; **changer de chaîne** to change the channel; **se changer en** to change into

**la chanson** song

**le chant** song; **le chant du coq** crow of the rooster

**chanter** to sing

**le/la chanteur (-euse)** singer

**le chantier** work area, building site

**le chapeau** hat

**le chaperon** hood

**chaque** *adj.* each, every

**la charcuterie** deli; cold cuts; pork butcher

**la charge** load; **prendre en charge** to cover, insure; **la prise en charge** coverage

**chargé(e) de** *adj.* in charge of, responsible for; heavy, loaded; busy; **une journée chargée** a busy day

**le chariot** *(shopping)* cart

**le charme** charm

**la charrette** cart

**la chasse** hunting; **partir (aller) à la chasse** to go hunting

**chassé(e)** *adj.* chased, pursued

**chasser** to hunt; to chase away

**le/la chasseur (-euse)** hunter

**châtain(e)** *adj.* chestnut, auburn *(hair)*

**le château** castle

**le chateaubriand** porterhouse steak

**chaud(e)** *adj.* warm; hot; **il fait chaud** the weather is hot

**chaudement** *adv.* warmly

**le chauffage** heat; heating system

**chauffer** to heat *(up)*

**le chauffeur** chauffeur, driver

**la chaussée** pavement

**chausser** to put shoes on

**les chaussettes** *f. pl.* socks

**les chaussures** *f. pl.* shoes

**chauve** *adj.* bald, bald-headed

**le/la chauvin(e)** chauvinist

**le chef** leader; head; **le chef de l'équipage** crew, team leader; **le chef d'entreprise** company manager; **le chef d'équipe** group leader

**le chef-d'œuvre** masterpiece

**le chemin** way; road; path; **aller mon chemin** to do as I please; **le chemin de fer** railroad

**la cheminée** chimney; fireplace; hearth; **la cheminée à feu de bois** wood-burning fireplace

**la chemise** shirt

**la chemisette** tee shirt; short-sleeved shirt

**le chemisier** blouse

**le chêne** oak *(tree)*; **en chêne massif** solid oak

**le chèque** check

**cher (chère)** *adj.* dear; expensive; **coûter cher** to be expensive

**chercher** to look for; to pick up

**le/la chercheur (-euse)** seeker; researcher

**la chère** food

**le cheveu** *(strand of)* hair; **les cheveux** *m. pl.* hair

**la cheville** ankle; **se fouler la cheville** to sprain one's ankle

**la chèvre** goat; **le fromage de chèvre** goat cheese

**chez** *prep.* at, to, in *(the house, family, business or country of)*; among, in the works of

**le chic** chic; style; *adj. inv.* chic, stylish

**le/la chien(ne)** dog

**chiffonné(e)** *adj.* rumpled, crumpled

**le chiffonnier** ragman

**le chiffre** number, digit; **le chiffre d'affaires** turnover *(in commerce)*

**la chimie** chemistry

**le/la chimiste** chemist

**la Chine** China

**chinois(e)** *adj.* Chinese

**le/la chirurgien(ne)** surgeon

**le choc** shock

**le chocolat** chocolate

**choisir (de)** to choose (to)

**le choix** choice; **au choix** of your choosing

**le cholestérol** cholesterol

**le chômage** unemployment; **être au chômage** to be out of work, unemployed

**le/la chômeur (-euse)** unemployed person

**choquer** to shock

**la chose** thing; **autre chose** something else; **quelque chose** something

**le chou** cabbage; **le chou à la crème** cream puff

**chouette** *adj. inv. fam.* super, neat, great

**chromé(e)** *adj.* chrome-plated

**chronique** *adj.* chronic

**chronologique** *adj.* chronological

**la chute** fall, descent; scrap *(in sewing)*

**chuter** to fall

**la cible** target

**la cicatrice** scar

**le cidre** *(apple)* cider

**le ciel** sky, heaven

**la cigale** cicada

**le cigare** cigar

**la cigarette** cigarette

**le cil** eyelash

**le ciment** cement

**le cimetière** cemetery

**le/la cinéaste** film director, movie maker

**le cinéma** movies; cinema

**la cinquantaine** about fifty

**cinquante** *adj.* fifty

**la circonlocution** circumlocution

**la circonstance** circumstance; occurrence

**la circulation** traffic

**circuler** to circulate

**le cirque** circus

**les ciseaux** *m. pl.* scissors

**la cité** *(area in a)* city

**citer** to cite, quote

**le/la citoyen(ne)** citizen

**la citoyenneté** citizenship

**le citron** lemon; *adj. inv.* lemon-colored

**la citronnade** lemonade

**civil(e)** *adj.* civil; **le code civil** civil law; **l'état** *(m.)* **civil** civil, marital status

**la civilisation** civilization

**civilisé(e)** *adj.* civilized

**clair(e)** *adj.* light-colored; clear; evident; **le clair de lune** moonlight

**clairement** *adv.* clearly

**clandestin(e)** *adj.* illicit, clandestine; **passager clandestin** stowaway

**claquer** to snap; to slam

**clare** light

**la classe** class; classroom; **le/la camarade de classe** classmate; **la première (deuxième) classe** first (second) class

**classé: l'anonce** *(f.)* **classée** classified ad

**classer** to classify; to sort

**le classeur** classifier; binder

**classique** *adj.* classical; classic

**le clavier** keyboard

**la clé** key; **fermer à clé** to lock

**le cliché** cliché

**le/la client(e)** customer, client

**le clignotant** turn signal, blinker

**le climat** climate

**le clin d'œil** blink of an eye

**la clinique** clinic; private hospital

**cliquer** to click

**le/la clochard(e)** hobo

**la cloche** bell

**le clou** nail

**le coca** Coca-Cola

**cocher** to check off

**le cochon** pig

**le cocotier** coconut tree

**le code** code; **le code civil** civil law

**le cœur** heart

**le coffre** chest

**se cogner** to hit oneself, bump *(one's head)*

**cohabiter** to live together

**la coiffure** hair style

**le coin** corner; **le coin repas** breakfast nook

**la coïncidence** coincidence

**le col** collar

**la colère** anger; **se mettre en colère** to get angry

**le/la collaborateur (-trice)** collaborator

**la collation** light meal

**la colle** glue

**collé(e)** *adj.* glued, stuck

**collectif (-ive)** *adj.* collective

**collectionner** to collect

**la collectivité** collectivity

**le collège** French lower secondary school; college

**le/la collègue** colleague

**coller** to stick

**le collier** necklace

**la colombe** dove

**colonial(e)** *adj.* colonial

**la colonie** colony; **la colonie de vacances** summer camp

**la colonisation** colonization

**coloniser** to colonize

**la colonne** column

**coloré(e)** *adj.* colorful

**colorier** to color

**colporté(e)** *adj.* spread; broadcast; peddled

**le combat** fight, battle

**combatif (-ive)** *adj.* pugnacious

**combattre** *(like* **battre**) to fight

**combien (de)** *adv.* how much; how many

**la combinaison** combination

**combiner** to combine

**combler** to fill (up); to fulfill

**la comédie** comedy

**le/la comédien(ne)** actor (actress); comedian

**comique** *adj.* funny, comical, comic

**le comité** committee

**commandé(e)** *adj.* ordered, commanded

**le commandement** leadership; command; commandment

**commander** to order *(a meal)*; to give orders

**comme** *adv.* as, like, how

**le commencement** beginning

**commencer (nous commençons)** to begin

**comment** *adv.* how; **comment êtes-vous?** what do you look like?; **comment se fait-il que... ?** how is it that. . . ?

**le commentaire** commentary

**commenté(e)** *adj.* commented upon

**commenter** to comment

**le/la commerçant(e)** retail merchant, shopkeeper

**le commerce** business

**commercial(e)** *adj.* commercial, business; **le centre commercial** shopping center, mall

**commercialisé(e)** *adj.* sold, marketed

**commercialiser** to commercialize

**commettre** *(like* **mettre**) to commit

**le commissariat** police station

**la commission** commission; errand; **faire les commissions** to do the grocery shopping

**la commode** dresser; chest of drawers; *adj.* convenient; comfortable

**commun(e)** *adj.* ordinary, common, usual; popular; **en commun** in common

**la communauté** community

**communiqué(e)** *adj.* communicated, conveyed

**communiquer** to communicate

**communiste** *adj.* communist; *n. m., f.* communist

**compact(e)** *adj.* compact; **le disque compact** compact disk

**la compagnie** company; **la compagnie aérienne** airline

**le compagnon (la compagne)** companion

**la comparaison** comparison

**le comparatif** *Gram.* comparative

**comparer** to compare

**le compartiment** compartment

**le compère** fellow, associate; *fam.* crony

**la compétence** competence, ability

**la compétition** competition

**la complainte** complaint

**complet (-ète)** *adj.* complete; filled; *n. m.* suit *(of clothes)*; **le pain complet** whole grain bread; **le complet-veston** *(business)* suit

**complètement** *adv.* completely

**compléter (je complète)** to complete, finish

**le complexe** complex

**complexé(e)** *adj.* affected by complexes

**le compliment** compliment

**compliqué(e)** *adj.* complicated

**se compliquer** to become complicated

**le comportement** behavior

**comporter** to conduct *(oneself)*; to include; **se comporter** to behave

**composé(e)** *adj.* composed; **le passé composé** *Gram.* present perfect

**composer** to compose; to make up

**composter** to stamp *(date)*; to punch *(ticket)*

**le composteur** *(automatic)* ticket puncher

**compréhensif (-ive)** *adj.* understanding

**la compréhension** understanding

**comprendre** *(like* **prendre**) to understand; to comprise, include

**le comprimé** tablet; *adj.* compressed

**compris(e)** *adj.* included; **le service compris** tip included; **y compris** *prep.* including

**compromettre** *(like* **mettre**) to compromise

**le compromis** compromise

**le/la comptable** accountant

**comptant: payer comptant** to pay cash

**le compte** account; **faire un compte** to tally; **se rendre compte de** to realize; **tenir compte de** to take into account

**compter** to plan on; to intend; to count

**le comptoir** counter

**la comtesse** countess

**concentrer** to concentrate

**la conception** idea; creation

**concerner** to concern; **en ce qui concerne** with regard to, concerning

**concilier** to reconcile

**conclure** (*p.p.* **conclu**) *irreg.* to conclude

**le concombre** cucumber

**la concordance** *Gram.* agreement

**le concours** competition; contest

**concret (concrète)** *adj.* concrete, tangible

**le/la concubin(e)** concubine; common-law spouse

**le concubinage** cohabitation; common-law marriage

**le/la concurrent(e)** competitor

**condamné(e)** *adj.* condemned, convicted

**condescendant(e)** *adj.* condescending

**le/la condisciple** fellow student, schoolmate

**conditionné(e)** *adj.* conditioned; **air conditionné(e)** *adj.* air-conditioned

**le conditionnel** *Gram.* conditional

**le/la conducteur (-trice)** driver

**conduire** (*pp.* **conduit**) *irreg.* to drive; to take; to conduct; **le permis de conduire** driver's license

**la conduite** behavior; driving; guidance

**confectionner** to make (up)

**la confiance** confidence; **avoir confiance en** to have confidence in; **faire confiance à** to trust

**confiant(e)** *adj.* confident

**confier** to confide; to give

**confirmer** to strengthen; to confirm

**confisquer** to confiscate

**la confiture** jam

**confondre** to confuse

**confondu(e)** *adj.* confused, mingled

**conformer** to conform

**le conformisme** conformism

**le confort** comfort

**confortable** *adj.* comfortable

**le confrère** colleague, fellow-member

**confus(e)** *adj.* confused; troubled

**le congé** leave, vacation; **le jour de congé** holiday, day off

**le congélateur** freezer

**la congrégation** congregation

**le/la conjoint(e)** spouse

**la conjonction** *Gram.* conjunction

**la conjugaison** *Gram.* conjugation

**conjugué(e)** *Gram. adj.* conjugated

**conjuguer** *Gram.* to conjugate

**la connaissance** knowledge; acquaintance; consciousness; **enchanté(e) d'avoir fait votre connaissance** delighted to have met you; **perdre connaissance** to faint

**connaître** (*p.p.* **connu**) *irreg.* to know; to be acquainted with

**connu(e)** *adj.* known

**conquérir** (*p.p.* **conquis**) *irreg.* to conquer

**la conquête** conquest

**consacré(e)** *adj.* consecrated, devoted

**consacrer** to consecrate; to devote

**la conscience** conscience

**conscient(e)** *adj.* conscious

**le conseil** advice; council

**conseiller** to advise; to counsel

**le/la conseiller (-ère)** advisor, counselor

**la conséquence** consequence; **en conséquence** accordingly, as a result

**conséquent: par conséquent** *conj.* therefore, accordingly

**conservateur (-trice)** *adj.* conservative

**le conservatisme** conservatism

**la conserve** preserve(s); **la boîte de conserve** can of food; **en conserve** canned

**conservé(e)** *adj.* preserved, kept; bottled, canned

**conserver** to conserve; to retain

**considérable** *adj.* considerable

**la considération** consideration

**considéré(e)** *adj.* considered, deemed

**considérer** (**je considère**) to consider; **se considérer** to consider oneself, each other

**la consigne** orders; **à la consigne** (in the) baggage room, check room

**consistant(e)** *adj.* solid, substantial

**consister** to consist

**consolider** to consolidate

**le/la consommateur (-trice)** consumer

**la consommation** consumption; consumerism

**consommé(e)** *adj.* consumed

**consommer** to consume

**constamment** *adv.* constantly

**constant(e)** *adj.* constant, unceasing

**constater** to notice; to remark

**constituer** to constitute

**construire** (*like* **conduire**) to construct, build

**construit(e)** *adj.* constructed, built

**la consultation** consultation

**consulter** to consult

**se consumer** to burn out; to be consumed

**le contact** contact; **perdre contact avec** to lose contact with

**contacter** to contact

**contaminé(e)** *adj.* contaminated

**le conte** tale, story; **le conte de fées** fairy tale

**contempler** to contemplate, meditate upon

**contemporain(e)** *adj.* contemporary

**contenir** (*like* **tenir**) to contain

**content(e)** *adj.* content; happy; **être content(e) de** to be happy about

**le contenu** contents

**conter** to tell, retell

**le contexte** context

**contingent(e)** *adj.* contingent, fortuitous

**continuellement** *adv.* continually, constantly

**continuer** to continue

**la contrainte** constraint

**contraire** *adj.* opposite; *n. m.* opposite; **au contraire** on the contrary; **sauf indication contraire** except where otherwise indicated

**contrairement (à)** *adv.* contrarily, contrary (to)

**le contrat** contract; **le contrat de location** rental contract

**la contravention** traffic ticket; minor violation; **attraper une contravention** to get a traffic ticket

**contre** *prep.* against; **par contre** on the other hand; **le pour et le contre** the pros and cons

**contredire** (*like* **dire**, *except* **vous contredisez**) to contradict

**la contrefaçon** counterfeiting; fraudulent imitation

**le contrôle** control; **le contrôle de soi** self-control; **le contrôle de sécurité** security checkpoint

**contrôler** to check, verity; to stamp

**le/la contrôleur (-euse)** ticket collector

**la controverse** controversy

**convaincant(e)** *adj.* convincing

**convaincre** (*like* **vaincre**) to convince

**convaincu(e)** *adj.* sincere, earnest; convinced

**convenable** *adj.* proper; appropriate

**convenir** (*like* **venir**) to fit; to be suitable

**la convivialité** conviviality, friendliness

**la convoitise** lust, desire

**la coopération** cooperation

**le copain (la copine)** friend, pal

**la copie** copy; imitation

**copié(e)** *adj.* copied, imitated

**copier** to copy

**le/la copieur (-euse)** copier

**copieux (-euse)** *adj.* copious, abundant

**le coq** rooster; **le chant du coq** crow of the rooster

**coquet(te)** *adj.* coquettish; stylish

**la coquille** seashell; **la coquille Saint-Jacques** *scallops*

**Coran** *m.* Koran

**coranique** *adj.* Koranic

**le corbeau** crow

**le cordon** ribbon; string; **cordon bleu** first-rate cook, cordon bleu

**coranique** *adj.* koranic

**le corps** body; **le Corps de la Paix** Peace Corps

**correct(e)** *adj.* correct

**la correspondance** correspondence; transfer, change *(of trains)*

**le/la correspondant(e)** correspondent; pen-pal

**correspondre** to correspond

**corriger (nous corrigeons)** to correct

**la cosmétique** cosmetic

**le costard** suit

**le costume** suit *(of clothes)*

**la cote: avoir la cote** to be popular

**la côte** coast; **la Côte d'Azur** French Riviera

**le côté** side; **à côté (de)** *prep.* by, near, next to; at one's side; **de côté** put by; **laisser de côté** to set aside, give up

**la côtelette** cutlet; **la côtelette d'agneau (de veau)** lamb (veal) chop

**cotiser** to contribute

**le coton** cotton; **en coton** *(made of)* cotton

**le cou** neck

**la couche** layer, coat; stratum, level

**coucher** to put to bed; **se coucher** to go to bed; to set *(sun)*

**la couchette** couchette; bunk *(on a train)*

**le coude** elbow; **jouer des coudes** to jostle for position

**coudre** ( *p.p.* **cousu**) *irreg.* to sew

**couler** to flow; to run *(nose)*

**la couleur** color; **le crayon de couleur** colored pencil; **en couleur(s)** *adj.* color; colored

**le couloir** hall(way)

**le coup** blow; coup; *(gun)* shot; influence; **à coup sûr** certainly, surely; **après coup** too late, after the event; **le coup de cafard (de colère)** attack of depression (of anger); **le coup de pied** kick; **le coup de soleil** sunstroke; sunburn; **le coup d'œil** glance; **faire le coup à** to do a dirty trick on; **passer un coup de fil** to make a phone call; **rouer de coups** to beat (up); **sous le coup de** under the (heavy) influence of; **tout d'un coup** *adv.* at once, all at once

**coupable** *adj.* guilty

**la coupe** cut *(clothing)*

**coupé(e)** *adj.* cut (up); divided; *n. m.* coupé, brougham *(car)*

**couper** to cut; to censor; **se couper** to cut oneself

**le couple** couple; married couple

**courageusement** *adv.* courageously, bravely

**courant(e)** *adj.* frequent; general; *n. m.* current, tide; course; **la prise de courant** electric outlet

**courbé(e)** *adj.* leaning *(over)*, bent *(over)*

**le/la coureur (-euse)** runner; promiscuous person

**courir** ( *p.p.* **couru**) *irreg.* to run

**la couronne** crown

**couronner** to crown; to finish off

**le courrier** mail

**le cours** course; **au cours de** *prep.* during; **laisser (donner) libre cours à** to give free rein to; **le cours de la Bourse** stock market prices; trading; **sécher un cours** to skip class, play hooky; **suivre un cours** to take a class

**la course** race; **faire les courses** to do the shopping *(errands)*

**court(e)** *adj.* short *(not used for persons)*; *n. m. (tennis)* court; **le court-circuit** short circuit; **le court en terre battue** clay *(tennis)* court

**le couscous** *dish from the Maghreb, composed of semolina, meat or fish and vegetables*

**le/la cousin(e)** cousin; **le/la cousin(e) germain(e)** first cousin

**le coussin** cusion

**le couteau** knife

**coûter** to cost; **coûter cher** to be expensive

**la coutume** custom

**la couture** sewing; clothes design; **la \*haute couture** high fashion

**le/la couturier (-ière)** fashion designer; dressmaker

**couvert(e)** *adj.* covered; *n. m.* table setting; **mettre le couvert** to set the table

**la couverture** blanket; cover

**couvrir** (*like* **ouvrir**) to cover; **se couvrir** to cover oneself (up); to dress warmly

**le crabe** crab

**la craie** chalk

**craindre** ( *p.p.* **craint**) *irreg.* to fear

**la crainte** fear

**craquer** to crack; to break down, go mad

**la cravate** tie

**le crayon** pencil; **le crayon de couleur** colored pencil

**le/la créateur (-trice)** creator

**la création** creation

**la créature** creature

**la crèche** daycare

**le crédit** credit; **acheter à crédit** to buy on credit; **la carte de crédit** credit card

**créer** to create

**la crème** cream; *m.* white coffee; coffee and cream; **le chou à la crème** cream puff; **la crème caramel** caramel custard

**le créneau** crenel; battlement; specialty; market; **faire un créneau** to reverse into a parking place

**la crêpe** crepe, French pancake

**creuser** to excavate; to go deeply into

**creux (-euse)** *adj.* hollow

**la crevasse** crevice; crack; crevasse

**crevé(e)** *adj.* punctured; **le pneu crevé** flat tire

**la crevette** shrimp; **les crevettes** *(f. pl.)* **à la marinière** *shrimp with onion and parsley sauce;* **le filet à crevettes** shrimp net

**le cri** shout; **pousser un cri** to utter a cry

**crier** to cry out; to shout

**la crise** crisis; **la crise cardiaque** heart attack; **la crise économique** recession; depression

**crispé(e)** *adj.* rigid; on edge

**le critère** criterion

**critique** *adj.* critical

**critiquer** to criticize

**croire** ( *p.p.* **cru**) *irreg.* to believe

**croiser** to cross; to run across

**la croisière** cruise

**la croissance** growth, development

**le croissant** crescent *(moon)*; croissant *(roll)*; **croissant(e)** *adj.* increasing

**la croyance** belief

**cru(e)** *adj.* believed; raw

**la crudité** raw vegetable; *pl.* plate of raw vegetables

**cruel(le)** *adj.* cruel

**la cuillère, la cuiller** spoon; **la cuillère à café (à soupe)** teaspoon; tablespoon; **la petite cuillère** teaspoon

**la cuillerée** spoonful

**cuire** ( *p.p.* **cuit**) *irreg.* to cook; to bake; **faire cuire** to cook

**cuisant(e)** *adj.* cooking; burning *(regret)*

**la cuisine** cooking; kitchen; **faire la cuisine** to cook; **la grande cuisine** fine cooking; **le livre de cuisine** cookbook; **la nouvelle cuisine** light, low-fat cuisine

**le/la cuisinier (-ière)** cook; *f.* stove; **le cuisinier en chef** head cook, chef

**la cuisse** thigh; leg

**la cuisson** cooking *(process)*

**cuit(e)** *adj.* cooked; **bien cuit(e)** well done *(meat)*

**le cuivre** copper

**culinaire** *adj.* culinary

**le culte** cult

**cultivé(e)** *adj.* educated; cultured

**la culture** education, culture

**culturel(le)** *adj.* cultural
**cumuler** to cumulate; to pluralize
**la cure** treatment
**curieux (-euse)** *adj.* curious
**la curiosité** curiosity
**CV** *ab.* **chevaux** horsepower
**le cyberpop** *f.* place with Internet access
**le cyclisme** bicycle riding
**le/la cycliste** bicycle rider

# D

**le/la dactylographe (le/la dactylo)** typist
**dactylographié(e)** *adj.* typed
**la dame** lady, woman; *pl. (game of)* checkers
**le Danemark** Denmark
**dangereux (-euse)** *adj.* dangerous
**Danois(e)** *adj., n. m., f.* Danish
**dans** *prep.* within, in
**la danse** dance; dancing
**danser** to dance
**la date** date *(time);* **la date limite** deadline
**dater de** to date from
**le dauphin** crown prince
**davantage** *adv.* more
**le dé** dice
**le débat** debate
**se débattre** *(like* **battre)** to fight; to struggle
**la débauche** debauchery
**le débit** *(retail)* sales outlet; **le débit de boisson** *(licensed)* liquor store
**le débouché** opening, demand; market for; job opportunity
**debout** *adv.* standing; **être debout** to be standing
**débrancher** *fam.* to relax, rest
**débrouiller** to disentangle; **se débrouiller** to manage, get along
**le début** beginning; **au début (de)** in, at the beginning (of)
**débuter** to begin
**décapotable** *adj.* convertible
**décédé(e)** *adj.* deceased, dead
**décembre** Decembre
**la déception** disappointment
**décevoir** *(like* **recevoir)** to disappoint
**la décharge** discharge; unloading; garbage dump
**le déchet** *(industrial)* waste; **les déchets nucléaires** nuclear waste
**déchiffrer** to decipher
**déchiqueter (je déchiquète)** to tear apart
**déchirant(e)** *adj.* tearing; excruciating; **le choix déchirant** agonizing choice
**déchiré(e)** *adj.* torn; divided
**décider de** to decide to; **se décider à** to make up one's mind to

**la décision** decision; **prendre une décision** to make a decision
**déchu(e)** *adj.* deposed; fallen
**déclarer** to declare
**déclencher** to trigger
**le déclic** click
**décoller** to take off *(airplane)*
**décommander** to cancel *(an order)*
**décompenser** to lose emotional equilibrium
**déconcerté(e)** *adj.* disconcerted
**décontracté(e)** *adj.* relaxed
**le décor** decor; scenery
**la décoration** decoration
**découragé(e)** *adj.* discouraged
**décourageant(e)** *adj.* discouraging
**décourager (décourageons)** to discourage
**découvert(e)** *adj.* discovered
**la découverte** discovery
**découvrir** *(like* **ouvrir)** to discover
**le décret** decree
**décrire** *(like* **écrire)** to describe
**décrit(e)** *adj.* described
**déçu(e)** *adj.* disappointed
**dedans** *prep., adv.* within, inside
**dédier** to dedicate
**déduire** *(like* **conduire)** to deduce
**défaillant(e)** *adj.* failing, weakening
**le défaut** bad quality, fault; **faire défaut** to fail
**défectueux (-euse)** *adj.* defective; lacking
**défendre** to defend; **défendre de** to forbid; **se défendre** to fight back
**défenestré(e)** *adj.* thrown out of the window
**la défense** defense
**la déferlante** unfurling, outpouring
**le défi** challenge
**le déficit** deficit
**déficitaire** *adj.* deficient; **le syndrome immuno-déficitaire acquis (SIDA)** AIDS
**définir** to define
**la définition** definition
**le dégât** damage
**dégénératif (-ive)** *adj.* degenerative
**dégonfler** to deflate
**dégoûté** *adj.* disgusted
**le degré** degree
**déguster** to taste; to relish; to eat
**dehors** *adv.* out-of-doors, outside; **en dehors de** outside of, besides
**déjà** *adv.* already; **d'ores et déjà** *adv.* from now on
**déjeuner** to lunch; *n. m.* lunch; **le petit déjeuner** breakfast
**déjouer** to thwart, foil
**delà: au delà de** *prep.* beyond

**le délai** delay
**délaisser** to desert, abandon
**délicat(e)** *adj.* delicate; touchy; sensitive
**la délicatesse** tact
**le délice** delight
**délicieux (-euse)** *adj.* delicious
**délié(e)** *adj.* slender; fine; sharp
**le Dem farci** *stuffed Senegalese fish*
**demain** *adv.* tomorrow
**la demande** request; application; **la demande d'emploi** job application
**demander** to ask; **se demander** to wonder
**la démarche** walk, air; *(necessary)* step; **faire une démarche auprès de quelqu'un** to approach someone *(about something)*
**démarrer** to start *(a car)*
**le déménagement** moving *(out of a house)*
**déménager (nous déménageons)** to move *(house)*
**le/la déménageur (-euse)** mover, furniture mover
**le/la dément(e)** mad person, lunatic
**demeurer** to stay; to live, to reside
**demi(e)** *adj.* half
**la demi-cuillerée** half-spoonful
**le demi-frère** half brother; stepbrother
**la demi-livre** half pound
**la demi-sœur** half sister; stepsister
**la démission** resignation *(from a job)*
**le demi-tour** U-turn; **faire demi-tour** to make a U-turn
**la démocratie** democracy
**democratiser** to democratize
**démographique** *adj.* demographic, pertaining to population
**la demoiselle** young lady; single, unmarried woman
**démoniaque** *adj.* fiendish
**démontrer** to demonstrate
**démouler** to unmold; to remove from pan *(cake)*
**démystifier** to explain, demystify
**dénicher** to find, uncover
**la dent** tooth; **arracher une dent** to pull a tooth; **avoir mal aux dents** to have a toothache; **la brosse à dents** toothbrush; **se brosser les dents** to brush one's teeth
**dentaire** *adj.* dental; **le fil dentaire** dental floss
**le dentifrice** toothpaste
**le/la dentiste** dentist
**le départ** departure
**le département** department; district
**dépasser** to go beyond; to pass, surpass; **se dépasser** to surpass one's limits
**le dépaysement** desorientation, feeling of strangeness

**se dépêcher (de)** to hurry (to)
**dépeint(e)** *adj.* depicted
**dépendre (de)** to depend (on)
**dépens: aux dépens de** at the expense of
**la dépense** expense
**dépensé(e)** *adj.* spent
**dépenser** to spend
**le dépit** spite
**déplacer (nous déplaçons)** to displace; to shift; **se déplacer** to move around
**déplier** to unfold
**déployer (je déploie)** to deploy; to spread out
**déporté(e)** *adj.* deported
**déporter** to deport
**dépressif (-ive)** *adj.* depressive
**la dépression** depression; breakdown
**déprimé(e)** *adj.* depressed
**depuis (que)** *prep.* since; **depuis combien de temps?** how long?
**déranger (nous dérangeons)** to disturb; to bother
**déraper** to skid *(in car)*
**dernier (-ière)** *adj.* last, most recent; past
**dérouter** to divert from
**derrière** *prep.* behind; *n. m.* back, rear
**dès** *prep.* starting, beginning; from . . . on
**la désacralisation** removal of an institution or profession from its pedestal
**désagréable** *adj.* disagreeable, unpleasant
**la désapprobation** disapproval
**désargenté(e)** *adj.* destitute, penniless
**le désastre** disaster
**le désavantage** disadvantage
**descendant(e)** descendant
**descendre** *intr.* to go down; *trans.* to take down
**le déséquilibre** imbalance
**le désert** desert; wilderness
**désespéré(e)** *adj.* desperate
**le désespoir** despair
**se déshabiller** to get undressed
**se déshumaniser** to become dehumanized
**désigné(e)** *adj.* designated, named
**désigner** to designate
**le désir** desire
**désirer** to desire
**désobéir à** to disobey
**la désobéissance** disobedience
**désobéissant(e)** *adj.* disobedient
**la désolation** desolation; grief
**désolé(e)** *adj.* desolate; very sorry
**désormais** *adv.* henceforth
**le dessin** drawing; **le dessin animé** *(film)* cartoon
**le/la dessinateur (-trice)** cartoonist
**dessiné(e)** *adj.* drawn, sketched; **la bande dessinée** comics; comic strip

**dessiner** to draw; **dessiner à la craie** to draw with chalk
**dessous** *adv.* under, underneath; **ci-dessous** *adv.* below
**dessus** *adv.* above; over; **au-dessus de** *prep.* above; **ci-dessus** *adv.* above, previously
**le destin** fate
**destiné(e)** *adj.* designed, aimed
**la destinée** destiny
**se destiner à** to intend to enter *(a career)*
**destructeur (-trice)** *adj.* destructive
**déstructuré(e)** *adj.* strange, unusual
**détachable** *adj.* removable
**le détail** detail; **en détail** in detail
**détaillé(e)** *adj.* detailed
**le détective** detective
**détendre** to relax; **se détendre** to relax
**détenir** (*like* **tenir**) to hold
**la détente** relaxation
**le/la détenteur (-trice)** holder, possessor
**la détention** detention; imprisonment
**déterminer** to determine
**détestable** *adj.* hateful
**détester** to detest; to hate
**le détour** detour
**détourner** to divert; to distract
**la détresse** distress
**détriment au détriment de** to the detriment of
**détruire** (*like* **conduire**) to destroy
**la dette** debt
**deux** *adj.* two; **tous (toutes) les deux** both *(of them)*
**deuxième** *adj.* second
**devant** *prep.* before, in front of
**dévastateur (-trice)** *adj.* devastating
**développé(e)** *adj.* developed, industrialized
**le développement** development; **le pays en voie de développment** developing country
**développer** to spread out; to develop; **se développer** to expand; to develop
**devenir** (*like* **venir**) to become
**deviner** to guess
**la devinette** riddle
**dévoiler** to reveal
**devoir** ( *p.p.* **dû**) *irreg.* to be obliged to; to have to; to owe; *n. m.* duty; *n. m. pl.* homework; **faire ses devoirs** to do one's homework
**dévolu(e)** *adj.* reserved for
**le diable** devil
**le diagnostic** diagnosis
**les Diallobé** *people from Senegal*
**la diapositive (la diapo)** *(photographic)* slide
**la diarrhée** diarrhea

**la diatribe** diatribe
**la dichotomie** dichotomy
**le dictateur** dictator
**la dictature** dictatorship
**la diction** diction
**le dictionnaire** dictionary
**didactique** *adj.* didactic
**le dieu** god; **Dieu soit loué!** praise be to God!
**différemment** *adv.* differently
**la différence** difference
**différencier** to differentiate
**différent(e)** *adj.* different
**différer (je diffère)** to differ
**difficile** *adj.* difficult; **faire le (la) difficile** to be choosy
**la difficulté** difficulty
**diffuser** to broadcast
**digérer (je digère)** to digest
**la dignité** dignity
**dim.** *ab.* **dimanche** *m.* Sunday
**le dimanche** Sunday
**diminuer** to lessen, diminish
**la dinde** turkey
**dîner** to dine; to have dinner; *n. m.* dinner
**diplomatique** *adj.* diplomatic
**le diplôme** diploma
**diplômé(e)** *adj.* graduated; *n.* graduate; holder of a diploma
**dire** ( *p.p.* **dit**) *irreg.* to tell; to say; to speak; **c'est-à-dire** that is to say, namely; **vouloir dire** to mean
**direct(e)** *adj.* direct, straight; through, fast *(train)*
**directement** *adv.* directly
**le/la directeur (-trice)** director
**directif (-ive)** *adj.* directing, guiding
**la direction** direction; management; leadership
**se diriger (nous nous dirigeons) vers** to go, make one's way, toward
**la discothèque** discothèque
**le discours** discourse; speech
**discret (discrète)** *adj.* discreet; considerate; unobtrusive
**la discrétion** discretion
**se disculper** to clear oneself
**discuter (de)** to discuss
**le disjoncteur** circuit breaker; switch
**disparaître** (*like* **connaître**) to disappear
**disparu(e)** *adj.* missing; dead
**dispenser** to dispense
**disponible** *adj.* available
**dispos(e)** *adj.* in good form
**disposé(e)** *adj.* prone, inclined
**disposer de** to have (available)
**la dispute** quarrel
**se disputer** to quarrel

le **disque** record, recording; **le disque compact** compact disk

la **disquette** diskette

**disséminé(e)** *adj.* scattered, spread (out)

la **dissertation** essay, term paper

**dissipé(e)** *adj.* dissipated

la **distance** distance

**distillé(e)** *adj.* distilled, condensed

**distinct(e)** *adj.* distinct, separate

**distingué(e)** *adj.* distinguished; **croyez... à l'assurance de ma considération distinguée** yours very truly

se **distraire** ( *p.p.* **distrait**) *irreg.* to amuse oneself

**distribuer** to distribute

le/la **distributeur (-trice)** distributor

**dit(e)** *adj.* called; so-called

**divers(e)** *adj.* changing; varied; **le fait divers** news item, incident

**divisé(e)** *adj.* divided

**diviser** to divide

**divorcé(e)** *adj.* divorced

la **dizaine** about ten

**docile** *adj.* docile, submissive; manageable

le **docteur** doctor

le **doctorat** doctoral degree, Ph.D.

**documentaire** *adj., n. m.* documentary;

**dodu(e)** *adj.* plump

le **doigt** finger

le **domaine** domain; specialty

**domestique: l'animal** *(m.)* **domestique** pet

le **domicile** place of residence, home; **à domicile** at home

**dominé(e)** *adj.* dominated, ruled

**dominant(e)** *adj.* leading; main

le **dommage** damage; pity; **c'est dommage! quel dommage!** it's too bad! what a pity!

**donc** *conj.* then; therefore

**donné(e)** *adj.* given, supplied

**donner** to give; **donner à manger** to feed *(animals)*; **donner libre cours à** to give free rein to; **donner sa langue au chat** to give up; **donner sur** to open out onto

**dont** *pron.* whose, of which, of whom, from whom, about which

**dorer** to brown; to glaze *(in cooking)*

**d'ores et déjà** *adv.* from now on

**dormir** *irreg.* to sleep

le **dortoir** dormitory

le **dos** back; **le sac à dos** backpack

la **dose** amount; dose

**doté(e) de** *adj.* endowed with

**doter** to endow

la **douane** customs

le/la **douanier (-ière)** customs officer

**doublé(e)** *adj.* lined *(clothing)*

**doublement** *adv.* doubly

**doubler** to pass *(a car)*; to double

**doucement** *adv.* gently, softly; sweetly; slowly

la **douceur** softness; gentleness; sweetness; **la douceur de vivre** easy, gentle way of life

la **douche** shower *(bath)*

**doué(e)** *adj.* talented, gifted, bright

la **douleur** pain

**douloureux (-euse)** *adj.* painful

le **doute** doubt; **sans doute** probably, no doubt

**douter** to doubt

**douteux (-euse)** *adj.* doubtful, uncertain, dubious

**doux (douce)** *adj.* sweet, kindly, pleasant; soft, gentle

**dr** *ab.* **docteur** *m.* doctor

**draconien(ne)** *adj.* severe, very strict

**dramatique** *adj.* dramatic

le/la **dramaturge** playwright

le **drame** drama

le **drap** *(bed)* sheet

**dresser** to set (up); to arrange; to draw up *(list)*; to hold up, lift *(head)*

la **drianké** *Senegalese expression* for an imposing woman

**droit** *adv.* straight on; **à droite** on the right; **avoir droit à** to have a right to; **droit(e)** *adj.* straight; right; *n. m.* law; right; fee; *n. f.* right hand; right

**drôle (de)** *adj.* funny, amusing

**dû (due)** *adj.* due, owing to

la **dune** dune

la **duperie** deception

**dur(e)** *adj.* hard; difficult; **l'œuf dur** hardboiled egg; **travailler dur** to work hard

**durable** *adj.* lasting

la **durée** duration

**durer** to last, continue; to endure; to last a long time

**dynamique** *adj.* dynamic

## E

l'**eau** *f.* water; **l'eau minérale** mineral water; **la salle d'eau** bathroom

s'**ébaucher** to take shape, form

s'**ébrécher (il s'ébrèche)** to chip *(crockery)*

**écarquiller les yeux** to stare wide-eyed

**échanger (nous échangeons)** to exchange

l'**échappée** *f.* passage, close

**échapper (à)** to escape; s'**échapper** to escape, break free

l'**écharpe** *f.* scarf

l'**échec** *m.* failure; **jouer aux échecs** to play chess

l'**échelle** *f.* scale; ladder

**échouer** to fail

l'**éclair** *m.* flash of lightning; éclair *(pastry)*

**éclairé(e)** *adj.* lit, lighted

l'**éclat** *m.* outburst, blaze, display; **l'éclat de rire** burst of laughter

**éclater** to break out

l'**école** *f.* school; **l'école maternelle** pre-school, kindergarten; **l'école primaire (secondaire)** elementary (secondary) school; **faire l'école buissonnière** to skip school, play hooky; **les grandes écoles** *(state-run)* graduate schools

l'**écologiste** *m., f.* ecologist *(political)*

l'**économie** *f.* economy

**économique** *adj.* economic, financial

**économiser** to save

l'**économiste** *m., f.* economist

l'**écorce** *f.* bark; crust; **l'écorce terrestre** the earth's crust

s'**écorner** to chip off a corner

**écouter** to listen

l'**écran** *m.* screen

**écraser** to crush; to run over

s'**écrier** to cry out, exclaim

**écrire** ( *p.p.* **écrit**) *irreg.* to write; **la machine à écrire** typewriter

**écrit(e)** *adj.* written; **par écrit** in writing

l'**écriture** *f.* writing; handwriting

l'**écrivain** *m.* writer, author

s'**écrouler** to crumble, collapse

l'**édifice** *m.* building, edifice

l'**édition** *f.* publishing; edition

l'**éducation** *f.* upbringing; breeding; education

**éduqué(e)** *adj.* educated; brought up

**effacer** to delete *(computers)*

**effacer (nous effaçons)** to erase

**effectuer** to perform

l'**effet** *m.* effect; **en effet** as a matter of fact, indeed

**efficace** *adj.* efficacious, effective, effectual

l'**efficacité** *f.* efficiency

s'**effondrer** to collapse

**effrayé(e)** *adj.* scared

**effréné(e)** *adj.* unbridled, unrestrained

**effriter** to crumble

l'**effroi** *m.* fright, fear

**égal(e)** *adj.* equal; all the same

**également** *adv.* equally; likewise, also

l'**égard** *m.* consideration; **à l'égard de** with respect to

**égaré(e)** *adj.* lost

**égayer** to cheer up, brighten, to enliven

l'**église** *f.* church

**égoïste** *adj.* selfish
**l'Egypte** *f.* Egypt
**eh** *interj.* hey!; **eh bien!** well!; now then!
**élaboré(e)** *adj.* elaborate; complex
**élaborer** to elaborate; to develop
**élastique** *adj.* elastic
**l'électricité** *f.* electricity
**électrique** *adj.* electric; **le fil électrique** electrical wire; **la prise électrique** electrical outlet
**l'électrocution** *f.* electrocution
**l'électronique** *f.* electronics; *adj.* electronic
**élégant(e)** *adj.* elegant, stylish; *n. m., f.* elegant person
**l'élément** *m.* element
**l'éléphant** *m.* elephant
**l'élève** *m., f.* pupil, student
**élevé(e)** *adj.* high; raised; brought up
**élever (j'élève)** to raise; to lift up; to erect
**éliminer** to eliminate
**l'élite** *f.* elite
**éloigné(e)** *adj.* distant; remote
**l'éloignement** *m.* distance
**éloigner** to remove to a distance; **s'éloigner** to move off, go away
**l'émanation** *f.* emanation; product
**l'émancipation** *f.* liberation
**s'emballer** to get carried away
**l'embarquement** *m.* embarcation; **la carte d'embarquement** boarding pass
**embarrassant(e)** *adj.* embarrassing
**embarrassé(e)** *adj.* embarrassed
**embauché(e)** *adj.* hired
**embêté(e)** *adj., fam.* annoyed, bothered
**emboîter** to encase; **emboîter le pas à quelqu'un** to follow someone
**l'embonpoint** *m.* stoutness
**l'embouteillage** *m.* traffic jam
**embrasser** to kiss; to embrace; **s'embrasser** to embrace or kiss each other
**émettre** (*like* **mettre**) to emit; to utter
**l'émeute** *f.* riot
**l'émigré(e)** emigrant
**éminemment** *adv.* eminently, to a high degree
**l'émission** *f.* show; program
**emménager (nous emménageons)** to move in
**emmener (j'emmène)** to take (*someone somewhere*)
**emmerder** *fam.* to plague, annoy
**émotif (-ive)** *adj.* emotive; emotional
**l'émotion** *f.* emotion
**émotionnel(le)** *adj.* emotional
**émouvoir** (*p.p.* **ému**) *irreg.* to touch (*emotionally*)
**s'emparer de** to take possession of

**empêcher** to prevent; **s'empêcher de** to prevent oneself from
**l'emphase** *f.* emphasis
**l'emplacement** *m.* location, site
**l'emploi** *m.* use; job; **l'emploi du temps** schedule; **faire une demande d'emploi** to apply for a job; **le marché de l'emploi** job market; **le mode d'emploi** directions for use
**l'employé(e)** employee
**employer (j'emploie)** to use; to employ
**l'employeur (-euse)** employer
**empoigner** to grasp, seize; **empoigner la vie à pleines mains** to take on life wholeheartedly
**emporter** to take (*something somewhere*)
**l'empreinte** *f.* imprint, style
**emprisonné(e)** *adj.* imprisoned
**l'emprisonnement** *m.* imprisonment
**l'emprunt** *m.* loan
**emprunter** to borrow; to take (*route*)
**ému(e)** *adj.* moved, touched (*emotionally*)
**en** *prep.* in; to; within; into; at; like; in the form of; by; *pron.* of him, of her, of it, of them; from him, by him, etc.; some of it; any; **en éveil** alert
**l'encadrement** *m.* framework; frame
**encaisser** *fam.* to take, put up with
**encercler** to circle, encircle
**enchanté(e)** *adj.* enchanted; pleased; **enchanté(e) d'avoir fait votre connaissance** delighted to have met you
**encombré(e)** *adj.* laden; encumbered; filled
**l'encombrement** *m.* litter; confusion; (*traffic*) congestion
**encore** *adv.* still; again; yet; even
**encourager (nous encourageons)** to encourage
**encouru(e)** *adj.* incurred; taken, run (*a risk*)
**l'encrier** *m.* inkwell
**endetté(e)** *adj.* in debt
**endommager (nous endommageons)** to damage, do damage to
**s'endormir** (*like* **dormir**) to fall asleep
**l'endroit** *m.* place, spot
**l'enduit** *m.* (*outer*) coating; glaze
**l'énergie** *f.* energy
**énergique** *adj.* energetic
**énervé(e)** *adj.* irritated, upset
**énerver** to irritate; **s'énerver** to get upset
**l'enfance** *f.* childhood
**l'enfant** *m., f.* child; **le/la garde d'enfant** babysitter, childcare worker
**enfantin(e)** *adj.* childlike
**enfin** *adv.* finally, at last

**enfoui(e)** *adj.* buried
**enfreindre** (*like* **craindre**) to infringe, transgress
**s'enfuir** (*like* **fuir**) to run away, escape
**engagé(e)** *adj.* hired
**engendrer** to generate; to create
**l'engouement** *m.* infatuation, fancy
**enivrant(e)** *adj.* heady, intoxicating
**enlever (j'enlève)** to take away; to take off (*clothing*)
**l'ennui** *m.* trouble, worry
**ennuyer (j'ennuie)** to bother; to bore; **s'ennuyer** to be bored
**ennuyeux (-euse)** *adj.* boring; annoying
**énoncer (nous énonçons)** to state
**énorme** *adj.* huge, enormous
**l'enquête** *f.* inquiry; investigation
**enregistré(e)** *adj.* recorded; stored
**enregistrer** to record; to register (*luggage*)
**l'enrichissement** *m.* enrichment
**enrubanné(e)** *adj.* beribboned
**l'enseignant(e)** teacher, instructor
**l'enseigne** *f.* (shop) sign
**l'enseignement** *m.* education; **le brevet d'enseignement professionnel (B.E.P.)** vocational diploma
**enseigner** to teach
**ensemble** *adv.* together; *n. m.* suit (*clothing*)
**ensoleillé(e)** *adj.* sunny
**ensuite** *adv.* next; then
**l'entendement** *m.* understanding, judgment
**entendre** to hear; **entendre dire que** to hear it said that; **entendre parler de** to hear about; **s'entendre avec** to get along with
**l'enthousiasme** *m.* enthusiasm
**enthousiaste** *adj.* enthusiastic
**entier (-ière)** *adj.* entire, whole, complete
**les entrailles** *f.* entrails, guts
**l'entrain** *m.* liveliness, high spirits
**l'entraînement** *m.* training
**entre** *prep.* between, among
**l'entrée** *f.* entrance, entry; admission; first course; **la porte d'entrée** entrance
**s'entremêler** to mix, mingle, intermingle
**l'entreprise** *f.* enterprise, business; **le chef d'entreprise** company manager
**entrer (dans)** to go into, enter
**entretenir** (*like* **tenir**) to maintain, keep up; **entretenir des réseaux** to network
**s'entretuer** to kill each other
**l'entrevue** *f.* interview
**entrouvrir** (*like* **ouvrir**) to half-open; to set ajar
**énumérer (j'énumère)** to enumerate; to count up

**envahir** to invade

**envers** *prep.* to; toward; in respect to

**l'envie** *f.* desire; **avoir envie de** to want; to feel like

**environ** *adv.* about, approximately; *n. m. pl.* neighborhood, surroundings; outskirts

**l'environnement** *m.* environment; milieu

**envisager (nous envisageons)** to envision

**envoyer (j'envoie)** to send

**épais(se)** *adj.* thick

**épanouir** to open up

**épargné(e)** *adj.* spared, exempt

**épargner** to spare; to save

**l'épaule** *f.* shoulder

**épeler (j'épelle)** to spell

**l'épice** *f.* spice

**épicé(e)** *adj.* spicy

**l'épicerie** *f.* grocery store

**les épinards** *m. pl.* spinach

**épineux (-euse)** *adj.* thorny, ticklish

**l'épisode** *m.* episode

**l'époque** *f.* epoch, period, era; time; **à l'époque de** at the time of

**épouvantable** *adj.* frightful, terrible

**l'épouvante** *f.* terror

**l'époux (l'épouse)** spouse; husband; wife

**l'épreuve** *f.* test; trial; examination

**éprouver** to feel; to experience; to test

**l'équilibre** *m.* balance

**équilibré(e)** *adj.* balanced

**l'équipage** *m.* crew

**l'équipe** *f.* team; working group; **le chef d'équipe** group leader

**l'équipement** *m.* equipment; gear

**équitable** *adj.* fair, impartial

**l'équitation** *f.* horseback riding

**l'équivalent** *m.* equivalent

**l'ère** *f.* era

**l'erreur** *f.* error; mistake

**l'escalier** *m.* stairs, stairway

**l'escargot** *m.* snail; escargot

**l'esclavage** *m.* slavery

**l'esclave** *m., f.* slave

**l'espace** *m.* space

**l'espadrille** *f.* espadrille, sandal

**l'Espagne** *f.* Spain

**espagnol(e)** *adj.* Spanish; *n. m.* Spanish *(language)*

**l'espèce** *f.* species; **une espèce de** a kind of

**l'espérance de vie** *f.* life expectancy

**espéré(e)** *adj.* hoped for, expected

**espérer (j'espère)** to hope

**espiègle** *adj.* mischievous

**l'espoir** *m.* hope

**l'esprit** *m.* mind, spirit; wit

**esquinter** *fam.* to spoil; to ruin

**essayer (j'essaie) de** to try to

**l'essayiste** *m., f.* essayist, someone who write essays

**l'essence** *f.* gasoline; essence; **être en panne d'essence** to be out of gas; **prendre de l'essence** to get gas

**essentiel(le)** *adj.* essential; *n. m.* the important thing

**essuyer (j'essuie)** to wipe

**l'estaminet** *m.* pub, café

**estimer** to value; to esteem

**l'estomac** *m.* stomach; **les brûlures (*f. pl.*) d'estomac** heartburn

**estomper** to soften

**estudiantin(e)** *adj.* student

**et** *conj.* and

**établi(e)** *adj.* established, set up

**établir** to establish, set up; **s'établir dans** to settle in

**l'étage** *m.* floor *(of building)*

**étaler** to spread

**étanche** *adj.* impervious, tight; separate

**l'étape** *f.* stage, stopping place

**l'état** *m.* state; **l'état civil** civil status; marital status

**les Etats-Unis** *m. pl.* United States *(of America)*

**l'été** *m.* summer

**éteindre (*like* craindre)** to put out; to turn off

**éteint(e)** *adj.* extinguished; dead

**éternel(le)** *adj.* eternal

**éternuer** to sneeze

**l'éthique** *f.* ethics

**l'ethnologue** *m., f.* ethnologist

**l'étiquette** *f.* label; etiquette

**étirer** to stretch, spread out

**l'étoile** *f.* star

**étonnant(e)** *adj.* astonishing, surprising

**étonné(e)** *adj.* astonished

**étonner** to surprise, astonish

**étouffer** to smother

**étrange** *adj.* strange

**étranger (-ère)** *adj.* foreign; *n. m., f.* stranger, foreigner

**être (*p.p.* été) *irreg.*** to be; *n. m.* being; **être à l'aise** to be comfortable; **être au chômage** to be unemployed; **être au régime** to be on a diet; **être capable de** to be capable of, able to; **être d'accord** to agree; **être debout** to be standing; **être en baisse** to be falling; **être en (bonne) forme** to be in shape; **être en hausse** to be on the rise; **être en retard** to be late; **être en rodage** being broken in *(car)*; **être en train de** to be in the process of; **être en vacances** to be on vacation; **être fier (fière) de** to be proud

of; **être obligé(e) de** to be obligated to; **être originaire de** to be from; **être pressé(e)** to be in a hurry

**étroitement** *adv.* closely; narrowly

**l'étude** *f.* study; **faire des études** to study

**l'étudiant(e)** student

**étudié(e)** *adj.* studied

**étudier** to study

**l'euphoric** *f.* euphoria

**l'Europe** *f.* Europe

**européen(ne)** *adj., n. m., f.* European

**eux** *pron., m. pl.* them

**s'évader** to escape

**évalué(e)** *adj.* appraised; evaluated

**s'évanouir** to faint

**éveil: en éveil** alert

**l'événement** *m.* event

**l'éventail** *m.* fan

**éventer** to fan

**évidemment** *adv.* evidently, obviously

**l'évidence** *f.* evidence

**évident(e)** *adj.* obvious, clear

**l'évier** *m.* *(kitchen)* sink

**éviter** to avoid

**l'évocation** *f.* evocation; recalling

**évoluer** to evolve

**l'évolution** *f.* evolution, development

**évoquer** to evoke

**exact(e)** *adj.* exact, correct

**exactement** *adv.* exactly

**exagérément** *adv.* exaggerately

**exagérer (j'exagère)** to exaggerate

**l'examen** *m.* test, exam; **passer un examen** to take a test; **réussir à un examen** to pass a test

**l'examinateur (-trice)** examiner

**examiner** to examine

**l'excellence** *f.* excellence; **par excellence** pre-eminently, particularly

**excellent(e)** *adj.* excellent

**l'excentricité** *f.* excentricity

**l'exception** *f.* exception; **par exception** exceptionally

**exceptionnel(le)** *adj.* exceptional

**l'excès** *m.* excess

**excessif (-ive)** *adj.* excessive

**exclure (*like* conclure)** to exclude

**l'excuse** *f.* excuse

**s'excuser** to excuse oneself

**exécuter** to execute; to carry out

**l'exemple** *m.* example; **par exemple** for example

**exercer (nous exerçons)** to exercise; **s'exercer (à)** to practice; to be practiced

**l'exercice** *m.* exercise; **faire de l'exercice** to do exercise(s)

**exigé(e)** *adj.* demanded, required

**l'exigence** *f.* demand; **satisfaire les exigences** to meet the expectations
**l'existence** *f.* life, existence
**exister** to exist
**exorbitant(e)** *adj.* exorbitant, outrageous
**exotique** *adj.* exotic
**l'expansion** *f.* expansion
**expér.** *ab.* **l'expérience** *f.* experience
**l'expérience** *f.* experience; experiment
**expérimental(e)** *adj.* experimental
**expérimenté(e)** *adj.* experienced
**l'explication** *f.* explanation
**expliquer** to explain
**l'exploit** *m.* feat
**explorer** to explore
**exposé(e)** *adj.* shown, displayed
**l'exposition** *f.* exhibition; show
**exprès** *adv.* on purpose; **le faire exprès** to do it on purpose
**exprimer** to express
**expulser** to expel
**l'extérieur** *m.* exterior; outside
**extérioriser** to exteriorize, externalize
**l'extrait** *m.* excerpt; extract
**extraordinaire** *adj.* extraordinary
**extrême** *adj.* extreme
**l'extrémiste** *m., f.* extremist

**F**

**la fable** fable; story
**la fabrication** manufacture
**fabriquer** to fabricate; to manufacture
**le fabuliste** someone who writes fables
**la façade** façade, frontage
**la face** face; façade; **en face (de)** *prep.* opposite, facing; **face à** facing; **faire face à** to confront
**la facette** facet
**fâché(e)** *adj.* angry, annoyed
**se fâcher** to get angry
**fâcheux (-euse)** *adj.* troublesome, annoying
**facile** *adj.* easy; **facile à vivre** easy to get along with
**facilement** *adv.* easily
**le/la facilateur (-trice)** facilitator
**la facilité** aptitude, talent; easiness
**la façon** way, manner; **de façon (bizarre)** in a (funny) way; **de toute façon** anyhow, in any case
**le facteur** factor; mail carrier
**factice** *adj.* artificial, forced
**la facture** bill *(to pay)*
**facturé(e)** *adj.* billed, charged
**faible** *adj.* weak; small
**la faiblesse** weakness
**la faïence** earthenware
**faillir + *inf.*** to be on the point of; to almost do something

**la faim** hunger; **avoir faim** to be hungry
**faire** to do; to make; to form; to be; **ça fait (un an)** it's been (a year); **faire allusion à** to allude, make allusion to; **faire appel à** to appeal to, call upon; **faire attention** to pay attention; **faire beau** to be nice out; **faire confiance à** to trust; **faire cuire** to cook; **faire de l'alpinisme** to go mountain climbing; **faire de l'auto-stop** to hitchhike; **faire de la planche à voile** to go windsurfing; **faire de la vitesse** to speed; **faire de la voile** to sail; **faire demi-tour** to make a U-turn; **faire des achats** to go shopping; **faire des avances** to make a pass; **faire des bêtises** to do silly things; **faire des courses** to do the shopping; **faire des études** to study; **faire des excuses** to make excuses; **faire des progrès** to make progress; **faire des remarques** to criticize; **faire du camping** to camp; **faire du gringue** *fam.* to make a pass; **faire du jogging** to jog; **faire du mal à** to hurt; **faire du shopping** to go shopping; **faire du ski** to ski; **faire du ski de fond** to go cross-country skiing; **faire du sport** to do sports; **faire du stop** to hitchhike; **faire exprès** to do something on purpose; **faire face** to face, confront; **faire faire** to have done, make someone do something; **faire frais** to be cool out; **faire froid** to be cold; **faire l'école buissonnière** to play hooky; **faire l'expérience** to do an experiment; **faire l'inventaire** to draw up an inventory; **faire la cuisine** to cook; **faire la grimace** to make a face; **faire la lessive** to do the laundry; **faire la queue** to stand in line; to queue up; **faire le bilan** to strike the balance; to review; **faire le (la) difficile** to be choosy; **faire le ménage** to do housework; **faire le plein (d'essence)** to fill up (with gas); **faire le tour du monde** to go around the world; **faire les commissions** to do the grocery shopping; **faire les courses** to do errands; **faire les valises** to pack one's bags; **faire marche arrière** to back up; **faire mine de** to pretend to; **faire office** to act as; **faire part de** to inform; **faire partie de** to belong to; **faire peur** to scare, frighten; **faire place** to make room; **faire plaisir** to please; **faire ses devoirs** to do one's homework; **faire ses preuves** to prove oneself; **faire sombre** to be dark; **faire un bond** *fam.* to stop by, pay a short visit; **faire un créneau**

to parallel park; **faire un détour** to make a detour; **faire un pique-nique** to go on a picnic; **faire un plombage** to put in a filling; **faire un sondage** to take a poll; **faire un voyage** to take a trip; **faire une balade** to take a stroll; **faire une demande d'emploi** to apply for a job
**le faire-part** *(wedding, birth)* announcement
**le fait** fact; **le fait divers** event, incident; **tout à fait** completely, entirely
**falloir** ( *p.p.* **fallu**) *irreg.* to be necessary; to be lacking
**fameux (-euse)** *adj.* famous
**familial(e)** *adj.* family; **les allocations familiales** family allowances, child benefits
**familier (-ière)** *adj.* familiar
**familièrement** *adv.* familiarly
**la famille** family; **famille monoparentale** single-parent family; **famille recomposée** reconstructed family
**le/la fan** fan, fanatic
**fanatique** *adj.* fanatical
**fané(e)** *adj.* faded, wilted
**la fantaisie** fantasy
**fantaisiste** *adj.* imaginative; whimsical
**fantastique** *adj.* fantastic
**la farce** practical joke; stuffing *(food)*
**la farine** flour
**fascinant(e)** *adj.* fascinating
**fasciner** to fascinate
**fatal(e)** *adj.* fatal
**fatigant(e)** *adj.* tiring
**la fatigue** tiredness, fatigue
**fatigué(e)** *adj.* tired
**fatiguer** to tire; **se fatiguer** to get tired
**la faute** fault, mistake; **faute de quoi** for lack of which
**le fauteuil** armchair
**le fauve** wild animal; big game
**faux (fausse)** *adj.* false; *n. m.* counterfeit *(item)*
**favori (-ite)** *adj.* favorite
**favoriser** to favor
**la fée** fairy; **le conte de fée(s)** fairy tale
**féminin(e)** *adj.* feminine
**féministe** *adj.* feminist
**la femme** woman; wife; **la femme au foyer** homemaker; **la femme de ménage** cleaning woman
**la fenêtre** window
**le fer** iron; **le chemin de fer** railroad; **le fer à repasser** *(pressing)* iron
**la fermature** closure
**ferme** *adj.* firm; *n. f.* farm
**fermé(e)** *adj.* closed

**fermer** to close; **fermer à clé** to lock; **fermer boutique** to close the shop; **se fermer** to close; to be closed

**la fermeture** closing; closure

**férocement** *adv.* ferociously

**fertiliser** to fertilize

**la fesse** buttock

**la fessée** spanking

**le festin** feast; banquet

**la fête** celebration, holiday

**fêter** to celebrate; to observe a holiday

**le feu** fire; stoplight; **la cheminée à feu de bois** wood-burning fireplace; **le feu de braises** charcoal fire

**la feuille** leaf; **la feuille de papier** sheet of paper

**feuilleter (je feuillette)** to leaf through

**le feuilleton** *(radio, TV)* serial

**le feutre** felt

**février** February

**le/la fiancé(e)** fiancé(e), betrothed

**se ficher de** *fam.* not to give a damn

**le fichier** file; electronic document

**fidèle** *adj.* faithful

**fier (fière)** *adj.* proud; **être fier (fière) de** to be proud of

**se fier à** to trust

**la fierté** pride

**la fièvre** fever

**la figure** face

**figuré: au propre et au figuré** literally and figuratively

**figurer** to appear

**le fil** thread; cord; **au fil des** + *time* with the passing + *time;* **le fil dentaire** dental floss; **le fil électrique** electrical wire

**la file** file, line; lane

**le filet** net; fillet *(of fish);* thin strip; **le filet à crevettes** shrimp net

**la filière** channel, path

**la fille** girl; daughter; **la jeune fille** girl, young woman

**la fillette** little girl

**filmer** to film

**le fils** son

**fin(e)** *adj.* fine; thin; *n. f.* end; purpose; **mettre fin à** to put an end to

**final(e)** *adj.* final

**finalement** *adv.* finally

**financier (-ière)** *adj.* financial

**finir (de)** to finish; **finir par** to finish up by

**fixe** *adj.* fixed; **le menu à prix fixe** prix fixe meal

**flambé(e)** *adj.* flambé; set on fire

**la flamme** flame

**flâner** to stroll; to dawdle

**flatter** to flatter, compliment

**la flatterie** flattery

**flatteur (-euse)** *adj.* flattering; *n. m., f.* flatterer

**le fléau** scourge, plague

**la flèche** arrow; turn signal; **démarrer en flèche** to start fast

**fléchir** to weaken, flag

**la fleur** flower; **en fleur** flowering

**fleurir** to flower, flourish

**le fleuve** river

**le flic** *fam.* cop, police officer

**flirter** to flirt

**la Floride** Florida

**flotter** to float

**le flux** flood; flux

**la foi** faith

**le foie** liver; **le foie gras** goose liver pâté

**la fois** time, occasion; **à la fois** at the same time; **il était une fois** once upon a time; **une fois** once

**la folie** madness

**foncés(e)** *adj.* dark *(in color)*

**la fonction** function; use, office; **en fonction de** as a function of; according to; **le logement de fonction** company housing

**le/la fonctionnaire** civil servant

**le fonctionnement** working order, functioning

**fonctionner** to function

**le fond** bottom; back, background; *(artichoke)* heart; **à fond** thoroughly; **au fond** basically; **le ski de fond** cross-country skiing

**fondamentalement** *adv.* fundamentally

**le fondateur** founder

**fondé(e)** *adj.* founded

**fondre** to melt

**fondu(e)** *adj.* melted; *n. f. Swiss melted cheese dish*

**la fonte** melting, thawing; **en fonte** cast-iron

**le football (le foot)** soccer

**la force** strength; **à bout de forces** exhausted; **à force de l'entendre** by hearing it constantly; **la force de l'âge** prime of life

**forcé(e)** *adj.* forced, obliged

**forcément** *adv.* necessarily

**forcené: bosser comme des forcenés** to work like crazy, a crazy person

**forcer (nous forçons)** to force, compel

**la forêt** forest

**le forfait** contract

**forger (forgeons)** to forge

**la formalité** formality

**la formation** formation; education, training

**la forme** form; shape; **en bonne forme** physically fit; **prendre forme** to take shape; **sous (en) forme de** in the form of

**formé(e)** *adj.* formed, shaped

**former** to form

**formidable** *adj.* great; wonderful; formidable

**le formulaire** form *(to fill out)*

**la formule** formula; *(vacation)* package

**formuler** to formulate

**fort** *adv.* loudly; very, very much; hard; **fort(e)** *adj.* loud; heavy-set; strong

**la forteresse** stronghold

**fortuit(e)** *adj.* fortuitous

**la fortune** fortune

**le fossé** ditch; gap

**fou (fol, folle)** *adj.* crazy, mad

**fouiller** to search; to go through *(suitcase)*

**le foulard** scarf

**la foule** crowd

**la foulée** stride; tread; track

**fouler** to press; to trample; to crush; **se fouler la cheville** to sprain one's ankle

**le four** oven; **le four à micro-ondes** microwave oven

**la fourchette** fork

**fourmiller** to swarm; to teem

**fournir** to furnish, supply

**les fournitures** *f. pl.* supplies, equipment

**foutre** *irreg. fam.* to do, make; **qu'est-ce que je fous avec une valise?** what am I doing with a suitcase?

**le foyer** hearth; home; **la femme au foyer** homemaker

**la fracture** fracture

**fragmenté(e)** *adj.* fragmented

**frais (fraîche)** *adj.* fresh; cool; *n. m. pl.* expenses; **les frais de négociations** real estate fees; **il fait frais** it's cool out

**la fraise** strawberry

**la framboise** raspberry

**franc (franche)** *adj.* frank; truthful; honest; *n. m. franc (currency)*

**français(e)** *adj.* French; **le/la Français(e)** Frenchman (-woman)

**la France** France

**franchement** *adv.* frankly

**franchir** to cross

**la franchise** freedom, exemption; openness, candor

**francophone** *adj.* French-speaking, of the French language

**la Francophonie** French-speaking world

**la frange** fringe; bangs *(hair style)*

**frapper** to strike; to knock

**la fraternité** fraternity; brotherhood

**le frein** brake

**freiner** to brake

**frêle** *adj.* frail, weak

**fréquemment** *adv.* frequently

**fréquent(e)** *adj.* frequent

**fréquenté(e)** *adj.* much visited, popular

**fréquenter** to frequent, visit frequently

**le frère** brother

**fricoter** *fam.* to stew; to cook

**le frigo** fridge

**frimer** to show off

**fringant(e)** *adj.* spirited, frisky

**friqué(e)** *adj.* rich

**frire** ( *p.p.* **frit**) to fry; **faire frire** to fry

**frisé(e)** *adj.* curly

**les frites** *f. pl.* French fries

**frivole** *adj.* frivolous

**froid(e)** *adj.* cold; *n. m.* cold; **avoir froid** to be cold; **il fait froid** it's cold out

**frôler** to skim; to brush against

**le fromage** cheese

**le front** forehead; front

**la frontière** frontier; border

**frs.** *ab.* **francs** *m. pl.* francs (*currency*)

**frugal(e)** *adj.* frugal, thrifty

**le fruit** fruit; **le fruit de mer** seafood; **le jus de fruit** fruit juice

**le fuel** fuel oil (*for heating*)

**fuir** ( *p.p.* **fui**) *irreg.* to flee, run away; to shun

**la fuite des cerveaux** brain drain

**fumé(e)** *adj.* smoked

**la fumée** smoke

**fumer** to smoke

**le/la fumeur (-euse)** smoker

**funèbre** *adj.* funereal, gloomy

**fur: au fur et à mesure** *adv. (in proportion)* as, progressively

**la fureur** furor

**furieux (-euse)** *adj.* furious

**la fusée** rocket; spaceship

**le fusible** fuse; cut-out

**le fusil** gun

**futil(e)** *adj.* futile

**futur(e)** *adj.* future; *n. m.* future; **le futur antérieur** *Gram.* future perfect; **le futur simple** *Gram.* (simple) future

## G

**la gabardine** gabardine (*textile*)

**le gâchis** *fam.* mess

**la gaffe** blunder

**gagner** to win; to earn; **gagner sa vie** to earn a living

**gai(e)** *adj.* gay, cheerful

**la gaieté** gaiety; cheerfulness

**la galerie** gallery; balcony

**le/la gamin(e)** *fam.* child

**le gant** glove; **la boîte à gants** glove compartment

**le garage** garage

**garanti(e)** *adj.* guaranteed

**la garantie** warranty, guarantee; safeguard

**garantir** to warrant; to guarantee

**le garçon** boy

**le/la garde** watch; guard; **en garde à vue** under close watch; **le/la garde d'enfants** babysitter; **mettre en garde contre** to warn against

**garder** to keep; **garder rancune à** to hold a grudge against

**la garde-robe** wardrobe

**le/la gardien(ne)** guardian

**la gare** station, train station

**se garer** to park

**garni(e)** *adj.* garnished

**le gaspillage** waste

**le/la gastronome** gourmet; *adj.* food-loving

**la gastronomie** gastronomy

**gâté(e)** *adj.* spoiled (*child*)

**le gâteau** cake; **le moule à gâteau** cake pan, mold; **le petit gâteau** cookie

**gâter** to spoil

**la gauche** left; **à gauche** on the left; **de gauche** on the left side

**gaulois(e)** *adj.* Gallic (*of Gaul*)

**se gaver** to stuff oneself

**le gaz** gas

**gazeux (-euse)** *adj.* carbonated

**géant(e)** *adj.* giant

**les gencives** *f. pl.* gums

**le gendarme** (*state*) police officer

**la gêne** discomfort

**généalogique** *adj.* genealogical

**général(e)** *adj.* general; **le/la directeur (-trice) général(e)** CEO; **en général** in general

**généralement** *adv.* generally

**généraliser** to generalize

**le/la généraliste** general practitioner (*M.D.*)

**la généralité** generality

**la génération** generation

**générer** to generate

**généreux (-euse)** *adj.* generous

**la générosité** generosity

**Genève** *f.* Geneva

**génial(e)** *adj.* brilliant, inspired

**le génie** genius; genie

**le genou** ( *pl.* **-oux**) knee

**le genre** gender; kind, type

**les gens** *m. pl.* people; **les jeunes gens** young men; young people

**gentil(le)** *adj.* nice, kind

**la gentillesse** kindness, niceness

**gentiment** *adv.* nicely, prettily

**la géographie** geography

**géographique** *adj.* geographic

**la géométrie** geometry

**la Géorgie** Georgia

**le géranium** geranium

**gérer (gère)** to manage

**gériatrique** *adj.* geriatric

**germain(e): le/la cousin(e) germain(e)** first cousin

**le/la gérontologue** gerontologist

**gésir (gise)** to lie (down)

**le geste** gesture; movement

**la gestion** management

**gestionnaire** *adj.* administrative; *n. m., f.* administrator, manager

**gigantesque** *adj.* gigantic

**le gîte** lodging(s)

**la glace** ice cream; ice; mirror

**glacé(e)** *adj.* chilled; frozen

**le glaçon** ice cube

**glissant(e)** *adj.* slippery

**glisser** to slide; to slip

**global(e)** *adj.* global

**la gloire** glory, fame

**glorifier** to glorify; to praise

**goguette: les militaires** (*m. pl.*) **en goguette** *fam.* soldiers making merry on leave

**le golfe** gulf

**gonfler** to inflate; to swell

**la gorge** throat

**la gorgée** mouthful; gulp

**gourmand(e)** *adj.* gluttonous; *n. m., f.* glutton, gourmand

**la gourmandise** treat, sweets; gluttony

**le goût** taste

**goûter** to taste

**la gouttelette** droplet

**le gouvernement** government

**gouvernemental(e)** *adj.* governmental

**g** *ab.* **gramme** *m.* gram

**grâce à** *prep.* thanks to

**la grammaire** grammar

**le gramme** gram

**grand(e)** *adj.* great; large, big; tall; **de grand luxe** high luxury; **le grand magasin** department store; **la grande cuisine** high-quality cooking; **la grande personne** adult; **la grande surface** mall; superstore; **la grande vie** the good life; **les grandes écoles** state-run graduate schools; **le train à grande vitesse (TGV)** high-speed train

**grand-chose: pas grand-chose** *pron.* not much

**grandiose** *adj.* grand, imposing

**grandir** to grow (up)

**la grand-mère** grandmother

**le grand-oncle** great-uncle

**le grand-père** grandfather

**les grands-parents** *m. pl.* grandparents

**la grand-tante** great-aunt

**gras(se)** *adj.* fat; **en gras** in boldface type; **le foie gras** goose liver pâté

**gratiné(e)** *adj.* sprinkled with cheese and browned

**le gratte-ciel** skyscraper

**gratter** to scratch; to overtake, pass

**gratuit(e)** *adj.* free *(of charge)*

**grave** *adj.* serious

**la gravité** seriousness

**gré: à son gré** to his/her liking, taste

**grec (grecque)** *adj.* Greek

**la Grèce** Greece

**le grelot** small bell, sleigh-bell

**le grenier** attic

**le grès** sandstone

**la grève** strike, walk-out

**la griffe** designer label, brand

**le grignotage** snacking

**grignoter** to nibble; to snack

**grillé(e)** *adj.* toasted; grilled; broiled

**griller** to burn out

**la grimace** grimace; **faire la grimace** to make a face

**le gringue** *fam.* pass, flirting; **faire du gringue** to make a pass

**la grippe** flu

**gris(e)** *adj.* gray; **la matière grise** gray matter, intelligence

**grogner** to grumble, complain

**gronder** to scold, reprimand

**gros(se)** *adj.* big; fat; stout; loud; **les gros titres** *m. pl.* *(newspaper)* headlines

**grossier (-ière)** *adj.* vulgar, gross

**le groupe** group

**le gruyère** Gruyère *(Swiss cheese)*

**la Guadeloupe** Guadeloupe

**guadeloupéen(ne)** *adj.* of, from Guadeloupe

**guère** *adv.* but little; **ne... guère** scarcely, hardly

**guérir** to cure

**la guérison** cure; recovery

**la guerre** war

**le/la guerrier (-ière)** warrior

**la gueule** mouth of an animal; **faire la gueule** *fam.* to sulk

**le guichet** *(ticket)* window, counter, booth

**le/la guide** guide; *m.* guidebook; instructions

**guider** to guide

**le guidon** handlebar *(bicycle)*

**les guillemets** *m. pl.* quotation marks

**la guise** manner, way; **en guise de** in place of

**la gymnastique (la gym)** gymnastics; exercise; **faire de la gymnastique** to do exercises; to do gymnastics

## H

**habile** *adj.* clever, skilful

**habillé(e)** *adj.* dressed

**habiller** to dress; **s'habiller** to get dressed

**l'habit** *m.* clothing

**l'habitant(e)** inhabitant; resident

**l'habitation** *f.* lodging, housing; **habitation à loyer modéré (HLM)** *French public housing*

**habité(e)** *adj.* inhabited

**habiter** to live

**l'habitude** *f.* habit; **avoir l'habitude de** to be accustomed to; **d'habitude** *adv.* usually, habitually

**habitué(e)** *adj.* accustomed to

**habituel(le)** *adj.* habitual

**habituer** to familiarize; **s'habituer à** to get used to

**\*haché(e)** *adj.* ground *(meat);* chopped up

**la \*haine** hatred

**le \*hall** entrance hall; hotel lounge

**les \*halles** *f. pl.* covered market

**la \*halte** stop, halt

**la \*hantise** obsession; haunting memory

**le \*harcèlement** harassment; pestering

**le \*haricot** bean

**l'harmonie** *f.* harmony

**harmonieux (-euse)** *adj.* harmonious

**le \*hasard** chance, luck; **par hasard** by accident, by chance

**la \*hâte** haste; **avoir hâte (de)** to be in a hurry (to)

**se \*hâter** to hurry

**la \*hausse** augmentation, increase; **être en hausse** to be on the rise

**\*haut(e)** *adj.* high, tall; *n. m.* top; height; **à haute voix** in a loud voice; aloud; **la haute bourgeoisie** upper middle class; **la haute saison** high *(tourist)* season

**l'hébergement** *m.* lodging

**les hébreux** *m. pl.* Hebrews

**\*hein** *interj.* eh? what?; **on ne sait jamais, hein?** one never knows, right?

**\*hélas** *interj.* alas!

**l'hémorragie** *f.* hemorrhage, bleeding

**l'herbe** *f.* grass

**l'héritage** *m.* inheritance; heritage

**hériter (de)** to inherit

**l'héroïne** *f.* heroine

**héroïque** *adj.* heroic

**le \*héros** hero

**l'hésitation** *f.* hesitation

**hésiter** to hesitate

**la \*hêtraie, la \*hêtrée** beech grove

**l'heure** *f.* hour; time; **à quelle heure** what time; **à toute heure** at any time; **ça fait une heure** it's been an hour since, for an hour; **de l'heure** an hour, per hour; **dix heures d'affilée** ten hours in a row; **les heures de pointe** rush hour; **il y a une heure** an hour ago; **tout à l'heure** in a little while; a little while ago

**heureusement** *adv.* fortunately

**heureux (-euse)** *adj.* happy

**hier** *adv.* yesterday

**la \*hiérarchie** hierarchy

**\*hiérarchique** *adj.* hierarchical

**l'histoire** *f.* history; story

**historique** *adj.* historical

**l'hiver** *m.* winter

**\*hollandais(e)** *adj.* Dutch

**le \*homard** lobster

**l'hommage** *m.* homage, respects

**l'homme** *m.* man; **l'homme d'affaires** businessman; **l'homme des cavernes** cave man

**honnête** *adj.* honest

**l'honnêteté** *f.* honesty

**l'honneur** *m.* honor; **avoir l'honneur de** to have the honor of

**la \*honte** shame; **avoir honte de** to be ashamed of

**\*honteux (-euse)** *adj.* shameful; ashamed

**l'hôpital** *m.* hospital

**l'horaire** *m.* schedule

**hormonal(e)** *adj.* hormonal

**l'hormone** *f.* hormone

**l'horreur** *f.* horror; **avoir horreur de** to hate, detest

**horriblement** *adv.* horribly

**\*hors de** *prep.* out of, outside of

**le \*hors-d'œuvre** appetizer

**hospitalier (-ière)** *adj.* pertaining to hospitals

**l'hostilité** *f.* hostility

**l'hôte (l'hôtesse)** host (hostess); guest; **l'hôtesse** *(f.)* **d'accueil** *(restaurant, hotel)* hostess; **l'hôtesse** *(f.)* **de l'air** flight attendant, stewardess

**l'hôtel** *m.* hotel

**hôtelier (-ière)** *adj.* pertaining to hotels

**l'hôtellerie** *f.* inn; hotel trade

**l'hôtesse** *f.* hostess; guest; **l'hôtesse** *(f.)* **d'accueil** hostess, greeter

**l'huile** *f.* oil; **l'huile alimentaire** cooking oil

**\*huit** *adj.* eight

**l'huître** *f.* oyster

humain(e) *adj.* human
l'humanité *f.* humanity
l'humeur *f.* temperament, disposition;
  **être de bonne (mauvaise) humeur**
  to be in a good (bad) mood
humilier to humiliate
l'humour *m.* humor
hurler to yell
hydraulique *adj.* hydraulic
hydrofuge *adj.* waterproof
l'hypermarché *m.* big supermarket,
  superstore
l'hypothèse *f.* hypothesis
hystérique *adj.* hysterical

l *adv.* here

ici *adv.* here
idéal(e) *adj.* ideal; *n. m.* ideal
idéaliste *adj.* idealistic; *n. m., f.* idealist
l'idée *f.* idea
identifier to identify
identique *adj.* identical
l'identité *f.* identity
idéologique *adj.* ideological
idiot(e) *adj.* idiotic, foolish
idyllique *adj.* idyllic
l'ignorance *f.* ignorance
ignorer to not know; to be ignorant of
l'île *f.* island
illégal(e) *adj.* illegal, unlawful
illimité(e) *adj.* unlimited, limitless
illusoire *adj.* illusory; illusive
illustré(e) *adj.* illustrated
l'image *f.* picture
imaginaire *adj.* imaginary
imaginer to imagine
imiter to imitate
immatériel(le) *adj.* immaterial
immédiat(e) *adj.* immediate
immédiatement *adv.* immediately
immense *adj.* huge
immergé(e) *adj.* immersed, sunk
l'immeuble *m. (apartment or office)*
  building
l'immigrant(e) immigrant
l'immigré(e) immigrant
immigrer to immigrate
immobile *adj.* motionless
immobilier (-ière) *adj. (pertaining to)*
  real estate; **l'agent** *(m.)* **immobilier** real
  estate agent
immortel(le) *adj.* immortal
impalpable *adj.* intangible
l'imparfait *m., Gram.* imperfect
  *(verb tense)*
l'impatience *f.* impatience
impatient(e) *adj.* impatient
impénétrable *adj.* unfathomable

l'impératif *m., Gram.* imperative;
  command
impérieux (-euse) *adj.* pressing; urgent
l'imperméable *m.* raincoat
impersonnel(le) *adj.* impersonal
impitoyablement *adv.* pitilessly,
  unmercifully
l'implantation *f.* site
s'implanter to settle
impliquer to imply
impoli(e) *adj.* impolite
l'importance *f.* importance
important(e) *adj.* important
importé(e) *adj.* imported
importer to matter; **n'importe où**
  anywhere; **n'importe quel(le)** any, no
  matter which; **n'importe qui** anyone
imposant(e) *adj.* imposing
l'imposition *f.* imposition
l'impôt *m.* tax
impressionnant(e) *adj.* impressive
impressionné(e) *adj.* impressed
impressionner to impress
l'imprimante *f. (electronic)* printer
imprimé(e) *adj.* printed
imprimer to print
l'inadaptation *f.* maladjustment
l'inaptitude *f.* inaptitude, unfitness
inattendu(e) *adj.* unexpected
inaugurer to usher in, inaugurate
incarner to incarnate; to play the part of
incessant(e) *adj.* unending
inciter to encourage
s'incliner to bow; to yield to
inclure ( *p.p.* inclus) *irreg.* to include
l'incohérence *f.* incoherence
incomber à to rest with
incommode *adj.* uncomfortable
inconscient(e) *adj.* unconscious
incontesté(e) *adj.* undisputed
l'inconvénient *m.* disadvantage
incorporer to incorporate; to add
incrédule *adj.* unbelieving
inculquer to inculcate
l'indépendance *f.* independence
indépendant(e) *adj.* independent
indéterminé(e) *adj.* undetermined
l'indicatif *m., Gram.* indicative
les indications *f. pl.* instructions
l'indice *m.* evidence
indien(ne) *adj.* Indian
l'indifférence *f.* indifference
indifférent(e) *adj.* indifferent
l'indigène *m., f.* native; *adj.* native,
  indigenous
indigeste *adj.* indigestible
s'indigner to become indignant

indiqué(e) *adj.* indicated
indiquer to indicate
indirect(e) *adj.* indirect
l'indispensable *m.* essential
l'individu *m.* person
l'individualisme *m.* individualism
individuel(le) *adj.* individual
individuellement *adv.* individually
indulgent(e) *adj.* indulgent
l'industrie *f.* industry
l'inégalité *f.* inequality
inexistant(e) *adj.* nonexistent
inexorable *adj.* unyielding
inextinguible *adj.* unquenchable
inférieur(e) *adj.* inferior; lower
l'infériorité *f.* inferiority
infini(e) *adj.* infinite
infiniment *adv.* infinitely
l'infinitif *m., Gram.* infinitive
l'infirmier (-ière) nurse
l'influence *f.* influence
influencé(e) *adj.* influenced
influencer (nous influençons) to
  influence
l'informatique *f.* computer science
l'ingénieur *m.* engineer
l'ingénierie *f.* engineering
l'ingrédient *m.* ingredient
inhérent(e) (à) *adj.* inherent (in)
injuste *adj.* unjust, unfair
innocemment *adv.* innocently
innovateur (-trice) *adj.* innovative
l'innovation *f.* innovation
inoffensif (-ive) *adj.* harmless
inoubliable *adj.* unforgettable
inquiet (-ète) *adj.* worried
inquiéter (j'inquiète) to worry;
  **s'inquiéter** to be worried
l'inquiétude *f.* worry
l'inscription *f.* matriculation; registration;
  inscription; **les frais** *(m. pl.)*
  **d'inscription** university fees
s'inscrire (*like* écrire) (à) to join; to
  enroll; to register
insister to insist
l'insomnie *f.* insomnia
inspecter to inspect
inspiré(e) *adj.* inspired
inspirer to inspire; **s'inspirer de** to take
  inspiration from
installé(e) *adj.* settled
s'installer to settle down, settle in
instantanément *adv.* instantly
l'institut *m.* institute
l'instituteur (-trice) elementary school
  teacher
l'instructeur(-trice) instructor
l'insuccès *m.* failure

l'insulte *f.* insult
insulté(e) *adj.* insulted
s'intégrer (je m'intègre) to integrate oneself, get assimilated
l'intégriste *m., f.* fundamentalist
intellectuel(le) *adj.* intellectual
l'intelligence *f.* intelligence
intelligent(e) *adj.* intelligent
intentionnellement *adv.* intentionally
interdire (*like* dire, *except* vous interdisez) to forbid
intéressant(e) *adj.* interesting
intéressé(e) *adj.* interested
intéresser to interest; s'intéresser à to take an interest in
l'intérêt *m.* interest, concern
intergénérationnel(le) intergenerational
intérieur(e) *adj.* interior; *n. m.* interior; à l'intérieur inside
intérieurement *adv.* internally
l'interlocuteur (-trice) interlocutor; speaker
l'intermédiaire *m.* intermediary; par l'intermédiaire through
intermédiare *adj.* intermediate; middle
international(e) *adj.* international
l'internet *m.* internet
l'interprétation *f.* interpretation
interpréter to interpret
interrogatif (-ive) *adj., Gram.* interrogative
interroger (nous interrogeons) to question
interrompre (*like* rompre) to interrupt
l'intervalle *m.* interval
intervenir (*like* venir) to intervene
l'interview *f.* interview
interviewer to interview
intestinal(e) *adj.* intestinal
intime *adj.* intimate; private
intimider to intimidate
intitulé(e) *adj.* titled
intolérable *adj.* unbearable
l'intolérance *f.* intolerance
intracérébral(e) *adj.* within the brain
intraduisible *adj.* untranslatable
l'intrigue *f.* plot
introduire (*like* conduire) to introduce
l'intrus(e) intruder
inutile *adj.* useless
l'inventaire *m.* inventory
inventer to invent
inverser to reverse; to invert
investir to invest
l'investissement *m.* investment
l'invité(e) guest
inviter to invite
involontaire *adj.* involuntary
ironique *adj.* ironic(al)

irrégulier (-ière) *adj.* irregular
irremplaçable *adj.* irreplaceable
l'irrigateur *m.* irrigator
irriguer to irrigate
irrité(e) *adj.* irritated, annoyed
irriter to irritate
islamique *adj.* Islamic
isolé(e) *adj.* isolated; detached
isoler to isolate
Israël *m.* Israel
issu(e) de *adj.* born of
l'issue *f.* exit; way out; outcome
l'Italie *f.* Italy
italien(ne) *adj.* Italian
l'italique *m.* italic; en italique in italics
l'itinéraire *m.* itinerary
ivre *adj.* drunk

**J**

jadis *adv.* once; formerly
la jalousie jealousy
jaloux (-ouse) *adj.* jealous
jamais *adv.* never, ever
la jambe leg
le jambon ham
le Japon Japan
le jardin garden
le/la jardinier (-ière) gardener
le jarret hock, knuckle (*of meat*)
jaune *adj.* yellow; le jaune d'œuf egg yolk
jetable *adj.* can be thrown away
jeter (je jette) to throw
le jeu game; le jeu de société parlor game; board game; le jeu vidéo video game
le jeudi Thursday
jeune *adj.* young; la jeune fille girl; les jeunes *m. pl.* young people; youth; les jeunes gens *m. pl.* young men; young people
la jeunesse youth; l'auberge (*f.*) de jeunesse youth hostel
le jeunisme desire to be young
le jogging jogging
la joie joy
joindre (*like* craindre) to join
joint(e) *adj.* joined, linked
joli(e) *adj.* pretty
la joue cheek
jouer to play; jouer à to play (*a sport or game*); jouer aux cartes to play cards; jouer aux échecs to play chess; jouer des coudes to jostle, jockey for position
le jouet toy
jouir to enjoy
le jour day; le jour de fête holiday
le journal newspaper; journal
journalier (-ière) *adj.* daily

le/la journaliste reporter, newscaster, journalist
la journée day; toute la journée all day long
la jouvence *A.* youth
le juge judge
juger (nous jugeons) to judge
juif (juive) *adj., n.* Jewish; Jew
juil. *ab.* juillet July
juillet July
juin June
le jumeau (la jumelle) twin
la jungle jungle
la jupe skirt
jurer to swear
le jus juice; le jus de raisin grape juice
jusqu'à *prep.* until, up to; jusqu'à ce que *conj.* until
juste *adj.* just; *adv.* precisely
justement *adv.* justly; exactly
la justice justice
justifier to justify

**K**

kaki *adj.* khaki (*color*)
le kilo kilogram
le kilométrage measuring (*of road, etc.*) in kilometers; marking (*of road*) with milestones
le kilomètre kilometer
km. *ab.* kilomètre *m.* kilometer

**L**

là-bas *adv.* over there
le laboratoire (le labo) laboratory
le lac lake
lâche *adj.* cowardly
lâcher to release, let go; ses nerfs ont lâché he/she broke down
la lâcheté cowardice
laid(e) *adj.* ugly
la laideur ugliness
la laine wool
laisser to let, allow; laisser à désirer to leave something to be desired; laisser libre cours à to give free rein to; laisser tomber to drop
le lait milk; le café au lait coffee with hot milk
laitier (-ière) *adj.* dairy
la laitue lettuce
lancé(e) *adj.* thrown, tossed
lancer (nous lançons) to launch; to throw, hurl; se lancer to plunge; to dash off; to launch oneself
le langage language; jargon
la langue language; tongue
le lapin rabbit

**large** *adj.* wide

**la larme** tear, teardrop

**le lavabo** *(bathroom)* sink

**laver** to wash; **la machine à laver** washing machine; **se laver** to wash *(oneself )*, get washed; **se laver les mains** to wash one's hands

**le lave-vaisselle** dishwasher

**la leçon** lesson

**le/la lecteur (-trice)** reader; *m.* disk drive; *(compact disk)* player

**la lecture** reading

**légal(e)** *adj.* legal

**la légende** caption

**léger (-ère)** *adj.* light; slight; mild

**léguer** to bequeath

**le légume** vegetable

**le leitmotiv** slogan

**le lendemain** next day, day after, following day

**lent(e)** *adj.* slow

**lentement** *adv.* slowly

**la lentille** contact lens

**lequel (laquelle)** *pron.* which one, who, whom, which

**la lessive** laundry; **faire la lessive** to do the laundry

**la lettre** letter; *pl.* literature; humanities; **la boîte aux lettres** mailbox

**leur** *adj.* their; *pron.* to them

**levé(e)** *adj.* raised

**lever (je lève)** to raise, lift; **se lever** to get up; **lever le pied** to vanish

**la lèvre** lip

**la liaison** liaison; love affair

**le Liban** Lebanon

**la libération** releasing; liberation

**libérer (je libère)** to free

**la liberté** freedom

**libre** *adj.* free; available; vacant; **donner (laisser) libre cours à** to give free rein to; **en vente libre** over-the-counter

**la licence** bachelor's degree; license; permission

**licencié(e)** *adj.* fired *(from job);* graduated *(with a diploma)*

**le licenciement** lay off

**lié(e)** *adj.* linked, tied

**le lien** tie, link

**se lier à** to link oneself, attach oneself to

**le lieu** place; **au lieu de** *prep.* instead of, in the place of; **avoir lieu** to take place

**la lieue** *A.* league *(approx. 2.5 miles)*

**la ligne** line; figure; **faire attention à sa ligne** to watch one's figure; **la ligne aérienne** airline

**la limitation** limit; restriction

**la limite** limit; boundary; **la date limite** deadline; **la limite de vitesse** speed limit

**limité(e)** *adj.* limited, restricted

**le linge** *(household)* linen; clothes; **le sèche-linge** clothes-dryer

**le linoléum** linoleum

**la liquéfaction** liquefaction

**la liqueur** liquor

**liquide** *adj.* liquid; *n. m.* liquid; cash; **en liquide** in cash

**lire** ( *p.p.* **lu**) *irreg.* to read

**la liste** list

**le lit** bed; **faire son lit** to make one's bed

**le litre** liter

**littéraire** *adj.* literary

**la littérature** literature

**la livraison** delivery

**le livre** book; *f.* pound *(half-kilo)*

**livré(e)** *adj.* delivered; supplied

**se livrer** to surrender; to give oneself up

**local(e)** *adj.* local

**le/la locataire** renter, tenant

**la location** rental

**la locomotive** locomotive

**logé(e)** *adj.* housed, put up

**le logement** housing; **le logement de fonction** company housing

**le logiciel** software

**logique** *adj.* logical

**logiquement** *adv.* logically

**le logis** home, dwelling

**la loi** law; **le projet de loi** bill

**loin** *adv.* far, at a distance; **loin de** *prep.* far from

**lointain(e)** *adj.* distant

**le loisir** leisure, spare time; *pl.* spare-time activities; **à loisir** at one's leisure

**Londres** *f.* London

**long(ue)** *adj.* long; slow; **à la longue** in the long run; **à long terme** long term; **le long de** *prep.* along

**longtemps** *adv.* long time

**la longueur** length

**lors de** *prep.* at the time of

**lorsque** *conj.* when

**le lot** batch *(of goods, etc.);* set

**le loto** lottery; **gagner au loto** to win the lottery

**louable** *adj.* praiseworthy, admirable

**louanger (nous louangeons)** to praise, glorify

**louer** to rent; to reserve; to praise; **Dieu soit loué!** praise be to God!

**la Louisiane** Louisiana

**lourd(e)** *adj.* heavy

**le loyer** rent; **habitation** *( f.)* **à loyer modéré (HLM)** *French public housing*

**lucide** *adj.* lucid

**ludique** *adj.* fun

**la lueur** gleam; glistening

**la lumière** light

**lunaire** *adj.* lunar

**le lundi** Monday

**la lune** moon; **le clair de lune** moonlight

**les lunettes** *f. pl.* eyeglasses

**la lutte** struggle

**lutter** to fight; to struggle

**le luxe** luxury; **de luxe** luxury; first-class

**luxeusement** luxuriously

**le lycée** French secondary school

**le lys** lily

## M

**ma** *adj. f.* my

**mâcher** to chew

**le machin** *fam.* thing

**machinalement** *adv.* mechanically

**la machine** machine; **la machine à écrire** typewriter; **la machine à laver** washing machine; **taper à la machine** to type

**la mâchoire** jaw

**Madame (Mme)** ( *pl.* **Mesdames**) madam; lady

**la madeleine** madeleine *(shell-shaped pastry)*

**Mademoiselle (Mlle)** ( *pl.* **Mesdemoiselles**) Miss

**le magasin** store; **le grand magasin** department store

**le magazine** *(illustrated)* magazine

**le Maghreb** French-speaking North Africa

**le/la Maghrébin(e)** North African *(person);* *adj.* from French-speaking North Africa

**la magie** magic

**magique** *adj.* magic

**le magnésium** magnesium

**le magnétoscope** videocassette recorder (VCR)

**magnifique** *adj.* magnificent

**le magret** filet *(duck)*

**mai** May

**maigre** *adj.* thin, skinny

**maigrir** to grow thin

**le maillot** jersey, tee-shirt; **le maillot de bain** bathing suit

**la main** hand; **à la main** by hand; **empoigner la vie à pleines mains** to take on life wholeheartedly; **se serrer la main** to shake hands

**maintenant** *adv.* now

**maintenu(e)** *adj.* maintained, upheld

**mais** *conj.* but; *interj.* why

**la maison** house; firm; **à la maison** at home; **l'employé(e) de maison** domestic servant

**le maître (la maîtresse)** master (mistress); teacher, mentor

**la maîtrise** master's degree; mastery; control

**majoritaire** *adj.* majority

**la majorité** majority

**majuscule** *adj.* capital; upper case *(typing)*

**mal** *adv.* badly; *n. m. (pl.* **maux***)* evil; pain; **avoir du mal** to have a hard time; **avoir le mal de mer** to be seasick; **avoir mal à la tête** to have a headache; **avoir mal aux dents** to have a toothache; **le mal du siècle** world weariness; typical ailment; **mal élevé(e)** *adj.* ill-bred; ill-mannered; **pas mal (de)** quite a few (of)

**malade** *adj.* sick; *n. m., f.* sick person; **tomber malade** to get sick

**la maladie** illness, disease; **en faire une maladie** to make a song and dance about it

**maladroit(e)** *adj.* unskillful; clumsy

**la malchance** bad luck, misfortune

**malchanceux (-euse)** *adj.* unlucky

**la malédiction** curse

**le malentendu** misunderstanding

**malgré** *prep.* in spite of

**le malheur** misfortune, calamity

**malheureusement** *adv.* unfortunately

**malheureux (-euse)** *adj.* unhappy; miserable

**le/la Malien(ne)** person from Mali; *adj.* from Mali

**la malice** mischief

**malin (maligne)** *adj.* sly, clever

**malmené(e)** *adj.* mistreated, abused

**malmener (je malmène)** to handle roughly; to maul

**le/la malotru(e)** boor; uncouth person

**malpoli(e)** *adj.* impolite

**maltraiter** to mistreat, abuse

**maman** *f.* mom, mommy

**la mamie** *coll.* grandmother

**mamy** *f. fam.* grandma

**la manche** sleeve; **la Manche** English Channel

**le manganèse** manganese

**manger (nous mangeons)** to eat; **la salle à manger** dining room

**le manguier** mango tree

**le/la maniaque** maniac

**la manière** manner, way

**la manifestation** *(political)* demonstration; manifestation

**manifester** to demonstrate (politically)

**Manille** Manila *(Philippines)*

**manipuler** to manipulate

**le Manitoba** Manitoba

**le manque** lack

**manqué(e)** *adj.* missed; failed

**manquer** to miss; to fail; to be lacking; **manquer (de)** + *inf.* to almost, nearly do something

**le manteau** coat, overcoat; **le manteau de pluie** raincoat

**manuel(le)** *adj.* manual; *n. m.* manual

**le/la marchand(e)** merchant, shopkeeper

**la marche** walking; gait; running; movement; step; stair tread; **en marche** in motion, moving; **faire marche arrière** to back up

**le marché** market; **bon marché** *adj. inv.* cheap, inexpensive; **le marché de l'emploi** job market; **meilleur marché** better buy, less expensive

**marcher** to walk; to work, function *(device)*

**le mardi** Tuesday

**la margarine** margarine

**marginal(e)** *adj.* marginal

**le mari** husband

**le mariage** marriage

**le/la marié(e)** groom (bride); *adj.* married; **les (nouveaux) mariés** *m. pl.* newlyweds, newly married couple

**se marier** to get married

**la marine** navy; **le bleu marine** navy blue

**marinière: moules** *(f. pl.)* **à la marinière** *mussels with onion and parsley sauce*

**la marmite** *(stew)* pot

**le Maroc** Morocco

**marocain(e)** *adj.* Maroccan

**la marque** trade name; brand

**marquer** to mark; to indicate; **marquer le pas** to mark time

**marron** *adj. inv.* brown; maroon

**mars** March

**masculin(e)** *adj.* masculine

**le massacre** massacre

**massacré(e)** *adj.* massacred

**massif (-ive)** *adj.* massive, bulky; solid

**le matérialisme** materialism

**matérialiste** *adj.* materialist; materialistic

**le matériau** *(pl.* **-aux***)* building material

**matériel(le)** *adj.* material; *n. m.* material, working stock

**maternel(le)** *adj.* maternal; **l'école** *(f.)* **maternelle** nursery school, pre-school

**les mathématiques (les maths)** *f. pl.* mathematics

**la matière** academic subject; matter; **en matière de** in the matter of; **la matière grise** "gray matter," intelligence

**le matin** morning

**la matinée** morning

**maudit(e)** *adj.* cursed, damn(ed)

**mauvais(e)** *adj.* bad; wrong; **être de mauvaise humeur** to be in a bad mood; **le mauvais sens** wrong direction

**le mec** *fam.* guy

**le/la mécanicien(ne)** mechanic

**mécanique** *adj.* mechanical; **la remontée mécanique** *(ski)* lift

**le mécanisme** mecanism

**méchant(e)** *adj.* naughty, bad; wicked

**mécontent(e)** *adj.* dissatisfied; unhappy

**le médecin** doctor

**la médecine** medicine *(study, profession)*

**les médias** *m. pl.* media

**médical(e)** *adj.* medical

**le médicament** medication; drug

**la médication** medical treatment

**médiocre** *adj.* mediocre

**la méditation** meditation

**la Méditerranée** Mediterranean *(sea)*

**médusé(e)** *adj.* dumbfounded

**la méfiance** distrust

**se méfier** to beware of; to be wary; to distrust

**meilleur(e)** *adj.* better; **le/la meilleur(e)** best; **meilleur marché** better buy, less expensive

**le mélange** mixture; blend

**mélangé(e)** *adj.* mixed

**mélanger (nous mélangeons)** to mix

**mêlé(e)** *adj.* mixed; mingled

**mêler** to mix

**le membre** member

**même** *adj.* same; itself; very same; **quand même** anyway; **tout de même** all the same, for all that

**la mémoire** memory; thesis, term paper

**mémorable** *adj.* memorable, eventful *(trip)*

**la menace** threat

**menacé(e)** *adj.* threatened

**menacer (nous menaçons)** to threaten; **menacer de** to threaten to

**le ménage** housekeeping; married couple; **faire le ménage** to do the housework; **la femme de ménage** housekeeper

**ménager (-ère)** *adj.* pertaining to the home; **l'appareil** *(m.)* **ménager** household appliance; **les taches** *(m. pl.)* **ménagères** housework

**mendier** to beg

**mené(e)** *adj.* guided, directed

**mener (je mène)** to take; to lead

**le/la meneur (-euse)** leader, driver

**mental(e)** *adj.* mental

**mentalement** *adv.* mentally

**la mentalité** mentality

**le/la menteur (-euse)** liar

**la mention** mention; **avec mention** with distinction

**mentionné(e)** *adj.* mentioned

**mentionner** to mention

**mentir** (*like* **partir**) to lie

**le menton** chin

**la menuiserie** woodwork; carpentry

**le mépris** scorn

**mépriser** to despise, scorn

**la mer** sea; **au bord de la mer** at the seashore; **avoir le mal de mer** to be seasick; **le fruit de mer** seafood; **la grosse mer** heavy, high sea

**merci** *interj.* thanks

**le mercredi** Wednesday

**merde** *interj., fam.* shit

**la mère** mother

**la meringue** meringue

**mériter** to deserve

**merveilleux (-euse)** *adj.* marvelous

**mes** *pl. adj., m., f.* my

**la mésaventure** misadventure

**la messe** (*Catholic*) mass

**la mesure** measure; extent; **au fur et à mesure** (*in proportion*) as, progressively; **dans une certaine mesure** to a certain extent; **prendre des mesures** to take measures

**mesurer** to measure

**le métal** metal

**la métallurgie** metallurgy

**métamorphoser** to transform; **se métamorphoser** to be transformed

**la métaphore** metaphor

**la méthode** method

**méticuleux (-euse)** *adj.* meticulous

**le métier** trade, profession, occupation

**le métro** subway (*train, system*)

**le mets** dish (*food*)

**mettre** ( *p.p.* **mis**) *irreg.* to put; to put on; to take (*time*); **mettre à la porte** to fire, dismiss; **mettre au point** to put into shape; **mettre en garde** to warn; **mettre en page** to format (*printing*); **mettre en pièces** to pull to pieces; **mettre fin (à)** to end, put an end (to); **mettre le couvert** to set the table; **mettre sa flèche** to put on one's turn signal; **se mettre à** to begin; **se mettre à l'aise** to relax; **se mettre en colère** to get angry; **se mettre en groupes** to get into groups

**le meuble** piece of furniture

**meublé(e)** *adj.* furnished

**meunière: la sole meunière** *sole sautéed in light batter*

**le Mexique** Mexico

**mi: à la mi-août** in the middle of August; **à mi-chemin** halfway; **à mi-temps** part-time

**le micro** *fam.* personal computer

**le microcosme** microcosm

**la micro-informatique** use of personal computers

**la micro-onde** microwave; **le four à micro-ondes** microwave oven

**le midi** noon; **à midi** at noon

**le/la mien(ne)** *pron.* mine

**la miette** crumb

**mieux** *adv.* better; **d'autant mieux** all the better; **de mieux en mieux** better and better; **le mieux** the best; **tant mieux** so much the better; **valoir mieux** to be better

**mignon(ne)** *adj.* cute

**la migraine** migraine (*headache*)

**migratoire** *adj.* migratory

**le mil** millet

**le milieu** environment; milieu; **au milieu de** in the middle of; **en plein milieu** right in the middle

**le militaire** serviceman, soldier

**le militarisme** militarism

**mille** *adj.* thousand

**le mille-feuilles** *s.* flaky pastry; napoleon

**le milliard** billion

**le/la milliardaire** billionaire

**le millier** (around) a thousand

**mince** *adj.* thin; slender; **mince alors!** *interj. fam.* that's fantastic!

**la mine** appearance, look; **faire mine de** to make as if to

**minéral(e)** *adj.* mineral; **l'eau** (*f.*) **minérale** mineral water

**la minéralité** level of minerals

**minime** *adj.* minor; minimal

**le ministère** ministry

**le ministre** minister

**la minorité** minority

**minuscule** *adj.* tiny; lower case (*typing*)

**la minute** minute

**minutieux (-euse)** *adj.* meticulous

**le miroir** mirror

**la mise** putting; **de mise** proper, suitable; **la mise en page** formatting (*printing*); **la mise en scène** production, staging, setting; direction

**la misère** misery, poverty

**la mission** mission

**mitrailler** to gun down

**le mixeur** mixer, blender

**mixte** *adj.* interracial; coed

**mn.** *ab.* **minute** *f.* minute

**le mobile** cellular telephone

**la mobylette** moped, scooter

**moche** *adj. fam.* ugly; rotten

**la mode** fashion, style; *m. Gram.* mood; mode; method; **à la mode** in style; **le mode d'emploi** directions for use; **le mode de vie** lifestyle

**le modèle** model; pattern

**le modem** modem

**la modération** moderation, temperance

**modéré(e)** *adj.* moderate; **habitation** (*f.*) **à loyer modéré (HLM)** *French public housing*

**moderne** *adj.* modern

**moderniser** to modernize

**modeste** *adj.* modest, humble

**modifier** to modify, transform

**modique** *adj.* modest

**moi** *stressed pron.* I; **à moi** mine

**moindre** *adj.* less, smaller, slighter; **la moindre chose** the least thing

**le moine** monk

**moins** *adv.* less; **à moins que** *conj.* unless; **de moins en moins** less and less; **du moins** at least; **moins de/que** fewer

**le mois** month

**la moitié** half; **à moitié** half(way)

**moka** *adj. inv.* mocha-, coffee-flavored

**mollement** *adv.* weakly; indolently

**le moment** moment; **au moment de** at the time of

**momentanément** *adv.* temporarily

**mondain(e)** *adj.* worldly

**le monde** world; people; society; **le tiers monde** third world, developing countries; **tout le monde** everybody; **venir au monde** to be born

**mondial(e)** *adj.* world; worldwide

**le/la moniteur (-trice)** coach; instructor; supervisor

**la monnaie** change; coins

**monoparental(e)** *adj.* single-parent

**monopoliser** to monopolize

**monotone** *adj.* monotonous

**Monsieur (M.) (Messieurs)** mister (Mr.); gentleman; sir

**le monstre** monster

**montagnard(e)** *adj.* in the mountains

**la montagne** mountain; **à la montagne** in the mountains

**monter** *intr.* to climb into; to get in; to go up; *trans.* to take up; to climb

**la montre** watch; wristwatch

**montrer** to show

**se moquer de** to make fun of; to mock

**la moquette** wall-to-wall carpet

**moqueur (-euse)** *adj.* derisive. mocking

**la morale** moral

**le morceau** piece

**morne** *adj.* gloomy; *n. m.* hillock, knoll
**la morphologie** morphology
**la mort** death
**mortel(le)** *adj.* mortal; fatal
**Moscou** *m.* Moscow
**le mot** word; **mot apparenté** cognate
**le moteur** motor; engine
**motiver** to motivate
**le mot-lien** connecting word
**la moto** *fam.* motorbike
**mou (molle)** *adj.* soft; flabby
**la mouche** fly; housefly
**se moucher** to wipe or blow one's nose
**le mouchoir** handkerchief
**le moule** mold; **le moule à gâteaux** cake pan
**moulé(e)** *adj.* molded
**mourir** ( *p.p.* **mort**) *irreg.* to die
**le moustique** mosquito
**la moutarde** mustard
**le mouton** mutton; sheep
**mouvant(e)** *adj.* unstable
**le mouvement** movement
**moyen(ne)** *adj.* average; mean, middle, medium; *n. m.* means; way; **de taille moyenne** of average height; **le moyen âge** Middle Ages; **le Moyen Orient** Middle East
**moyennant** *prep.* on condition, in return for which
**mû (mue)** *adj.* driven, moved
**muet(te)** *adj.* silent
**mugir** to bellow *(of cattle);* to moan
**mulsulmant(e)** *adj.* Moslem
**la multinationalisation** multinationalism
**se multiplier** to be multiplied
**le mur** wall
**mûr(e)** *adj.* mature
**musclé(e)** *adj.* muscular
**musculaire** *adj.* muscular
**la musculation** muscle development; weight lifting
**le musée** museum
**musical(e)** *adj.* musical
**la musique** music
**musulman(e)** *adj.* Moslem
**le mystère** mystery
**mystérieux (-euse)** *adj.* mysterious
**le mythe** myth
**mythologique** *adj.* mythological

## N

**nager (nous nageons)** to swim
**naïf (naïve)** *adj.* naïve; simple-minded
**la naissance** birth
**naître** ( *p.p.* **né**) to be born
**nantais(e)** *adj.* of the Nantes region
**nanti(e)** *adj.* well-to-do, affluent

**la nappe** tablecloth
**narguer** to taunt
**le/la narrateur (-trice)** narrator
**natal(e)** *adj.* native
**la natation** swimming
**national(e)** *adj.* national
**la nationalité** nationality
**la nature** nature; **le yaourt nature** plain yoghurt
**naturel(le)** *adj.* natural
**naturellement** *adv.* naturally
**la nausée** nausea
**nautique** *adj.* nautical; **le ski nautique** water skiing
**la navette** (space) shuttle
**le navire** ship
**né(e)** *adj.* born
**nécessaire** *adj.* necessary
**nécessairement** *adv.* necessarily
**la nécessité** need
**nécessiter** to need
**négatif (-ive)** *adj.* negative
**négativement** *adv.* negatively
**négliger (nous négligeons)** to neglect
**négociation: les frais de négociations** real estate fees
**négocier** to negotiate
**le nègre (la négresse)** negro (negress)
**le négrier** slave ship
**la négritude** negritude
**la neige** snow
**le néré** *strong spice from West Africa*
**le nerf** nerve
**nerveux (-euse)** *adj.* nervous; **la dépression nerveuse** nervous breakdown
**la nervosité** irritability
**nettoyer (je nettoie)** to clean
**neuf (neuve)** *adj.* new, brand-new; *m.* nine
**la neuropsychiatrie** neuropsychiatry
**neutre** *adj.* neuter
**le neveu** nephew
**la névralgie** neuralgia
**le nez** nose
**ni** neither; nor
**la nièce** niece
**nier** to deny
**le niveau** level
**la noblesse** nobility
**la noce** wedding; **le voyage de noces** honeymoon trip
**nocturne** *adj.* nocturnal
**le Noël** Christmas
**le nœud** knot
**noir(e)** *adj., n.* black; **la traite des Noirs** slave trade
**le nom** noun; name

**le nombre** number; quantity
**nombreux (-euse)** *adj.* numerous
**nommer** to name
**non-meublé(e)** *adj.* unfurnished
**le nord** north; **la Caroline du Nord** North Carolina
**nord-africain(e)** *adj.* North African
**normal(e)** *adj.* normal
**normand(e)** *adj.* of the Normandy region
**la Normandie** Normandy
**la norme** norm
**nos** *pl. adj., m., f.* our
**la nostalgie** nostalgia
**nostalgique** *adj.* nostalgic
**notable** *adj.* notable; noteworthy
**notamment** *adv.* notably; especially
**la note** note; grade; bill; **prendre note de** to note down
**noté(e)** *adj.* noted
**noter** to notice; **à noter** worth remembering
**notre** *pron. m., f., s.* our
**la nouille** noodle
**nourri(e)** *adj.* fed, nourished
**se nourrir** to eat, nourish oneself
**la nourriture** food
**nous** *subj. pron., stressed pron.* we; us
**nouveau (nouvel, nouvelle)** *adj.* new; **la nouvelle cuisine** light, low-fat cooking
**le nouveau-né** newborn
**la nouveauté** novelty
**la nouvelle** news; short story
**la Nouvelle-Angleterre** New England
**noyé(e)** *adj.* drowned
**nu(e)** *adj.* naked; bare
**la nuance** shade of meaning
**nucléaire** *adj.* nuclear
**la nuit** night; **la boîte de nuit** nightclub; **de nuit** at night
**nul(le)** *adj., pron.* no, not any; stupid *(coll.);* **nulle part** *adv.* nowhere
**numérique** *adj.* digital
**numérisé(e)** digital(ized)
**le numéro** number
**nutritif (-ive)** *adj.* nutritious
**le nymphéa** white water lily

## O

**obéir (à)** to obey
**obéissant(e)** *adj.* obedient
**l'objectif** *m.* goal, objective
**l'objet** *m.* objective; object; **l'objet d'art** piece of artwork
**l'obligation** *f.* obligation; **avoir l'obligation de** to be obliged to
**obligatoire** *adj.* obligatory; mandatory
**obligé(e)** *adj.* obliged, required; **être obligé(e) de** to be obliged to

**obliger (nous obligeons)** to oblige; to compel; to do a favor

**obscur(e)** *adj.* dark; obscure

**obsédé(e)** *adj.* obsessed

**observé(e)** *adj.* observed

**observer** to observe

**obstiné(e)** *adj.* stubborn, obstinate

**s'obstiner** to persevere, persist

**obstruer** to obstruct

**obtenir** (*like* **tenir**) to obtain

**obtenu(e)** *adj.* gotten, obtained

**l'occasion** *f.* opportunity; occasion; bargain; **avoir l'occasion de** to have the chance to; **la voiture d'occasion** second-hand car

**occidental(e)** *adj.* western, occidental; *n.* westerner

**occupé(e)** *adj.* occupied; held; busy

**s'occuper de** to look after, be interested in

**l'océan** *m.* ocean

**ocre** *adj.* ochre

**octobre** October

**l'octogénaire** *m., f.* octogenarian

**l'odeur** *f.* odor, smell

**odieux (-euse)** *adj.* odious, hateful

**l'œil** *m.* (*pl.* **yeux**) eye; look; **le clin d'œil** blink of an eye; **jeter un coup d'œil à** to glance at

**l'œuf** *m.* egg; **le jaune d'œuf** egg white

**l'œuvre** *f.* work; artistic work; **le chef-d'œuvre** masterpiece; **le \*hors-d'œuvre** hors-d'œuvre, appetizer

**offert(e)** *adj.* offered

**office: faire** (*irreg.*) **office** to act as

**officiel(le)** *adj.* official

**l'officier** *m.* officer

**l'offrande** *f.* offering

**offrir** (*like* **ouvrir**) to offer; **s'offrir** to buy for oneself

**l'oignon** *m.* onion

**l'oiseau** *m.* bird

**l'oligo-élément** *m.* trace mineral

**l'olivier** *m.* olive tree

**l'ombre** *f.* shadow

**l'omelette** *f.* omelet

**l'oncle** *m.* uncle

**l'onctuosité** *f.* unctuousness

**l'onde** *f.* wave; **la micro-onde** microwave

**ondulé(e)** *adj.* wavy

**l'ongle** *m.* (*finger*) nail

**onze** *adj.* eleven

**l'opérateur (-trice)** operator

**l'opération** *f.* operation; **la salle d'opération** operating room

**opérer (j'opère)** to operate; to perform

**oppressif (-ive)** *adj.* oppressive

**opprimant(e)** *adj.* oppressive

**optimiste** *adj.* optimistic

**l'option** *f.* option

**or** *conj.* now; well; *n. m.* gold

**oralement** *adv.* orally

**l'oralité** *f.* oral tradition

**orange** *adj. inv.* orange; *n. f.* orange

**l'orchestre** *m.* orchestra

**ordinaire** *adj.* ordinary

**l'ordinateur** *m.* computer

**l'ordonnance** *f.* prescription

**ordonner** to order, command

**l'ordre** *m.* order

**l'oreille** *f.* ear

**ores: d'ores et déjà** *adv.* from now on

**l'organe** *m.* organ

**l'organisateur (-trice)** organizer

**l'organisation** *f.* organization

**organisé(e)** *adj.* organized; **le voyage organisé** guided tour

**organiser** to organize

**l'organisme** *m.* organism; organization

**l'orient** *m.* Orient, East; **le Moyen Orient** Middle East

**oriental(e)** *adj.* oriental, eastern

**original(e)** *adj.* eccentric; original

**l'originalité** *f.* originality

**originaire: être** (*irreg.*) **originaire de** to be from

**l'origine** *f.* origin

**l'orphelin(e)** orphan

**l'orteil** *m.* toe

**l'orthographe** *f.* spelling

**l'os** *m.* bone

**oser** to dare

**ostensiblement** *adv.* ostensibly

**ostentatoire** *adj.* ostentatious

**l'oubli** *m.* forgetfulness; forgetting

**oublié(e)** *adj.* forgotten

**oublier (de)** to forget (to)

**l'ouest** *m.* west; **le sud-ouest** southwest

**oui** *interj.* yes

**l'outil** *m.* tool

**l'outrage** *m.* outrage, insult; **l'outrage des ans** the ravages of time

**outre** *prep.* beyond, in addition to

**ouvert(e)** *adj.* open; frank

**ouvertement** *adv.* openly

**l'ouverture** *f.* opening

**l'ouvrage** *m.* (*piece of*) work; literary work

**l'ouvre-boîtes** *m. inv.* can-opener

**l'ouvrier (-ière)** worker, factory worker

**ouvrir** (*p.p.* **ouvert**) *irreg.* to open; **s'ouvrir** to open (up)

**l'oxygène** *m.* oxygen

## P

**le Pacifique** Pacific Ocean

**le Pacs** *ab.* **Pacte civil de solidarité** *French law recognizing the rights of both* heterosexual and homosexual couples living together

**la paëlla** paella (*dish of rice, seafood, chicken, and vegetables from Spain*)

**la pagaille** *fam.* disorder; confusion; mess

**la page** page

**la paille** straw

**le pain** bread

**la paire** pair

**paisible** *adj.* peaceful, tranquil

**la paix** peace; **le Corps de la Paix** Peace Corps

**palabrer** to chat

**le palais** palace; palate

**pâle** *adj.* pale

**pâlir** to grow pale

**pallier** to extenuate, palliate

**le palmarès** prize list

**le palmier** palm tree

**le paludisme** malaria

**la pancarte** sign, notice; placard

**le panier** basket

**paniquer** to panic

**la panne** (*mechanical*) breakdown; **la panne d'essence** out of gas; **tomber en panne** to have a breakdown

**le panneau** road sign; panel

**panoramique** *adj.* panoramic

**pantagruélique** *adj.* enormous

**le pantalon** (*pair of*) pants

**la pantoufle** slipper

**papa** *m. fam.* dad, daddy

**le papier** paper

**le papillon** butterfly

**papy** *m. fam.* grandpa

**le paquet** package

**par** *prep.* by, through; **par cœur** by heart; **par conséquent** consequently; **par contre** on the other hand; **par écrit** in writing; **par exemple** for example; **par hasard** by chance; **par rapport à** with regard to, in relation to; **par terre** on the ground

**le paradis** paradise

**le paradoxe** paradox

**le paragraphe** paragraph

**paraître** (*like* **connaître**) to appear

**le parallélisme** parallelism

**le parapluie** umbrella

**le parc** park

**parcourir** (*like* **courir**) to travel through; to skim (*in reading*)

**le parcours** route, course, distance to cover

**pardon** *interj.* pardon me; *n. m.* pardon, forgiveness; **demander pardon** to apologize

**pardonner** to pardon

**le parebrise** windshield

**pareil(le)** *adj.* like, similar

**le parent** parent; relative

**la parenthèse** parenthesis

**paresseux (-euse)** *adj.* lazy

**parfait(e)** *adj.* perfect

**parfois** *adv.* sometimes; now and then

**le parfum** perfume

**la parfumerie** perfume factory

**le parfumeur** perfume manufacturer, perfumer

**parisien(ne)** *adj.* Parisian; **le/la Parisien(ne)** Parisian *(person)*

**le parka** parka, coat

**le parking** parking lot

**parlementaire** *adj.* parliamentary

**parler** to speak; to talk; **parler à** to speak to; **parler de** to talk about

**parmi** *prep.* among

**la parole** word

**la part** share, portion; **nulle part** nowhere; **quelque part** somewhere

**le partage** sharing

**partager (nous partageons)** to share

**le/la partenaire** partner

**le parti** *(political)* party

**le/la participant(e)** participant, person taking part

**le participe** *Gram.* participle

**participer (à)** to participate (in)

**la particularité** particularity; peculiarity

**particulier (-ière)** *adj.* particular

**particulièrement** *adv.* particularly

**la partie** part *(of a whole)*; game; **en partie** in part; **faire partie de** to be part of

**partir** to leave; **à partir de** *prep.* starting from

**le/la partisan(e)** partisan

**partout** *adv.* everywhere

**parvenir (***like* **venir) à** to attain; to succeed in

**le passage** passage; passing; **le passage-piéton** crosswalk

**le/la passager (-ère)** passenger

**passé(e)** *adj.* past, gone, last; spent

**le passeport** passport

**passer** *intr.* to pass; *trans.* to pass; to cross; to spend; **passer par** to pass through; **passer un coup de fil** to make a phone call; **passer un examen** to take an exam; **se passer** to happen; to take place; **se passer de** to do without

**le passe-temps** pastime, hobby

**passionné(e)** *adj.* passionate; **passionné(e) de** very fond of

**la passivité** passivity, passiveness

**la pastèque** watermelon

**la pâte** dough; *pl.* pasta; **la pâte d'arachide** peanut butter

**le pâté** liver paste, pâté

**la patience** patience

**patient(e)** *adj.* patient

**le patinage** skating

**la patinoire** skating rink

**la pâtisserie** pastry; pastry shop

**le/la pâtissier (-ière)** pastry chef

**la patrie** homeland

**le patriarche** patriarch

**le patrimoine** patrimony

**patrimonial(e)** *adj.* patrimonial

**le/la patron(ne)** boss

**la paupière** eyelid

**la pause** pause, break

**pauvre** *adj.* poor, needy; wretched, unfortunate; *n. m. pl.* the poor; **le pauvre (la pauvresse)** poor person

**pauvrement** *adv.* poorly

**la pauvreté** poverty

**le pavillon** pavilion

**payer (je paie)** to pay; **payer comptant** to pay cash

**le pays** country; land; **le pays en voie de développement** developing country

**le paysage** landscape, scenery

**la peau** skin

**la pêche** fishing; peach; **aller à la pêche** to go fishing

**pêcher** to fish

**le/la pêcheur (-euse)** fisherman (-woman)

**pédagogique** *adj.* pedagogical, teaching

**la pédale** pedal

**se peigner** to comb one's hair

**peindre (***like* **craindre) to paint**

**la peine** bother, trouble; punishment, sentence; **à peine** hardly; **avoir de la peine** to have trouble, difficulty; to be unhappy; **ce n'est pas la peine** it's not worth the bother; **la peine de mort** death penalty; **sans peine** painlessly

**le peintre** painter

**la peinture** paint; painting

**péjoratif (-ive)** *adj.* pejorative, negative

**penché(e)** *adj.* leaned, bent

**pencher** to lean, bend; **se pencher** to bend down, lean over

**pendant** *prep.* during; **pendant que** *conj.* while

**la penderie** wardrobe

**pendu(e)** *adj.* hanging

**pénétrer (je pénètre)** to penetrate, reach

**la pénibilité** *(physical)* difficulty

**la Pennsylvanie** Pennsylvania

**la pensée** thought

**penser** to think; to reflect; to expect; **penser à** to think of *(something)*; **penser**

**de** to thing about, have an opinion about

**pensif (-ive)** *adj.* pensive, thoughtful

**la percée** opening; breakthrough

**la perceuse** drill

**percevoir (***like* **recevoir) to perceive**

**perché(e)** *adj.* perched

**perdre** to lose; **perdre connaissance** to lose consciousness; **perdre du temps** to waste time; **se perdre** to get lost

**perdu(e)** *adj.* lost

**le père** father

**perfectionner** to perfect

**performant(e)** *adj.* performing

**le péril** danger

**la période** period *(of time)*; **la période de point** rush hour

**la périphrase** circumlocution

**le périple** long journey, odyssey

**la perle** bead; pearl

**permanent(e)** *adj.* permanent

**permettre (***like* **mettre) to permit, allow, let; se permettre** to permit oneself; to take the liberty

**le permis** license; **le permis de conduire** driver's license

**pernicieux (-euse)** *adj.* pernicious

**perplexe** *adj.* perplexed, confused

**persécuté(e)** *adj.* persecuted; *n. m., f.* persecuted person

**persécuter** to persecute

**le/la persécuteur (-trice)** persecutor

**persévérer (je persévère)** to persevere

**le persil** parsley

**persistant(e)** *adj.* persistent

**le personnage** *(fictional)* character; personage

**la personnalisation** personalization

**la personnalité** personality; personal character

**la personne** person; **la grande personne** adult; **ne... personne** nobody, no one

**personnel(le)** *adj.* personal

**la personnification** personification

**la perspective** view; perspective

**persuasif (-ive)** *adj.* persuasive

**perturber** to disturb

**peser (je pèse)** to weigh

**pessimiste** *adj.* pessimistic

**la pétanque** game of bowling *(south of France)*

**pétillant(e)** *adj.* sparking *(eyes)*

**petit(e)** *adj.* little; short; very young; *m. pl.* young ones; little ones; **le petit déjeuner** breakfast

**la petite-fille** granddaughter

**le petit-fils** grandson

**pétrolier(-ère)** *adj.* petroleum; oil

**peu** *adv.* little, not much; few, not many; not very; **à peu près** *adv.* nearly; **il y a peu** a little while ago

**le peuple** nation; people *(of a country)*

**peupler** to populate

**la peur** fear; **avoir peur (de)** to be afraid (of); **faire peur à** to scare, frighten

**le/la pharmacien(ne)** pharmacist

**la pharmacopée** pharmacopoeia

**le phénix** phoenix

**le phénomène** phenomenon

**Philadelphie** Philadelphia

**le/la philosophe** philosopher

**la philosophie** philosophy

**la photo** picture, photograph

**le/la photographe** photographer

**la photographie** photography

**photographier** to photograph

**la phrase** sentence

**physiologique** *adj.* physiological

**le/la physiologiste** physiologist

**physique** *adj.* physical; *n. m.* physical appearance; *n. f.* physics

**physiquement** *adv.* physically

**le/la pianiste** pianist

**le pic** peak

**le pichet** *(water)* pitcher

**la pièce** *(theatrical)* play; piece; coin; room *(of a house);* **mettre en pièces** to pull to pieces

**le pied** foot; **à pied** on foot; **au pied de** at the foot of; **lever (lève) le pied** to vanish; **le coup de pied** kick; **pieds nus** barefoot

**piéger (je piège, nous piégeons)** to trap

**la pierre** stone

**le/la piéton(ne)** pedestrian

**la pile** pile; battery

**le/la pilote** pilot; driver

**piloter** to pilot

**la pilule** pill

**la pincée** pinch

**le/la pionnier (-ière)** pioneer

**la pipe** pipe

**le pique-nique** picnic; **faire un pique-nique** to go on a picnic

**piquer** to bite, sting; to steal *(fam.)*

**la piqûre** shot

**pire** *adj.* worse; **de pire en pire** worse and worse; **le/la pire** the worst

**pis** *adv.* worse; **le/la pis** the worst; **tant pis** too bad

**la piscine** swimming pool

**la piste** path, trail; course; slope

**la pitié** pity; **avoir pitié de** to have pity on

**pittoresque** *adj.* picturesque

**le placard** cupboard

**la place** place; position; seat; public square; **faire place à** to make room for; **sur place** on the spot

**placé(e)** *adj.* situated; placed

**placer (nous plaçons)** to find a seat for; to place

**la plage** beach

**se plaindre** *(like* **craindre***)* to complain

**plaire** *( p.p.* **plu***) irreg.* to please; **s'il te (vous) plaît** *interj.* please

**plaisant(e)** *adj.* pleasant

**la plaisanterie** joke; trick

**le plaisir** pleasure; **faire plaisir (à)** to please; **prendre plaisir à** to take pleasure in

**le plan** plan; diagram, map

**la planche** board; **la planche à voile** sailboard, windsurfer

**le plancher** *(wood)* floor

**planer** to hover

**la planète** planet

**planifier** to plan

**la plaque** *(liquor)* license; **la plaque en fonte** cast-iron plate

**le plastique** plastic

**plat(e)** *adj.* flat; *n. m.* dish; course; **le plat garni** entrée with vegetables

**le plateau** tray; plateau

**Platon** Plato

**le plâtre** plaster; cast

**plein(e)** *adj.* full; **à plein temps** full-time; **empoigner la vie à pleines mains** to take on life wholeheartedly; **en plein** fully, precisely; **en plein air** in the open air, outdoors; **en plein milieu** right in the middle; **faire le plein (d'essence)** to fill up (with gasoline); **plein de gens** *fam.* a lot of people

**pleurer** to cry

**pleuvoir** *( p.p.* **plu***) irreg.* to rain

**le pli** pleat; fold

**le plomb** lead *(metal); (electric)* fuse

**le plombage** filling *(in tooth)*

**plonger (nous plongeons)** to dive; to dip

**le plouc** *fam.* hick

**la pluie** rain; **la saison des pluies** rainy season

**le plumage** plumage; feathers

**la plupart (de)** most (of); the majority of

**le pluriel** *Gram.* plural

**plus** *adv.* more; **de plus en plus** more and more; **ne... plus** no longer, not anymore; **non plus** neither, not . . . either

**plusieurs** *adj., pron.* several

**le plus-que-parfait** *Gram.* pluperfect, past perfect

**plutôt** *adv.* more; rather; sooner

**le pneu** tire

**la poche** pocket; **le livre de poche** paperback

**la poêle** frying pan

**le poème** poem

**le poète** poet

**le poids** weight; **prendre du poids** to gain weight

**poignant(e)** *adj.* poignant, touching

**la poignée** handfull

**le poignet** wrist

**le poil** hair, bristle

**le point** point; period *(punctuation);* **en tous points** in every respect; **mettre au point** to restate, focus; **ne... point** not at all; **la période de point** rush hour; **le point de vue** point of view; **le point Internet** place with Internet access

**la pointe** peak; touch, bit; **les heures (f. pl.) de pointe** rush hour(s)

**pointillé: en pointillé** dotted *(line)*

**pointu(e)** *adj.* pointed

**la poire** pear

**le pois** pea; **les petits pois** *m. pl.* green peas

**le poisson** fish

**la poissonnerie** fish market

**la poitrine** chest; breasts

**le poivre** pepper

**la polémique** polemic

**poli(e)** *adj.* polite; polished

**la police** police; **l'agent** *(m.)* **de police** police officer

**policier (-ière)** *adj. (pertaining to the)* police; *n. m.* police officer

**la politesse** politeness; good breeding

**le/la politicien(ne)** *pej.* politician

**politique** *adj.* political; *n. f.* politics; policy; **l'homme (la femme) politique** politician

**le polo** polo shirt

**la Pologne** Poland

**la pomme** apple

**la pompe** *(gasoline)* pump; **à toute pompe** *fam.* at full speed

**le pompier** firefighter

**le/la pompiste** service station attendant

**la ponctualité** punctuality

**la ponctuation** punctuation

**ponctuel(le)** *adj.* punctual

**le pont** bridge

**populaire** *adj.* popular; common

**le porc** pork

**la porcelaine** porcelain; china

**le port** port; harbor

**le portable** cellular telephone

**la porte** door; **mettre à la porte** to fire, dismiss *(an employee);* **la porte**

**d'embarquement** departure gate;
**la porte d'entrée** entrance
**porté(e)** *adj.* worn; carried
**la portée** reach; **se mettre à la portée de quelqu'un** to get down to someone's level
**le portefeuille** wallet
**le porte-monnaie** change purse, coin purse
**le porte-parole** spokesperson
**porter** to carry; to wear; **porter beau** to have a noble bearing; **le prêt-à-porter** ready-to-wear; women's clothing
**la portière** *(car)* door
**le/la Portugais(e)** Portuguese *(person)*
**posément** *adv.* soberly, deliberately
**poser** to put (down); to state; to pose; to ask; **se poser des questions** to ask one another questions
**positif (-ive)** *adj.* positive
**la position** position; stand; **prendre position contre (pour)** to take sides against (for)
**posséder (je possède)** to possess
**le possesseur** owner
**possessif (-ive)** *adj.* possessive
**la possession** possession; **être en possession de** to possess, be in possession of
**la possibilité** possibility
**postal(e)** *adj.* postal, post; **la carte postale** postcard
**le poste** position; employment
**le/la postulant(e)** applicant; postulant
**le pot** pot; jar; pitcher
**le potage** soup
**le pote** *fam.* buddy, pal
**le potentiel** potential
**la poubelle** garbage can
**le pouce** thumb; inch; **se tourner les pouces** to twiddle one's thumbs
**la poudre** powder; **en poudre** powdered
**le poulet** chicken
**le poulpe** octopus
**le poumon** lung
**la poupée** doll
**pour** *prep.* for; on account of; in order; for the sake of; **pour que** *conj.* so that, in order that
**le pourboire** tip, gratuity
**le pourcentage** percentage
**pourquoi** *adv., conj.* why
**poursuivre** *(like* **suivre***)* to pursue
**pourtant** *adv.* however, yet, still, nevertheless
**pourvoir** *(like* **voir***, except* **je pourvoirai***)* to fill *(a vacancy)*
**pousser** to push; to utter, emit

**pouvoir** *(p.p.* **pu***) irreg.* to be able; *n. m.* power, strength; **le pouvoir d'achat** purchasing power
**pr.** *ab.* **professeur** *m.* professor
**la prairie** prairie
**pratique** *adj.* practical; *n. f.* practice
**pratiquer** to practice
**précaire** *adj.* precarious
**précédent(e)** *adj.* preceding
**préchauffer** to preheat
**prêcher** to preach
**précieux (-euse)** *adj.* precious
**précis(e)** *adj.* precise, fixed, exact
**la précision** precision
**précoce** *adj.* precocious
**préconçu(e)** *(p.p. of* **préconcevoir***)* preconceived
**le prédécesseur** predecessor
**la prédiction** prediction
**prédisposé(e)** *adj.* predisposed
**la prédisposition** predisposition
**la préface** preface
**préférable** *adj.* preferable, more advisable
**préféré(e)** *adj.* preferred, favorite
**la préférence** preference; **de préférence (à)** in preference (to)
**préférer (je préfère)** to prefer; to like better
**le préjugé** prejudice
**premier (-ière)** *adj.* first; principal; former; **à première vue** at first glance; **au premier rang** in first place
**prendre** *(p.p.* **pris***) irreg.* to take; to catch, capture; to choose; to begin to; **prendre forme** to take shape; **prendre note de** to make a note of; **prendre plaisir (à)** to take pleasure (in); **prendre rendez-vous** to make an appointment, a date; **prendre un pot** *fam.* to have a drink; **prendre une décision** to make a decision
**le prénom** first name, Christian name
**la préoccupation** preoccupation, worry
**préoccupé(e)** *adj.* preoccupied; concerned
**les préparatifs** *m. pl.* preparations
**la préparation** preparation
**préparatoire** *adj.* preparatory
**préparé(e)** *adj.* prepared
**préparer** to prepare; **se préparer à** to prepare oneself, get ready for
**la préposition** *Gram.* preposition
**près** *adv.* by, near; **à peu près** around, approximately; **près de** *prep.* near, close to
**prés.** *ab.* **présenter** to present
**préscrire** *(like* **écrire***)* to prescribe
**la présence** presence
**présent(e)** *adj.* present; *n. m.* present
**la présentation** presentation; introduction

**présenter** to present; to introduce; to put on; **se présenter** to present oneself; to appear
**préserver** to preserve
**le/la président(e)** president
**présider** to preside
**presque** *adv.* almost, nearly
**la presse** press *(media)*
**pressé(e)** *adj.* in a hurry; squeezed
**pressentir** to sense, anticipate
**presser** to squeeze
**la pression** pressure; tension
**la prestation** benefit; loan(ing) *(of money)*
**prestigieux (-euse)** *adj.* prestigious
**prêt(e)** *adj.* ready; **le prêt-à-porter** ready-to-wear; women's clothing
**la prétention** pretension, claim
**la preuve** proof; **faire preuve de** to prove
**prévenir** *(like* **venir***)* to warn
**la prévention** prevention
**prévisionnel(le)** *adj.* estimated
**prévoir** *(like* **voir***, except* **je prévoirai***)* to foresee; to anticipate
**prier** to pray; to ask *(someone);* **je vous (t')en prie** please
**la prière** prayer
**primaire** *adj.* primary
**primordial(e)** *adj.* essential
**principal(e)** *adj.* principal, most important
**principalement** *adv.* principally, mainly
**le principe** principle
**pris(e)** *adj.* taken
**la prise** setting; grasp; **la prise de courant** electric wall outlet; **la prise en charge** taking over, takeover
**priser** to take snuff
**la prison** prison
**le/la prisonnier (-ière)** prisoner
**privé(e)** *adj.* private; deprived of
**le privilège** privilege
**privilégier** to favor
**le prix** price; **le menu à prix fixe** fixed price meal(s)
**probablement** *adv.* probably
**le problème** problem
**le processus** process
**le procès-verbal** report; minutes *(of meeting)*
**prochain(e)** *adj.* next; near; immediate
**proche** *adj., adv.* near, close; **proche de** *prep.* near, on the verge of
**procurer** to procure; to provide
**produire** *(like* **conduire***)* to produce
**le produit** product
**le professeur** professor; teacher
**professionnel(le)** *adj.* professional
**professionnellement** *adv.* professionally

**le profil** profile; outline; cross-section
**profiter (de)** to take advantage of, to make the most of
**profond(e)** *adj.* deep
**profondément** *adv.* deeply
**le programme** program; course program; design, plan
**le progrès** progress; **faire du (des) progrès** to make progress
**la progression** progress, advancement
**la proie** prey
**le projet** project; plan; **le projet de loi** bill *(law)*
**prolonger (nous prolongeons)** to prolong, extend
**la promenade** walk; stroll; drive; excursion, pleasure trip
**promener (je promène)** to take out walking *(for exercise);* **se promener** to go for a walk, drive, ride
**la promesse** promise
**promettre** *(like* **mettre)** to promise
**le/la promoteur (-trice)** promoter, originator
**promouvoir** *( p.p.* **promu)** *irreg.* to promote
**prôner** to praise, extol; to recommend
**le pronom** *Gram.* pronoun
**prononcer (nous prononçons)** to pronounce; **se prononcer** to be pronounced
**prophétiser** to prophecy, foresee
**propice** *adj.* propitious; favorable
**la proportion** proportion
**le propos** talk; utterance; **à propos de** *prep.* with respect to
**proposer** to propose
**propre** *adj.* own; proper; clean; **au propre et au figuré** literally and figuratively; *m. n.* disgrace
**le/la propriétaire** owner
**la propriété** property
**la prose** prose
**prosécuter** to prosecute
**le protagoniste** protagonist
**le protectorat** protectorate
**protéger ( je protège, nous protégeons)** to protect
**protestant(e)** *adj.* protestant; protesting
**la protestation** protest; objection
**protester** to protest
**prouver** to prove
**provençal(e)** *adj.* from Provence
**provenir** *(like* **venir)** to arise, come
**la province** province
**le proviseur** headmaster
**la provision** supply; **les provisions** *f. pl.* groceries

**provisoire** *adj.* temporary, provisional
**provoquer** to provoke
**la proximité** proximity, closeness; **à proximité de** near
**le pseudonyme** pen name; assumed name
**le/la psychanalyste** psychoanalyst
**le/la psychiatre** psychiatrist
**la psychologie** psychology
**psychologique** *adj.* psychological
**psychologiquement** *adv.* psychologically
**le/la psychologue** psychologist
**le/la psychothérapeute** psychotherapist
**public (publique)** *adj.* public; *n. m.* public; audience
**le/la publicitaire** person in advertising; *adj.* advertising, ad
**la publicité (la pub)** publicity; advertising
**publier** to publish
**pudique** *adj.* modest
**puer** *fam.* to stink
**puis** *adv.* then afterward, next; besides; **et puis** and then; and besides
**puisque** *conj.* since, as, seeing that
**puissant(e)** *adj.* powerful, strong
**le puits** well
**le pull(over)** pullover
**punir** to punish
**punitif (-ive)** *adj.* punitive
**la punition** punishment
**pur(e)** *adj.* pure
**la purée** purée
**purement** *adv.* purely, exclusively
**la pureté** purity
**purifier** to purify
**le pyjama** pajamas
**les Pyrénées** *f. pl.* Pyrenees

**Q**

**le quai** quai; *(railroad)* platform
**qualifié(e)** *adj.* qualified
**la qualité** quality; virtue
**quand** *adv., conj.* when; **quand même** even though; all the same; nevertheless
**quant à** *prep.* as for
**la quantité** quantity
**la quarantaine** about forty
**quarante** *adj.* forty
**le quart** quarter; fourth *(part)*
**le quartier** neighborhood
**quatre** *adj.* four
**quatrième** *adj.* fourth
**quel(le)** *adj.* what, which; what a
**quelque(s)** *adj.* some, any; a few; **quelque chose** *pron.* something; **quelque part** somewhere
**quelquefois** sometimes
**quelqu'un** *pron.* someone, somebody; **quelques-un(e)s** *pron.* some, a few

**la querelle** quarrel
**questionner** to question, ask questions
**le questionnement** questioning
**la queue** tail; line *(of people);* **faire la queue** to stand in line
**la quiche** quiche *(egg custard pie)*
**quiconque** *pron.* whoever, anyone who
**la quinzaine** about fifteen
**quinze** *adj.* fifteen
**quitter** to leave; to abandon, leave behind
**quoi** *pron.* which; what
**quotidien(ne)** *adj.* daily, quotidian; *n. m.* daily *(newspaper)*

**R**

**la race** race; ancestry; stock
**le rachat** repurchase, takeover
**racial(e)** *adj.* racial
**la racine** root
**le racisme** racism
**raciste** *adj.* racist
**la raclette** *melted cheese with boiled potatoes (Swiss)*
**raconter** to tell; to recount, narrate
**le radiateur** radiator
**le radical** *Gram.* stem; root; radical *(chemistry)*
**la radio** radio; x-ray
**radioactif (-ive)** *adj.* radioactive
**la radioactivité** radioactivity
**se raffoler de** to dote on, be very fond of
**rafraîchir** to refresh
**raide** *adj.* stiff; straight
**la raideur** stiffness
**rainuré(e)** *adj.* grooved, fluted
**le raisin** grape(s)
**la raison** reason; **avoir raison** to be right
**raisonnable** *adj.* reasonable; rational
**rajeunir** to rejuvenate
**ralentir** to slow down
**le ralentissement** slow down
**le ramage** chirping, warbling *(of birds, children)*
**ramollir** to soften
**la rancune** rancour, spite; **garder rancune à** to harbor resentment against
**la randonnée** tour, trip; ride; hiking
**le rang** rank; **au premier rang** in first place
**ranger (nous rangeons)** to put in order; to arrange
**le rapatriement** repatriation
**rapide** *adj.* rapid, fast
**rappeler (je rappelle)** to remind; **se rappeler** to recall; to remember
**le rapport** connection, relation; report; **par rapport à** concerning, regarding; **les rapports** *m. pl.* relations

**rapporter** to bring back; to report;
**se rapporter à** to fit
**rarement** *adv.* rarely
**raser** to shave; to graze, brush
**ras-le-bol** *adv., fam.* up to here
**le rassemblement** gathering
**rassembler** to assemble
**rassurant(e)** *adj.* reassuring
**rassuré(e)** *adj.* reassured
**rassurer** to reassure
**raté(e)** *adj.* missed; failed
**rater** to miss; to fail
**le ravage** devastation
**ravi(e)** *adj.* delighted
**la ravine** ravine, gully
**se raviser** to change one's mind
**le rayon** department
**la rayure** stripe
**le raz** tidal wave
**la réaction** reaction
**réadapter** to reajust
**réagir** to react
**réalisé(e)** *adj.* carried out, executed
**réaliser** to realize; to carry out, fulfill
**réaliste** *adj.* realist
**la réalité** reality
**se rebeller** to rebel, rise up
**récapituler** to sum up
**récemment** *adv.* recently, lately
**récent(e)** *adj.* recent, new, late
**le récepteur** receptor, receiver
**la réception** entertainment, reception;
lobby desk
**le/la réceptionnaire** receiving agent
**le/la réceptionniste** receptionist
**la recette** recipe
**recevoir** ( *p.p.* **reçu**) *irreg.* to receive; to
entertain *(guests)*
**rech.** *ab.* **rechercher** to look for
**réchauffer** to warm up
**la recherche** research; search
**rechercher** to seek; to search for
**le récipient** container
**le récit** account, story
**la réclame** advertisement, commercial
**réclamer** to demand; to clamor for; to
claim
**la récolte** harvesting
**recommandable** *adj.* to be recommended
**la recommandation** recommendation
**recommandé(e)** *adj.* recommended;
registered *(letter)*
**recommander** to recommend
**recommencer (nous recommençons)** to
start again
**recomposé(e)** reconstructed
**la reconnaissance** recognition;
reconnaissance (military)

**reconnaissant(e)** *adj.* grateful
**reconnaître** (*like* **connaître**) to recognize
**reconnu(e)** *adj.* recognized
**reconsidérer (je reconsidère)** to
reconsider
**reconstituer** to reconstitute
**la reconstruction** reconstruction
**reconstruire** (*like* **conduire**) to rebuild
**recouvert(e)** *adj.* covered, recovered
**la récréation** recess *(at school)*
**recréer** to recreate
**recruter** to recruit
**le recruteur** recruiter, recruiting agent
**rectifier** to rectify
**le reçu** receipt
**le recueil** collection *(book)*
**recueillir** ( *pp.* **recueilli**) *irreg.* to collect,
to gather; to shelter
**reculer** to retreat, move back
**récupérer** ( **je récupère**) to recuperate; to
recover
**le/la rédacteur (-trice)** writer; editor
**la rédaction** essay, composition
**redemander** to ask for something again
**rédiger (nous rédigeons)** to draft *(writing)*
**redonner** to give back
**se redresser** to straighten (up)
**la réduction** reduction
**reduire** (*like* **conduire**) to diminish
**réduit(e)** *adj.* reduced
**réel(le)** *adj.* real, actual
**réellement** *adv.* really
**réexpédié(e)** *adj.* sent back
**refaire** (*like* **faire**) to make again; to redo
**la référence** reference
**refermer** to shut, close again
**réfléchir** to reflect; to think
**refléter (je reflète)** to reflect
**refleurir** to flourish again
**la réflexion** reflection, thought
**la réforme** reform
**reformuler** to reformulate
**le réfrigérateur** refrigerator
**refroidi(e)** *adj.* cooled (down)
**refroidir** to cool
**se réfugier** to take refuge
**le refus** refusal
**refuser (de)** to refuse (to)
**se régaler** to have a delicious meal
**le regard** glance; gaze
**regarder** to look at
**le régime** diet; **être au régime** to be on
a diet
**la région** region
**régional(e)** *adj.* local, of the district
**réglable** *adj.* adjustable
**la règle** ruler *(measuring )*; rule

**réglé(e)** *adj.* ruled
**le règlement** regulation; statute
**régler (je règle)** to regulate, adjust
**régner (je règne)** to reign
**la régression** regression
**regretter** to regret; to be sorry for; to miss
**la régularité** regularity; steadiness
**régulier (-ière)** *adj.* regular
**régulièrement** *adv.* regularly
**le rein** kidney
**la reine** queen
**réinventer** to reinvent
**le rejet** rejection
**rejeté(e)** *adj.* rejected
**rejeter (je rejette)** to reject
**rejoindre** (*like* **craindre**) to join; to rejoin
**relancer (nous relançons)** to start again
**relatif (-ive)** *adj.* relative
**relativiser** to make relative
**relaxer** to relax
**relever (je relève)** to raise; to bring up;
**se relever** to get up
**relié(e)** *adj.* tied, linked
**relier** to tie, link
**religieux (-euse)** *adj.* religious
**relire** (*like* **lire**) to reread
**remâcher** to chew again; to turn over in
one's mind
**remarquable** *adj.* remarkable
**la remarque** remark; **faire des remarques**
to make remarks, criticize
**remarquer** to remark; to notice
**le remboursement** reimbursement
**rembourser** to repay
**le remède** remedy; treatment
**remédier à** to remedy something; to cure
**remercier** to thank
**remettre** (*like* **mettre**) to put back; **se
remettre à** to start again
**la remontée** climb; **la remontée
mécanique** *(ski)* lift
**remonter** to go back (up); to get back in;
to revive; to repair
**la remorque** *(camping)* trailer
**le remplacement** replacement
**remplacer (nous remplaçons)** to replace
**remplir** to fill (in, out)
**remuer** to stir
**le renard** fox
**la rencontre** meeting, encounter
**rencontrer** to meet, encounter; **se
rencontrer** to meet each other
**le rendez-vous** meeting, appointment;
date; meeting place; **se donner
rendez-vous** to arrange to meet
**rendre** to render; to make; to give (back);
**rendre un service** to do a favor; **rendre
visite à** to visit *(a person)*; **se rendre**

**(à, dans)** to go to; **se rendre compte** to realize

**renforcer (nous renforçons)** to reinforce

**renoncer (nous renonçons)** to give up, renounce

**renouveler (je renouvelle)** to renew

**rénover** to renovate, restore

**le renseignement** *(piece of )* information

**renseigner** to inform, give information; **se renseigner sur** to find out, get information about

**rentable** *adj.* profitable

**la rentrée** beginning of the school year

**rentrer** *intr.* to go home; *trans.* to put away, take in

**renverser** to reverse

**renvoyé(e)** *adj.* dismissed; expelled

**renvoyer (je renvoie)** to reflect; to send back

**répandu(e)** *adj.* widespread

**reparaître (*like* connaître)** to reappear

**réparer** to repair

**repartir (*like* partir)** to leave (again); to distribute

**le repas** meal

**le repassage** ironing

**repasser** to iron; **le fer à repasser** *(pressing )* iron

**le repère** marker, indicator

**répéter (je répète)** to repeat

**répétitif (-ive)** *adj.* repetitive

**la répétition** repetition

**la réplique** replica, counterpart

**répliquer** to respond, reply

**se replonger (nous nous replongeons)** to dive in again

**répondre** to answer, respond

**la réponse** answer, response

**le repos** rest

**reposer** to put down again; **se reposer** to rest

**repousser** to push back

**reprendre (*like* prendre)** to take (up) again; to continue; **s'y reprendre à plusieurs fois** to make several attempts

**le/la représentant(e)** traveling salesperson

**représenté(e)** *adj.* presented; represented; played

**représenter** to represent; to present again; **se représenter** to imagine

**réprimander** to scold, reprimand

**la reprise** retake; round

**le reproche** reproach; **faire des reproches à** to reproach someone

**reprocher** to reproach

**reproduire (*like* conduire)** to reproduce

**repu(e)** *adj.* full

**la république** republic

**la réputation** reputation

**réputé(e)** *adj.* renowned

**requérir (requiert)** to require

**requis(e)** *adj.* required

**le réseau** network; **entretenir des réseaux** to network

**la réservation** reservation

**réservé(e)** *adj.* reserved

**réserver** to reserve; **se réserver** to reserve *(for oneself )*

**la résidence** residence; apartment building

**le/la résident(e)** resident

**résider** to live; to reside

**la résistance** resistance; rheostat

**le/la résistant(e)** resistant

**résister** to resist; to participate in the Resistance movement

**résolu(e)** *adj.* solved; resolved

**la résolution** resolution

**résonner** to resonate

**se résorber** to reabsorb; to diminish

**résoudre** ( *p.p.* **résolu**) *irreg.* to resolve

**respecter** to respect, have regard for

**respectivement** *adv.* respectively

**la respiration** breathing

**respirer** to breathe

**responsabiliser** to make aware of responsabilities

**la responsabilité** responsibility

**le/la responsable** supervisor; *adj.* responsible

**la ressemblance** resemblence

**ressembler à** to resemble

**le ressentiment** resentment

**ressentir (*like* partir)** to feel, sense

**le ressort** spring *(piece of metal)*

**ressortir** to come up

**la ressource** resource; funds

**la restauration** restaurant *(business);* **la restauration rapide** fast-food restaurant business

**le reste** rest, remainder; *pl.* leftovers

**resté(e)** *adj.* remaining

**rester** to stay, remain

**la restructuration** restructuring

**le résultat** result

**le résumé** summary; resumé

**résumer** to summarize

**rétablir** to reestablish

**le retard** delay; **en retard** late

**retenir (*like* tenir)** to retain; to keep

**se retirer** to withdraw

**retomber** to come down on

**retoucher** to touch up; to alter

**le retour** return; **au retour de** upon returning from; **de retour** back *(from somewhere)*

**retourner** to return; **se retourner** to turn over, around

**retracer (nous retraçons)** to retrace

**la rétraction** retraction; shrinking

**le retrait** retreat; withdrawal

**la retraite** retreat; retirement; **la maison de retraite** retirement home

**le/la retraité(e)** retired person

**retrousser** to turn up, roll up *(sleeves)*

**retrouver** to find (again); to regain; **se retrouver** to find oneself again

**le rétroviseur** rear view mirror

**la réunion** meeting; reunion

**réunir** to unite, reunite

**réussi(e)** *adj.* successful

**réussir (à)** to succeed (in)

**la réussite** success

**la revalorisation** revaluation

**revaloriser** to reassert the value of

**la revanche** revenge; **en revanche** on the other hand; in return

**le rêve** dream

**rêvé(e)** *adj.* dreamed of; **une neige de rêve** ideal snow

**se réveiller** to wake up

**révélateur (-trice)** *adj.* revealing

**révéler (je révèle)** to reveal

**la revendication** claim; demand

**revendiquer** to claim, demand

**revendre** to resell; **avoir de quelque chose à revendre** *fam.* to have enough and to spare

**revenir (*like* venir)** to return, come back; **en revenir à** to revert, hark back to

**rêver** to dream

**le revêtement** facing, coating

**revivre (*like* vivre)** to relive; to come to life, revive

**revoir (*like* voir)** to see (again); **au revoir** goodbye, see you soon

**la révolte** revolt, rebellion

**se révolter** to revolt, rebel

**la révolution** revolution

**la revue** review; journal; magazine

**le rez-de-chaussée** ground floor, first floor

**la rhubarbe** rhubarb

**le rhum** rum

**le rhume** cold

**ricaner** to snicker; to smirk

**riche** *adj.* rich

**le rideau** curtain

**rien (ne... rien)** *pron.* nothing

**rigide** *adj.* strict, inflexible

**la rigidité** stiffness

**rigoler** *fam.* to laugh; to have fun

**rigolo** *adj. inv., fam.* funny

**rigoureux (-euse)** rigorous

**la rigueur** rigor; harshness; strictness; **de rigueur** necessary; appropriate

**la ripaille** feast

**rire** (*p.p.* **ri**) *irreg.* to laugh; *n. m.* laughter; **le fou rire** uncontrollable laughter

**le risque** risk

**risquer** to risk

**le rituel** ritual

**rivaliser** to rival

**la rivière** river

**le riz** rice

**la robe** dress

**le roc** rock

**le rocher** rock, crag

**le rodage** breaking in; **en rodage** breaking-in (*new car*)

**rodé(e)** *adj.* broken-in (*new car*)

**roder** to break in (*new car*)

**le roi** king

**le rôle** part, character, role; **à tour de rôle** in turn

**le roman** novel

**le/la romancier (-ère)** novelist

**rond(e)** *adj.* round; *n. f.* round (*dance, song*); rounds, watch; *n. m.* ring; slice, round; **le rond de fumée** smoke ring

**le roquefort** roquefort

**rose** *adj.* pink

**rosé(e)** *adj.* rosé (*wine*)

**le rôti** roast

**la roue** wheel; **la roue de secours** spare tire

**rouer** to break (*someone*); **rouer de coups** to thrash

**rouge** *adj.* red

**rougir** to blush, redden

**rouler** to drive; to travel along: to roll (*up*)

**la route** road

**la routine** routine

**routinier (-ère)** *adj.* routine; habitual

**roux (rousse)** *adj.* red-haired

**royal(e)** *adj.* royal

**royalement** *adv.* royally

**le royaume** realm, kingdom

**la rubrique** heading; column

**la ruche** beehive

**rude** *adj.* harsh, difficult

**rudimentaire** *adj.* rudimentary

**la rue** street

**rugueux (-euse)** *adj.* rugged; rough

**la ruine** collapse

**la rupture** breaking off

**rural(e)** *adj.* rural; **le gîte rural** lodging in the country

**la ruse** ruse, trick

**rusé(e)** *adj.* cunning

**la Russie** Russia

**rustique** *adj.* rustic

**le rythme** rhythm

**rythmer** to give rhythm to

**S**

**le sable** sand

**sabler** to sand, spread with sand; **sabler le champagne** to celebrate with champagne

**le sablier** hourglass

**le sac** sack; bag; handbag; **le sac à dos** backpack

**sacré(e)** *adj.* sacred, holy; *fam.* cursed, damned

**sage** *adj.* good, well-behaved; wise

**sagement** *adv.* docilely

**la sagesse** wisdom

**saharien(ne)** *adj.* Saharan

**saignant(e)** *adj.* rare (*meat*); bloody

**saigner** to bleed

**le saindoux** lard

**le/la saint(e)** saint

**Saint-Jacques: coquille** (*f.*) **Saint-Jacques** (*sea*) scallop

**saisir** to seize, grasp, grab

**la saison** season; **la haute saison** high tourist season; **la saison des pluies** rainy season

**la salade** salad

**le salaire** salary; paycheck

**le/la salarié(e)** salaried worker

**sale** *adj.* dirty

**salé(e)** *adj.* salted

**se salir** to get dirty

**la salle** room; auditorium; **la salle à manger** dining room; **la salle de bains** bathroom, washroom; **la salle d'eau** washroom; **la salle de séjour** living room; **la salle des urgences** emergency room; **la salle d'opération** operating room

**le salon** salon; drawing room; **faire salon** to gather to converse; **le salon de l'automobile** auto show

**le salopard** *fam.* bastard

**salut!** *interj.* hi! bye!

**la salutation** greeting

**sam.** *ab.* **samedi** *m.* Saturday

**le samedi** Saturday

**la sandale** sandal

**le sang** blood

**le sanglot** sob

**sanitaire** *adj.* sanitary; plumbing; *m. pl. fam.* plumbing fixtures; **le vide sanitaire** septic tank

**sans** *prep.* without; **sans ambages** to the point, straight out; **sans cesse** ceaselessly;

**sans doute** doubtless, for sure; **sans peine** painlessly; **sans que** *conj.* without

**la santé** health; **en bonne (mauvaise) santé** in good (bad) health

**saoudite: l'Arabie Saoudite** *f.* Saudi Arabia

**le sapin** fir (*tree*)

**le sarcasme** sarcasm

**satirique** *adj.* satirical

**satisfaire** (*like* **faire**) to satisfy; **satisfaire les exigences** to meet the expectations

**satisfaisant(e)** *adj.* satisfying

**satisfait(e)** *adj.* satisfied; pleased

**la sauce** sauce; gravy; salad dressing

**la saucisse** sausage

**le saucisson** hard salami

**sauf** *prep.* except

**le saut** jump

**sauter** to jump; **les plombs sautent** (*you*) blow a fuse

**sauvage** *adj.* wild; uncivilized

**sauvegarder** to save

**sauver** to save

**la savane** savannah, bush

**le/la savant(e)** scientist

**la saveur** flavor

**savoir** (*p.p.* **su**) *irreg.* to know; to know how to

**le savoire-faire** know-how

**le savoire-vivre** mannerliness

**le savon** soap

**savourer** to savor; to relish

**scandinave** *adj.* Scandinavian

**sceller** to seal

**le scénario** scenario, script

**la scène** stage; scenery; scene; **la mise en scène** setting, staging (*of a play*)

**le/la sceptique** skeptic; *adj.* skeptical

**schizophrène** *adj.* schizophrenic

**la science** science

**scientifique** *adj.* scientific

**scolaire** *adj.* of schools, academic; **l'année** (*f.*) **scolaire** school year; **la rentrée scolaire** the beginning of fall classes

**la scolarité** schooling

**la sculpture** sculpture

**sec (sèche)** *adj.* dry

**le sèche-linge** clothes dryer

**sécher (je sèche)** to dry; to avoid; **sécher un cours** to cut class

**la sécheresse** drought

**le séchoir** hairdryer

**secondaire** *adj.* secondary

**la seconde** second gear; second (*unit of time*); *adj.* second

**secouer** to shake

**le secourisme** first-aid

**le/la secouriste** first aid worker

**le secours** help; **au secours!** help!; **la roue de secours** spare tire; **la sortie de secours** emergency exit

**le/la secrétaire** secretary

**le secteur** sector

**la sécurité** security; safety; **la ceinture de securité** safety belt; **le contrôle de sécurité** security checkpoint; **la Sécurité Sociale** Social Security

**le Seigneur** Lord

**sein: au sein de** within

**seize** *adj.* sixteen

**le séjour** stay; **la salle de séjour** living room

**le sel** salt

**selon** *prep.* according to

**les semailles** *f. pl.* sowing

**la semaine** week

**semblable** *adj.* like, similar, such

**les semblables** *m. pl.* fellow men, fellow beings

**le semblant** semblance; **faire semblant** to pretend

**sembler** to seem; to appear

**semer (je sème)** to sow

**la semoule** semolina (cream of wheat)

**le Sénégal** Senegal

**sénégalais(e)** *adj.* Senegalese

**la sénescence** old age, senescence

**sénile** *adj.* senile

**le sens** meaning; sense; way, direction; **à sens unique** one-way *(road);* **le mauvais sens** the wrong way

**la sensibilité** sensitivity

**sensible** *adj.* sensitive

**le sentier** path

**le sentiment** feeling

**sentimentalement** *adv.* sentimentally

**sentir** *(like* **partir***)* to feel; to smell; to smell of; **se sentir** to feel

**séparé(e)** *adj.* separated

**sept** *adj.* seven

**septembre** September

**septième** *adj.* seventh

**le/la septuagénaire** seventy-year-old person

**la sépulture** tomb; interment

**la série** series

**sérieux (-euse)** *adj.* serious; **prendre au sérieux** to take seriously

**sérieusement** *adv.* seriously

**le serpent** snake

**serré(e)** *adj.* tight

**serrer** to tighten; to close, close up; **se serrer la main** to shake hands

**la serrure** lock *(of door)*

**le/la serveur (-euse)** barman; waiter (waitress)

**le service** service; service charge; favor; **être de service** to be on duty; **service compris** tip included

**la serviette** napkin; towel; briefcase

**servir** *(like* **partir***)* to serve; to be useful; **à quoi ça sert?** what's the use of that?; **servir à** to be of use in; **servir de** to serve as, take the place of; **se servir** to help oneself; **se servir de** to use

**le seuil** threshold; limit

**seul(e)** *adj.* alone; only

**seulement** *adv.* only

**la sève** sap

**sévère** *adj.* severe, stern, harsh

**le sexe** sex

**sexuel(le)** *adj.* sexual

**sexuellement** *adv.* sexually

**le short** *(pair of)* shorts

**le SIDA** AIDS

**le siècle** century

**le siège** seat; place

**le/la sien(ne)** *pron.* his/hers

**la sieste** nap

**le sifflet** whistle; **le coup de sifflet** whistle (blast)

**signaler** to signal

**la signalisation** system of road signs

**le signe** acronym; abbreviation; sign, gesture

**signé(e)** *adj.* signed

**la signification** meaning

**signifier** to mean

**silencieux (-euse)** *adj.* silent

**similaire** *adj.* similar

**la similarité** similarity, likeness

**la similitude** resemblance

**simple** *adj.* simple; **l'aller** *(m.)* **simple** one-way ticket

**simplement** *adv.* simply

**la simplicité** simplicity

**singulier (-ière)** *adj.* singular

**le sinistre** fire; disaster

**sinon** *conj.* otherwise

**la sirène** siren

**le sirop** syrup

**sixième** *adj.* sixth

**le ski** skiing; **faire du ski** to ski; **le ski alpin** downhill skiing; **le ski de fond** cross-country skiing; **la station de ski** ski resort

**le/la skieur (-euse)** skier

**slalomer** to slalom

**S.N.C.F.** *ab.* **Société Nationale des Chemins de Fer** *f.* entity that manages the French railway system

**le snobisme** snobbery

**le sobriquet** nickname

**social(e)** *adj.* social

**socialiste** *adj.* socialist; *n. m., f.* socialist

**la société** society; firm; **le jeu de société** board game; parlor game

**la sociologie** sociology

**sociologique** *adj.* sociological

**le/la sociologue** sociologist

**la sœur** sister

**soi (soi-même)** *pron.* oneself

**la soie** silk

**la soif** thirst; **avoir soif** to be thirsty

**soigné(e)** *adj.* finished, carefully done

**soigner** to take care of; to treat

**soigneusement** *adv.* carefully

**le soin** care

**le soir** evening

**la soirée** party; evening

**la soixantaine** about sixty; sixty (years old)

**soixante** *adj.* sixty

**le sol** soil; ground

**la sole** sole *(fish)*

**le soleil** sun; **le bain de soleil** sunbath; **le coup de soleil** sunburn; sunstroke

**solidaire: le voyage solidaire** homestay during which tourists experience the daily life and culture of a village in a developing country

**solide** *adj.* sturdy

**la solidité** solidity, strength

**solitaire** *adj.* solitary; single; alone

**la solitude** solitude, loneliness

**solliciter** to request

**la sollicitude** care, concern

**sombre** *adj.* dark; **faire sombre** to be dark, dull outside

**sombrer** to founder, sink

**la somme** sum, total; amount; **en somme** all things considered

**le sommet** summit, top

**le somnifère** sleeping pill

**le son** sound; bran

**le sondage** opinion poll; **faire un sondage** to conduct a survey

**sonner** to ring

**la sophistication** sophistication

**le sorbet** sorbet, sherbet

**le/la sorcier (-ière)** wizard (witch); **ce n'est pas sorcier** there is no magic about that

**la sorte** sort, kind; manner

**la sortie** exit; going out; end; **la sortie de secours** emergency exit

**sortir** *intr.* to go out, come out; *trans.* to take out

**le sou** sou *(copper coin);* cent

**la souche** origin; stump

**le souci** care, worry

**se soucier** to worry

**soucieux (-euse)** *adj.* worried
**la soucoupe** saucer
**soudain(e)** *adj.* sudden; **soudain** *adv.* suddenly
**le soufflé** soufflé, raised omelet
**souffler** to blow *(wind)*; to breathe
**souffrir** *(like* **ouvrir***)* to suffer
**le souhait** wish; **à vos souhaits!** bless you!
**souhaitable** *adj.* desirable
**souhaiter** to desire, wish for
**le souk** souk, Arab market
**soulager (nous soulageons)** to relieve
**soulever (je soulève)** to raise
**le soulier** shoe
**souligné(e)** *adj.* underlined
**souligner** to underline; to emphasize
**soumis(e)** *adj.* submissive, docile
**soupçonneux (-euse)** *adj.* suspicious
**la soupe** soup; **la cuillère à soupe** tablespoon
**le souper** supper
**le soupir** sigh
**souple** *adj.* flexible; supple
**le sourcil** eyebrow
**sourdement** *adv.* secretly, sotto voce
**souriant(e)** *adj.* smiling
**sourire** *(like* **rire***)* to smile; *n. m.* smile; **se sourire** to smile at each other
**la souris** mouse
**sous** *prep.* under, beneath; **sous forme de** in the form of
**le sousmarin** submarine
**le sous-sol** basement, cellar
**le sous-titre** subtitle
**les sous-vêtements** *m. pl.* underwear
**soutenir** *(like* **tenir***)* to support; to assert
**le souvenir** memory, remembrance, recollection
**se souvenir de** *(like* **venir***)* to remember
**souvent** *adv.* often
**spatial(e)** *adj.* spatial
**spécial(e)** *adj.* special
**la spécialisation** specialization; **le domaine de spécialisation** major *(subject)*
**spécialisé(e)** *adj.* specialized
**se spécialiser** to specialize
**le/la spécialiste** specialist
**la spécialité** speciality *(in restaurant)*
**spécifique** *adj.* specific
**spécifiquement** *adv.* specifically
**le spectacle** show, performance; spectacle
**spéctaculaire** *adj.* spectacular
**spirituel(le)** *adj.* spiritual
**spontané(e)** *adj.* spontaneous
**spontanément** *adv.* spontaneously
**le sport** sports; **faire du sport** to do, participate in sports; **la voiture de sport** sports car

**sportif (-ive)** *adj.* athletic
**stabiliser** to stabilize
**le stage** training course; practicum
**stagner** to stagnate
**la stance** stanza
**le/la standardiste** switchboard operator
**la station** resort; station; **la station de ski** ski resort; **la station-service** gas station; **la station thermale** thermal spa
**sté.** *ab.* **société** *f.* business, firm
**stéréo** *adj. m., f.* stereo(phonic); **la chaîne stéréo** stereo system
**le stéréotype** stereotype
**stéréotypé(e)** *adj.* stereotyped
**le steward** flight attendant
**stipuler** to stipulate
**le stop** hitchhiking; stoplight, stop sign; **faire du stop** to hitchhike
**la stratégie** strategy
**le streetwear** sportswear
**stressant(e)** *adj.* stressful
**stressé(e)** *adj.* stressed
**strict(e)** *adj.* strict; severe
**la structure** structure
**studieux (-euse)** *adj.* studious
**stupide** *adj.* stupid; foolish
**la stupidité** stupidity, foolishness
**le stylo** pen
**subir** to undergo
**le subjonctif** *Gram.* subjunctive *(mood)*
**subsister** to subsist; to remain
**la substance** substance
**subventionner** to subsidize
**succéder (je succède)** to follow after, succeed
**succulent(e)** *adj.* succulent, tasty
**suçoter** to suck away at
**le sucre** sugar; **la canne à sucre** sugarcane
**la sucrerie** sugar refinery
**le sud** south
**le sud-ouest** southwest
**la Suède** Sweden
**suer** to sweat, perspire
**la sueur** sweat, perspiration
**suffire** *(like* **conduire***)* to suffice
**suffisamment (de)** *adv.* sufficient, enough
**suffisant(e)** *adj.* sufficient
**suggéré(e)** *adj.* suggested
**suggérer (je suggère)** to suggest
**la Suisse** Switzerland; *adj. m., f.* Swiss
**la suite** continuation; series; **de suite** at once; **tout de suite** immediately
**suivant(e)** *adj.* following; **suivant** *prep.* according to
**suivre** *( p.p.* **suivi***) irreg.* to follow; to take; **suivre des cours** to take classes
**le sujet** subject; topic; **à ce sujet** in this matter; **au sujet de** concerning

**la superette** small supermarket
**supérieur(e)** *adj.* superior; upper; **les études** *(f. pl.)* **supérieures** advanced studies
**le superlatif** *Gram.* superlative
**le supermarché** supermarket
**le supplément** supplement, addition; **en supplément** additional
**supplémentaire** *adj.* supplementary, additional
**supporter** to tolerate, put up with
**supposer** to suppose
**supprimer** to suppress; to delete
**suprême** *adj.* supreme, uppermost
**sur** *prep.* on upon; concerning; about; **donner sur** to open out onto; **sur place** on the spot
**la surconsommation** overconsumption
**le surcroît** addition, increase; **de surcroît** additionally, besides
**sûrement** *adv.* certainly, surely
**la surface** surface; **la grande surface** large supermarket, superstore; **refaire surface** to surface again
**surgelé(e)** *adj.* frozen
**le surmenage** overwork, overexertion
**surmené(e)** *adj.* overworked
**surmonté(e)** *adj.* overcome, conquered
**surnommer** to nickname
**surprendre** *(like* **prendre***)* to surprise
**surpris(e)** *adj.* surprised
**la surprise** surprise
**surtout** *adv.* above all, chiefly, especially
**la survalorisation** overvaluing, excessive value
**survaloriser** to value excessively, overvalue
**la surveillance** supervision
**surveiller** to watch over
**la survie** survival
**survivre** *(like* **vivre***)* to survive
**susciter** to create, give rise to
**suspendre** to suspend, hang up
**la suspense** suspense
**le symbolisme** symbolism
**sympathique** *adj.* nice, likeable
**sympathiser** to sympathize
**la symphonie** symphony
**le symptôme** symptom
**le syndicat** labor union
**le synonyme** synonym
**la Syrie** Syria
**systématiquement** *adv.* systematically
**le système** system

**T**

**ta** *adj. f. s.* your
**le tabac** tobacco

**la table** table; **mettre la table** to set the table

**le tableau** picture; painting; chart; chalkboard

**la tablette** tablet; shelf

**la tâche** task

**la taille** waist; size; **de taille moyenne** of average height

**le taille-crayon** pencil sharpener

**tailler** to carve; to sharpen

**le tailleur** woman's suit; tailor

**se taire** (*like* **plaire**) to be quiet; **tais-toi** be quiet

**le talon** heel

**le tam-tam** *type of drum*

**tandis que** *conj.* while; whereas

**tant** *adv.* so much; so many; **tant de** so many; **tant mieux** so much the better; **tant pis** too bad; **tant que** as long as

**la tante** aunt

**la tape** tap, slap

**taper** to hit, strike; **taper à la machine** to type

**le tapis** rug

**tard** *adv.* late

**tarder** to delay

**tardivement** *adv.* tardily, belatedly

**le tarif** tariff; fare, price

**la tarte** tart; pie

**la tartine** bread and butter

**le tas** lot, pile; **un tas de** a lot of

**la tasse** cup

**tâtonner** to grope

**le taux** rate

**la taxe** tax

**le/la technicien(ne)** technician

**la technique** technique; *adj.* technical

**la technologie** technology

**tel(le)** *adj.* such

**la télé** *fam.* T.V.

**télécharger** (*like* **charger**) to download

**la télécommande** remote control device

**la télécommunication** telecommunications

**le téléenseignement** long-distance learning

**le téléfilm** film for television

**télégraphique** *adj.* telegraphic

**le téléphone** telephone

**téléphoner** to phone, telephone

**téléphonique** *adj.* telephonic, by phone

**le/la téléspectateur (-trice)** telespectator

**télévisé(e)** *adj.* televised, broadcast

**la télévision** television

**tellement** *adv.* so; so much

**témoigner** to give testimony, testify

**le tempérament** temperament; constitution

**la température** temperature; **la température ambiante** room temperature

**la tempête** tempest, storm

**temporaire** *adj.* temporary

**le temps** *Gram.* tense; time; weather; **à plein temps** full-time; **à temps** in time; **avoir le temps de** to have time to; **de temps en temps** from time to time; **l'emploi** (*m.*) **du temps** schedule; **quel temps fait-il?** what's the weather like?

**la tendance** tendency; trend

**tendre** *adj.* sensitive; soft; *v.* to stretch; to tend (to)

**la tendresse** tenderness

**tendu(e)** *adj.* stretched; outstretched (*arms*)

**les ténèbres** *f. pl.* darkness

**tenir** (*p.p.* **tenu**) *irreg.* to hold; **oh, tiens!** by the way! well!; **tenir à** to cherish; to be anxious to; **tenir en place** to hold still

**la tente** tent

**tenté(e)** *adj.* tempted

**tenter** to tempt; to try, attempt

**tenu(e)** *adj.* held; operated

**le terme** term; **à terme** eventually, in good time; **le but à long terme** long-term goal

**terminer** to end; to finish; **se terminer** to finish, end

**le terrain** ground; land; **du terrain** land

**la terrasse** terrace, patio

**la terre** land; earth; **le court en terre battue** clay (*tennis*) court

**terrestre** *adj.* terrestrial, of the earth

**la terreur** terror

**terrifiant(e)** *adj.* terrifying

**tertiare** *adj.* tertiary

**tes** *pl. adj., m., f.* your

**la tête** head; **avoir mal à la tête** to have a headache; **coûter les yeux de la tête** to be horribly expensive

**têtu(e)** *adj.* stubborn

**le texte** text; passage; **le traitement de texte** word processor

**T.G.V.** *ab.* **train à grande vitesse** *m.* French high-speed train

**la Thaïlande** Thailand

**la thalassothérapie** sea water therapy

**le thé** tea

**le théâtre** theater

**la théière** teapot

**le thème** theme

**la théorie** theory

**thermal(e)** *adj.* thermal; pertaining to spas; **la station thermale** thermal spa

**thermique** *adj.* thermic, heat-sensitive

**le thiof** *large fish caught off the coast of Senegal*

**le thon** tuna

**le ticket de caisse** receipt

**le Tiébou Dienn** *Senegalese dish of rice and fish*

**tiède** *adj.* lukewarm; mild

**le tiers** one-third; *adj.* third; **le tiers monde** third world

**le tilleul** lindenflower tea; linden tree

**timide** *adj.* shy

**le tintamarre** din, racket

**le tir: le tir à l'arc** archery

**tirailler** to tug at

**tirer** to draw (out); to shoot; to fire at; to pull; **tirer des conclusions** to draw conclusions

**le tiroir** drawer

**le tissu** material, fabric

**le titre** title; **le gros titre** (*newspaper*) headline; **à juste titre** rightly so

**le toc** imitation goods; **en toc** imitation

**la toile** cloth; canvas; painting

**la toilette** lavatory; **la trousse de toilette** toiletry kit

**le toit** roof

**la tolérance** tolerance

**toléré(e)** *adj.* tolerated

**tolérer** (**je tolère**) to tolerate

**la tomate** tomato

**la tombe** tomb

**tomber** to fall; **laisser tomber** to drop; **tomber amoureux (-euse)** to fall in love; **tomber en panne** to have a (*mechanical*) breakdown; **tomber malade** to get sick

**le tome** tome, volume

**le ton** color; shade; tone; *adj. m. s.* your

**tordre** to twist

**la tornade** tornado

**le torrent** torrent; mountain stream

**le tort** wrong; **avoir tort** to be wrong

**tôt** *adv.* early

**total(e)** *adj.* total; *n. m.* total; **au total** on the whole, all things considered

**toucher** to touch; to draw, receive (*money*)

**touffu(e)** *adj.* bushy, thick; involved

**toujours** *adv.* always; still

**Toulouse** *town in southern France*

**la tour** tower; *n. m.* turn; tour; prank; **à son (votre) tour** in his/her (your) turn; **à tour de rôle** in turn, by turns; **faire le tour du monde** to go around the world

**le tourisme** tourism

**le/la touriste** tourist

**le tourment** torment; **se faire un tourment de** to torture oneself over

**tourmenté(e)** *adj.* uneasy, agitated
**le tournedos** filet mignon
**tourner** to turn; **se tourner les pouces** *fam.* to twiddle one's thumbs
**tousser** to cough
**tout(e)** ( *pl.* **tous, toutes**) *adj.* all; whole, the whole of; every; each; any; **à toute heure** at all hours, anytime; **de toute façon** anyhow, in any case; **en tout cas** in any case; **tous (toutes) les deux** both (of them); **tout** *adv.* wholly, entirely, quite, very, all; **tout à fait** completely, entirely; **tout à l'heure** presently, in a little while; a little while ago; **tout de même** all the same, for all that; **tout de suite** immediately; **tout d'un coup** at once, all at once; **tout le monde** everybody
**tout-terrain** *adj. inv.* all-terrain; **le vélo tout-terrain (VTT)** mountain bike
**la trace** trace; impression
**tracer (nous traçons)** to draw; to trace out; to lay out; to outline
**traditionnel(le)** *adj.* traditional
**traduire** (*like* **conduire**) to translate
**la tragédie** tragedy
**tragique** *adj.* tragic
**trahi(e)** *adj.* betrayed
**la trahison** betrayal
**le train** train; **être en train de** to be in the process of; **râter le train** to miss one's train; **le train à grande vitesse (TGV)** high-speed train
**traînant(e)** *adj.* dragging, shuffling
**le trait** feature; drawing; line
**la traite des Noirs/négrière** slave trade
**traité(e)** *adj.* treated
**le traitement** treatment
**traiter** to treat
**le traiteur** caterer, deli owner
**le trajet** journey, distance *(to travel)*
**la tranche** slice
**tranquille** *adj.* tranquil, quiet, calm
**tranquillement** *adv.* tranquilly, calmly
**le tranquillisant** tranquilizer
**tranquillisé(e)** *adj.* tranquilized, calmed
**transformable** *adj.* convertible
**transformer** to transform; to change
**la transhumance** movement of livestock
**transi(e)** *adj.* (be)numbed, paralyzed
**le transport** transportation
**transporter** to carry, transport
**traqué(e)** *adj.* chased, pursued
**traquer** to track down
**le travail** work
**travailler** to work

**le/la travailleur (-euse)** worker; *adj.* hardworking
**travers: à travers** *prep.* through; **de travers** crooked
**la traversée** crossing
**traverser** to cross
**le tremblement** shaking, trembling
**trembler** to shake, tremble
**trempé(e)** *adj.* dipped, soaked
**tremper** to dunk; to dip
**trente** *adj.* thirty
**très** *adv.* very; most; very much
**tressaillir** to shudder; to be startled
**triangulaire** *adj.* triangular
**la tribu** tribe
**tricher** to cheat
**le triomphe** triumph
**triompher** to triumph
**triste** *adj.* sad
**tristement** *adv.* sadly
**la tristesse** sadness
**troglodytique** *adj.* troglodytic, pertaining to cave dwellers
**troisième** *adj.* third
**tromper** to deceive; **se tromper** to be mistaken; to err
**le trône** throne
**trop** *adv.* too much, too many; **trop de** too much (of), too many (of)
**trotter** to trot, scamper
**le trottoir** sidewalk
**le trou** hole
**troublant(e)** *adj.* disturbing
**le trouble** disturbance; trouble; *adj.* uneasy; murky
**troubler** to muddy; to disturb, interfere
**la trousse** case; **la trousse de toilette** dressing case, toilet case
**la trouvaille** (lucky) find; windfall
**trouvé(e)** *adj.* found
**trouver** to find; to deem; to like; **se trouver** to be; to be located
**le truc** *fam.* thing; gadget
**le truffe** truffle
**la truite** trout; **la truite amandine** *trout prepared with almonds*
**tuer** to kill
**la tuile** tile
**la Tunisie** Tunisia
**tunisien(ne)** *adj.* Tunisian
**la Turquie** Turkey
**le tuyau** pipe
**le type** type; *fam.* guy
**typique** *adj.* typical
**le tyran** tyrant
**la tyrannie** tyranny

**U**

**uni(e)** *adj.* plain *(material)*; united
**l'uniforme** *m.* uniform
**uniformiser** to standardize, make uniform
**unique** *adj.* only, sole; **l'enfant (*m.*) unique** only child; **la rue à sens unique** one-way street
**unisexe** *adj.* unisex
**l'univers** *m.* universe
**universel(le)** *adj.* universal
**universitaire** *adj.* of or belonging to the university
**l'université** *f.* university
**urbain(e)** *adj.* urban
**l'urgence** *f.* emergency; **la salle des urgences** emergency room
**urgent(e)** *adj.* urgent
**l'usage** *m.* use
**usé(e)** *adj.* used; used up
**l'usine** *f.* factory
**l'ustensile** *m.* utensil
**utile** *adj.* useful
**l'utilisation** *f.* utilization, use
**utilisé(e)** *adj.* used
**utiliser** to use
**utopique** *adj.* utopic

**V**

**les vacances** *f. pl.* vacation; **(aller) partir en vacances** to leave on vacation; **passer des vacances** to spend one's vacation; **prendre des vacances** to take a vacation
**le/la vacancier (-ière)** vacationer
**la vague** *(ocean)* wave
**vain(e)** *adj.* vain; **en vain** in vain
**vaincre** ( *p.p.* **vaincu**) *irreg.* to vanquish, conquer
**le vainqueur** winner
**le vaisseau** vessel; ship
**la vaisselle** dishes; **faire (essuyer) la vaisselle** to wash (wipe) the dishes
**valable** *adj.* valid, good
**la valeur** value; worth; **mettre en valeur** to show to advantage
**valider** to validate
**la valise** suitcase; **faire la valise** to pack one's bag
**la vallée** valley
**valoir** ( *p.p.* **valu**) *irreg.* to be worth; **il vaut mieux** it is better
**valoriser** to promote
**la valve** valve
**vampiriser** to be sucked up, into
**le van** basket
**la vanille** vanilla
**la vanité** vanity

**la vapeur** fume; steam
**varié(e)** *adj.* varied
**varier** to vary; to change
**la variété** variety; *pl.* variety show
**Varsovie** Warsaw *(Poland)*
**vaste** *adj.* vast, wide
**le veau** veal; calf
**vécu(e)** *adj.* lived; real-life
**la vedette** star, celebrity
**végétarien(ne)** *adj.* vegetarian
**la végétation** vegetation
**le véhicule** vehicle
**la veille** the day (night) before; eve
**la veillée** evening gathering
**la veine** *fam.* (good) luck
**le vélo** *fam.* bike; **faire du vélo** to bike, go cycling; **le vélo tout-terrain (VTT)** mountain bike
**velu(e)** *adj.* hairy
**le/la vendeur (-euse)** salesperson
**vendre** to sell
**le vendredi** Friday
**vendu(e)** *adj.* sold
**la vengeance** revenge, vengeance
**venir** (*p.p.* **venu**) *irreg.* to come; **venir de** + *inf.* to have just
**le vent** wind
**la vente** sale; selling; **en vente libre** over-the-counter
**le ventilateur** fan
**le ventre** abdomen, belly
**la venue** coming
**verbal(e)** *adj.* verbal; oral; **le procès verbal** report; minutes *(of meeting)*
**le verbe** verb; language
**verdoyant(e)** *adj.* verdant, green
**vérifier** to verify
**véritable** *adj.* genuine; true
**la vérité** truth
**vermeil(le)** *adj.* bright red, vermilion
**le verre** glass
**vers** *prep.* toward, to; about
**vert(e)** *adj.* green
**la vertu** virtue
**la veste** jacket
**vestimentaire** *adj.* clothing
**le veston** jacket; **le complet-veston** *(man's)* suit
**le vêtement** garment; *pl.* clothes, clothing
**le/la vétérinaire** veterinary, veterinarian
**vêtu(e)** *adj.* dressed
**le veuf (la veuve)** widower (widow)
**la viande** meat
**vichyssois(e)** *adj.* pertaining to Vichy; *n. f.* leek and potato soup
**la vicissitude** vicissitude, change

**la victime** victim *(of either sex)*
**victorieusement** *adv.* victoriously
**vide** *adj.* empty; *n. m.* empty space; tank; vacuum
**la vidéo** *fam.* video (cassette); **faire de la vidéo** to make videos; **le jeu vidéo** video game
**la videocassette** videocassette, video
**vider** to empty
**la vie** life; **l'espérance de vie** *f.* life expectancy; **gagner sa vie** to earn a living; **mener sa vie** to lead one's life; **le mode de vie** lifestyle; **prendre vie** to come to life
**le vieillard (la vieille)** old man (old woman); *m. pl.* old people, elderly
**la vieillesse** old age
**vieillir** to grow old
**le vieillissement** aging
**vierge** *adj.* virgin; **la forêt vierge** virgin forest
**vieux (vieil, vieille)** *adj.* old; **vivre vieux** to live to an old age
**vif (vive)** *adj.* lively, bright
**vilain(e)** *adj.* ugly; naughty
**la villa** bungalow; single-family house; villa
**le/la villageois(e)** villager
**la ville** city; **aller en ville** to go to town; **en pleine ville** in the center of town
**le vin** wine
**la vinaigrette** vinegar and oil dressing
**vingt** *adj.* twenty
**vingtième** *adj.* twentieth
**violent(e)** *adj.* violent
**violet(te)** *adj.* purple, violet; *n. m.* violet *(color)*
**le virage** curve *(in road)*
**la Virginie** Virginia
**la virgule** comma
**le visage** face, visage
**vis-à-vis** *prep.* opposite, relative to
**viser** to aim
**visiblement** *adv.* visibly
**visionner** to view
**la visite** visit; **être en visite** to be visiting; **rendre visite à** to visit *(people)*
**visiter** to visit *(a place)*
**le/la visiteur (-euse)** visitor
**la vitamine** vitamin
**vite** *adv.* quickly, fast, rapidly
**la vitesse** speed; **changer de vitesse** to switch gears; **faire de la vitesse** to speed; **la limitation de vitesse** speed limit; **la limite de vitesse** speed limit; **le train à grande vitesse (TGV)** French high-speed train
**la vitrine** display window, store window

**vivace** *adj.* vivacious
**vivant(e)** *adj.* living; alive
**vivifiant(e)** *adj.* invigorating
**vivre** (*p.p.* **vécu**) *irreg.* to live
**le vocabulaire** vocabulary
**la vogue** fashion, vogue; **en vogue** in fashion, in vogue
**voilà** *prep.* there, there now, there is, there are, that is
**la voile** sail; **faire de la voile** to sail; **la planche à voile** windsurfer, sailboard
**voir** (*p.p.* **vu**) *irreg.* to see
**le/la voisin(e)** neighbor
**la voiture** car, auto
**la voix** voice; **à haute voix** out loud, aloud
**le vol** flight; burglary
**la volaille** poultry, fowl
**le volant** steering wheel; ruffle
**voler** *intr.* to fly; *trans.* to steal; **voler sur** to fly down upon
**le volet** shutter
**le volley-ball (le volley)** volleyball
**volontaire** *adj.* voluntary
**volontiers** *adv.* willingly
**volubile** *adj.* talkative; glib
**vomir** to spew out; to vomit
**voter** to vote
**vouloir** (*p.p.* **voulu**) *irreg.* to wish, want; **vouloir dire** to mean
**le voyage** trip; journey; **faire un voyage** to take a trip; **le voyage de noces** honeymoon, wedding trip; **le voyage solidaire** homestay during which tourists experience the daily life and culture of a village in a developing country
**voyager (nous voyageons)** to travel
**le/la voyageur (-euse)** traveler
**vrai(e)** *adj.* true, real
**vraiment** *adv.* truly, really
**vu(e)** *adj.* seen
**la vue** view; sight; **en garde à vue** under close watch; **le point de vue** point of view
**vulnérable** *adj.* vulnerable; sensitive

## W–Z

**le wagon** train car
**les W.-C.** *m. pl. fam.* toilet, restroom
**le week-end** weekend
**y: il y a** there is, there are; ago
**le yaourt** yoghurt
**les yeux** (*m. pl. of* **œil**) eyes
**le zigzag** zigzag
**la zoologie** zoology

# Index

# Credits

### Readings

*Pages 10–11* text and photos: *Maxi* No. 759 du 14 au 24 mai 2001. Courtesy of Maxi; *26–27* from *La Place* by Annie Ernaux. © Editions Gallimard; *43–44* from *La Civilisation, ma mère* by Driss Chraïbi, © Editions Denoël, 1972; *62–63, 65* excerpt and illustrations from *Le Petit Prince* by Antoine de Saint-Exupéry, copyright 1943 by Harcourt Brace & Company and renewed 1971 by Consuelo de Saint-Exupéry, reprinted by permission of Harcourt, Inc. Australian rights: © Editions Gallimard; *78–79* "Prière d'un petit enfant nègre" by Guy Tirolien from *Anthologie de la nouvelle poésie nègre de la langue française* published under the direction of Léopold Sedar Senghor. © Presses Universitaires de France, coll. "Quadrige" 4ème édition, 1998; *92–93* from "La Grande Vie" in *La ronde et autres faits divers* by J. M. G. Le Clézio. © Editions Gallimard; *108–9* from *Les Stances à Sophie* by Christiane Rochefort, Editions Bernard Grasset, Paris; *127–29* © *Le Nouvel Observateur; 144–47* extract and illustrations from *Les vacances du petit Nicolas* by René Goscinny and Jean-Jacques Sempé, 1962. © Editions Denoël 1962, et nouvelle édition 1994; *183–84* from *A la recherche du temps perdu* by Marcel Proust; *202* "Le Corbeau et le Renard" by Jean de La Fontaine; *204* "Déjeuner du matin" in *Paroles* by Jacques Prévert. © Editions Gallimard; *218–19 Psychologies Magazine,* October 2001, pp. 84–88; *220 Psychologies Magazine,* octobre 2001, pp. 90–92; *236–37* from *L'Aventure amibuë* by Cheikh Hamidou Kane. © Julliard, Paris, 1961. Reprinted with permission of Editions Julliard, Paris; *253–56* from *Le racisme expliqué à ma fille* by Tahar Ben Jelloun, © Editions du Seuil, 1998; *272–75* © *Madame Figaro!* Geneviève Doucet; *289–92* "Petite Misère" from *Rue Deschambault* by Gabrielle Roy. Copyright Fonds Gabrielle Roy; *307–10* from *Knock ou le triomphe de la medécine* by Jules Romains. © Editions Gallimard.

### Realia

*Page 10 (bottom left) Maxi* No. 759 du 14 au 24 mai 2001. Courtesy of Maxi; *32 Le Point; 53 L'Immobilier des Notaires; 62* © Editions du Club de L'Honnête Homme, Paris; *Oeuvres complètes de Saint-Exupéry en 7 volumes; 124–25* reprinted with permission of Club Med; *166 Cuisine Senegalaise: d'Hier et d'aujourd'hui; 202* © *Fables Choisies de la Fontaine,* Librairie Larousse; *233 Ciné-Télé-Révue; 281* © 2002–LES ÉDITIONS ALBERT RENÉ/GOSCINNY-UDZERO; *289 (bottom right)* Courtesy of Alan Stanké, Editions Stanké.

# About the Authors

**Chantal Péron Thompson** is a native of Quimper (France). She holds a degree in French, English, and Russian from the *Université de Rennes,* and an M.A. from Brigham Young University. She currently directs the first- and second-year French programs and coordinates the African Studies program at Brigham Young University, where she has received several teaching awards, including the Karl G. Maeser Distinguished Teaching Award. Chantal Thompson is a certified ACTFL Oral Proficiency Tester and Trainer and conducts workshops worldwide on teaching and testing for proficiency. Her speaking engagements have included keynote addresses at major conferences from Salem, Oregon to Manila, Philippines and Kuala Lumpur, Malaysia.

**Bette G. Hirsch** is Dean of Transfer Education at Cabrillo College (Aptos, California). She holds an M.A. and a Ph.D. in French Literature from Case Western Reserve University. A member of the original group of instructors to be trained by the American Council on the Teaching of Foreign Languages (ACTFL) as Oral Proficiency Testers and Trainers, Prof. Hirsch has conducted proficiency workshops in Australia, Finland, and Canada as well as the United States. She was the 1988 President of the Association of Departments of Foreign Languages and served on the Modern Language Association Advisory Council from 1995 to 1998.

Chantal Thompson and Bette Hirsch are also the authors of *Moments Littéraires: Anthologie pour cours intermédiaires* (1992). Other publications by Chantal Thompson include a first-year text, *Mais oui!* (1996, 2000).

Notes

# Notes